das neue buch
Herausgegeben von Jürgen Manthey

Konrad Bayer
Das Gesamtwerk

Herausgegeben von Gerhard Rühm

Revidierte Neuausgabe mit bisher unveröffentlichten Texten
Veröffentlicht im Rowohlt Taschenbuch Verlag GmbH,
Reinbek bei Hamburg, September 1977
© Rowohlt Verlag GmbH,
Reinbek bei Hamburg, 1966, 1969, 1977
«der stein der weisen» erschien bereits 1963
als Band sieben der Reihe «schritte»
im Wolfgang Fietkau Verlag, Berlin
Das Foto von Konrad Bayer (Seite 7)
stammt von Otto Breicha, Wien
Das Archiv Sohm, Markgröningen, stellte uns
freundlicherweise das Foto der Lesesäule (Seite 275)
zur Verfügung
Umschlagentwurf Christian Chruxin
und Antje Petersen unter Verwendung einer Fotoserie von
Jürgen Graaff anläßlich der Lesung von Konrad Bayer
aus seiner ersten Einzelpublikation ‹der stein der weisen›
in der ‹Situationen 60 Galerie Christian Chruxin›, Berlin
Gesetzt aus Linotype-Garamond-Antiqua
Gesamtherstellung Clausen & Bosse, Leck/Schleswig
Printed in Germany
1800-ISBN 3 499 25076 4

konrad bayer
das gesamtwerk

autobiografische skizze

17. 12. 1932, samstag, 10 minuten (ca.) vor mitternacht, im sternbild des schützen in wien geboren.

volksschule und gymnasium in wien. ich werde 7 jahre gezwungen, das geigenspiel zu erlernen. ich verdiene zusätzliches taschengeld mit anwerben für lesezirkel, pokern etc. ich schreibe gedichte wie jeder. ich liebe trakl. ich zeichne. der surrealismus hat mich ungeheuer beeindruckt. ich gründe mit freunden den künstlerklub «genie und irrsinn» der drei mitglieder hat und die sind wir. ich spiele banjo. wir gründen eine kleine band. matura 1951.

ich will an die akademie der bildenden künste und maler werden. meine eltern haben für diese idee weder interesse noch geld. ich gehe in kaufmännische kurse und lerne maschineschreiben, buchhaltung u. ä. ich schreibe eine menge schlechter gedichte.

im winter 1951 eröffnet der wiener art-club sein vereinslokal. hier finde ich gleichgesinnte wie hans carl artmann und gerhard rühm. ich mache gelegenheitsarbeiten. mein vater ist sehr unzufrieden und verschafft mir eine anstellung in einer bank. 6 jahre arbeite ich in dieser bank. in dieser zeit verstärkt sich meine beziehung zu artmann, rühm, oswald wiener und später friedrich achleitner. wir werden zu einer gruppe, machen lesungen, gemeinschaftsproduktionen. ich spiele wieder banjo in einem wiener nachtlokal, wo oswald wiener das kornett bläst. ich versuche zu studieren (psychologie), gebe es sofort wieder auf.

1955 schreibe ich meine erste halbwegs brauchbare geschichte (der capitän). ich spiele in einem experimentalfilm (mosaik im vertrauen; regie: peter kubelka, kamera: ferry radax), der in paris einen preis erhält. die ersten publikationen folgen. ich gewinne beim roulette und fahre nach paris. mit ende 1957 kündige ich meine stellung bei der bank. ich leite für einige monate die galerie eines freundes, des malers ernst fuchs. im winter 1958 und frühjahr 1959 literarisches cabaret mit oswald wiener, gerhard rühm und friedrich achleitner. wir schreiben unsere szenen und chansons, und spielen selbst. ferry radax hat ein neues filmprojekt und lädt mich zur mitarbeit ein. wir fahren nach monterosso bei genua. winter 1959/60. ich liefere das material zum kommentar und spiele die hauptrolle. («sonne halt», schwarz-weiss, 45 minuten; kurzfilmtage oberhausen 1963, museum des 20. jahrhunderts wien.) ich heirate. ich fahre mit meiner frau für einige monate nach frankreich (nach paris und in das landhaus meines freundes fritz hundertwasser). in «movens» erscheint eine gemeinschaftsarbeit mit gerhard rühm: «der fliegende holländer» aus dem zyklus kurzer spiele «kosmologie», der 1961 an der wiener studentenbühne «die arche» aufgeführt wird. ich nehme eine rolle in einem experimentalfilm an («am rand», regie & kamera ferry radax, produktion: televico zürich, XII. internationale filmwoche mannheim 1963) und fahre zu diesem zweck für zwei monate kreuz und quer durch die schweiz. 1962 gründet gerhard lampersberg die «edition 62» und ich mache die redaktion. in paris erscheint «starker tobak» von oswald wiener und mir (dead language press). im mai 1963 führt das theater am lichtenwerd, wien, meinen einakter «bräutigall und anonymphe» auf. im dezember 1963 bringt der wolfgang fietkau verlag berlin das traktat «der stein der weisen».

vorwort

1951/52 lernte ich konrad bayer durch h. c. artmann kennen. wir trafen uns damals in grösseren, lockeren gruppen, so dass ein neues gesicht nicht unbedingt auffiel. ich erinnere mich, dass bayer, der sich betont modisch elegant kleidete und sich etwas distanziert gab, auf mich dandyhaft wirkte — was mir nicht sehr zusagte. vielleicht unter dem einfluss, sicher aber unter der ermunterung h. c. artmanns begann er seine ersten gedichte und kurzen prosastücke zu schreiben. artmann, der ausgesprochen von der schwarzen romantik und vom surrealismus herkam, mussten diese texte mehr liegen als mir. ich hatte zwar für den konsequenten surrealismus als einer spezifischen möglichkeit zu schreiben starkes interesse, bezog aber meine ersten literarischen einflüsse eher vom sturmexpressionismus, vor allem von stramm und schwitters, sowie von joyce und gertrude stein – also mehr von einer konstruktiven seite her. namen, die auch unter literaten noch so gut wie unbekannt waren und unter den wenigen etwas informierteren als «längst abgetan», als von uns «aus der mottenkiste gekramt» galten. unsere hauptsächlichsten informationsquellen waren soergels in den zwanziger jahren erschienener band «dichtung und dichter der zeit — im banne des expressionismus», den in schon ziemlich zerfleddertem zustand h. c. artmann besass, die «anthologie der abseitigen», herausgegeben von c. giedion-welcker (bern 1946), alain bosquets «surrealismus» (berlin 1950), die 1950 in klagenfurt von max hölzer und edgar jené herausgegebenen «surrealistischen publikationen» und die österreichische kunstzeitschrift «der plan». jede zeile des radikalen literarischen expressionismus, surrealismus und dadaismus wurde damals unter uns gierig herumgereicht — es war schwer zugängliches material.
ein buch über max ernst, das ich zuhause hatte, gab auch den anlass zu unserer ersten bewussten begegnung. max ernst begeisterte bayer besonders. so verbrachten wir zum ersten mal miteinander «privat» einen ganzen nachmittag und abend. traf man ihn allein, wirkte er ganz anders: unmittelbar, unprätentiös und herzlich. im laufe «grundlegender» gespräche (andere wurden zu dieser zeit kaum geführt)

stellten wir fest, dass wir uns ausgezeichnet verstanden. wir wurden freunde.
allabendlicher treffpunkt war der vom artclub gemietete sogenannte «strohkoffer», ein mehrteiliger kellerraum unter der loosbar in der nähe des grabens. neben ausstellungen gab es hier auch lesungen und konzerte moderner musik. der artclub (präsident paris von gütersloh) vereinigte avantgardistische maler aller richtungen (sie waren damals noch so spärlich vertreten, verspottet und angefeindet, dass sie zusammenhalten mussten), sehr bald aber auch gleichgesinnte dichter und komponisten. der artclub war sicher die einzige international bedeutende wiener künstlervereinigung der nachkriegszeit (ich erinnere mich an besuche cocteaus und benjamin brittens) — ein grund, in österreich als gemeingefährlich angesehen zu werden.
am 22. 8. 1953 organisierte h. c. artmann, der eine markante wortführende stelle einnahm, als «poetischen act» eine prozession, an der sich auch konrad bayer beteiligte («une soirée aux amants funèbres»). einer vorangetragenen grablaterne folgen weissgeschminkt die schwarz gekleideten herren mit grabkränzen und ihren verschleierten damen. räucherwerk verbrennt und an den markantesten stellen der prozession (goethedenkmal — oper — kärntnerstrasse — stephansplatz — rotenturmstrasse — café stambul — uraniabrücke — franzensbrücke — hauptallee — prater: illusionsbahn) wird in den originalsprachen aus den werken von baudelaire, poe, gérard du nerval, georg trakl und ramón gómez de la serna deklamiert. auf dem weg von der urania zur kärntnerstrasse kam es durch das stark angewachsene gefolge zu einer verkehrsstörung und die beteiligten landeten schliesslich im «strohkoffer». bezeichnend an dieser ersten manifestation war die weitgehende gleichsetzung des makabren mit dem poetischen (die im grunde sehr wienerisch ist), der protest gegen das konventionelle, anonyme, der sich jedoch weniger durch eine aggression nach aussen, als mehr durch ein dokumentiertes, subjektiv bedingtes anders-, eigensein ausdrückte, provoziert durch das belastende ärgernis, das man damals schon durch die kleinste abweichung vom üblichen hervorrief.
in einem weiträumigen, labyrinthischen keller, den artmann gefunden hatte (im ersten bezirk in der ballgasse 10), wollten wir uns ein avantgardetheater einrichten. günstigerweise war der keller durch ein grosses, halbverschimmeltes holztor unmittelbar von der strasse erreichbar. zuerst mussten allerdings noch berge von schutt und abfall weggeschafft werden. licht gab es keines, aber viel begeisterung. mit unseren kerzen und taschenlampen entdeckten wir, dass es noch tiefer hinunterging: unter unserem theater lagen die historischen katakomben. wir veranstalteten hier lesungen, konzerte und theateraufführungen, an deren regie auch konrad bayer beteiligt war. besonders in erinnerung blieb mir unser pompös makabres fest zu ehren der französischen revolution,

wo in jakobinerkleidung mittels einer eigens auf der bühne installierten guillotine imaginäre hinrichtungen vorgenommen wurden (bei den postulierten opfern gerieten wir allerdings rasch in die gegenwart). die new orleans-band walter terharens (auch bekannt unter dem namen «jazzband jesus christbaum») spielte dazu auf — oswald wiener als begeisterter jazztrompeter war bereits dabei. aus angeblich baupolizeilichen gründen musste der keller bald wieder aufgegeben werden.
neuer treffpunkt wurde nun das café glory (schräg gegenüber der universität). der artclub war im winter 1952/53 vom «strohkoffer» in die oberen räume des wesentlich stilleren domcafés in der singerstrasse übersiedelt. im «glory» begann eine literarisch sehr anregende periode, in der sich unsere beziehungen auf einen kleineren kreis konzentrierten, aber auch festigten und formten. hier stiess auch friedrich achleitner zu uns, oswald wiener rückte seine ersten gedichte heraus, brachte rasch weitere, als er sich überzeugte, wie sehr sie bei uns anklang fanden. fast jeden abend brachte einer von uns etwas neues. hier entstanden auch unsere ersten wiener dialektgedichte, in denen wir den dialekt für die moderne dichtung entdeckten und der «inventionismus» wurde entwickelt, eine art systematisierung der alogischen begriffsfolgen des radikalen surrealismus — wie des von uns besonders verehrten benjamin péret. möglichst dissoziierte begriffsgruppen werden von einer arithmetischen reihe (am beliebtesten war die des goldenen schnitts) permutativ geordnet. das sprachliche material sollte auf diese weise aus dem kausalen begriffszusammenhang in eine art semantischen schwebezustand gebracht werden, auf «mechanischem» wege überraschende wortfolgen und bilder erzeugen. «die tänzer trommeln und springen», «der kutscher sitzt auf dem tanzmeister» «mit einem schwert aus reinem crystall», sowie «balsader binsam» und «der neunertz specken klaster» (wo die methode statt auf wörter auf silben angewandt ist) sind die beiträge konrad bayers zum inventionismus.
am 13. dezember 1954 konstituierten wir uns als club unter dem namen «exil», der auf unsere isolation in wien anspielte. wir mieteten für unsere zusammenkünfte und veranstaltungen die «adebar» in der annagasse, einer querstrasse der kärntnerstrasse. der kreis war jetzt wieder grösser geworden: er umfasste dichter, maler und komponisten — dazu kamen noch architekten und filmavantgardisten. der enge kontakt, den die progressiven vertreter der verschiedenen künste zueinander hatten, wirkte sich fruchtbar aus und war für unseren wiener kreis spezifisch.
1956 entstanden die ersten gemeinschaftsarbeiten. artmann stöberte in seinen grammatiken herum (wörterbücher und fremdsprachige grammatiken waren damals seine lieblingslektüre), kramte ein lehrbuch der böhmischen sprache von terebelski aus dem jahre 1853 hervor, in dem sich eine sammlung einfacher sätze fand, die dem durch den inventionsmus geschulten blick in ihrer willkürlichen aneinanderreihung als poe-

tische verfremdungen auffallen mussten. artmann und bayer begannen die reihung in diesem sinne zu spezifizieren, wählten aus, gruppierten um – die erste «montage» war fertig. bei der nächsten zusammenkunft in artmanns enger aber inspirativer bude in der kienmayergasse beteiligte ich mich an der weiteren ausbeutung des buches. die entdeckerfreude feuerte uns zu weiteren montagen an. es lag nahe, andere bücher und sonstige schriftliche dokumente zu verwenden, auch verschiedene gleichzeitig. schon die auswahl des materials, das einer montage zugrunde gelegt werden sollte, war erregend und für das poetische endprodukt natürlich von essentieller bedeutung. auswahl und ordnung, die sensibilität, die sich in dem spannungsverhältnis benachbarter sätze erweist, machen die qualität dieser art von dichtung aus. jeder brachte geeignetes material an (bevorzugt waren anfangs ältere konversationsbücher), wir spielten uns aufeinander ein, warfen uns die sätze wie bälle zu. wenn daneben auch jeder für sich den erschlossenen möglichkeiten weiter nachging, war gerade die montage eine technik, die eine gemeinschaftsarbeit besonders begünstigte. da wir manchmal — auch voneinander unabhängig — dasselbe material nochmals verwendeten, kommt es vor, dass in verschiedenen texten gleiche sätze auftauchen. wir kamen schliesslich zur «montage über die montage», die wir als monteure gekleidet in einer werkshalle verlesen wollten. nicht zuletzt aus diesen «poetischen gesellschaftsspielen» (artmann, bayer und ich machten auch einen gemeinschaftstext nach einer vorher vereinbarten spielregel: «stern zu stern») entwickelte sich schliesslich eine bewusste gemeinsame auseinandersetzung mit dem material sprache überhaupt, wie sie achleitner, bayer, wiener und ich in sitzungen intensiv betrieben. für bayer blieb die montage eine bestimmende technik. zu einem höhepunkt brachte er sie wohl mit seinem «vitus bering». aber auch «der sechste sinn» ist in seiner formalen anlage durch diese technik bestimmt. am 20. juni 1957 manifestierten wir unsere gemeinsamen bestrebungen und damit uns als «gruppe» in einer monsterlesung im intimen theater, wien I. liliengasse 3. achleitner, artmann, bayer, rühm, wiener. das plakat trug unter unseren namen nur den schlichten titel «dichtung». wir brachten einen querschnitt durch unsere bisherige arbeit — einzel- und simultanlesungen, tonbänder und projektionen visueller texte —, bis wir durch den nicht mehr zu überhörenden «eintritt» der sperrstunde zu einem ende kommen mussten. im zuschauerraum gärte es und es war mehrmals nahe an einer schlägerei.
in diese zeit fällt auch unser flagellomechanisches manifest: an öffentlichen plätzen werden mit bleikugelschnüren texte aus einer schreibmaschine gepeitscht, die einzelnen blätter abgestempelt an die umstehenden verkauft; den presseleuten werden in puppengeschirr kaffee und kuchenbrösel gereicht.
1957 entstand ein grosser teil unserer (kleineren) co-arbeiten (bayer-

rühm): kosmologie, der fliegende holländer (publiziert in «movens», limesverlag), ein kriminalstück (die kurzen stücke wurden uraufgeführt von der wiener kellerbühne «die arche» 1963), erstes märchen für erwachsene, aller anfang ist schwer — ein utopischer roman, kyselack; gemeinsam mit achleitner und wiener: schwurfinger — ein lustiges stück. bayer und ich wollten uns einen stempel anfertigen lassen (aus geldgründen wurde seine ausführung immer wieder vertagt), der jedes cowerk mit der aufschrift versehen sollte:

auch 1958 war ein jahr engster zusammenarbeit. mit achleitner und wiener wurde in zwei nächten die «kinderoper» gekotzt, wiener und bayer machten miteinander «kristus, ein rauschkind», wiener und ich das «fenster» und das aggressive bilderbuch «kind und welt», bayer und ich unter äthereinfluss «die mustersternwarte», alle vier (artmann hatte sich nach seinem überraschenden «schwoazzn dintn»-erfolg von uns etwas entfernt) steuerten gemeinsam oder jeder für sich material für unser «literarisches cabaret» bei. natürlich hatte es mit einem üblichen cabaret nicht viel zu tun, wäre diese bezeichnung schon bekannt gewesen, hätten wir es «happening» nennen können. das programm wurde so umfangreich, dass wir es nicht zu ende bringen konnten. durch den starken besuch und das echo ermutigt, entschlossen wir uns anfang 1959 zu einem zweiten abend in grossem rahmen (porrhaus), der neben den restlichen nummern wieder so viele neue enthielt, dass auch dieser abend zu gewaltsamen kürzungen führte — nicht zuletzt durch die polizei, die um uns sehr besorgt war. es gab noch einige planungen. so wollte konrad bayer als dirigent von singvögeln auftreten und einen geldschein ausstellen, der — dadurch kunstwerk — entsprechend teurer verkauft werden sollte. er entwarf eine «konrad-bayer-zeitung», die nur eigene texte und privatfotos enthalten sollte. wir wollten unsere gedichte öffentlich plakatieren. diese projekte scheiterten an geldmangel. auf grund unseres literarischen cabaret-erfolges interessierte sich eine österreichische schallplattenfirma für eine «funktionelle schallplatte», gleichsam ein akustisches cabaret (in unserm sinne), für die wir ein detailliertes programm entwarfen. das interesse schlief aber wieder ein.

deutlich blieb mir ein gemeinsamer besuch des hernalser friedhofs, ende september 1959, anlässlich des begräbnisses josef matthias hauers in erinnerung. keine offizielle persönlichkeit war zu ehren dieses grossen

zwölftonmusikers gekommen. es war derselbe friedhof, in dem ich an einem gleich wunderbaren herbstnachmittag nur fünf jahre später hinter dem sarg konrad bayers gehen sollte.
unser stammcafé (wir sind in wien!) war seit anfang 56 das «hawelka» in der dorotheergasse beim graben geworden. aber meist trafen wir uns jetzt daheim. ansonsten hatte sich an unserer situation nicht viel geändert. trotz eines gewissen echos (vor allem auf unsere beiden cabarets) wurde uns immer beklemmender unsere isolation und die hoffnungslosigkeit unserer lage in österreich bewusst. von einigen wenigen abdrucken in zeitschriften und anthologien abgesehen, häufen sich unsere unpublizierten manuskripte in der schublade. offiziell stehen wir auf der schwarzen liste. wir sind störenfriede. man lässt uns keine chance, will von uns nichts wissen. mit finanzieller unterstützung von gerhard lampersberg versuchte bayer ein eigenes organ herauszubringen. von der zeitschrift «edition 62» erschienen aber nur zwei nummern. die sonst üblichen staatlichen zuschüsse gab es für uns nicht. jede veranstaltung wurde in der presse von einem hohngejaule begleitet, in graz nannte uns eine zeitung sinnigerweise «entartmänner». wir hatten zwar internationale kontakte, sassen aber eben doch noch in wien fest. nur artmann hatte österreich bereits verlassen. auch konrad bayers bemächtigte sich eine gewisse unruhe. aus den zweifeln, wiener ressentiments und der angestauten verbitterung entluden sich texte wie «idiot», «17. jänner 1962», «kasperl am elektrischen stuhl» und unsere umfangreichste co-arbeit, die monsteroperette «der schweissfuss» (1959–62). oder sein folgendes pamphlet:

situation der österreichischen literatur der gegenwart.

entgegen, trotz einer reihe, vieler, ungeleugneter widerstände, umstände, ungünste, missverständnisse, hindernisse, wie sie wollen, gibt es für, hat die junge österreichische literatur, österreichische literatur der gegenwart (die nichtssagende kategorie entsteht nun zu aller ärger aus vorbestimmtem titel und jetzt liegt er da, der bleiche spulwurm, dem sonnenlicht der bedeutung vorenthalten, hilflos am boden...) seit einiger zeit, zerplatzen der naturgeschützten nachkriegsschreiber, jahren, eine chance, günstige gelegenheit.
ungestört zeigt sie sich, die, in einem unkontrollierten zustand wuchernder pubertät.
das alter (lebende heroen sind hier unbekannt) nimmt an dieser vegetation nützlich keinen anteil oder hat sich soweit als unzuständig erklärt, gezeigt, erwiesen, dass kritik, korrektur, einfluss sich nicht ereignet oder dort, weit draussen, kaum sichtbar, in der perspektive verschwunden, an der sache, dem phänomen vorbeigeht, vorbeiging. eins, zwei, rechts, links.

in diesem erfrischenden klima mangelnder interpretation wächst
sie, die, im fruchtwasser der sie umgebenden interesselosigkeit
ungestört, wie gesagt, heran, die kräftige spätgeburt, 5 kilo 80,
der kleine!
nebenan ist das mistbeet des schlechtverdauten surrealismus; — die
musterschüler von kalkvater grillparzer wohnen im gartenhäus-
chen.
andererseits fühlte er sich doch an wien mentalitätsgebunden, stellt eine
«vaterländische liste» auf:

bayers vaterländische liste

paracelsus	schönberg	schiele
wittgenstein	webern	klimt
sigmund freud	hauer	hundertwasser
kafka	mozart	hausner
nestroy	schubert	rueland frueauf
stifter	joseph haydn	
karl kraus		
walter von der vogelweide		
oswald von wolkenstein		
dr. serner		
raimund		
trakl		
ehrenstein		
musil		
martin buber		
h. c. artmann		
oswald wiener		
gerhard rühm		
gütersloh		
herzmanofsky		
raoul hausmann		josef hoffmann
ulrich von lichtenstein		otto wagner
johann beer		lukas hildebrandt
dietmar v. aist		prandtauer
der kürenberger		fischer v. erlach

wir schlossen uns noch hermetischer zusammen. gemeinsam mit oswald
wiener begründeten wir die tikletie, über die wir uns aber weder öffentlich noch freunden und unseren frauen gegenüber zu äussern beschlossen — sie sollte für unsere weiteren handlungen bedeutsam werden.
1962 erscheint in der dead language press, paris, die gemeinschaftsarbeit
mit oswald wiener: starker toback. konrad bayer — nach aussen ein

hastiger konsument («wenn du das heilige verzehrst, hast du's zum eigenen gemacht! verdaue die hostie und du bist sie los!» stirner, der einzige und sein eigentum), zog sich immer mehr in sich zurück. er zweifelte mehr und mehr an einer kommunikationsmöglichkeit überhaupt, stellte die sprache als brauchbaren vermittler in frage: sie eigne sich bestenfalls für insichbezogene dichtung — *sei* dichtung. die welt — mein traum. der einzelne ist isoliert, gefangen in seiner subjektiven gedankenwelt. jedes gespräch ist ein monolog, man kann *sich* nicht verständlich machen (siehe sein prosastück «von nun an»). stirner bis zum solipsismus («ich gebe zu, franz ist gott»). so entwarf er einen «einmannstaat», für sich, flüchtig auf einem notizblatt:

EINMANNSTAAT (besprechung mit völkerrechtler)
ich sitze und nähe meine fahne. ich habe erkannt, dass ich ja letztenendes
(sich deklarieren, kann ich das, geheim, exilregierung.)
glaubenskrieg, für eine überzeugung, ein ideal kämpfen, sollte keine frage der quantität sondern der qualität sein. also auch immer gegen alle.
revolte des einzelnen, legalisiert, staat.
durchzugsgebiet (wie durch belgien).
bei bewaffnetem widerstand entsprechende gegenmassnahmen. die ganze welt ist durchzugsgebiet. auf der suche nach lebensraum? nein, glaubenskrieg (...), kampf für ideal. wenn einer erkennt, dass er gegen alle steht, müsste er sich dann nicht aufmachen und es tun
erschiessung der freunde!! (nicht nur feinde, gibt zu wenig her)
im kriegszustand (recht des kaperns)
alle privilegien nimmt sich *jeder* staat im kriegszustand.
kriegserklärung an alle länder der erde.
tritt er an öffentlichkeit $1 \times$?
seine argumentation gegen versuchende anhänger: keine partei der man beitreten kann, sondern so etwas ähnliches wie ein volk.
requirierung
plünderung?
vergewaltigung?
daten: genaue zeit-ortsbestimmungen
rhythmen: gerüche, geschmack (essen), tasten
wiederholungen (listig einschmuggeln)
dürfte (...) eine stadt in die luft sprengen

dazu im gegensatz hatte er ein starkes mitteilungsbedürfnis und zeigte sich seinen engsten freunden stets verbunden. er hatte zutiefst den traum einer «idealen» welt (sonnenstaat), da sie aber nicht zu verwirklichen ist, rief er ihre vermeintliche antithese aus. doch in der negation blieb er fixiert an das negierte, sonst hätte er sie nicht so heftig geäussert. er versuchte durch ohrfeigen reaktionen zu provozieren – warum hätten ihn sonst noch häresien beschäftigt? seine skepsis quälte ihn und sie steigerte sich. aber es gibt nicht *die* schönheit, *die* reinheit, *den* sinn, daher auch nicht ihre negation. es gibt nichts absolutes. wert ist eine menschliche, das heisst soziale kategorie, relativ, gesetzt (vereinbart) und daher stets neu zu setzen, zu vereinbaren. wir diskutierten oft über diese probleme. wenn unsere möglichkeiten schon beschränkt sind, wo liegen ihre grenzen? er experimentierte, auch mit sich, mit seinem körper. seine wünsche waren grenzenlos, er wollte fliegen, sich unsichtbar machen, er wollte alles können. doch was ist das: ich? das befinden meines körpers? und die «freiheit»? das leben wurde mir gegeben – ob ich es wollte oder nicht, frei steht mir nur, es selbst zu beenden. anscheinend zum «sechsten sinn» notierte er:

> wenn die notwendigkeit entfällt, entfällt die ursache (z. b. der fortpflanzung).
> vielleicht wenn man aufhörte jemals zu zeugen, wird man aufhören zu sterben (siehe unschuldsprinzip bei den primitiven, jungfrauen als priesterinnen, christus etc.)
> es ist aussichtslos gegen die waffe oder gegen den krieg zu sein. so lange wir nicht aufhören zu sterben, werden wir nicht ablassen zu töten.
> vielleicht genügt es, den gedanken an den tod zu entfernen, um nicht zu sterben!

bayer schätzte jetzt vor allem max stirner und walter serner («letzte lockerung») – aber auch zen-texte, in der dichtung quirinus kuhlmann, die pataphysiker, hans arp. er interessierte sich für kultische (geheim-) riten, für magie, die alchimisten, beschäftigte sich mit dem schamanentum. er erzählte mir ausführlich über eine seance im hause fritz hundertwassers in der picaudière, die er in einem protokoll festgehalten hatte. er spielte mit dem gedanken, dieses protokoll in den «sechsten sinn» einzubauen. natürlich haben ihn mehr die auf diese weise freigelegten kräfte als «geister» interessiert. rationale ordnungen betrachtete er als willkürlich und einschränkend, versuchte sie aufzuheben oder zu ignorieren. argumentationen wies er schon zurück, weil es argumentationen waren. schliesslich bleibt das schweigen und nichthandeln. doch der lebenstrieb? er war bei ihm stark entwickelt. die widersprüche erschienen ihm unlösbar. seine grundthemen sind die paradoxie, der zwang, die auflehnung, das einfrieren, erstarren, der tod, die austauschbarkeit schliesslich: eins ist wie das andere («die vögel»).

ich glaube es war 1962, als konrad bayer mich besuchte und mir wie eine überraschung verriet, er hätte in der schweiz (er war dort filmen) einen «roman» begonnen. er wisse noch nicht, was letztlich daraus würde, aber er schriebe nun einmal drauf los, im übrigen sei er der meinung, dass es an der zeit wäre, etwas «grösseres» zu machen. er las mir damals die später in den «akzenten» veröffentlichten teile und noch anderes vor. animiert durch die berichte artmanns fuhr er später nach berlin und erzählte mir nach seiner rückkehr von einem jungen verlag, der vielversprechend mit max ernst begonnen hätte und sich für seinen roman und den vitus bering (an dem ihm sehr gelegen war) interessiere. aber daraus sollte nichts werden. mitte juni 1963 fuhren wir gemeinsam nach berlin. wir bekamen hier sofort lesungen im rundfunk — bayer las den vitus bering. in österreich wäre das undenkbar gewesen. er wurde zur tagung der gruppe 47 eingeladen. dort lernte er ledig-rowohlt kennen, der ihm einen vertrag gab. walter in olten übernahm den vitus bering. das eis schien gebrochen zu sein. doch konrad bayer strahlte eine steigende unruhe aus, man hatte das gefühl, es ginge ihm alles noch nicht schnell genug. dabei litt er immer häufiger unter der vorstellung der sinnlosigkeit von allem.

vor meiner endgültigen übersiedlung nach berlin bemühte er sich hastig um die langgehegte aufführung der «kinderoper». die gruppe sollte noch einmal gemeinsam auftreten (wir spielen uns in diesem stück selbst). bayer malte plakate und verschickte einladungen. das ganze fand in dem neueröffneten nachtlokal «chattanooga» am graben statt. am 9. april 1964 sangen wir unsere chansons, den abend darauf führten wir die kinderoper auf.

konrad bayer tauchte kurz in berlin auf, um für eine ausstellung «mobiler elemente» (die auch entsprechende ‹visuelle poesie› miteinbezog) seine leseläule («flucht») in die «situationen 60» galerie zu bringen. mitte september sahen wir uns wieder bei der frankfurter buchmesse. wir beschlossen, auch weiterhin bewusst als gruppe aufzutreten und trennten uns schliesslich mit neuen aktionsplänen.

er hatte sich in den letzten wochen nach hagenberg in niederösterreich zurückgezogen, wo einige freunde ein halbverfallenes schloss gemietet hatten, um dort seinen roman fertigzustellen. sonntag, den 11. oktober bekam ich aus wien einen anruf: konrad ist tot. gestern hatte er in wien sein leben durch gas selbst beendet.

gerhard rühm   berlin, im oktober 1965

für judith

wenn der montag die rosen durchs land treibt
steh ich am fenster und warte

wenn der dienstag den regen am ufer zerschlägt
dann steh ich am fenster und tanze

wenn der mittwoch für mittwoch die sonne entzweit
steh ich am fenster und weine

wenn der donnerstag im park sein kreuz verliert
geh ich vom fenster mit kommenden schritten

wenn der freitag sein kleid in die wolken schlägt
dann steh ich am fenster und verrate dich zweimal

wenn der samstag sein haar im schornstein findet
dann steh ich am fenster und singe

wenn der sonntag den tod umsonst verschenkt
dann steh ich am fenster und warte
(1951)

der engel im eis

alle treppen waren aus stein
so vergingen zwei stunden.
alle treppen waren aus stein
da stand ein engel im eis.

alle treppen werden aus stein sein
so werden zwei stunden vergehen.
alle treppen werden aus stein sein
da wird ein engel im eis stehen.

alle treppen sind aus stein
so vergehen zwei stunden.
alle treppen sind aus stein
da steht ein engel im eis.
(1952)

wir kennen den stein der weisen
einstein
und
novaja semlja
kaiser franz josef trug einen backenbart einen vulkan rosenbänderige
schleifen und keinerlei zeichen seiner wehrhaftigkeit
violette seide
interieur einer wehrhaften mördergrube im jugendstil
ein jabot
ein jettfarbener zylinder
und zwei motorboote in einer schadhaft emaillierten waschmuschel
über einem aluminiumkübel

wir haben zwanzig tage nichts gegessen
wir gruben ein grab
wir pflanzten nippfiguren auf unsere gräber
jesus christ
verräter von nazareth
wir regnen ohne aufenthalt zwanzig stunden täglich
amstetten
bürger von amsterdam
um einen juden ohne televisionsapparat geschart
setzen die polizei des gouvernements in grösstes erstaunen
der gummiknüppel wird nicht angewendet
wir erwarten regen
der mörtel blättert über dem waschbecken
eine gelbe tapete
über einer tapete in der farbe meiner strümpfe
über einer tapete in scharlach und samt

ein paket whistkarten ohne karo zehn
(1952)

herbei ihr tänzer und fahrenden sänger
herbei ihr gaukler und fastendiebe
mütter und töchter und jedes gesindel
seht
seht
hier liegt ein geschundener
mit einer dornenkrone
mit seinen gespaltenen fersen
und den sieben pfeilen der liebe

in seinem blutigen leib
seht
wie er sich windet
seht
wie er sich dreht
wie die holländischen windfahnen
wie segel im sturm
wie die herzen im frühling
kommt
und kommt
wir wollen seinen schädel spalten
sein haar verkaufen
und ein mahl an die armen verschenken
wer wirft den ersten stein?
einen groschen für sein linkes auge
und den zweiten für sein rechtes
freunde
wir wollen dieses fest nach seiner alltäglichkeit feiern
wir wollen ihn vor die stadt werfen
und unsere hunde und mädchen auf ihn hetzen
wir wollen in seinem blut waten
und unsere arme bis an die schultern bestreichen
wir brechen seine zähne
seine narben
und alle wirbel
wir werden seine erinnerungen an einen fremden händler verkaufen
und seine kleider öffentlich verbrennen
wir werden ihn auslöschen
und verlieren
wie ein seidenes tuch

kommt näher
und seht den geschundenen
kommt doch näher
dann seht ihr den geschundenen besser.
(1953)

der körper des mörders besitzt eine unüberwindliche schönheit.
engel fliegen über der stadt oder hängen wie die blüten des hanfes von
den candelabern.
ihre flügel schneiden elfenbein.
in den fängen heben sie fahnen in den farben ihrer federn,

wobei sie eine vorliebe für schwarz und viol zeigen.
jeder engel hat sechs augen.
diese engel verwandeln und werden verwandelt.
sie suchen ein stück gefärbtes tuch, das er gestern noch berührte.
sie werden es mit edlen steinen schmücken und auf einem geweihten altar anbeten.
sie verbrennen campher zu wacholder.
sie blenden seine schwester.
sie töten den hund seiner schwester.
er hatte weder vater noch mutter.
und er schrie unter den candelabern.
er hatte den mond erschlagen.
(1953)

vier henker spielten tarock in einem lilienfeld.
der erste war ein träumer
der zweite ein spitzbube
der dritte ein galgenstrick
der vierte war ein grosser narr.
und der erste stach
ein misstrauisches mädchen brachte ihm die reife mechanik eines rechenfehlers.
er nahm den fehler und legte ihn nachdenklich zu den anderen.
(1953)

wir nehmen keine rücksicht auf diese einladung
wir legen sie zu den akten
wir vergraben sie
wir verbrennen sie
wir zerschneiden sie mit der neuen schere
wir drehen sie um
wir schenken sie
wir verlieren sie
wir vertauschen sie
wir vergessen sie
aber wir wissen was wir dieser einladung danken
(1953)

die tänzer trommeln und springen
sie schlagen das rad über der trommel
sie fallen über die trommel und springen nach oben
mit ihren fahnen
sie singen oben
sie fallen von den türmen und singen
sie beugen sich unter die brennenden fahnen
sie beugen sich und öffnen die türme
die engel öffnen und schliessen und drehen sich
sie erscheinen und schliessen ihre brennenden mäntel
die engel steigen auf
in einem mantel aus feuer
sie erscheinen und versinken im feuer
sie steigen auf und tanzen im feuer
mit ihren posaunen
(1954)

mit einem schwert aus reinem crystall kann man jeden engel töten.
jeder engel hat einen falkenkäfig.
das schwert vernichtet den falken im käfig und spaltet die farbe im käfig. jeder falke wird mit einem schwert geschlachtet, das ausserhalb der farbe bleibt.
also spaltet man einen engel mit zwei schwertern, wozu man die gesten des hofes missbraucht.
die falken eines käfigs unterscheiden sich durch ihre rüstung.
jeder falke hat eine andere. die rüstungen der doppelfalken sind purpurn. jeden falkenkäfig kann man mit dem blut eines falken vernichten. in seinem blut verendet der falke und die anderen falken des käfigs.
so tötet man jeden engel mit hilfe von zwei schwertern.
(1954)

der kutscher sitzt auf dem tanzmeister und vierteilt die wartenden bittsteller. das land wird von fischen durchbohrt, die in käfigen auf breiten halbmonden sitzen. sie werfen tücher um das eis – mit federn im haar.
der kutscher sitzt im schloss und schlägt seinen wagen in stücke. er vierteilt die zweige und treibt die kinder vor die pferde. er kommt und schneidet mit dem messer einen verwilderten halbmond in den winter; die vögel tragen kronen, trinken aus stiefeln und wohnen beim statthalter. die mägde treiben einen ausgedienten soldaten zum tor, sie schlagen sich in die brust und werden alt. die vögel frieren und die

wunder toben in ihren käfigen aus eis. ein mädchen bringt die seidenen stiefel vor das tor. sie stellt die uhr auf ihre brüste und wärmt die tulpen mit ihren schenkeln.
(1954)

das wunderschöne märchen vom poeten und vom soldaten

der poet hat einen prügel und ein paar alter stiefel gefunden. ein guter prügel liegt gut in der hand. die stiefel tragen sporen. er lässt die stiefel und nimmt den prügel. mit seiner fahne und dem prügel. der poet trägt haken an den ohren. er windet eine dreifarbene fahne um den tropfnassen leib. um den tropfnassen leib gegen die hitze. der poet hat einen prügel in der wüste gefunden. die alten lackstiefel hat er nicht genommen.
er nimmt den ranzen. er mischt den schatten in seine kleider und legt sich unter das boot. er windet bänder ins haar, legt den prügel zur seite, er greift nach einer rose unter dem herzen, unter dem herzen, rose unter dem herzen.
zur linken des bootes wächst ein säbel. in dieser elenden wüste wächst ein säbel. der säbel sägt den ranzen entzwei verzwei umzwei. einszwei, kommt der erste fuss. er zeigt mit allen zehen nach dem süden. der poet errechnet mit seiner hilfe und einer landkarte den ungefähren standort. zweizwei, folgt ein schnurrbärtiger soldat von einer schulter zur anderen. er steckt bis zur halben brust im sand. ja. seine handgelenke sind mit tatauierten monden behängt. der poet bleibt zurückhaltend.
(1954)

balsader binsam
gunstert um die wiesel
entloser das feilkriegal
hatler was ganzer breiden.

er rinen getiekelung –
zerfaller man rinmuss.

die isigung zerentfallden:
rinfeil muss geigler!

mer es fallser
den man muss galge isung gamung
entden das manfeil gehat isler und gung.

der entserman es feilgal
is obeler gament
loser das feilkriegal
hatler was gamder serein.

das es galken hat obegam brander
lodas bin es kriehat –
um obe.

was der sallo
eines gunstkrieken obewiewas:
– branloder ein binkrieërt –
kenum wassel bransa?
ein mer bin gunstkengel?
– um wiebran?

balsader binsam
gunstert um die wiesel
sager der mergunst
lassert chel wiewer!
(1954)

der neunertz specken klaster
wie maien inner da
kettent kauert immelschnee
etz gras eis zwater sam

plampe theil an hauff dem gurt
ohn luentz sparis pfät
schwar schwerammel friple ramm
kleestatt um feiner siag

ent da du kein
blau trommelstein
tre haplartz oxcker pfeil
marie
du plotzen tunter tzar
marie
wir schanter keil ut seil
(1954)

die jakobinermütze
schlanze wanze akkurranze
schlanze banze ranze zanze
akkuranze wau
akkomode schlode wode
akkomode rode mode
okkohode code brod
ferilunga wumba dumba
ferilinqua tinte winqua
interminga schinto ronze
eikorsema meda keba
periballo wallo malo
kinteronde bonde blonde
schronde honde wonde munde
pinterunga feriminqua
allemassi redo redo
allobego fenti stauda
parekallo ello malo
fenigogo pleri ulla
kane kano kanu eba
peliflauzo fendi gauge
gandi augaperlilonga
falli stredo enge fallo
planimepo regi tauta
aniselma kleri algo
feli auzo feni plomba
stani anzug dlauri tosko
pauni pauni ebozandel
plauni plani kalle karnem
anzizaugo anizelmo
elma rega falli stronga
feli zartan angri kolla
kasi auto stani meez
fleni ballo kari mandol
ine flane wäre bro
brani plemo andri zallo kalli
wasso paula zinn
pali banze ergo kantor
stante kiram stane pro
alti wendi keri mason
pale bingo erig zud
klari brango weri zaugle
pflariz amin dalle wo

plane plane warke zerem
lalli mauto ani zamm
krani fessi ulti brodo
weri auzo klani barg
schrodo grossi range wufo
wedi wanza ande bal
stanze ruode quari kassa
poki lustro wrade gaz
indi grafl enzi aursaf
stani porda irze flod
öde parne ide kauza stari anka
wade wo
anke anke molli kausa
prande uzin quade ro
strani wega klari`austa
franzi prauda ware mo
proni pradul aske maufa
schwilze kimmon pare kres
ento lerma krane wildis
stire auzad flare mi
bide laustad wantil prausek
stari alla stari wendo
per in kaural flendi rauso
funge skari flantero

der held von le mans
der held von le mans
der held von le mans
wurde unter den 10 praetoren
vorne angemalt
(1956)

die vögel (kinderlied)

die vögel treiben es am ärgsten
sie zerbrechen die nelken
und durchbohren das land
mit ihren fängen aus elfenbein
sie reiten die fische
im wasser zu pferde
sie stellen die uhren auf mittag

die vögel wohnen in den spiegeln
sie schneiden mit messern
den mond in den winter
und tragen die stiefel
zum tor hinaus
sie flechten die zweige über die räder
sie pfählen den könig und seine frau
sie hauen den kutscher in stücke
sie tragen die hand in der brust
mit federn im haar
mit tau in den zähnen
mit einer lanze aus eis

die vögel sprechen mit leiser stimme
von rechts nach links
und öffnen die uhren ohne zu fragen
sie legen blumen in jeden käfig
sie stellen den wagen in den wind

die vögel jagen den winter
sie hungern
sie warten
und frieren
(1956)

die oberfläche der vögel

sagen sie mir doch
muss man über flüsse setzen?
zu welcher stunde?
wo?
sagen sie mir doch
ist da
das schlachthaus?
die gasanstalt?
sehen sie doch
dort oben
hoch oben
aufgehoben
aufgetrieben
vom lichtdurchlässigen
luftstrom

schweben
die vögel
weder kalt noch warm
weder gesehen noch gehört
weder das eine noch das andere
schweben
die vögel
sehen sie doch
oben
dort
in der höhe ...
(1957)

das fahrrad

woher ist das fahrrad?
wohin wird das fahrrad werden?
wann ist fahrrad?
da ist das fahrrad gewissermassen!
durchaus ebenso besonders sind fahrräder zunächst überhaupt.
allerdings ist jenes fahrrad fast ganz nahezu.
also wozu dagegen sind fahrräder vielmehr eigentlich?
zuweilen sind fahrräder stundenlang.
nein, kein fahrrad ist weder ziemlich noch wenigstens.
freilich sind fahrräder sehr dort!
kaum unglaublich, als je ein fahrrad stets ungefähr gewesen sein würde.
daher sind fahrräder oder werden davon werden.
im allgemeinen war hier dagegen das fahrrad beiläufig, aber sehr andrerseits genauso vermutlich.
schon möglich, dass einige fahrräder hinten werden und rechts sind, doch das immer desto mehr.
weitaus nicht, vielmehr ist gewöhnlich das fahrrad wahrscheinlich überhaupt ausser gemäss hiervon gewesen.
ohne fahrrad ist nichts überdies.
jedenfalls sind fahrräder keineswegs zweifellos.
somit sind fahrräder trotzdem überhaupt.
natürlich sind einige fahrräder zuweilen wieder täglich.
später wird das fahrrad manchmal kaum damals.
seitdem sind fahrräder freilich nirgendwo ferner.
eben werden fahrräder manchmal längst geworden.
ob das fahrrad vielleicht ist, obgleich es ist, damit es war, wie es wird?
dazu ist ein fahrrad zuletzt.

gewiss; denn ist ein fahrrad das fahrrad eines fahrrades, wird dem fahrrad sonst ein fahrrad dann sein?
genug, jenes fahrrad wird wohl mit etwa einem fahrrad vielleicht sein, tatsächlich!
auf diesem fahrrad ist selten täglich vorderhand.
vielmehr waren plötzlich viele fahrräder morgens und abends bald weitaus geradezu, allenfalls zumindest irgendwie stets.
während das fahrrad zunächst das nämliche gleich als sofort ist, geradewegs dadurch werden übrigens fahrräder folglich seitdem lange, häufig als ob vielmehr alles wieder obzwar sei, um zu werden, weil wozu vieles höchstens jetzt geradezu gewesen worden sei.
bald wäre ein fahrrad kein fahrrad, möglichst ausser wenn weiterhin wieder eher bis sei.
gewiss ist das fahrrad folglich geworden!
oder überall werden fahrräder zum beispiel geworden werden.
allgemein ist neben dem fahrrad weniger vielleicht.
wird das fahrrad solchermassen beiläufig zweifellos?
(1958)

heda falke
falke
heda falke
ich hab ein schloss
in der bretagne
heda
falke

.

nimm den fuss weg
gib die hand her
schlag den kopf ab
setz den hut auf
imperator
komm & gehe

.

der herbst zerplatzt in den winter
die nacht zerplatzt in den tag
die hand zerplatzt in die finger
du es ich

.

ich fliesse
aus
ich gehe
auf
ich kam
kam
o

.

hie und da feucht
klebrig
lebenslustig
nicht?
nicht wahr?
gelt?

.

ich grabe
grube
grobe
hinein
ich spreche
ich sehe
bisher
auch

.

o kalt
o möglich

.

wozu ist
ihnen
ich danke
ihnen
ich sehe
ich denke
draussen
es schneit
ihnen

.

einmal
dass ich sage
soll ich sagen
davon
dazu

.

also
ziehen
in den krieg
sagte
nero mit ihm
oder
nero auf ihm
lieber freund

.

los
geworfen
o gut
tag
abend
neu

.

1
mein plumbes haar
zum schreiten
komisch
was saugst du
da

2
die du
die du
schraub
IX

3
malze
malze du
die du
die du
die du da
du die da
da du die
du da
die du
da
malze
du da
die
da die du
malze malze
du

4
sterne sternt klart
baucht an bauch
auch du
die du
die du da
da du
unstern
bauchst

.

ja und nein
worte
ich weiss nichts damit anzufangen
ja und nein
worte
die mir nicht mehr helfen
ja und nein
imaginationen des jubels

aber hier wird nicht gesprochen

.

riegel mir den hals
aber aber
riegel aber

mir den hals
riegel riegel
halsriegel
hals mir den riegel
aber hals
mir den riegel
mir den hals
riegel mir den riegel
hals mir den hals
riegelhals
hals aber hals
hals

.

invocation et miracle du tlu

le tlu est mort
coeur et lit
nous allons au jardin des néants
quelle fleur fantasque
rouge et noir
pleurez
pleurez
le tlu est mort
évidemment
le tlu est mort
poison impoisson.
pleurez
pleurez
la santé du juin
ambassadeur de la lune.
pleurez
pleurez
le tlu est mort
en face du lion.
nous pleurons
vous pleurez
rassemblé
fatigué
liberté

enculé
comme un oiseau triste
le tlu est mort.

les animaux sont malades.

•

franz war.
war franz?
franz.
war.
wahr.
war wahr.
wirr.
wir.
franz, wir!
wir, franz.
ihr.
franz war wirr.
war franz irr?
wirrwarr.

•

GOTT legte einen kranz auf das grab und erzählte die parabel vom
menschlichen glied
zu klein
zu schwach
der kaiser vogel
im bild

•

moritat vom tätowierten mädchen

ein mädchen wollte auf der haut
das bildnis einer rose tragen;
doch war sie eines spenglers braut,
der wollte seinen vater fragen,
ob man die ehre der familie
nicht besser kleide mit der lilie.
da lief das gute mädchen fort,
gab ihm zurück sein bräutigamswort.
sie warf sich einem herren hin
in dessen ätzwerkstatt;
nach hautverzierung stand ihr sinn,
als sie auf runden knieen bat:

«nehmt die messer, schneidet mir
einen netten rosengarten
in den hals, und bitte hier!
will gewiss zwei stunden warten
bis vorbei die prozedur,
bis die rosen eingekerbt.
nehmt zum preise diese uhr,
die ein vetter mir vererbt.»

«rosen, rosen, rosen
blühn auf deinem neuen kleid;
rosen, rosen, rosen
ätzte ich in manchen leib.
aber dahlien, du süsse,
duften sanft, wie engelsfüsse,
darum schmücke dich mit dahlien,
sonst musst rosen du bezahlien
und die rosen kosten blut,
enden früh dein junges leben.
siehe, solches wär' nicht gut,
so will dahlien ich dir geben.»

«guter künstler, gib mir rosen,
rosen auf den jungen leib.
schnitz die blumen in den blossen,
stark gebräunten mädchenleib!»
«also will ich es versuchen»,

sprach der meister sonder gram,
stopfte ihr den mund mit kuchen,
als er seine messer nahm.

dann ein schnitt, ein zarter, milder,
für das erste rosenblatt;
auf dies ward der meister wilder
und das mädchen wurde matt.
aber aus den tiefen schnitten
wuchsen blätter, wuchsen blüten
und das eigensinnig kind
weint sich beide augen blind.
zwar, ihr leben blieb erhalten,
nun, das fällt nicht ins gewicht,
sie kann haut in rosen falten,
doch ohne augen sieht sie's nicht.

moral:
der wille ist ein eitler wahn
und richtet argen schaden an.

marie dein liebster wartet schon

marie dein liebster wartet schon
mit einer stange von beton
in seiner guten sanften hand
im haar trägt er ein seidenband

er schlägt den prügel dir ums ohr
da spritzt das blut gar hell empor
dein neuer hut er ging entzwei
ihm war das alles einerlei

warum geht er so eilends fort
warum spricht er kein einzig wort
was hat den knaben so bewegt
dass er dich einfach niederschlägt

er war so still er war so zart
sein kinn war weich und unbehaart
wer hätte das von ihm gedacht
marie er hat dich umgebracht

hat grausam dir und ohne grund
zerschlagen deinen rosenmund
nun liegst du hier und kannst nicht fort
die strasse ist ein schlimmer ort

zu sterben denn es schickt sich nicht
dass man im freien augen bricht
warum ist diese welt so schlecht
warum war er so ungerecht

I never knew

I never knew
what to do
in my blues
with a girl like you
sweet little female kangaroo
and all that music
music
devilish music

my cherry lou
never true
I am through
with your nasty cockatoo
wh' was ruining any rendez-vous
with you my darling
darling
devilish darling

I wonder who
of the crew
did intwo
all that love of me an' you
yes all that love of me an' you
dont be so cruel
cruel
devilish cruel

here is the cage of my love

here is the cage of my love
you are the cage of my love
believe to me
believe to me
here is the cage of my love

und schiessen pfeil um pfeil

wir und dir mit mir und ihr
der menschen und das fresser tier
gefährden diese strassen
der aber unter dieser euer
feuer wird ganz ungeheuer
braun man muss ihn rösten lassen
um aber um und um und um
muss man das seine ihre tun
um ihre seine abzutun
und kann die knusper schwarte fassen
der fresser mensch auch menschenfresser
frisst weib und kind ein starker esser
ohne gabel ohne messer
etwas anstand wäre besser
laues blut auf glutweinfässer
augen im zitronenpresser
ja so sind die menschenfresser
sie jagen den menschen die bäume hinunter
mit der sichel mit dem beil
er blickt voll angst wir lachen munter
und schiessen pfeil um pfeil
und wälzt er sich im schwarzen blut
so wird der menschenfresser heiter
er fasst axt und frohen mut
wandelt auf des rohsinns leiter
der senne kennt um frostrevier
für dritter klasse eins und vier
da und für aber keiner als
den schmerz und kinder sehr den hals
da steht der kannibale besser
für vaterland und menschenfresser

dann bin ich gestorben

ich wurde geboren
am 17. august
bald wurde ich grösser
doch war's mir nicht bewusst
ich lernte auch sprechen
und bausteine brechen
dann bin ich gestorben
am 17. august
ein jahr nur ein jahr nur
hat mir gott geschenkt
doch war es ein reiches
wenn man es recht bedenkt

schöne welt

am 17. august
kam ich zur welt
da wars um diese welt
nicht sehr gut bestellt
drum ging ich wieder fort
nach einem jahr
dennoch muss ich sagen
s war wunderbar
schöne welt
schöne welt

sodann bin ich gestorben
also als kind
man hat mich verborgen
wie eltern schon sind
in einer schachtel
die am boden stand
doch der rauchfangkehrer
hat sofort erkannt:
schöne welt
schöne welt

«hier liegt ein irrtum vor
das kind ist garnicht tot
denn seine beiden backen

die sind noch lebensrot!»
da kamen meine eltern
und freuten sich vergebens
denn diese röte war
kein zeichen meines lebens
schöne welt
schöne welt

es war ein sonnenstrahl
der mich so froh beleuchtet
es war der morgentau
der meinen mund befeuchtet
dennoch muss ich sagen
s war wunderbar
im kreise der familie
nach einem jahr
schöne welt
schöne welt

das zarenkind, oder, was des menschen wille vermag

als ich zur welt kam
ein kind noch
und blind noch
man weiss doch
ich kann nichts dafür

da biss ich den vater
ohn fleiss doch
er weiss doch
ich war noch
ein unwissend tier

doch er wie ein wilder
schlug sein ebenbild er
hinein in die wand
mit der hand

doch er wie ein wilder
schlug sein ebenbild er
hinein in die wand
mit der hand

da hört man mein mütterlein
brüllen
im willen
zu stillen
des väterchens glut

drauf gab er keinerlei
blick mehr
mir mehr
flugs er
wuchs in der wut

und trotzte dem schicksal
er zeugte noch einmal
mich seinen sohn
für den thron

und trotzte dem schicksal
er zeugte noch einmal
mich seinen sohn
für den thron

plötzlich ging die sonne aus

plötzlich ging die sonne aus wie eine gaslaterne
und ein rauchpilz zischte auf. es war nicht gar so ferne.

dann trocknet mir das rückgrat ein. ich denk mir, das wird heiter,
das kann doch bloss der anfang sein. da ging's auch fröhlich weiter.

der mond fiel auf die erde drauf mit kosmischem geknalle.
der horizont schob sich zuhauf, jetzt sitz' ich in der falle.

mir platzt das dritte äderchen. das blut schiesst aus den ohren.
ich denk mir, liebes väterchen, gleich kommt es aus den poren.

und während mir die haut abgeht und ich mich sacht verkrümme
und rechts und links die welt vergeht, da hör' ich eine stimme:

liebster, sag mir, liebst du mich? sag mir, lass michs wissen.
ich, du weisst es, liebe dich, und ich will dich küssen.

glaubst i bin bleed, das i waas, wos i wüü

glaubst i bin bleed, das i waas, wi schbeeds is?
glaubst i bin bleed, das i hea, wos du sogst?
glaubst i bin bleed, das i siich, wi du ausschaust?
glaubst i bin bleed, das i waas, wiri haas?

glaubst i bin bleed, das i gschbia, wos i augreif?
glaubst i bin bleed, das i schmeck, wos i friiss?
glaubst i bin bleed, das i riach, wias do schdingt?
glaubst i bin bleed, das i waas, wos i wüü?

ollas mid gewoit

ollas mid gewoit
i dua ollas mid gewoit
weu ma des a so gfoit
duari ollas mid gewoit

anna und rosa

anna: es ist nicht leicht ihn zu verlassen
rosa: es muss schwer sein
anna: ja sehr.

> aber ehe ich ihn verlasse
> will ich noch frühstück machen
> will die hemden bügeln
> will ich ofen rütteln
> federbetten schütteln
> gasrechnung bezahlen
> will die stube fegen

und den zins erlegen
und die schuhe holen
vom schuster.

rosa: ja tu das
anna: ja das muss sein.

aber zuvor
will ich hemden waschen
will die brote schneiden
muss den besen suchen
und die kohle holen
aus dem keller.

rosa: ja tu das
anna: ja das muss sein.

aber zuvor
muss ich die hemden flicken
muss das messer schleifen
und den schlüssel finden
fürn keller.

rosa: ja tu das
anna: ja das muss sein.

aber zuvor
muss ich noch nadeln kaufen.

aber heute ist ja sonntag.
so werd ich morgen
eben nadeln kaufen
dann den zwirn nehmen
und die hemden flicken
auch die kohle bringen
und bügeln
dann die schuhe holen
und die stube fegen
und das feuer machen
und die messer schleifen.
und dann werde ich ihn verlassen.

rosa: es muss schwer sein
anna: ja sehr.

original-soldatenlied

die fahne schreitet
die hüte schreiten
die schüsse schreiten
die füsse schreiten
verzeih

die fahne fällt
die hüte fallen
die schüsse fallen
die füsse fallen
verzeih

das lied vom armen karl

drum links links drum links
der rechte fuss ist fort

drum links links hm links
er ruht am stillen ort

da hat es mich verdrossen
hab nimmermehr geschossen

komm mit auf den abort

drum links links drum links
ein fuss ist keine frau

drum links links hm links
geh mit du junge sau

für ein glas bier das freut mich nicht
den armen karl mag ich nicht

das weisst du ganz genau

alte wunde

alte wunde
ganz geschwollen
wohin hätt sie wachsen sollen?
nirgendwo war für sie platz
birgt den nibelungenschatz

niemand hilft mir

niemand hilft mir
niemand spricht mir
niemand gibt mir ein stück brot
jeder betrachtet mich
jeder verachtet mich
jeder wünscht ich wäre tot
das ist lustig
das ist schön
das ist das zugrundegehn

niemand weint so zart
wie es meine art
niemand wälzt sich so im kot
jeder ist entsetzt
jeder ist verletzt
jeder flüstert leis «mein gott»
das ist lustig
das ist schön
das ist das zugrundegehn

ich und mein körper

ich und mein körper wollen verreisen
ich und mein körper
mein körper und ich
10 jahre später stehn wir am bahnsteig
ich und du mit unseren körpern
und wollen verreisen
du und dein körper
und ich und mein körper

stehen beisammen
und du steckst in deinem
körper und ich steck
in meinem körper

ich bin ein wirkliches kind

ich bin ein wirkliches kind
nein nein so etwas
ja so etwas
ein wirkliches kind
nein nein so etwas
wirklich ein kind
so ein kind
nein nein so etwas
wirklich ein kind
bin ich
nein nein so etwas
bin ich wirklich ein kind?
nein nein
ein wirkliches kind
nein ein kind?
wirklich nein so etwas
ein kind

erstens will ich fröhlich sein

erstens will ich fröhlich sein
zweitens mich vergnügen
drittens ist die erde mein
das sollte doch genügen

aber ich
fürchterlich
hab auch noch das weltall
und die zeit
und den raum
 sowieso man glaubt es kaum

kurze beschreibung der welt

es gibt aachen
es gibt aale
es gibt aas
es gibt ab
es gibt abarten
es gibt abbalgen
es gibt abbau
es gibt abbeissen
es gibt abbilder
es gibt abblasen
es gibt abblühen
es gibt abbruch
es gibt abdecker
es gibt abende
es gibt abendzeitungen
es gibt aber
es gibt aberglauben
es gibt abermals
es gibt abfall
es gibt abfluss
u. s. w.
bis zuzeln, das es natürlich auch gibt

irgendwo geboren werden
zur arbeit geboren werden
sich an die wand lehnen
sich nach geld sehnen
im wasser baden
mit dem netz fangen
auf dem seil tanzen
mit dem kinn auf die mauer reichen
von furcht ergriffen
im bett liegen
zu füssen fallen
vor jemandem hergehen
wenn jemand vor einem hergeht
vor kälte starr sein
für tapfer gehalten sein wollen
gegen den wind stehen
in der hand raum haben
auf die erde fallen
verstehen was man sagt
nach norden hin liegen
etwas ins wasser tauchen
klein von gestalt
gegen einander treiben
sich ins wasser tauchen
sich nass machen
sich am feuer wärmen
sich für gott halten
sich in die luft schwingen
mit einem kämpfen
im meer ertrinken
ins meer tauchen
allen sichtbar
gegen den himmel fliegen
in die luft fliegen
etwas für gut erkennen
sich mit einem vereinigen
etwas begreifen
etwas aus den zeichen vermuten
die füsse ins wasser tauchen
seine sünden bekennen
sich mit lastern beflecken
etwas zu etwas gebrauchen
das gesetz übertreten
gross von wuchs

sich zu gott bekehren
einem geld anbieten
mit jemandem sprechen wollen
an der luft verhärten
sich schämen
welcher von beiden?
mit weihrauch räuchern
ausarten
vor jemandem
sich am zusehen ergötzen
sich einem auf den rücken setzen
in einem mantel gehen
vor hitze
aus leibeskräften schreien
über das wasser schauen
etwas auf die erde werfen
geruch verbreiten
sich zum himmel erheben
im wasser nass werden
in erz graben
sich in etwas anderes verwandeln
sich einem nähern
irgend wohin gehen
ein schiff auf den strand auflaufen lassen
einen ansehen
sich in eine frau verlieben
dick am körper
mit jemandem kommen
mit jemandem leben
bei jemandem sein
allen sichtbar
mit der hand auffangen
weiss von gesicht
von zarter rinde
nach brot schmecken
von etwas abschneiden
jemandem etwas geben
irgendwo erscheinen
muscheln finden
jemandem gehören
in der hand halten
sich nach etwas sehnen
etwas von einem ding abkratzen
sich voll essen

jemandes zuneigung gewinnen
etwas als gut erkennen
etwas geniessen
sich vor übel hüten
sich in sicherheit wiegen
sich an der wand herunter lassen
etwas kosten
sich an etwas gewöhnen
mit eifer zu glauben
eines dem anderen gleich machen
sich überzeugen
irgendwo brechen
eier in das nest legen
auf allen vieren kriechen
aus den händen schlüpfen
vor lachen bersten
jemanden mit der hand schlagen
beim gürtel festhalten
mit jemandem ringen
in einen fehler verfallen
jemanden zur sünde verleiten
den anderen verraten
brot holen
auf dem weg gehen
hinter einem her gehen
neben das meer
allein sein
etwas irgend wohin legen
etwas anderes wohin schleudern
weit vom lande
etwas vom boden aufheben
die stimme erheben
sich über etwas beklagen
jemanden beklagen
etwas wohin tragen
von einer leidenschaft erfasst werden
eines an das andere binden
einhändig
bereuen
(1956)

gestern
heute
morgen
die leute
vater mich friert
ich trinke milch
beeile dich
eins zwei drei
brich das glas nicht entzwei
vater ich habe hunger
hier ist dein brot
der stein ist hart
das haar
der bart
gehe
kaufe
bringe
der korb ist schwer
es regnet
es schneit
ach mein schönes kleid
auf dem baum
die birne
der vogel singt schön
wir wollen gehen
briefträger
hast du keinen brief für mich?
ich bin
du bist
hinein
heraus
er ist
wir sind
die frau
der mann
ihr seid
sind sie?
höre
die uhr schlägt
mein auge ist blau
dein auge ist grau
wir schwimmen im meer
du dummer hanswurst
hast immer durst

anna sei still
der vater liest die zeitung
das wasser ist nass
das gras ist grün
sieben acht neun
meine puppe ist klein
zünde das licht an
sprich dein gebet
und
gehorche deinem vater
die rose hat dornen
der schuster macht schuh
lass mich in ruh
deine schürze hat ein loch
lieber vater näh es zu
der läufer nimmt die beine hoch
und du
machst mich krank
der winter ist lang
der schnee ist weiss
die suppe ist heiss
bist du sicher?
schau
ein armer mann
der nicht gehen kann
wir wollen den kuchen
versuchen
ein teller
fünf töpfe
sieben nadeln
sechs knöpfe
dieser arme herr ist blind
vater ich kann nicht mehr
ich bin satt vater
die wetterfahne dreht sich im wind
suche die seife
die trommel
die pfeife
das wetter ist gut
der acker
des vaters
dem zwirn
den kaffee
anna mahle den kaffee

oder willst du lieber tee?
die blätter
der tiere
den füssen
die köpfe
meine strümpfe sind zerrissen
der hund hat mich gebissen
der morgen
der abend
die nacht ist schwarz
sechs fünf vier
komm zu mir
(1956)

der vogel singt
eine dichtungsmaschine in 571 bestandteilen

erde — luft
(1.—95. bestandteil)
er schlägt seine flügel über den wind.
eine elektrisiermaschine erleuchtet das getriebe der landschaft.
leuchtziffern steigen auf und fallen.
die farne verbergen kürbisse. sie zeigen die angewandte geometrie in ihrer entfaltung.
er versucht seine sohlen an farn und kürbis.
er dreht die hände in den gelenken. er beugt die arme
und beginnt seine gymnastischen übungen. erstaunt nimmt er seinen schweiss zur kenntnis
und schlägt mit den flügeln.
er versucht seine finger an farn und kürbis.
die elektrisiermaschine zerteilt den nebel.
die farne teilen ihre blätter.
ein baum im horizont, der unter der ziffer 7 steht und mit dieser durch linien und punkte verbunden scheint, trägt die farben seiner blüten auf den ästen. die ziffern stehen unbeweglich im raum.
ein kürbis wechselt seinen standort.
der wind schlägt gegen die flügel.
der nebel hängt an seinen händen.
die elektrisiermaschine färbt ihm arme und beine. der gefiederte jüngling kann trotz aller bemühung die wirkung einer klassischen schaufensterpuppe nicht ganz vermeiden.
der wind legt die blüten des baumes auf die farne.
der offensichtliche versuch auch das antlitz des jünglings zu färben scheitert mit blauer lichtentwicklung.
die elektrisiermaschine setzt mit einem künstlichen regenbogen alles in erstaunen.
sogar unter den blättern der farne sitzen ameisen.
die elektrisiermaschine wird für einen augenblick durch eine fliegende ameise verdeckt.
die ameisen fliegen mit ihrer königin zum nächsten kürbis.
durch die geometrische reihung bleibt die anzahl der wachsblumen beschränkt.
sie sind von niederem wuchs und halten eine farbe, die sich der ordnung der landschaft fügt.

die ungeflügelten ameisen nähern sich dem baume und weichen den wachsblumen in geometrischen bögen nach links und rechts aus. so bildet die summe der ungeflügelten ameisen ein schönes ornament in der graswolle. die punkte im raum, die die ziffer 7 mit dem baum verbinden, sind schwebende, geflügelte ameisen. die ziffern 1 bis 9 werden von einer teilsumme der geflügelten ameisen im raum gestaltet.
er bricht das eis von seinen lippen.
er schlägt seine flügel gegen den wind.
der wind schlägt gegen die farne.
die wachsblumen entledigen sich vieler blütenblätter.
der baum verdeckt einen kirchturm.
reihen von pilzen teilen die landschaft in rhythmischen abständen parallel zum horizont.
die pilze haben grosse schirme und zarte stengel.
jetzt haben einige ungeflügelte ameisen die erste reihe der pilze erreicht.
der geflügelte jüngling setzt durch entfernung einer wachsblume eine andere ordnung in die schöne maschine der landschaft.
er pflanzt kürbisse an stelle der wachsblumen. er steckt die kerne in die teile der schönen maschine.
es lässt sich nicht vermeiden, dass es wärmer wird.
das salz zerfliesst.
er bedeckt sein ungefärbtes antlitz mit dem schatten der gefärbten blüten des baumes.
die geflügelten ameisen schweben über dem kirchturm in gestalt von unanständigen worten.
auch die anderen kürbisse platzen und verlieren ihre kerne.
der jüngling versetzt die ziffern über der landschaft und bringt sie in eine ihm erwünschte beziehung.
die vögel singen auf des messers schneide.
er schlägt seine flügel unter den wind.
die ameisen halten ihren standort.
eine grosse geflügelte ameise verlässt ihren platz über dem kirchturm.
sie zeigt ihren kiefer in unmissverständlicher weise und versucht das bild der landschaft zu gestalten. die grosse geflügelte ameise besetzt einen ästhetisch wirksamen punkt im raum.
der jüngling wirft einen stein,
ohne sie zu treffen.
sie schlägt ihre kiefer in seine hand und schwebt dann wieder in einiger entfernung.
die ungeflügelten ameisen fressen faustgrosse löcher in die zarten stengel der pilze. die erste reihe fällt.
er wirft einen stein und trifft die geflügelte ameise.
es ist eins.
er legt die querschnitte der objekte über die landschaft.

die bauern fahren mit einem heuwagen aufs feld.
er gleitet über kürbisse und farne zum kirchturm.
die runden räder mit den blauen speichen bewegen die maschine der landschaft.
er steht vor einem laden am platz vor der kirche und betrachtet die ausgestellte ware.
er kauft einen gestreiften anzug und schneidet löcher für seine flügel mit einem messer, das ihm der freundliche verkäufer gerne geborgt hat.
als sich zeigt, dass er nicht zahlen kann, ordnet der jüngling das schaufenster.
der zufriedene verkäufer schenkt ihm eine fotografie seiner verwitweten tante.
die kinder kommen aus der schule und zeigen dem gelehrigen jüngling den weg in die stadt. sie stehen ganz nahe um ihn im kreis und halten die finger in eine richtung.
sie begleiten ihn gerne und erzählen ihm die letzten neuigkeiten.
sie schenken ihm einen breitrandigen strohhut mit langen und blauen bändern. er legt den hut über die schultern.
er gibt ihnen gerne die fotografie der tante des freundlichen verkäufers auf die sie einen heiligenschein malen.
er gleitet über das pflaster, während ihn die kinder an den händen nachziehen. sie zeigen ihm, wie hoch sie springen können.
er dreht seine hände in den gelenken. er beugt die arme und beginnt seine gymnastischen übungen. die kinder nehmen den schweiss erstaunt zur kenntnis,
der deutliche spuren auf seinem ungefärbten antlitz hinterlässt.
er verbessert die zeugnisse aller kinder, worauf ihm die kinder wieder zeigen, wie hoch sie springen können.
er bezaubert die lehrerin, welche die kinder nach hause schicken will, durch eine vollendete verbeugung.
sie verlässt beschämt den platz vor der kirche.
alle kinder zeigen, wie hoch sie springen können.
er verspricht ihnen, für ein anderes mal die fotografie seines vaters mitzubringen, die sie mit einem heiligenschein bemalen dürfen.
ein kind zeigt ihm, wie hoch es springen kann.
er setzt den breitrandigen hut mit den langen bändern aufs haar und erringt die gunst aller kinder.
er macht die schulaufgaben der kinder ohne einen einzigen fehler.
die kinder beschliessen, ihn in die stadt zu begleiten.
die mütter der kinder kommen aus den häusern und bringen die kinder nach hause,
weil die suppe noch heiss ist.
der lebhafte jüngling zeigt ihnen, wie hoch er springen kann,
worauf die mütter in den häusern stühle vor die türen stellen.

er setzt seine sohlen wieder auf das pflaster.
er ordnet die ware im schaufenster für die nächste saison und bittet den freundlichen verkäufer um eine reisetasche.
leider trägt diese die initialen der tante des verkäufers in lettern aus messing.
als aber der höfliche jüngling erklärt, dass er daran keinen anstoss nehme, gibt sie ihm der freundliche verkäufer gerne.
der jüngling fliegt eine runde um den kirchturm und macht sich auf den weg.
die bauern bringen die ernte ein.
die bäume entledigen sich ihrer früchte.
es regnet nicht.
ganz links in der landschaft steht eine sonnenblume.
kein wind bewegt ihre blätter.
solange die sonnenblumen auf den feldern stehen, wird es nicht regnen.
der ahnungslose jüngling schmückt seine reisetasche mit sonnenblumen.
inmitten von sonnenblumen stehen grosse zelte mit bunten fahnen auf den masten.
der gelehrige jüngling nähert sich den zelten
und hört verschiedene mädchen die das rad schlagen.
er sieht einen neger, der sein schwert durch die ohren zieht,
und einen leierkastenmann, der eine rote perücke trägt.
der steht auf dem kopf,
dreht an der kurbel,
und bittet um almosen.
der gelehrige jüngling dreht seine hände in den gelenken. er beugt die arme und beginnt seine gymnastischen übungen.
der nebel hängt an seinen händen.
der mann mit der roten perücke stellt sich auf die sohlen,
tritt vor das zweite zelt und öffnet den vorhang.
es ist zwei.
ein mann mit einer roten perücke verbeugt sich
und erklärt ihm die vorzüge der artistik. er springt auf ein seil und tanzt.
der belehrte jüngling zieht an seinen ohren.
er zeigt die zähne und lächelt lautlos.
er zieht eine runde über den zirkus,
worauf der mann mit einer roten perücke die gute meinung und den halt verliert. er fällt vom seil und schreit:
hast du keine ohren?
der belehrte jüngling wackelt mit den ohren.
er hat die telegrafenapparate der stadt gesehen und ist nicht mehr zu halten.

erde — feuer
(96.—190. bestandteil)
die schornsteine sind mit eisenringen geschmückt.
auf den ringen stehen die arbeiter und prüfen ihr gewicht.
aus den rädern der maschinen steigt rauch.
der staunende jüngling legt den querschnitt einer lokomotive über eine hängebrücke.
die arbeiter steigen von den schornsteinen und bohren mit ihren presslufthämmern faustgrosse löcher in den asfalt.
ein polizeikordon holt einen feuerwehrmann aus einem zertrümmerten automobil.
ein polizeiwachtmeister mit goldenen schnüren entzündet den motor mit einem brennglas.
jetzt holt der feuerwehrmann seine feuerwehrspritze aus der weit entfernten perspektive.
die polizisten steigen auf die schläuche.
aber der feuerwehrmann betrachtet seine trockene feuerwehrspritze mit leiser wehmut.
die polizisten schicken den feuerwehrmann ohne trinkgeld nach hause.
sie verstreuen die asche des automobils nach einem vorgeschriebenen zeremoniell in einer nahen parkanlage.
die öffentlichen schwimmbäder bleiben geschlossen.
das glas über dem palmenhaus explodiert unter rauchentwicklung.
einige passanten heben den polizeiwachtmeister auf einen rüstwagen der städtischen strassenbahn.
der tarif für langstrecken wurde beträchtlich erhöht.
die erregung der passanten hat transparente formen erreicht.
ein herr mit schnurrbart sitzt auf der bank vor den volièren des bahnhofs.
das salz zerfliesst auf den geleisen.
die konzerte der kurkapelle finden ausnahmsweise im grossen teich hinter der gedächtnissäule statt.
zu diesem zweck wurde der springbrunnen nicht in betrieb genommen.
das kurorchester hämmert mit seinen instrumenten auf die bildsäulen des springbrunnens.
jede bildsäule zeigt einen klassischen helden oder seine geliebte.
der gerührte jüngling dreht die hände in den gelenken. er beugt die arme und beginnt seine gymnastischen übungen.
er bricht das eis von seinen lippen.
der herr mit dem schnurrbart hält seine tränen mit mühe an sich.
der polizeiwachtmeister verfügt die sofortige räumung der parkanlage.
die automobile der städtischen feuerwehr explodieren zwischen dem lärm der pressluft hämmer.
eine abteilung kadetten besetzt das haupttor der parkanlage.

um die empörten passanten zu beruhigen, werden geleise durch den park gelegt.
noch weiss man aber nicht, ob man sie dem eisenbahnnetz anschliessen oder der städtischen strassenbahn zur verfügung stellen soll.
der herr mit dem schnurrbart nimmt auf der ersten schwelle platz.
es ist drei.
sodann beschliessen die polizisten, ihre kaserne aufzusuchen.
der strebsame jüngling verdingt sich als platzanweiser und erhält seinen verdienten lohn.
die kadetten vermessen den trockenen teich mit zirkel und dreieck.
ein erregter passant erklärt ihnen das grundmotiv der parallelverschiebung.
der bedauernswerte jüngling verlässt angewidert seinen arbeitsplatz.
er nimmt gegen die gärtner stellung.
die gärtner bringen ihre baumscheren in anschlag und nehmen dahinter platz.
er bringt ihnen den entlaufenen hund eines passanten, welchen sie gerne scheren.
der jüngling dankt ihnen gerne und entlohnt sie mit einem verdienten trinkgeld.
die stets durstigen gärtner bedauern den ruhetag ihrer bevorzugten stehweinhalle.
der vernünftige jüngling entfernt sich mit grossen schritten.
hast du keine hände?
der beschämte jüngling winkt von ferne mit beiden händen,
während die gärtner den schnurrbart des herrn scheren, der auf den geleisen sitzt.
der bescheidene jüngling fährt mit der strassenbahn an das andere ende der stadt.
die elektrisiermaschinen rasen durch die werkhallen der fabriken.
durch die reibung glühen die wände in rhythmischen abständen auf.
trotzdem bleiben alle lampen in betrieb,
bis sie zwischen dem lärm der maschinen zerspringen.
dann werden sie auf grosse roste gebreitet
und auf offenem feuer geglüht.
auf diese weise zerspringen die noch unversehrten glühbirnen
zum teil schon auf den rosten und man erhält zahlreiche sprünge.
danach bringt man das vorbereitete material in das walzwerk,
wo es zu grobem sand vermahlen wird.
dieses walzwerk besteht aus zwei walzen.
alle achsen sind aus gusstahl.
darüber bewegt sich stundenlang der trichter zum einfüllen des vorbereiteten materials.
infolge ihres grossen gewichtes senken diese maschinen das walzwerk

immer tiefer in die erde.
man überlegt, der glühlampenfabrik ein bergwerk anzuschliessen und die produktion zu erhöhen.
der polizeiwachtmeister fährt mit dem rüstwagen der städtischen strassenbahn in die direktion des unternehmens.
dort legt er mit weitausholenden bewegungen einen einspruch der stadtverwaltung vor und verweist auf das anti-trust-gesetz.
der erschöpfte jüngling verlässt die anlage durch einen garten.
er bleibt vor einem barockportal stehen
und beobachtet zwei akkordarbeiter, anscheinend zwillinge,
die mit hilfe eines transformators einen weiblichen unterkörper in den raum projizieren.
er dreht seine hände in den gelenken. er beugt die arme und beginnt seine gymnastischen übungen.
die vögel singen auf des messers schneide.
die beiden akkordarbeiter projizieren ein schild mit der aufschrift:
allen unbefugten ist der eintritt polizeilich und strengstens untersagt.
dort wird der gelenkige jüngling von den beiden akkordarbeitern in zwei finger gebissen,
da er sich weigert, das verbot zu beachten.
er erinnert sich der ersten projektion mit begreiflichem interesse.
die akkordarbeiter stehen zu ihrer vorgefassten meinung.
es ist vier.
der blutende jüngling projiziert die filosofischen lehrsätze des altertums über das ganze.
der transformator schwebt an zweihundert himmelblauen luftballons zur decke.
die beiden akkordarbeiter winden sich in krämpfen am boden
und weisen ihre kollektivverträge vor. jetzt unterscheiden sie sich voneinander.
der erzürnte jüngling tauscht die firmenschilder aus.
er verzichtet auf gewaltmassnahmen und reicht den beiden seine freundliche hand.
er richtet sein brennglas auf die ballons.
beide erheben die hände und nehmen ein angebotenes trinkgeld.
sie zerlegen die maschine in ihre bestandteile und werfen die bestandteile in einen trichter.
jetzt erklärt sich der gewissenhafte jüngling bereit, den platz zu räumen.
er überzeugt die akkordarbeiter von seiner guten absicht.
sie begleiten ihn zum ausgang
und beschenken ihn mit zigaretten.
sie sind ein feiner kerl!
der höfliche jüngling nimmt diese erregende wahrheit dankend zur kenntnis.

er entwendet ein fahrrad und schaut in die ferne.
zum schutz gegen die ansteigende hitze setzt er den strohhut mit den langen bändern aufs haar.
er schlägt keine bestimmte richtung ein.

erde — wasser
(191.—285. bestandteil)
er betritt ein haus, dessen fassade vom regen grau ist.
die kinder des hausmeisters hängen aus den fenstern.
sie versuchen, den strohhut des jünglings von seinem kopf zu ziehen.
er zeigt ihnen das gewinnende lächeln.
sie verlassen die fenster, weil sie sein ungefärbtes antlitz aus gips erschreckt hat.
es beginnt zu regnen.
es regnet in strömen.
das morsche holz des geländers bricht unter seinen fingern.
der hausmeister nimmt seinen regenschirm.
er spannt ihn auf und springt aus dem letzten stockwerk.
der hausmeister fordert ein trinkgeld.
der mutige jüngling klettert über eine feuerleiter in den letzten stock,
während das treppenhaus teilweise einstürzt.
dem hausmeister springt ein kragenknopf ab.
er klettert über die trümmer des eingestürzten treppenhauses langsam empor
und bringt einen erblindeten spiegel in die waagrechte.
der hausmeister ist ein freund seiner ordnung.
der anmutige jüngling steigt durch ein fenster,
dann stellt er eine stechpalme wieder auf das klavier des salons.
er befestigt die schadhaften tapeten und macht sich nützlich.
er öffnet die kasten und geht durch die zimmer.
dieses stockwerk hat keine gänge.
in jedem zimmer steht ein klavier.
jedes zimmer hat vier türen und eine falltür.
in diesem stockwerk grenzt zimmer an zimmer.
es ist fünf.
zerflossenes salz steht in den zimmern.
der hausmeister schiesst mit seiner repetierpistole bohnen in vielen grössen in die letzte etage.
der untadelige jüngling tritt versehentlich einen baufälligen gipsengel in die tiefe.
der hausmeister röchelt deutlich zwischen abstürzenden bauteilen.

leider blieb dieser vorfall nicht unbemerkt, da das blut des hausmeisters der fassade des hauses einen neuen anstrich verleiht.
der edle jüngling hüllt sein haupt in eine wolke von nebel. aber er kann es nicht verhindern, dass sie ihm auf die hände fällt.
weil er es nicht besser weiss, deckt er den verunglückten hausmeister damit zu,
worauf sich der nebel im ganzen haus verbreitet
und die kinder des hausmeisters zum husten reizt.
die ganze stadt liegt im dichten nebel.
auf der suche nach den nächsten verwandten betritt der gute jüngling das zimmer der ältesten tochter des hausmeisters.
sie sitzt auf einem sofa und macht ihn mit der anatomie ihrer linken brust vertraut.
sie legt die muskulatur dieses körperteiles frei, weil sie die haut abzieht.
ihr schosshund frisst diese haut gerne.
als ihr der einfache jüngling seine hand reicht,
vergiesst der hund bittere tränen.
dieser hund kennt viele spiele. er steht mit vorliebe auf den hinterbeinen und lange haare hängen von seiner schnauze. er trägt ein silbernes halsband, das seine würde unterstreicht. er ähnelt im übrigen dem vater der tochter, seinem herrn, dem hausmeister. die wirkung ist nicht zu leugnen.
unser jüngling steigt dem bedauernswerten tier mit voller absicht auf den schwanz.
der schatten des tieres wächst an die decke.
das rotseidene fell zerplatzt
und zeigt einen in gold gefassten herzmuskel.
dieser hund von der grösse einer kuh übt die fertigkeit seiner krallen auf den gespannten sehnensträngen am halse des bedrängten jünglings.
ein schöner ton erklingt.
der hund schleift seine kiefer an den kleidern unseres freundes. erschüttert verlässt das piano den standort und drängt den bedauernswerten jüngling an ein ungeschütztes fenster. das tier entfaltet seine ganze pracht und bedauert, die insignien seiner macht und alle magischen symbole in der hundehütte im lichthof des hauses vergessen zu haben.
schielend vor zorn visiert der exzentrische hund den linken, oberen und riesigen hauer auf beide halsschlagadern des jünglings.
um ihn am beissen zu hindern, stellt der unbedachte jüngling das klavier aus dem zimmer der tochter des hausmeisters auf den hund der tochter des hausmeisters.
dann verröchelt das bemerkenswerte tier, während die tochter des hausmeisters dem sorglosen jüngling ihre erste übung auf dem klaviere zeigt.
sie öffnet ihre schenkel und klatscht die strumpfbänder dagegen, dass

es kracht.
obwohl dies den besorgten jüngling erschreckt, bemerkt er die einlegearbeiten ihrer unterwäsche gerne.
er projiziert einen berühmten hundestammbaum in das teppichmuster.
sie setzt sich wieder auf das sofa
und beginnt ihre gymnastischen übungen.
da erinnert er sich seines fahrrades und verlässt das zimmer,
nachdem er seine erste übung auf dem klavier gezeigt hat.
er trägt den hausmeister vor das haus,
wo der hausmeister durch den strömenden regen wieder einen gesundheitlichen höhepunkt erreicht.
obwohl es regnet, ist es nacht geworden.
alle stehweinhallen sind überfüllt.
der jüngling vereinigt seine erfahrungen zu einer stehweinhalle.
diese metamorfose wird ihm von den meisten als übel genommen.
er trinkt über den durst der gärtner.
er vervielfacht die einnahmen des wirtes.
er nimmt gegen die freunde des wirtes stellung.
er fällt unter die freunde des wirtes.
er nimmt auf einem fasse stellung.
er hält diese stellung ohne zu fallen.
die freunde des wirtes widmen sich der wettervorhersage an den lautsprechern,
welche von den sportnachrichten übertönt werden.
ein freund des wirtes erteilt dem unsicheren jüngling einleitende übungen des boxkampfes.
die anderen freunde des wirtes sehen sich ausserstande, ihre meinung vom nationalen fussballsport zurückzuziehen.
da sich der heroische jüngling in einem verzeihlichen irrtum befindet, wird er allgemein bedauert.
trotzdem verschont er keinen mit seinen bedauerlichen anklagen.
es ist sechs.
er versucht sein farbloses antlitz in die schablone eines denkmals zu zwängen.
wie lange? woher? und auf welche weise?
auf diese berechtigten fragen verweigert er die antwort.
er prüft die geduld seiner zuhörer mit einer theatralischen pose.
die freunde des wirtes nehmen ihre schirme
und schlagen sie auf seiner denkmalstirn entzwei.
ich bin überzeugt!
worauf er von seinem fass fällt.
der romantische jüngling verliert seine unterhosen.
die freunde des wirtes schweben über dem schanktisch.
ich werde herrschen!

der wirt entleert eine flasche bier über der stirn des jünglings.
die freunde des wirtes legen den unverbesserlichen jüngling auf den schanktisch.
der versuch einer wandlung misslingt im gelächter der freunde des wirtes.
die freunde des wirtes wandeln und werden verwandelt.
mit ihrer hilfe tanzt er über den schanktisch,
wobei er freilich seine hosen festhält.
die freunde des wirtes setzen ihn auf das leere bierfass.
er möchte schauspieler werden und gibt eine talentprobe.
die stehweinhalle verliert einen stammgast.
die anderen gäste nehmen ihre schirme.
sie spannen die schirme und verlassen das lokal.
das salz fliesst über die schirme.
die freunde des wirtes nehmen ihre schirme.
weil es im wirtshaus nicht regnet, spannen sie die regenschirme nicht auf.
ich will! herunter!
zwei polizisten verhaften den jüngling unter einem dringenden verdacht.

wasser — feuer
(286.—380. bestandteil)
er verhüllt sein haupt mit einer nebelwolke. die fällt ihm aber über die nase auf die schwitzenden hände.
er bricht das eis von seinen lippen.
man befestigt verschiedene ketten an seinen gelenken
und bringt ihn ins gefängnis.
der unvorsichtige jüngling verdirbt sich die gunst der anstaltsleitung mit einem gewagten scherz.
es regnet.
er wird von den häftlingen verprügelt und bedauert vieles.
er darf im steinbruch arbeiten.
obwohl er die projektion der querschnitte des steinbruchs versucht, gelingen ihm nur einzelne geräusche.
es regnet.
er knotet ein taschentuch über das haar, weil er seinen strohhut in der anstaltsgarderobe abgeben musste.
er versucht den aufseher zu bestechen.
dieser versuch bleibt ohne erfolg.
es regnet.
der erste aufseher schlägt ihm die faust in die zähne.

alle anderen aufseher treten ihn mit den füssen.
es ist sieben.
es regnet.
diese erkenntnis blieb ihm bisher verborgen.
der listige jüngling schlägt einen aufseher zu boden.
die feuerwehrleute schwimmen über den fluss.
es regnet.
der aufmerksame jüngling legt die realität eines blitzes über die anstalt.
der blitz fährt in die antennen der feuerwehrleute.
es regnet.
die bauern der umliegenden ortschaften treiben ihre herden in den fluss.
es regnet.
sofort wirft der feuerwehrhauptmann seine rettungsringe hinunter
und gerät wegen der ertrinkenden in sorge.
der brand der strafanstalt wird von allen häftlingen bewundert.
der fleissige jüngling projiziert ein gewitter mit allen geräuschen über
die stadt.
alle häftlinge bedauern ihre regenschirme in den garderoben der anstalt
abgegeben zu haben.
der erfindungsreiche jüngling verbrennt verschiedene farne zu einem
pilzgericht, wobei er eine zusatzmahlzeit herstellt.
sogleich ergreifen einige häftlinge die partei der direktion.
die anderen überlegen, die anstalt zu verlassen, weil die behandlung
schlecht ist.
der direktor läutet erzürnt mit der tischglocke, weil die vorgänge gegen
die vorschrift sind. er steht bis zu den waden im wasser und leidet an
schlechten gerüchen. nur die sekretärin sitzt bei ihrem neuen kleid auf
dem grossen konferenztisch und lehnt unermüdlich alle vorzeitigen entlassungsgesuche ab.
es regnet.
der erboste jüngling sitzt mit seinen gefährten unter dem wasserspiegel.
es regnet.
seine gefährten und der erboste jüngling entschliessen sich zu einer beschwerde.
der schliessmeister erhängt sich an seinem bruchband.
es regnet.
mit diesem geräusch verbrennt die anstalt.
einige häftlinge verlassen die brandstätte, da die behandlung schlecht ist.
die direktion verringert die freiheitsstrafen der anderen um einen prozentsatz.
es brennt.
die reste der stadt glühen lebhaft.
da die schleusen mit tieren und bauern verlegt sind, bohren zwei wachtposten sprenglöcher in die umliegenden gebirgszüge.

es regnet.
die explosion wirft den jüngling gegen eine betonwand.
es klatscht.
alle elektrisiermaschinen fallen aus.
es brennt.
der jüngling nimmt es zur kenntnis.
die bäume verbrennen.
es regnet.
die berge verbrennen.
es regnet.
die steine verbrennen.
es regnet.
die asche glüht.
es brennt.
die steine glühen.
es brennt.
die wände glühen.
es klatscht.
er fällt von der glühenden betonwand in die brennende asche.
es regnet.
sodann legt der erhitzte jüngling eine geometrische reihe durch die brennende stadt, wobei sich erweist, dass er sein lehrbuch mit einer schachfibel verwechselt hat.
die flüsse treten unter dampfentwicklung aus ihren ufern. das wasser steigt über die brennenden bäume und berge.
es regnet und brennt.
unter lebhafter dampfentwicklung steigt das wasser über die glühenden aschensteine.
die reste der stadt glühen noch immer lebhaft.
die verbliebenen einwohner der stadt versuchen diesen zustand mit blasbälgen zu erhalten,
da die elektrisiermaschinen ausgefallen sind.
über der ganzen landschaft liegt heisser dampf.
es ist acht.
es regnet nicht mehr.
ein beissender nebel legt sich über den allgemeinen gestank.
die walzwerke stehen unter wasser.
verschiedene fische rasen durch die werkhallen.
durch die reibung an den wänden entstehen verschiedene schwingungen, welche in den antennen der feuerwehrleute wahrgenommen werden.
diese schwingungen sind in rhythmischen abständen entstanden.
es regnet nicht mehr.
die wachtposten verenden unter einem schwarm schwarzer fesselballons, welche mit trauerflor bespannt sind.

ein farn legt sein profil über die landschaft.
an den händen des beharrlichen jünglings hängt der nebel.
die vögel singen auf des messers schneide.
der erstaunte jüngling muss gestehen, dass er keine ordnung erwartet habe.
die landschaft zeigt eine unverkennbare ordnung.
der noch immer erstaunte jüngling versucht das pilzgericht und unterbricht den versuch.
der gestank hebt die brücken aus den angeln.
nun verringern die flüsse die anzahl der verbliebenen einwohner um einen prozentsatz.
verschiedene gerüche finden allgemeine verbreitung.
dem zweifelnden jüngling treten verschiedene geräusche in die augen.
der gestank verstärkt sich zu einem unangenehmen geräusch.
bäume stürzen ein.
zwei unmündige kinder, ein knabe und ein mädchen, erfinden die liebe in einem brennenden zimmer.
der jüngling beschliesst, die stadt zu verlassen.
er nimmt gegen die fesselballons keine stellung.
in diesem augenblick hat er die stadt noch nicht verlassen.
die farne verbrennen keineswegs mit verschiedenen geräuschen.
ein losverkäufer weigert sich, dem jüngling das los anzubieten.
trinken sie schnaps?
der hemmungslose jüngling verneint diese frage an ort und stelle.
worauf er die angesengten stellen seiner flügel entfernt.
ein passant vermeidet es, ihm dabei zu helfen.
der unachtsame jüngling betritt einen glühenden stein.
allerdings verlässt er diesen sofort wieder.
weder die feuerwehrleute, noch die aufseher reichen ihm zum abschied die hand.
warum ist dies der fall?
obwohl der feuerwehrhauptmann nur vornehm lächelt, schlägt ihn der betrübte jüngling nieder.
viele feuerwehrmänner nehmen links und rechts von ihrem hauptmann platz.
andere besteigen die umliegenden bäume, um verschiedene ortschaften unter kontrolle zu halten.
der hauptmann verteilt seine kommandos unter den passanten,
worauf seine leute ein lied singen.
der erregte jüngling nimmt seinen weg entlang der von feuerwehrleuten besetzten bäume, und zwar mit grossen schritten.

feuer — luft
(381.—475. bestandteil)

der jüngling ist auf dem weg über die bilder der landschaft. die zahnräder glänzen.
er legt diesen weg in bestimmten abständen zurück.
der komet wird von dem aufmerksamen jüngling festgestellt.
alle sterne steigen senkrecht empor.
infolge ihres grossen gewichtes senken die sterne den kometen um einen prozentsatz.
der gewandte jüngling unterscheidet alle farben des kometen.
es ist neun.
der jüngling entzündet ein streichholz und nähert sich einem gebäude in einiger entfernung.
mehrere sterne wachsen in einige dimensionen.
jetzt liegt das gebäude auf einem eigenen, terrassenförmigen aufbau.
ebenso wachsen überall sterne.
der tapfere jüngling lässt sich nicht mehr täuschen und beginnt mit der errichtung einer parkanlage.
diese umgestaltung erweist sich als äusserst schwierig, weil das wasser mit seinen begleiterscheinungen fehlt.
der jüngling sammelt die bestandteile der landschaftsmaschine und errichtet eine parkanlage im raume schwebend.
er baut die standbilder der astronomie und fysik, welche den luftdruck melden, und stellt sie an den eingang.
durch die dächer des gebäudes wachsen verschiedene sterne.
diese dächer können verschoben werden.
alle sterne sind aus grobem salz und haben scharfe ränder.
der einsichtige jüngling leugnet nicht länger, dass es sich in diesem falle um eine sternwarte handelt.
er versucht sein besonderes interesse ohne erfolg zu verbergen, um den glanz der wissenschaft hervorzuheben.
er bedauert, seinen regenschirm vergessen zu haben.
er betritt die sternwarte und schliesst alle fenster.
der stille jüngling beschäftigt sich mit den verschiedenen geräten.
er nimmt hinter dem fernrohr stellung und bewegt die drehtürme.
der erfreute jüngling turnt auf den geräten der sternwarte.
das standbild der astronomie meldet den luftdruck.
er bricht das eis von seinen lippen.
es lässt sich nicht vermeiden, dass es kälter wird.
die atmosfäre unterliegt verschiedenen schwankungen.
er dreht die kuppel der sternwarte in eine ähnliche richtung.
die drehung erfolgt mit elektrischer kraft, während ein eigener mechanismus die bewegung der gestirne bewirkt.
jeder stern fällt um einen prozentsatz.

die sterne fallen im raum.
er verbindet alle sterne in einer beweglichen, geometrischen anordnung.
darunter bewegt sich die atmosfäre in einem vorgeschriebenen abstand.
wo bleibt der komet? jetzt!
der erstaunliche jüngling dreht an allen geräten der sternwarte und schraubt eine kugel aus den gelenken.
dadurch versetzt er den kometen in seine ursprüngliche lage.
er verändert die struktur der sterne zu ihrem vorteil.
der komet erscheint wieder unter der ihm zugeordneten ziffer im raume, welche durchaus beweglich ist.
die vorgesehenen sterne fallen tiefer und tiefer.
die erregenden geräusche der kosmischen maschine machen dem jüngling viel freude.
die struktur des kometen bleibt unverändert.
trotzdem wird der komet freilich an vielen stellen sehr weiss.
verschiedene strahlen machen dem jüngling viel freude.
mit hilfe eines reflektors ordnet sie der gewissenhafte jüngling zu einem bündel
und erlernt das spektrum mit beiden händen. er verschmilzt die brennpunkte ähnlicher sterne zu ihrem vorteil.
er projiziert das grundmotiv der farbenlehre auf alle stellen des kometen, dessen zugeordnete ziffer durchaus im raume beweglich bleibt.
er verstärkt die leuchtkraft vieler sterne zu ihrem vorteil.
er stützt die position des kometen durch eine verbindung mit anderen sternen, welche der kluge jüngling unter ihren ziffern wahrgenommen hat.
der bescheidene jüngling verweist kaum auf seine erfolge.
es ist zehn.
überdies erleichtert er fast allen sternen ihre vorgeschriebene bahn und schützt sie vor atmosfärischen störungen.
im sichtbaren, also im inneren teil der stratosfäre herrscht ein natürlicher überfluss an sternen.
der zufriedene jüngling ergänzt symmetrisch die allgemeine anordnung im raume.
hierauf empfiehlt er den vorzug der geometrie in allen lebenslagen.
er legt den querschnitt seines lieblingssternes in das notizbuch.
er neigt sich über seine wissenschaftlichen arbeiten und beugt zu diesem zweck den oberkörper nach vorne.
das standbild der fysik krümmt beide hände, wodurch die meldung des luftdruckes erzeugt wird.
der komet liegt mit einem bestimmten winkel in seiner vorgeschriebenen bahn.
der flinke jüngling schreibt in seinem notizbuche um verschiedene seiten vor.

er schleift die ränder des fernrohrs in gleichen winkeln zu
und lockert mit einer hand viele schrauben.
er lässt einen stern, der seine bahn nahezu verlassen hat, um etwa einen
prozentsatz herunter.
dieser stern bläht sich vorerst an keiner seite auf, wonach der vorsichtige jüngling wieder erfolg hat
und verschiedene ansichten gewinnt.
er bringt die drehtürme in ihre ursprüngliche lage und begreift die
beschleunigung des objektes im raum.
der jüngling steht nahezu aufrecht im mittleren raume des linken
äusseren drehturms.
alle objekte im raum halten ihre sowohl bewegliche als auch angewandte
geometrie besonders aufrecht.
ein stern zischt mit hoher geschwindigkeit durch die atmosfäre.
er durchläuft seine bahn und verbrennt geräuschlos.
da dieser vorgang in allen einzelheiten berechnet war, nimmt ihn der
gelassene jüngling gerne zur kenntnis.
er wendet das fernrohr und betrachtet den raum von der anderen seite,
wodurch alle sterne sehr klein aussehen.
das ist ja alles viel kleiner, meint der jüngling und
bricht das eis von seinen lippen.
die vögel singen auf des messers schneide.
viele, sehr kleine sterne verbrennen nach einer bestimmten ordnung
geräuschlos im raum.
die drehtürme schwingen auf ihren ursprünglichen abstand zurück.
der jüngling betrachtet andere objekte auf diese weise, wodurch sie sehr
klein aussehen.
dann verlässt er das fernrohr.
er öffnet die fenster und sammelt die geräte zu bündeln.
er verlässt die warte durch den eingang.
dieser eingang ist der ausgang.
der feierliche jüngling legt eine elektrische leitung an die standbilder
der astronomie und fysik. er entzündet mehrere glühlampen zu füssen
dieser.
er bedauert den mangel an wasser, der die umliegende parklandschaft
ernsthaft in frage stellt.
ist der komet eine im raume festgeschraubte glühbirne? der ernsthafte
jüngling lässt diese frage keineswegs aufkommen, obwohl der komet
häufig bedauerliche ähnlichkeit mit einer glühbirne aufweist und dem
auge unbeweglich scheint.
der unermüdliche jüngling beschliesst, wasser zu finden und sucht in
allen teilen des parkes danach.
er sammelt zwei astronomische geräte und verbindet sie.
somit errichtet er eine pumpanlage.

als diese methode erfolglos bleibt, ändert er sie nicht.

wohin wird der sorgfältige jüngling sein pumpwerk verlegen, um einen besseren erfolg zu erzielen?

er lässt den standort der anlage einstweilen unverändert

und stellt darüber hinaus einen mangel an wasser fest.

ferner hat er gewiss an seinem pumpwerk viel freude, weil doch der mangel an wasser keinen fehler in der konstruktion oder dem material beweisen darf, ohne sich ins unrecht zu setzen.

das beleuchtete standbild der fysik meldet den gleichen luftdruck mehrmals.

der standhafte jüngling tröstet sich mit der ansicht, an einer anderen stelle wasser zu finden.

es ist elf.

er sammelt die astronomischen instrumente und legt sie in die regale der sternwarte, die mit einem laden geschlossen werden können.

der entschlossene jüngling verlässt die sternwarte endgültig.

luft — wasser
(476.—570. bestandteil)

der grosse fisch liegt da.

es ist kälter geworden.

der fisch versteckt seine gräten unter der haut.

sowohl die haut, als auch die flossen vertrocknen an der luft immer mehr.

dieser fisch liegt sehr bewegungslos da.

der jüngling hat diesen fisch gefunden und schwebt einmal um ihn herum.

der schweigsame jüngling dreht den fisch auf die andere seite und betrachtet ihn desto genauer.

allmählich vertrocknet das salz an der haut des fisches.

das meer?

der fisch ist tot und lässt diese frage freilich unbeantwortet.

der beschämte jüngling atmet zu wiederholten malen ein und aus.

ein windstoss bläst den fisch zu seiner natürlichen grösse auf und schleudert ihn in eine bestimmte richtung. der tote fisch bleibt trotzdem sichtbar.

die vögel singen auf des messers schneide.

dort liegt der grosse fisch.

aber er hat keinen kiefer. dieser liegt unter dem jüngling im schlamm.

die haut des grossen fisches ist geplatzt und die gräten stehen aus den

faustgrossen löchern in seiner haut.
der wind setzt das meer in bewegung. die luft dehnt sich über die ufer des meeres.
der wind schleudert das treibholz über die ufer des meeres. nasser tang fällt unter die füsse des jünglings. ein windstoss wirft den jüngling ins meer. die schwere luft liegt auf seiner brust und hindert ihn zu atmen. ein windstoss treibt ihm den atem wieder in den körper.
dann weht der wind wieder sehr gleichförmig. der jüngling erhebt sich über einer untiefe.
jetzt betrachtet er das wieder sehr ruhige meer in seinem taschenspiegel.
die elektrisiermaschinen fügen sich der allgemeinen ordnung und entfernen sich mehr und mehr.
der jüngling beachtet folgende erscheinung,
und zwar: die einheit der luft mit ihren sichtbaren und nicht sichtbaren
wassermengen.
das meer entledigt sich verschiedener hölzer.
eine anzahl von fischen nähert sich dem ufer und entfernt sich.
die fische sind von einer bestimmten farbe und halten die grösse, die sich einer bestimmten ordnung fügt.
das meer setzt mit einem künstlichen springbrunnen alles in erstaunen.
der sorgfältige jüngling wirft einen durchlöcherten regenschirm als unbrauchbar ans ufer.
viele reihen von fischen verbinden die einzelnen punkte des meeres in einem rhythmischen verhältnis.
jetzt hat die erste reihe der fische das ufer erreicht.
durch die geometrische anordnung bleibt die anzahl der fische unbeschränkt.
der völlig durchnässte jüngling denkt nicht mehr an den springbrunnen.
die ufer zeigen die angewandte geometrie in ihrer struktur.
an einer stelle des meeres, nicht weit vom ufer, dreht sich das wasser im kreis und bildet einen trichter.
das ufer ist mit treibholz ausgelegt.
das meer schichtet das salz zu einem terrassenförmigen muster an das ufer über das treibholz.
er taucht seine hände ins wasser.
seine hände sind im wasser.
überall schwimmen fische.
alle fische sind rund.
das ufer ist nass vom wasser des meeres.
er steht bis an die schultern im meer.
er schlägt mit den flügeln.
er dreht die hände in den gelenken. er beugt die arme und beginnt seine gymnastischen übungen.
die vögel singen auf des messers schneide.

es ist zwölf.
der nebel wechselt seinen standort.
die elektrisiermaschinen verschwinden in einer nebelwolke.
der geflügelte jüngling hat seine übung beendet und taucht wieder über dem meeresspiegel auf.
dann stellt er fest: 1. dass die wasseroberfläche sein spiegelbild zeigt,
                    2. dass er unter der ziffer 7 steht und mit dieser durch linien und punkte verbunden ist,
                    3. diese ziffer steht unbeweglich im raum,
                    4. entfernte gegenstände scheinen ganz nahe,
                    5. naheliegendes entschwindet in die ferne.
er nimmt dies ohne erstaunen zur kenntnis.
eine gruppe von fischen nähert sich den reihen der netze und weicht in einem bogen aus.
die reusen stehen aus dem wasser und sind mit eis bedeckt.
der wind treibt die netze ins meer.
der jüngling hebt seine flügel aus dem wasser.
das meer bedeckt sich mit eis.
in den taschen seiner kleider sitzen muscheln.
die kleider des jünglings bedecken sich mit muscheln.
sein antlitz ist mit muscheln bedeckt.
vor den augen des jünglings schwimmt gefrorener tang.
der jüngling öffnet und schliesst die augen.
während er einatmet, hebt sich die brust des jünglings.
wenn er ausatmet, senkt sich die brust des jünglings.
seine finger erstarren.
seine arme erstarren.
seine beine werden starr.
seine arme und beine werden ganz weiss.
sein antlitz bedeckt sich mit eis.
er dreht die arme in den gelenken.
der nebel hängt ihm von den schultern.
die vögel singen auf des messers schneide.
eine reihe von fischen teilt das eis in bestimmten abständen parallel zum horizont.
die fische haben weisse flossen mit halbkreisförmigen schuppen.
um schneller vorwärts zu kommen, schlagen sie mit der breitseite dieser flossen gegen das wasser.
die fische entfernen sich.
hinter den fischen gefriert das wasser.
der nebel breitet sich aus.
die fische schwimmen, so weit sie können.
der jüngling betrachtet den nebel.
schon sind seine schultern mit eis bedeckt.

auf seinen flügeln vertrocknet das salz des meeres.
die farben werden immer weisser.
alle vögel schlagen ihre flügel auf das eis des meeres.
das eis zerreisst unter ihren schlägen.
die risse im eis füllen sich mit dem wasser des meeres.
er bricht das eis von seinen lippen.
der nebel friert auf seinen händen.
er dreht die arme in den gelenken. er beugt die finger und beginnt seine gymnastischen übungen.
er nimmt seinen schweiss zur kenntnis.
dieser zerreisst das eis auf den schultern des jünglings.
über dem jüngling ziehen die vögel einen kreis.
der jüngling betrachtet die vögel.
das eis schmilzt auf den wangen des jünglings.
die vögel tragen ziffern auf den flügeln.
das antlitz des jünglings ist mit salz bedeckt.
das salz schliesst die risse im antlitz des jünglings.
es ist eins.
die kleider lösen sich von seiner haut.
das salz des meeres bekleidet ihn.
er bricht das eis von seinen lippen.
der nebel steigt ihm aus den lippen.
er schlägt die flügel unter den wind.
auf seinem antlitz vertrocknet das salz des meeres.
die vögel stehen unbeweglich im raum.
er spannt die muskeln und beugt sich vor.
das salz vertrocknet
auf dem durchlöcherten regenschirm in einem haufen von treibholz.
er schlägt die flügel durch den wind.
er bricht das eis von seinen lippen.
die vögel singen auf des messers schneide.
leuchtziffern steigen auf.
er spannt die muskeln. das eis bricht von den schultern. er hebt sich ein wenig aus dem wasser.

(571. bestandteil)
die vögel singen auf des messers schneide.
er bricht das eis von seinen lippen.
der nebel löst sich von den fingern.
er dreht die hände. er beugt die arme.
er schlägt seine flügel über den wind.
(1957–58)

entweder:
verlegen noch einmal zurück
oder:
visage-a-visage in der strassenbahn
o verzeihung
er versucht den speichel mit dem rockärmel abzuwischen
was WAS
es ist mir wahnsinnig peinlich bitte aber ich weiss garnicht wie das passieren konnte plötzlich....
    drohend
sie sie SIE SIE
greift in die tasche und zieht ein taschentuch hervor
    reibt
es tut mir wirklich schrecklich leid WIRKLICH aber es war ohne absicht ich bitte glauben....
stösst seine hand fort
    brüllt
lassen sie LASsen sie das unverzüglich sein sie
    widerstand
ich kann doch nicht dafür wie ich sagte ich....
    blaurot
packt ihn am kragen
sie unverschämter idiot sie unverschämter idiot sie unverschämter kerl
    abschütteln oder
was wollen sie von mir wie ich sagte lag es nicht in meiner absicht war es ohne jede absicht....
    eindringen
ohne OHNE OHNE
lassen sie mich unverzüglich in frieden haben sie den verstand verloren lassen sie los....
    freimachen
    keuchen
ich ich ich
man wird doch noch jemanden anspucken dürfen
er staunt er starrt seine hände sinken
    erstarrt
man man man
machen sie doch kein theater es ist ja NICHTS passiert
aber aber
schweigen sie still oder ich
    das erwachen

oder ODer ODER
sie wollten provozieren scheint es wie? sie clown sie mist sie nutzniesser
   der zwerg
ich ich ich
ich warne sie
ich ich ich
ich sehe sie wollen diese angelegenheit auf die SPITZE treiben das heisst
sie versuchen es ABER JETZT VERSCHWINDEN SIE und zwar so schnell sie
ihre beine tragen und BITTE
weit stürzt oberkörper vor
bitte bitte bitte bitte bitte bitte bitte bitte
verschwindet in der ferne
(1954)

ein abenteuer des lion von belfort

der vorhang. ein cupferstichzimmer, rechts das conterfey des lion.
      der lion steht vor seinem lehnsessel
hinter einem grossen barocken schreibtisch.
er setzt sich,
er streicht seinen schnurrbart,
er trägt eine mit orden reich decorierte generalsuniform.
apollyon bringt auf einer silbertasse
sechs versilberte gabeln und sechs versilberte stilette.
er überreicht sie mit einer decenten verbeugung,
er legt das tableau auf den schreibtisch und empfiehlt
sich mit einer decenten verbeugung.
der lion erhebt sich und sticht sechs versilberte gabeln
und sechs versilberte stilette in
über den tisch
verstreute lorbeerblätter.
die lorbeerblätter sind vergoldet.
lautlos betritt apollyon die scene.
apollyon tritt immer lautlos auf.
apollyon bringt die TIMES,
der lion setzt sich,
der lion liest die TIMES,
apollyon zieht gabeln und stilette aus dem schreibtisch
und ordnet sie auf der tasse:
eine gabel, ein stilett,
eine gabel, ein stilett,
eine gabel, ein stilett,
eine gabel, ein stilett,
eine gabel, ein stilett,
u. s. f.
apollyon geht ab mit der tasse.
der lion und die lecture der TIMES.
der lion legt die zeitung auf den schreibtisch
und tritt an ein sopha
— das sopha steht an der rechten seitenwand und blieb
dem scharfsinn des betrachters durch einen japanischen
paravent verborgen —
und betrachtet sein opfer
mit unbewegter miene.
diese frau
ist mit derben stricken an ein sopha gefesselt.
sie trägt dessous.
ob die dessous einen leinenunterrock einschliessen,

    wird der phantasie des betrachters überlassen.
    dieser leinenunterrock
    ist von himmelblauen schleifchen durchzogen.
    dieser leinenunterrock und volants.
    der lion ordnet blumen in eine vase.
    die vase und ein japanischer blumentisch.
    apollyon weist hinter der scene die anschuldigung
    zurück,
    dass die blumen welk seien.
    apollyon beweist hinter der scene,
    dass man auch frische blumen parfumieren
    darf.
    die blumen auf dem blumentisch sind nicht parfumiert.
    der lion tritt an das sopha:
    «mein besteck.»
    apollyon tritt auf.
    apollyon tritt mit säge,
    seciermesser und vorschlaghammer
    auf.
    «das besteck. herr.»
    der lion greift nach der säge.
der vorhang: fällt.
(1954)

ein anderes abenteuer des lion von belfort ohne sich in den vordergrund drängen zu wollen

      vers: wer einmal stiehlt, dem glaubt man nicht
         und wenn er auch bis an sein lebensende
         vierblätterigen klee scheitelt

«perlen und perlenfassen» sprach der alte general und sein adjutant wars zufrieden
sie blickten voll wehmut in die sterbende abendsonne und ihre herzen schwammen auf der melancholie des heldentums

general: «niemand wird uns verstehen»
adjutant: «niemand kann uns verstehen»
da weinten beide

adjutant:	«wir sind lieblos ihr seid lieblos»
duett:	«sie sind lieblos du bist lieblos»
adjutant:	«ich bin lieblos»
general:	«wie wahr»
adjutant:	«und wahr»
1. kurier:	«die schlacht ist verloren»
general zum adjutanten:	
	«wir gehen nach hause»
2. kurier:	«der feind, der feind der böse feind hat sich zu einem ding vereint uns in sein herz geschlossen die kleinen und die grossen»
adjutant oder general:	
	«dann bleiben wir hier»
general:	«dann harren wir aus»
adjutant oder general:	
	«am gescheitelten haar erkennt man den weltmann»

ps.: der letzte satz kann nach reiflicher überlegung, jedoch nur unter besonderen umständen, weggelassen werden

der analfabet

beilage für alle feinde des analfabetismus.
hat seinen freunden nichts zu bieten.

elf figuren wechseln ihre standorte.

dieses beliebte gesellschaftsspiel beschäftigt nachfolgendes stück nicht ohne hinreichende gründe.
das ist eine erklärung.
nicht ohne hinreichende gründe.
das ist eine erklärung.
andere sind ebenfalls zutreffend.
alle erklärungen bleiben mangelhaft; so lasse ich es bei dieser bewenden.

postscriptum:
u. a. verwendete standorte (alle für sich möglich, manche in der kombination gültig: personen
charakter
geschlecht
zeit
ort
u. a. verwendete variationen des standortes:
entfernung
entfernung und rückkehr
addierte formen obiger bewegungen
sowie unverändert zu bleiben.

die veränderungen des charakters oder auch der ganzen person ist ein bekanntes, kaum beachtetes, kaum wahrgenommenes ereignis, das gefällige betrachtung jedoch wohl verdiente. um solches fänomen deutlich zu machen, habe ich das geschlecht als variablen faktor eingeführt, als weniger abgenütztes ausdrucksmittel. ich hätte als auftretende realität auch

> 11 frauen
> 11 kinder oder
> 11 hermafroditen verwenden können.

eine *mischung* war unmöglich, weil sie in solchem falle dinge vermutet hätten, die nicht sind, d. h. sie hätten theatralische aktionen sentimental verschleiert und sich den angelegenheiten in unerwünschter identifizierung hingegeben.
(für meine freunde:
«mein mann hat sich gestern auch aufgehängt» oder «hübsches mädel»)
vielleicht hätten sie an den zusammenhängen und betrüblichen sowie

herzerquickenden, grauenhaft lyrischen, sowie grossartig banalen ereignissen vorbeigelauert, ohne den nötigen abstand zu wahren, der nun IHREN abendanzug als ein geflochtener rauhreif so wunderbar zieret.
ich bitte SIE ferner und gerne um IHRE freude an der schönheit des absurden, an seiner wahrheit etc.
DENN DER FOTOGRAF (PAAR oder BAR) SAGT:
«kunst muss immer und allen verständlich sein»
oder
«der mensch ist als wesen bekannt»
«das jederzeit oder später bereit ist, kompromisse einzugehen, ohne es zu merken oder nicht ohne es zu bestreiten, der kompromiss ist eine teillösung und die teillösung ist auch eine lösung.»

ferner:
dieses stück möchte ich unter dem aspekt aufgefasst wissen, dass der mensch komisch ist. ferner empfehle ich, sich nicht darüber aufzuregen. mir ist ferner bekannt, dass sich veränderungen oft, sogar meist langsamer vollziehen. ferner: obwohl bei intensiver beobachtung das originaltempo genauso interessant erscheint, bringe ich derartiges in gefälligem gleichnis, kunstfertig konzentriert, um IHRE aufmerksamkeit nicht zu ermüden. da arbeit gespart wird, bei fast gleichem ergebnis, wurde ferner die anzahl der *möglichen* standpunkte auf ein pikantes minimum reduziert. die daraus resultierende geringe anzahl von schichten oder ebenen soll ferner allfälliges verständnis erleichtern.

dieses stück ist sehr lustig.

der analfabet tritt in rudeln und einzeln auf
er überfällt ausflügler

1
2
3
4
5
matrose 1
matrose 2
baumschulgärtner
(falscher) analfabet
lion von belfort
capitän

1 (mit feuer)	es lebe der grosse analfabet!
alle	ja so.
1	du
2	du
3	wir gehen zum baumschulgärtner. er hat seine letzten ersparnisse verbraucht. jetzt merkt auf.
alle ausser 3	man muss den kopf zwischen die beine binden und alle lampen auslöschen.
2	das darf nicht sein.
1 (laut, rhythmisch akzentuiert und einfallend)	
	EIN MUND IST IN KURZER ZEIT MIT EIS BEDECKT.
3	so lasst uns die lampen zerfleischen.
4 + 5	es ist wahr.
2 (sehr zweifelnd)	andere liegen jahrelang auf einem brett?
1	wenn ich immer so gescheit gewesen wäre, hätte ich andere sorgen
4	wer.
2 (mit nachdruck)	überall!
(pause)	
5	ein zehn im schuh ist der name des analfabeten.
1	schäm dich. das sollst du nicht sagen.
5 (überzeugt)	ich *weiss* es!
(entfernt sich, bleibt aber auf der bühne sichtbar)	
4 (traurig)	nicht einmal blumen.
5 (singt)	wer ein glas an den mund setzt, büsst seine lippenhaut ein.
4 (naiv)	warum soll er sich schämen?
1 (macht einen schritt gegen 4?, beschwichtigend, mit grosser geste und überzeugend)	
	ich werde alle belohnen!
(zu 3)	du hältst die feiertage ins arrestzimmer und setzt deine feldmütze auf.
4	es lebe der analfabet!
alle (explosiv gegeneinander, übereinander, durcheinander)	
	du siehst an diesem beispiel, dass meine weisheit unergründlich ist.
2	salz
4	und
5	zucker
1	zerfliessen
4 + 5	salz und
5 + 1	zucker

4	trocknen
2	ein
5 + 1	umarmt euch.
2	darf ich?
4 + 1	nein. nicht jetzt.
2	träume ich?
alle (lauter)	so umarmt euch!
1, 2, 4	wie?
5	ich bin verloren
2	ich will, dass du zum baumschulgärtner mitgehst; weine nicht.
4 (drängt sich vor, brüllt)	
	hilfe!
2	er wird ewig hinken, er hinkt
1	ich bin dieser unglückliche
5	da hast du dein vomhörensagen zurück, (stösst 1) aber lass mich zufrieden
2	ich unglücklicher (als ob er gestossen worden wäre)
1 (erregt)	jetzt hab ich dich, jetzt hab ich dich. (packt 2) wehr dich nur wie du willst; was mir in die hände kommt, lass ich nicht mehr los.
alle (stehen stramm, exaktes unisono)	
	der analfabet gebärdet sich wölfisch!
4	ich zittere
5	hört, ein haifisch schreit aus leibeskräften!
2	jetzt kommt die katastrofe
4	warten wir
2	das ist sehr lehrreich
4	ja ja ich geh schon
2 (wiederholend)	geh schon
4	wenn ich schreie, werden die putzfrauen kommen.
2	ein schöner trost, da möchte ich lieber begraben sein
4	und dich begraben lassen
2	so?
4	wenn du vor angst umkommst, werde *ich* den matrosen heiraten
2 (mit wehmut, dieser ausruf steht sehr einsam)	
	ach seemann
(längere pause)	
2	was soll aus dir werden, wenn ich sterbe! (nicht auf den 4 gerichtet, aber für 4 ins blaue gemeint)

(pause)
                    ein verfluchter tag.
                    ich kratze euch die augen aus (in sich)
alle ausser 2   bravo
2 (applaudiert hysterisch?)
                    bravo
  (applaudiert hysterisch?)
(ende der ersten szene)

alle	wir gehen zum baumschulgärtner
4	da heirate ich lieber einen anderen matrosen
2	sie kommen und wollen dich holen
4	fein, jetzt sehe ich, dass du mich wieder liebst
2	so küsse mir die hand
4	ich werde mich hüten.
2	dann will ich dir noch einmal verzeihen
4	suppe mit fleisch
2	wenn ich aber an dein fleischherz denke
4	zumal gebraten
2	was ist das fleisch gegen die liebe
4	eben deswegen
2 (nachdenklich)	es ist mir unbegreiflich, wo du die matrosen das letzte mal gesehen hast.
4	sprich nicht vom wasser
2	aber ich trinke wasser
4	sprich nicht vom feuer
2	ich-das-feuer-meines-zorns-ersticke
4	ich werde jetzt danke sagen
2 (sehr aufgebracht)	
	was hast du mir zu verzeihen, du musst mir danken (wendet sich 4 zu) wenn ich dich wieder nehme
4	ich verzeihe dir (nach vorn)
2	endlich bist du wieder vernünftig

(ende der zweiten szene)

1	also doch gefressen
2	aber mit pfeffer
1	ich lebe wieder auf

2	das ist allerdings ein vorrecht
1	der capitän wird doch kein narr sein?
2 (betont)	vom ganzen herzen
1	fressen? man frisst doch nur gemeine matrosen
2 (höhnisch)	ein spass vorm tod?
1	hör auf mit solchen spässen; verstehst du
2 (ruhig)	ja so ist es
1	was?
2	die frauen fressen die toten frauen und
	die männer fressen die toten männer
1	was ist das für eine gewohnheit?
2	kennst du unsere sitten und gebräuche nicht mehr?
1	du sollst froh sein, dass du mich losgeworden bist
2	soll ich nicht weinen?
1	na, warum weinst du denn?
2	du bist gemein
1	oder sehr edel?
2	du bist so faul
1	oder sehr fleissig?
2	ja gegen andere
1	oder sehr freundlich?
2	so hässlich wie ein kassenbote
1	sehr schön vielleicht?
2	du bist ein stockschnupfen
1	bin ich denn ein heuschnupfen? (wendet sich 2 zu)

beide (ab)
(ende der dritten szene)

5	die trauer scheint überall in mode zu sein;
	ein wahres fest für alle die da leiden wollen
matrose	o ja
5	grüss gott wird auch gefressen?
	(wendet sich matrosen zu)
matrose	ich komme um dich zum begräbnis einzuladen
	(wendet sich 5 zu)
5	du musst zwiebeln einkaufen (nach vorn)
matrose	ja morgen ist alles vorbei (nach vorn)
5	und morgen ist alles vorbei
matrose	heute abend wird er begraben
5	der capitän (?)

matrose (blick nach vorn, neigt kopf seitlich, hand ans ohr)

	wer?
5	nimm dirs nicht so zu herzen
matrose	er hat sich aufgehängt (hell, nach oben)
5	alle achtung, er hat sich aufgehängt (freudig)

matrose (richtigstellend)
                      aber nein, er ist nach hause gegangen
                      (entgegnend) und hat sich aufgehängt

5 (verstehend)   da wird er noch schnell zu mir gelaufen sein,
                      (erkennend) um sich trauerkleider zu borgen

matrose (erzählend eindringlich)
                      hör zu, nach ein paar stunden kommt so ein kerl
                      und erzählt ihm, dass ich krepiert sei
                      (zuwendend eindringlich)

5 (stimmt zu)	ja lügen können sie alle (nach vorn)
matrose	als ich diesen morgen ausfuhr, um ihn zu retten, da stand er am ufer und sah nach den möven (lyrisch wie ein gedicht nach vorn)
5 (befriedigt)	siehst du!
matrose	was?
5 (herzlich)	ich gratuliere. (neugierig) ist er tot?
matrose (seufzend)	wenn er nur am leben wäre
5	so?
matrose	er war meine frau
5	das ist der magen
matrose	das steuerruder meines lebens
5	hast du dein steuerruder zerbrochen? was ist dir denn passiert?
matrose	mit mir ists aus (beide hände in den magen krampf)
5 (erfreut)	da bist du ja
(sehr zart)	ein schöner matrose (nach vorn, wie bei vision)
matrose (glücklich)	mein 5! (nach vorn)
5 (ganz kalt)	na, was gibts neues?
matrose (verfällt)	ach ja. (sinkt stehend in sich zusammen)

(ende der vierten szene)

matrose 2 (über die bühne spazierend, verbindlich)
                er wird sich schon nicht aufhängen
(ende der fünften szene)

1	ich verliere die geduld, was für ein widerliches theater!

(bleibt bis zum ende der szene an seinem platz)

matrose 1	leb wohl (hand über den augen, sonnenschützend, fernblickend)
matrose 2	leb wohl (ebenso)
matrose 1	wenn man die maschinen um nachtschwalben ordnet
matrose 2	das wäre entsetzlich
matrose 1	ohne lebewohl
matrose 2	so schlage die findelkinder ein
matrose 1	ich tue alles was du willst
matrose 2	schau betrunkene kinder in allen saucen und gewürzen, überall betrunkene kinder, auf der strasse, in der suppe (zeigt auf gegenstände herumeilend) sogar der hilfskellner ist betrunken.
matrose 1	ich seufze
matrose 2 (zornig)	was denn, was denn, was soll das! (wendet sich zu)
matrose 1	komm in meine güterbeförderung und vergiss nicht, die fenster zu schliessen.
	(wendet sich. sehr kurze pause der überraschung)
	(mit pathos) o der göttliche, er schläft sonst bis mittag!
(falscher) analfabet	(erinnert in dieser szene penetrant an einen automaten, tritt auf)
	ich bin bloss euretwillen um eine stunde früher aufgestanden.
	jaaa jaaa ein saa'ch'verständiger haaat auch seinen maaa'ch'erlohn.

5 (tritt im hintergrund einen winzigen, aber merkbaren schritt in richtung zum (falschen) analfabeten?)

matrose 2	(während der oben geschilderten bewegung des 5) wolltest du nicht entzückt sein?
matrose 1	ja

(die sechste szene friert ein)

matrose 1	wenn es nicht so dunkel wäre, dann
	wenn es nicht so dunkel wäre, dass
	wenn es nicht so schrecklich dunkel wäre
matrose 2	wenn es aber etwas weniger dunkel wäre
	wenn es dunkler oder
	wenn es dunkler wäre
matrose 1	jetzt wäre der augenblick da, um ein duett zu

	singen.
matrose 2	auf meine ehre?
matrose 1	ohne zu klagen
matrose 2	dann singe ich mit dir
matrose 1	und wenn es nicht gelingt?
matrose 2	ich werde dir helfen
matrose 1	aber mein husten, alle meine krankheiten
matrose 2	sie haben auch ihr gutes; komm singen wir
matrose 1	singen wir was anderes
matrose 2	warum?
matrose 1	jetzt wäre der augenblick da, um ein duett zu singen
matrose 2	auf meine ehre?
matrose 1	ohne zu klagen
matrose 2	dann singe ich mit dir
matrose 1	und wenn es nicht gelingt?
matrose 2	ich werde dir helfen
matrose 1	aber mein husten, alle meine krankheiten
matrose 2	warum?
matrose 1	singen wir was anderes
matrose 2	jetzt sollen wir ein duett singen
matrose 1	ohne zu klagen
matrose 2	dann singe ich mit dir
matrose 1	und wenn es nicht gelingt?
matrose 2	warum?
matrose 1	und wenn es nicht gelingt?
matrose 2	dann singe ich mit dir
matrose 1	ohne zu klagen
matrose 2	jetzt wäre der augenblick da, um ein duett zu singen.

(ende der siebenten szene)

mehr als alle[1] (sitzend?)
        mein gott, das wird eine richtige liebeserklärung
lion von belfort (tritt auf. musik)
1   sehr galant
lion von belfort (geht während dieser szene von der rechten seite der
        bühne auf die linke und ab)
2   ich seh ihn gern

---

[1] ein sprechchor hinter der bühne und alle

3	wir sassen bei tisch einander nicht gegenüber
4	was meine lippen verschwiegen, das sagten meine augen
5	die narbe kleidet ihn sehr wohl
alle	jetzt sind wir wieder allein.

(ende der achten szene)

ödes felseneiland[1]
der baumschulgärtner im kreise aller
baumschulgärtner ich seufze und schweige. diese leidenschaft verschloss
                ich in meiner brust,
                doch war es vergebens. bravo, bravo.
(vor ihm liegt regungslos ausgestreckt, als ob er tot wäre, der lion von belfort)
1 er ist noch schöner geworden
baumschulgärtner er ist gewachsen und gut gewachsen
1 (springt auf) ich will meine keuschheit aus patriotismus opfern.
alle ausser 1 und baumschulgärtner (der sich so weit vorbeugt, dass
    man seinen gesichtsausdruck nicht mehr erkennen kann)
                hurra ein opfer!
1 (setzt sich)
2 (springt auf) ich will meine keuschheit aus patriotismus opfern!
alle ausser 1 und baumschulgärtner (wie oben)
                hurra 2 opfer
1 (springt wieder auf; *während* seines satzes setzt sich 2, um noch
    während des satzes wieder aufzustehen)
               ich will meine keuschheit aus patriotismus opfern.
alle ausser 1 und baumschulgärtner (wie oben)
                hurra 3 opfer
1, 2 und 1 (gellend)
                faalsch!!
(pause)
                nur *zwei* opfer
(betretenes ende der neunten szene)

---

[1] das bühnenbild dieser szene ist ein bestimmtes.

2	nichts ist hierzulande wenig.
3	das heisst: nichts.
2	her damit!
3	ich schenke dir alles was ich habe
2 (enttäuscht)	gibst du mir denn nichts?

(ende der zehnten szene)

lion von belfort	ich möchte ein stadtschüler sein
alle	wir verzeihen dir, dass du es nie gewesen bist
lion	mit wem habe ich die ehre?
matrose 1 und matrose 2	
	du bist der löwe von belfort
lion	bitte seid mir nicht böse
alle	hast du uns was mitgebracht?
lion	ihr habt wieder alles vergessen
alle	*du* hast wieder alles vergessen
1	geh zum zirkus
2	als komponist
3	als dirigent
4	als stallknecht
matrose 1	clown!
matrose 2	als löwe
alle (leiernder kinderchor, durchdringend und unangenehm)	
	als löwe, als löwe, als löwe
lion (erregt)	artistenvolk!
alle (wie oben)	als löwe, als löwe, als löwe
lion (leise?)	ich möchte ein stadtschüler sein
alle (wie oben)	als löwe, als löwe, als löwe
lion (weint bitterlich)	

(ende der elften szene)

[1] ich dementiere meine auf seite 31 geäusserte behauptung, denn ich will auch für diese szene ein bestimmtes bühnenbild vorschlagen. ich erwarte vielleicht ein klassenzimmer mit ansteigenden bankreihen, die einem amfitheater gerecht bleiben. ferner wären zwei nicht ansteigende bankreihen im vordergrund zu erwägen, welche dem publikum alle darsteller dieser szene (ausser dem lion) in rücksicht bieten würden, um den lion zu akzentuieren.
ob die verwendete bezeichnung «alle» nur die in einer szene genannten, oder die numerierten darsteller meint und die *namentlich* fixierten, vor allem den (falschen) analfabeten, ausschließt, liegt ebenso in der hand des regisseurs und seiner auffassung, wie der verbleib der in einer szene nicht agierenden schauspieler in irgendeiner (möglicherweise dezenten) haltung im hintergrunde.
die mit (?) versehenen regieanweisungen sollen als anregung verstanden werden.
schmetterlingskasten? landkarten? etc.?

alle (hinter den beiden matrosen, vielleicht im hintergrund. die beiden
    matrosen stehen im brennpunkt!)
    (fad)   hoch lebe der grosse analfabet!
matrose 1   der analfabet lebt
matrose 2   ja
matrose 1   ich habe ihn nie gesehen
matrose 2   jetzt muss ich gehn
matrose 1   heute sind die wetterfahnen wieder voll eis
matrose 2   innen
matrose 1   ich habe ihn auch nie gesehen
matrose 2   die sind ja nur aussen voll *schnee*
matrose 1   seine zähne sind weiss wie schnee und kalt wie eis
matrose 2   er hat einen fleischmagen
matrose 1   und rauhreif im bart für den winter
matrose 2   niemand kennt ihn
matrose 1   niemand überlebt ihn
matrose 2   das ist besser
matrose 1   und wahr
matrose 1   hast du angst?
matrose 2   ja ich habe eine frühreife angst
matrose 1   er hat unzählige verwandlungen
matrose 2 (im neuigkeitengesellschaftston)
                 ich hab mich in eine gliederpuppe verliebt
matrose 1   ist ja nicht wahr
matrose 2 (wie oben)
                 ich hab mich in eine gliederpuppe verliebt
matrose 1   hast du dich in deine alte gliederpuppe verliebt
matrose 2   ich bin ihr ein sehr zuverlässiger hauslehrer
matrose 1   ich möchte wissen, wo du sie aufgetrieben hast
matrose 2   ja das möchten viele wissen.
(ende der zwölften szene)

5 (monoton-rhetorisch)
                 die alpenvölker tragen bergstöcke
(pause)
5 (wie oben)   die alpenvölker tragen bergstöcke
alle   die alpenvölker sind kriegskünstler
(ein stan-kenton-riff wiederholt sich bis zum ende der szene)
4   (die gellenden strofen der strassburger bauart)
5   (unterjochen quecksilbersublimat mit konjunktiven
                 kunststopfereien)

4	bitte
5	lass (indigniert)
4 + 5	das.
5	wie gehts? (verneigung, gesellschaftlich)
4	wie gehts? (verneigung, gesellschaftlich)
5 (wie oben)	die alpenvölker tragen bergstöcke
4	du meinst wohl, dass die schweizer das alphorn in ihrem wappen führen
5	die alpenvölker tragen bergstöcke
3	die alpenvölker *halten* bergstöcke
2 (düster)	die alpenvölker entleiben sich mit bergstöcken
1 (verlässt angeekelt mit vor dem mund gehaltener hand die szene)	
5 (wie oben)	die alpenvölker tragen bergstöcke

(ende der dreizehnten szene)

der capitän tritt mit leichenbestatterhut, matrosenanzug (kinder-!), einem *falschen* bart, schärpe, offizierspatent mit siegeln, gehänge mit degen und gedrehtem silberstock auf:

    unsere erdbestattung kennt verschiedene leistungen (als marktschreier?)

matrose 2   spende mir trost (wendet sich zu, eindringlich)
capitän (als priester)
    das ist nicht so einfach, du bist verzweifelt (priesterlich)

matrose 2 (mürrisch)
    was hast du gesagt? (nach vorn)

capitän (als vertreter eines bestattungsvereins)
    wünschen sie die üblichen zeremonien?

matrose 2   nur das beste
capitän (als klassischer mime mit erhobener schwurhand)
    was verbrannt wird kann nicht verzehrt werden

matrose 2   du gräbst ihn ein.
capitän (als hofrat mit hörrohr)
    wie bitte?

matrose 2 (viel lauter)
    eingraben (zu capitän aber ohne seinen standort zu verlassen, vorgebeugt, wie über einen fluss rufend)

capitän   selbstverständlich
matrose 2   glauben sie?
capitän   von wem sprichst du eigentlich?
matrose 2   ich weiss nicht, es ist schrecklich heiss heute.
capitän (nähert seinen kopf dem des matrosen und blickt zu ihm auf.

    leicht geöffneter mund, zerfliessend)
       bist du schön?
matrose 2 (schliesst die augen oder hält die hände vors gesicht. er richtet
   seinen kopf dem capitän mit gehobenem kinn entgegen.)
       ich glaube ja, aber um die wahrheit zu sagen, bin ich
       genauso blind wie du
(ende der vierzehnten szene)

der löwe von belfort (im südwester?)
       man trägt in dieser saison keinen hut zum süd-
       wester
       verstehst du?
       keinen hut zum südwester!
5 (als OPFER; aller wahrscheinlichkeit mit derben stricken gefesselt,
  stehend, im südwester? es regnet? das wasser läuft in strömen über die
  südwester? in einem schlafzimmer? in einem badezimmer? auf einer
  kommandobrücke? in einem aquarium, vor einem aquarium? wenn 5
  fällt, stellt ihn der löwe auf, ohne den dialog zu unterbrechen.)
5   du siehst im südwester ohne seemannshut einfach
       lächerlich aus!
der löwe von belfort (beiläufig)
       deine kniescheiben sind zerschlagen
5 (die arme sind nicht gebunden. er zieht an den krempen seines hutes.
  die ähnlichkeit mit einem babyhütchen ist dadurch unvermeidlich.
  er erinnert an eine 40jährige gutgehendepraxisarztensgattinvoropern-
  ballig, er schmollt, er sprüht gift)
       ich werde allen erzählen, dass du schnarchst
der löwe von belfort keine schlechte idee, ich werde dich mit frischen
       salatblättern garnieren
5 (ein éclat)   *ich habe röteln*
der löwe von belfort (schliesst ein grösseres geschäft ab)
       nehmen wir unserer ersten eingebung folgend
       den nächsten zug in die provence
5   wenn wir dagegen den selbstkostenpreis be-
       trachten
der löwe von belfort der grausamste ist der hauptpreis
5   eine grausame wahrscheinlichkeit
der löwe von belfort eine grosse wahrscheinlichkeit haben preislisten
5   nichts ist rachsüchtiger als preislisten
der löwe von belfort (überreicht sie)
       hier sind preislisten
(ende der fünfzehnten szene)

1	vergiss nicht wo du bist ..
3	das ist kein beweis
2	wer weiss ..
1	hast du feinde .. (?)
2 + 3	hast du freunde .. (?)
1	ganz recht
3	ich werde euch (*ganz*) exemplarisch bestrafen lassen!
1 (sehr ruhig)	natürlich
2 (wie 1)	ganz recht
1 (mit gemässigtem pathos)	
	der mensch ist gut
2	der mensch ist das herz aller dinge
1	er hat ein weiches herz
2	aber das herz .. (?)
1	das herz ist gut
2	herzliche grüsse ..
1	meinen herzlichen glückwunsch ..
3 (leise)	herzschnapsen ..
1	ich herze mein liebchen – abends ..
2	das sollst du auch
1	du kennst mich also?
2	du bist der kaiser von china!
1	ja
3	dann ist es also wahr .. (?)
2	ich kann es nicht glauben (!)
1	ich bin auch ein *kaiser*!
2	und wer *bist* du?
1	mein *matrose* ist ein kaiser
2	und wer ist dein matrose?
1	*du, ich* und *mein matrose*
2 (überlegt)	
2 (zu 3)	er hat sicher einen grund, mit uns sprechen zu wollen
3 (1)	er soll nicht so laut sein
2 + 3	er soll uns nicht in die ohren schreien
1	er soll soldat werden, wir werden es ihm verbieten
2	wir werden es ihm *nicht* verbieten
3	ICH WERDE ES IHM BEFEHLEN
2	meinetwegen kann er auch matrose bleiben
3 (geistig schmatzend)	
	so richtig den matrosen geniessen, diese fähigkeit habe ich zum glück völlig verloren
1 (ab?)	

2	je mehr wir uns dem studium der marine widmen, desto weniger bleibt für den kaiser
1	den kaiser von china..! (geht langsam und lustwandelnd ab)
3 (2)	komm, wir wollen uns ins gras legen und den matrosen geniessen
2 (3)	sehr gern, aber gib mir deine hand
3 (2)	was verstehst du unter hand?
2 (3)	selbstverständlich eine hand
3 (2)	du wirst alt, ich werde auf dich aufpassen müssen
2 (3) (ärgerlich)	bitte unterbrich mich nicht
3 (2)	gut, aber erst möchte ich etwas fragen. was verstehst du unter hand?
2 (3)	die hand ist eine amerikanische zigarettensorte.
3 (2)	das ist gefährlich
2 (3)	aber wahr; der matrose verfolgt seinen capitän und gewinnt von diesem seine wirkung
3	vielleicht ist der matrose der beste richter seines capitäns. sein urteil wird ohne zweifel grossen wert besitzen.
2	im gegenteil, der matrose ist weit davon entfernt, der beste richter seines capitäns zu sein. ein echter matrose ist zu einem urteil garnicht fähig.
(mit emphase)	seine gier treibt ihn blind über die ozeane.
3	du behauptest also, ein matrose stehe der schönheit eines capitäns blind gegenüber, weil er von anderer art sei?
2	ganz recht!
3	meinst du das im ernst?
2	du verwirrst mich! gehst du so weit, zu behaupten, dass alle capitäne den matrosen gefährlich werden?
3	ja, in der praxis ist dies der fall
2 (kühl)	vielen dank, das wäre alles
3	nach wem soll ich fragen?
2	nach dem ersten matrosen
3	ohne namen..?
2	der name ist nicht wichtig
3	und wenn er falsch ist?
2	fangen wir noch einmal an
3 (leise)	hast du bedacht, dass wir den analfabeten vergessen haben?
2	nicht so laut
3 (laut)	es lebe der grosse analfabet!

alle (kommen aus dem vorhang und rufen heftig applaudierend)
                bravo, bravo
(die sechzehnte szene schliesst, als ob das stück zu ende sei)

capitän	ich lade dich zum begräbnis ein
matrose	da musst du zwiebeln einkaufen
capitän	ja morgen ist alles vorbei
matrose	und morgen ist alles vorbei
capitän	heute abend wird er begraben
matrose	der capitän
capitän	wer?
matrose	nimm dirs nicht so zu herzen
capitän	er hat sich aufgehängt
capitän	da wird er noch schnell zu mir gelaufen sein, um sich trauerkleider zu borgen
matrose	hör zu, alle paar stunden kommt so ein kerl und erzählt mir, dass er gestorben sei
capitän	ich gratuliere. ist er tot?
matrose	was?
capitän	er lebt.
matrose	so?
capitän	dieser herr ist meine braut
matrose	ja so ist es
capitän	was?
matrose	die frauen fressen die toten frauen und die männer fressen die toten männer
capitän	was ist das für eine gewohnheit?
matrose	kennst du unsere sitten und gebräuche nicht mehr? du solltest froh sein.
capitän	ich werde mich hüten
matrose	dann will ich dir noch einmal verzeihen
capitän	vergiss nicht, wo du bist
matrose	das ist kein beweis
capitän	wer weiss

(ende der siebzehnten szene)

ein gemieteter zuschauer springt enthusiastisch auf die bühne. er wird nach seinem ersten bravo von den schauspielern der letzten szene — also «capitän» und «matrose» (1 oder 2) — niedergeschlagen.
vorhang.
(1956)

der mann im mond
zwei standbilder zu beginn einer treppe, deren ende nicht sichtbar ist.
der zeichenlehrer.
1 junges mädchen.

zwei standbilder: georg und friedrich (das zweite standbild).
georg und friedrich essen.
georg: ich esse gern ein wenig fett.
friedrich hört nicht hin: sehr zart.
georg: reichen sie mir den senf.
friedrich reicht den senf.
georg: ich danke ihnen.
georg und friedrich essen.
georg: ein wenig fett.
friedrich: sehr zartes fleisch.
georg: ich esse gern.
friedrich: das ist sehr zart.
georg und friedrich essen.
georg isst: mit einem einzigen schlag.
friedrich: ich weiss. wünschen sie senf?
georg: vielen dank. nein.
georg und friedrich essen.
georg: ich esse.
friedrich: das zarte fleisch.
georg: ein wenig.
friedrich: das fleisch ist zart.
georg: fett esse ich gern.
friedrich: darf ich ihnen ein wenig von dieser hand anbieten?
georg: man kann nicht von allem essen.
friedrich: man kann ein wenig von allem essen.
georg: ein mann kann von allem essen.
friedrich: ein wenig kann man vor allen essen.
georg: ich esse gern reichlich und fett.
friedrich: jeder nach seiner art.
georg: jedermann wünscht nach seiner art ein wenig dank.
friedrich: ich verstehe sie sehr.
georg: sie verstanden mich immer.
friedrich: so beginnt das verständnis.
georg: so verdankt der verstand dem essen alles.
friedrich: auf seine art.
georg: ich verstehe sie mehr und mehr.
friedrich: ihr verständnis bedarf einer zarten behandlung.
georg: ich danke ihnen.

friedrich: nehmen sie doch von dieser hand. ich kann nicht alles essen.

georg: wir wollen teilen.

georg reisst eine hand entzwei und gibt einen teil an friedrich zurück. beide nagen an den hälften und werfen sie nach einer zeit, sichtlich satt, hinter sich oder lassen sie achtlos fallen, obwohl noch viel fleisch an den knochen sitzt. die nägel der finger werden ausgespieen.

der zeichenlehrer und beate treten auf.

georg: unser zeichenlehrer ist da.

friedrich setzt den fuss auf den rest der abgenagten handhälfte des kindermädchens olga, der auf dem sockel liegt.

friedrich: wir sind bereit.

georg: hm.

zeichenlehrer: a) das ist der kopf eines greises.

beate: wie schön er ist! aber er scheint mir recht schwer zu sein.

georg: harter stein. zweihundert jahre.

zeichenlehrer: nicht leicht. das gebe ich zu. b) diese faltige stirn, diese augenwinkel, die augen werden dir ziemlich zu schaffen machen.

beate: umso besser. wenn es gelingt, ist die freude umso grösser. soll ich mit dem stift zeichnen?

zeichenlehrer: nimm den harten stift.

beate setzt sich auf einen harten stein und beginnt zu zeichnen. der zeichenlehrer steht hinter ihr und sieht über ihre schulter auf die zeichnung.

zeichenlehrer: du siehst ja gar nicht auf das bild. es ist kein verhältnis in diesem gesicht.

beate: nicht wahr, die nase ist zu lang.

zeichenlehrer: nicht nur. das rechte auge ist zu weit unten. beachte doch die entfernung vom mundwinkel bis zum auge.

beate: soll ich noch einmal anfangen?

zeichenlehrer: das wäre das beste. ja.

beate reisst das oberste blatt vom block, faltet es und lässt das blatt zu boden fallen. sie zeichnet.

beate: bitte, helfen sie mir.

zeichenlehrer: c) drück nicht so sehr mit deinem stift!

beate: ich werde bald fertig sein.

zeichenlehrer: d) du bist ein kind.

der zeichenlehrer betrachtet das bild sehr genau.

georg: der wurm hat eine schöne schulter.

friedrich: was nehmen sie?

georg: sie wissen, dass ich mit einem einzigen schlag meiner rechten hand

friedrich: ich weiss das.

georg: beachten sie ihre arme.

friedrich: ganz ausgezeichnet.

zeichenlehrer: e) da gibt es noch vieles zu verbessern. f) die augen haben nicht genug leben.
georg verzieht den mund.
zeichenlehrer: g) der bart ist nicht natürlich.
beate: wie finden sie die arme?
zeichenlehrer: h) sie sind zu dick. i) auch der linke fuss ist nicht gut gemacht. das sieht ja aus, als ob er den krampf hätte. j) das ganze bein ist verzeichnet.
beate: ich möchte alles lernen!
zeichenlehrer: das kommt schon.
beate: ich möchte etwas anderes lernen.
zeichenlehrer: eins nach dem anderen. es ist genug. komm.
zeichenlehrer und beate gehen ab.
georg: ich habe ihr die brust geöffnet und mit einem messer die fleischigen teile des körpers durchschnitten.
friedrich: sie zittern!
georg steigt von der hand herunter.
georg: ach so.
friedrich: war es die köchin?
georg: nein, das kindermädchen! sie sass vor dem spiegel, so dass ich ihre hände sehen konnte.
friedrich: immer wieder die alte geschichte.
georg: der mensch muss essen.
friedrich: wie?
georg: ach so.
georg tritt wieder auf die hand und entzieht sie den blicken der zuschauer.
friedrich: heute ist?
georg: montag.
friedrich: wann hat er begonnen?
georg: heute morgen mit dem aufgang der sonne.
friedrich: und wann wird er enden?
georg: heute abend, wenn die sonne untergeht.
friedrich: die sonne geht alle tage des morgens auf und jeden abend geht sie wieder unter.
georg: das ist der tag und die nacht.
friedrich: und die mehrzahl?
georg: dienstag,
    mittwoch,
    donnerstag,
    freitag,
    samstag,
    sonntag.
friedrich: und die anderen nächte?

georg: lassen sie mich zufrieden.
friedrich: das wetter ist herrlich.
georg: ja, es ist heiss geworden.
beate läuft mit einer brennenden fackel auf die bühne.
beate: olga! olga!
georg: wie! wird der garten heute illuminiert?
friedrich: solcher illuminationen gibt es 365 im jahr.
georg: abscheulich.
friedrich: armselig, in der tat.
zeichenlehrer tritt auf.
beate wendet sich an den zeichenlehrer.
beate: wo ist olga?
zeichenlehrer: mach keinen lärm.
beate: wo ist olga?
zeichenlehrer: was suchst du?
beate: ich suche olga.
zeichenlehrer: sie ist nicht im haus.
beate: wo ist sie?
zeichenlehrer, ärgerlich: ich weiss es nicht!
beate läuft mit der brennenden fackel davon.
beate: olga! olga!
zeichenlehrer: mach keinen lärm.
zeichenlehrer geht langsam ab.
georg: olga?
friedrich: sie war das kindermädchen.
beide schweigen.
friedrich: was sollen wir tun?
georg: was haben wir zu tun?
friedrich: wie sollen wir uns verhalten?
georg: es darf nicht bekannt werden.
friedrich: wie können wir es verbergen?
georg: wir müssen uns entschliessen.
friedrich: wir müssen massregeln ergreifen.
georg: eine sache, die überlegung verdient.
friedrich: ich weiss nicht.
georg: ein schwieriger fall.
friedrich: wir sind in einer grossen verlegenheit.
georg: wir müssen überlegen.
friedrich: was raten sie?
georg: was würde man in diesem falle tun?
friedrich steigt von seinem postament und flüstert georg ins ohr.
friedrich geht zurück und steigt wieder auf sein postament.
friedrich: was sagen sie dazu?
georg: halten sie es für passend?

friedrich: wenn sie es für geeignet erachten.
georg verlässt sein postament und flüstert friedrich ins ohr.
er kehrt auf sein postament zurück.
georg: das ist meine meinung!
friedrich: der vorschlag ist nicht übel.
georg: an unserer stelle.
friedrich: das war ein sehr guter einfall.
georg: das einzige.
friedrich: vielleicht ist es das beste.
georg: ich bin ihrer ansicht.
friedrich: ich gebe ihren gründen nach.
georg: wir können nichts besseres tun.
beate tritt auf. sie geht langsam aber bestimmt auf die beiden standbilder zu.
beate: wo ist gott?
georg: gestern fällte gott holz. dann band er es zusammen und trug es heimwärts. unterwegs sprach ich ihn an: «kennst du den sonntag nicht?» da entgegnete gott lachend: «was schert mich der sonntag? sonntag auf erden oder montag im himmel, das ist mir das gleiche.» «so sollst du», gab ich zur antwort, «für immer dieses bündel holz auf deinem rücken tragen!» seit gestern steht er im mond mit diesem bündel holz auf seinem rücken und so wird er büssen bis zum ende der welt.

die boxer
ein faustkampf in 18 runden

in der mitte der bühne ist ein boxring aufgebaut.
in den ecken diagonal gegenüber sitzen 2 junge männer.
beide tragen bademäntel über ihren strassenanzügen.
die anzüge sind schmal geschnitten, einer der anzüge ist gestreift.
sie sitzen auf klappstühlen und haben unverschnürte boxhandschuhe an den händen.
jeder hat seinen manager.
die manager betreuen ihre schützlinge.
sie massieren die handgelenke ihrer schützlinge.
sie bringen coca-cola.
die boxer trinken coca-cola.
die manager erteilen ratschläge.
die boxer sitzen bewegungslos in ihren ecken.
im hintergrund hängt ein gong von der decke.
neben dem gong steht der regisseur.
der regisseur schlägt auf den gong.
die handschuhe bleiben unverschnürt, die bänder hängen herunter.
die bademäntel werden abgenommen.
die 1. runde beginnt.
die boxer gehen in stellung und aufeinander zu.
sie stilisieren den beginn eines boxkampfes.
sie markieren das abtasten zu beginn eines boxkampfes ohne einander mit den handschuhen zu berühren.
1 löst sich vollkommen aus der stellung und nimmt die haltung eines sprechenden ein.
während 2 die haltung eines sprechenden einnimmt.

bei den letzten sätzen einer runde bringen die boxer ihre arme, beine, den körper wieder in eine markierte kampfstellung. wenn der gong ertönt, wanken sie mehr oder weniger groggy wieder in ihre ecken zurück. manchmal, bei besonders tiefschlagenden endsätzen, berührt einer oder beide den boden, der regisseur beginnt zu zählen, sie erheben sich oder er erhebt sich. der regisseur notiert die punkteanzahl auf einer deutlich sichtbaren tafel mit weisser kreide. mitunter hängen sie auch in den seilen. während des dialogs wankt der eine oder andere oder beide in völlig gesprächiger haltung. sie wanken deutlich wenn sie die entsprechenden sätze bekommen haben. jeder satz ist ein schlag. nicht jeder satz trifft. manche sätze können abgedeckt werden.
nach jeder runde werden die boxer von ihren managern gelabt. aktio-

nen wie zu beginn des kampfes. die handschuhe bleiben an den händen. der vorhang fällt nicht. wenn der kampf zu ende ist und der letzte zuschauer den saal verlassen hat fällt der vorhang.

1. runde
1: ich wünsche ihnen alles mögliche glück.
   es freut mich unendlich, sie zu sehen.
   ich wünsche ihnen alles, was ich mir selbst wünsche.
2: seien sie willkommen.
1: guten morgen.
2: es freut mich sie zu sehen.
   was führt sie zu mir?
   womit kann ich dienen?
   wie geht's?
1: ihnen aufzuwarten, sehr wohl.
2: wie geht es?
1: mit ihrer erlaubnis, ich befinde mich wohl.
2: und wie geht es ihnen?
1: es geht.
2: es freut mich, sie wohl zu sehen.
1: ich danke ihnen sehr, ich bin ihnen sehr verbunden.
   sie sind zu gütig.
2: ich bin ihr diener, ich stehe ihnen zur verfügung, verfügen sie über mich.
1: sie erweisen mir zu viel ehre.
2: beehren sie mich mit ihren wünschen, sie haben nur zu befehlen, ich stehe ganz zu befehl, befehlen sie nur frei und ohne scheu, machen sie keine umstände.
1: ich will ihnen keine umstände machen.
2: ihnen zu dienen macht mir keine mühe, sie ehren mich mit ihren wünschen. wir wollen keine umstände machen, unter freunden macht man keine umstände. ich verehre sie, ich schätze sie, ich liebe sie.
   zählen sie auf mich.
   verlassen sie sich ganz auf mich.
   befehlen sie.
1: ich will es tun um ihnen zu gehorchen, bloss ihnen zu gefallen.
2: da haben sie recht, wir wollen gute freunde bleiben.
(1 fällt wie ein baum zu boden, ringrichter zählt, 1 richtet sich auf)
2: wie befindet sich ihr herr bruder?
1: gott sei dank, er ist wohl. ich glaube, er ist wohl. gestern abend war er wohl.

2: das freut mich sehr, das macht mich fröhlich, das gibt mir trost. wo ist er?
1 (versucht sich zu erinnern):
auf dem lande
in der stadt
im gebirge
zur see
auf reisen
zu hause
2 (sehr ruhig): er ist vorhin ausgegangen. ich glaube, ihn gesehen zu haben. ich hörte jemanden ausgehen, der ihr bruder gewesen sein könnte.
1: das ist möglich.
2: empfehlen sie mich ihrem bruder.
1: was sagen sie?
2: wie meinen?
1: sie wünschen?
2: was wollen sie von mir?
1: was heisst das?
2: was bedeutet das?
1: was gibts?
2: was wollen sie sagen?
1: wie, mein herr?
2: ich bitte, antworten sie mir!!
1: ich sage, wie befinden sich die gnädige frau?
2: sie sind sehr gütig, ziemlich wohl, ich glaube, ausgezeichnet, ich bitte um verzeihung, das wetter ist nicht das beste, ich fühle mich verwirrt, es ist heiss.
(2 zieht den rock aus)
sie fühlt sich elend. sie ist heute etwas unpässlich.
1: das tut mir leid
2: gestern früh war sie unpässlich.
1: übermitteln sie, wenn ich sie darum bitten darf, meine aufrichtige teilnahme.
2: sie liegt seit einem jahr zu bett.
1: das hat nichts zu bedeuten.
2: sie haben recht, das sagt gar nichts, es ist eine kleinigkeit.
(2 vergnügt die hände reibend) und wie geht es ihnen?
1: ich fühle mich wohl.
2: es freut mich, dies zu hören.
1: ich danke ihnen vom herzen.
2 (das thema wechselnd): wie geht es ihnen aber so im allgemeinen.
1: so, so. so ziemlich. man muss bescheiden sein.
2: es freut mich dies zu hören.

1: gestern war ich etwas unpässlich.
2: das tut mir aber leid. und wie geht es zu hause?
1: es ist alles beim alten.
2: das freut mich.
und befinden sich unsere freunde auf dem lande und in der stadt wohl?
1 (fröhlich) sie sind alle wohl,
(traurig) bis auf meine braut.
(weint.)
2: was fehlt ihr?
1 (gefasst): sie hat fieber, leibschmerzen, flecktyphus, scharlach, den keuchhusten, den gewöhnlichen husten, das gewöhnliche fieber, das komplizierte fieber, sie hat alle übrigen krankheiten, auch ist sie sehr gesund, hat keine schlechte verdauung, migräne und die englische krankheit.
in letzter zeit leidet sie an leichtem übelsein.
2: ist sie schon lange krank?
1: nein, noch nicht lange.
2: ich habe sie seit jahren nicht gesehen.
1: sie liegt zu bett.
2: ich wünsche besserung und will hoffen, dass es keine weiteren folgen haben wird.
1: sie ist ihnen verbunden, sie ist ihnen sehr verbunden.
2: wann kann ich sie besuchen, wann kann ich sie trösten, wann wird sie mich empfangen können?
1: kommen sie mit mir.
2: wo gehen sie hin?
wo kommen sie her?
gehen sie hinaus.
gehen sie hinaus.
gehen sie weg.
gehen sie.
halten sie sich nicht auf.
(stösst 1) machen sie platz.
gehen sie ein wenig zurück.
bleiben sie ruhig.
sie sollten sich nicht rühren.
kommen sie her.
kommen sie näher.
warten sie ein wenig.
warten sie.
sie gehen zu schnell.
gehen sie nicht so schnell.
kommen sie mir nicht zu nahe.

　　　　packen sie sich fort.
　　　　gehen sie zu.
　　　　gehen sie da hinaus.
　(1 hat den ring verlassen)
　　　　kommen sie herein.
　　　　kommen sie hieher.
1: ich stehe hier gut.
2: auf ein wort.
1: was beliebt?
2: ich will mit ihnen sprechen.
1: was sagen sie?
2: hören sie mich?
1: sprechen sie lauter.
2: machen sie keinen lärm.
1: seien sie ruhig.
2: was ist das für ein lärm.
1: hören sie auf zu schreien.
2: man kann sein eigenes wort nicht hören.
1: sie machen mich taub.　　　　　　　　　　　(wird getroffen)
2: sie zerbrechen mir den kopf.　　　　　　　(„　　„)
1: sie sind sehr lästig.
2: ich kenne sie vom sehen.
1: ich habe von ihnen gehört.
2: was hört man neues?
　　wissen sie etwas neues?
　　was gibt es neues?
　　wissen sie nichts neues?
1: man sagt nichts neues.
2: was sagt man so im allgemeinen?
1: ich erinnere mich nicht genau.
　 man spricht von guten neuigkeiten.
2: sagen sie das gegenteil und sie werden recht haben.
1: das habe ich gehört, aber ich glaube das gegenteil.
2: das bedarf einer bestätigung.
1: sie haben recht; man weiss nicht, wem man glauben soll.
　 es wird ausserordentlich gelogen.
2 (überrascht): ah! von wem haben sie das gehört?
1: ich habe es gehört.
2: sie sind gut informiert.
1: das ist wahr.
　 ich gebe es zu.
2: lassen sie uns von etwas anderem reden.
1: ich bin ihrer meinung.
(kleine atempause, beide stehen keuchend im ring)

2: ach mein herr, verzeihen sie,
   ich hatte sie nicht gesehen.   (schlägt 1 auf die nase)
2: wie dick sie geworden sind.   („ „ „ „   „)
2: ihre bewegungen sind langsam.   („ „ „ „   „)
2: ihr haar ist schütter geworden.   („ „ „ „   „)
2: sie sehen elend aus.   („ „ „ „   „)
2: sie machen einen heruntergekommenen
   eindruck.   („ „ „ „   „)
2: sie erwecken mein mitleid.   („ „ „ „   „)
2: sie dauern mich.   („ „ „ „   „)
2: sie sind alt geworden.   („ „ „ „   „)
2: sie haben ihren verstand verloren.   („ „ „ „   „)
2: sie haben ihr einkommen verloren.   („ „ „ „   „)
2: sie haben ihre freunde verloren.   („ „ „ „   „)
   sie haben ihren hut verloren.   („ „ „ „   „)
   sie haben ihren handschuh verloren.   („ „ „ „   „)
   sie haben ihre neigungen verloren.   („ „ „ „   „)
   sie haben ihren guten geschmack verloren.   („ „ „ „   „)
   sie haben zeit verloren.   („ „ „ „   „)
   sie haben jeden halt verloren.   („ „ „ „   „)
   sie haben im laufe ihres lebens 4 taschen-
   kämme verloren, und noch mehr.   („ „ „ „   „)
   sie haben die massstäbe verloren.   („ „ „ „   „)
   sie haben eine schachpartie verloren.   („ „ „ „   „)
   sie haben ihre milchzähne verloren.   („ „ „ „   „)
   sie haben die hoffnung verloren.   („ „ „ „   „)
   sie haben ihr gedächtnis verloren.   (treibt 1 durch den ring)
   sie haben mein vertrauen verloren.
   sie haben sehr verloren.
2 (seufzt): es steht schlimm für sie.
1: wollen sie mir angst machen?
   hier liegt mein handschuh.
   (er hebt ihn auf, zieht ihn an und schlägt 2 auf die nase)
   3 taschenkämme habe ich wieder gefunden. sie waren in der tischlade.
   meine milchzähne sind gut aufgehoben.
2 (geht auf 1 zu, vertraulich): wollen wir tauschen?
1: was wollen sie tauschen?
2: ich will meinen platz tauschen.
1: wogegen, wenn ich fragen darf, mein herr?
2: gegen ihren platz, wenn ich bitten darf.
1: nein, ich sage nein.
2: warum wollen sie nicht tauschen?
(1 schweigt, überlegt)
1: was geben sie mir?

2: ich gebe ihnen nichts dazu! im gegenteil, sie müssen etwas draufgeben.
1: was wollen sie haben?
2: was es ihnen wert ist.
1: wenn ich es recht überlege, ist mein platz mehr wert als der ihre.
2: mein herr, sie sind im irrtum, er ist nicht einmal soviel wert wie der meine.
1: ganz im gegenteil. sie täuschen sich gewaltig, da ich nicht glauben mag, dass sie mich betrügen wollen.
2: ich gebe nicht mehr.
1: sie scherzen.
2: ich gebe was es wert sein kann.
1: sie wollen mich erpressen.
2: ich will nicht handeln. es ist nicht mehr wert.
1: sie wollen doch nicht, dass ich verlieren soll?
2: nun, wollen wir tauschen?
1: meinetwegen.
(sie wechseln die plätze)
1: hören sie, mein herr, auf ein wort!
2: ich höre.
1: ich will mit ihnen sprechen, hören sie mich an.
2: was sagen sie?
 ich verstehe sie kaum, sprechen sie lauter.
1: sie hören mir nicht zu.
 hören sie mich?
2: ich höre sie nicht.
 ich kann gar nichts hören, sprechen sie lauter.
1 (überlegt, dann): hören sie, kommen sie einmal her.
2 (geht zu 1, nimmt aufstellung): ich höre ihnen zu.
1: seien sie ruhig, machen sie keinen lärm.
2: was sagen sie?
1: halten sie das maul!
2: ich schweige.
1 (schlägt ihn auf den kopf): sie wollen nicht schweigen?
2: ich schweige.
(pause, beide lauschen)
1: ich kann es nicht hören!
2 (ruhig): merken sie auf.
(1 fällt um, ringrichter zählt)
(2 hilft dem 1 auf die beine)
2: verzeihen sie mir.
1: aber ich bitte sie, sie haben mein vertrauen.
2: ich habe gehört, dass sie den vorigen kampf gewonnen hätten. darf man gratulieren?
1: es ist wahr, ich habe gewonnen.

(er hört seiner stimme nach, springt hoch)
ich habe gewonnen, ich habe gewonnen, gewonnen, gewonnen!!!
(springt herum, sein betreuer läuft in den ring und flüstert ihm ins ohr,
2 sitzt dieweil schluchzend am boden)
(ringrichter beginnt zu zählen, aber dann gong)

2. runde
(langer schlagwechsel, ehe sie zu sprechen beginnen)
1: sprechen sie manchmal?
2: ja, aber nie anders, als mich zu unterhalten.
1: sprechen sie gern?
2: ich spreche nur zum zeitvertreib.
1: aber mich dünkt, das sprechen sei eine sehr gefährliche unterhaltung?
2: das ist wahr; doch nur, wenn man zuhört.
1: aber sie sprechen doch, um von mir gehört zu werden!
2: das ist eine lüge!
wenn ich ihnen etwas mitzuteilen hätte, würde ich es sein lassen. es
würde in den sätzen hängen bleiben.
1: es würde nur zu missverständnissen kommen,
2: zu unstimmigkeiten führen,
1: zu schlägereien,
2: zu streit,
1: ärger bereiten,
2: freundschaften zerstören.
1: wenn man zuhört,
2: weiss man nicht wie's gemeint ist.
1: sie könnten es nicht besser wissen,
2: sie könnten lügen,
1: sie könnten es ehrlich meinen.
2: aber wie soll das heraus?
wo soll das hinein?
1: da kann man nur sprechen.
2: ich spreche gern.
1: es tönt.
2: es ist laut.
1: man kann es hören,
es beschäftigt die ohren,
2: und die zunge,
1: und die lunge,
2: und die lippen,
1: und die zähne.
2: man kann es zerbeissen.

1: man kann es zerkauen.
2: man kann es schlucken
1: und man kann es ausspucken.
2: man kann mit den stimmbändern schwingen,
1: man kann es regulieren.
2: laut und leise.
1: hoch und tief.
2: und vor allem in der mitte!
1: ganz recht.
2: man kann dabei gehen,
1: man kann dabei sitzen,
2: man kann dabei laufen,
1: man kann dabei stehen,
2: man kann dabei seine notdurft verrichten.
ich spreche gern.
1: dann ist gewinn oder verlust eine kleinigkeit.
sprechen sie mit kraft oder mit geschwindigkeit oder mit wohlklang oder mit tonhöhe?
2: was verstehen sie unter kraft?
schwerkraft?
fliehkraft? (läuft davon)
(kommt zurück) und wenn es geschicklichkeit wäre?
(1 hat seine deckung vernachlässigt, 2 bringt einen schlag an, der ringrichter notiert)
2: sprechen sie oft?
1: sehr selten.
2: warum?
1: weil es viele sehr gewandte betrüger gibt.
man läuft grosse gefahr, da sie wie ordentliche leute aussehen. sie hören zu, sie merken auf, sie nehmen alles beim wort.
2: das ist eine rücksichtslosigkeit.
1: das ist eine gemeinheit.
2: das ist eine frechheit.
1: es handelt sich um verbrecher.
2: nun, was für ein gespräch wollen wir sprechen?
1: welches sie wollen.
2: wir wollen dieses gespräch sprechen.
1: wie es ihnen beliebt.
2: das sprechen ist sehr im schwange.
1: man kommt sich nahe.
2: es distanziert.
1: es verhindert das schlimmste.
2: es fördert alles mögliche.
1: es erfreut.

2: es betrübt.
1: es berauscht.
2 (konsterniert): sie sind ja betrunken!
(1 wankt zum tisch und nimmt einen schluck wasser, kommt zurück, nimmt grundstellung [faustkampf])
(beide wieder einander gegenüber)
1 (als ob nichts gewesen wäre): wieviel sprechen wir diesmal?
2: wir wollen zum zeitvertreib so viel wir können sprechen.
1: wir wollen doppelt so viel sprechen.
2: wie es ihnen gefällig ist.
1: wieviel geben sie mir vor.
2: sie wollen eine vorgabe und sprechen doch so gut wie ich?
(beide sehen einander unschlüssig an)
2: soll das ein ganzes gespräch sein?
1: nein, es fehlt noch einiges.
2: also fahren wir fort.
(schlagwechsel. 2 im vorteil)

1: ich habe eine schlechte sprache. (vorsichtiges «abtasten»)
2: sie müssen eine gute haben, da ich fast
   keine habe.   („   „   )
1: meine sprache setzt mich in verlegenheit. („   „   )
2: sie sprechen nicht g u t, das ist wahr.   („   „   )
1 (bestürzt, plötzlich): ich habe meine sprache verloren!
(er beginnt zu suchen, hier und dort, blick am boden, 2 verfolgt ihn, 1 winkt nur abwehrend und nicht ganz bei der sache ab)
2: das ist gleich. (gibt 1 von hinten einen fusstritt)
(1 richtet sich auf, dreht sich um)
1 (ängstlich): sind drei sätze mit vier beistrichen gut?
2: nein, ich habe vierzehn mit strichpunkten.
1 (bittend): sprechen sie ein wenig aus.
2: ich sage nur:
   (scharf) satzgegenstand   (schlägt ihn auf den kopf)
        und
        satzaussage,   („   „   „   „   „)
        hauptsatz   („   „   „   „   „)
        und
        nebensatz.   („   „   „   „   „)
   ich hoffe, das genügt.
1 (jedes wort betonend, pausen zwischen den worten, stammelnd, verzweifelt, gequält, in sich hinein):
   ich – habe – nur – fünf – worte.
2 (scharf): wieviele selbstlaute?
(1 versucht es murmelnd an den fingern abzuzählen, er fängt immer wieder von vorne an. verzweifelt den kopf schüttelnd, wenn er abbricht

und neu anfängt, er wird immer hastiger und seine finger kommen ihm mehr und mehr in die quere)
2 (unterbricht ihn): das ist nicht genug.
 ich habe die sprache gewonnen,
  sie haben die sprache verloren. (ist zu sprechen wie «spiel» gewonnen bzw. verloren)
(1 grunzt und blökt wie ein stummer, der etwas sagen will, vor sich her, in sich hinein, kauert sich nieder, fällt um, wälzt sich am boden, grunzend)
2 (nach einer pause): sie sind mir noch ein gespräch schuldig. (zu sprechen wie: «aufklärung schuldig»)
(1 steht auf, klopft seine hosen ab)
1 (charmant, händereibend): recht gern, mit vielem vergnügen.
2: hier darf kein anderes als ein gespräch unter freunden geführt werden.
 (klopft 1 auf die schulter)
 nur eine kleinigkeit um das gespräch zu beleben:
 (blickt 1 voll und ernst an:) worüber wollen wir sprechen?
1 (charmant wie ein verkäufer, sich leicht verneigend, 2 sieht ihn an, aber er steht seitlich zum publikum gewendet, vielleicht noch immer hände reibend):
 wenn es ihnen recht ist, wollen wir sprechen.
2: wie sie wollen.
1: was sie wollen.
2 (blickt auf 1): wollen s i e sprechen?
1: mein herr, wir wollen gemeinsam sprechen.
2: geben sie den ton an.
1 (singt): aaa (normalton)
1 & 2: dieser herr und ich sprechen gemeinsam. (beide mit geschlossenen augen zum publikum)
2: wer spricht?
1 (sehr laut, sehr deutlich, sehr pathetisch; vor anstrengung färbt sich sein gesicht blau-rot):
 sie!
2: das ist recht, das nenne ich sprechen.
 sie sind ein meister.
1: diesmal habe ich eine gute sprache.
 (arrogant) aber s i e verstehen das sprechen n i c h t.
 sehen sie mir nicht in den mund!
 machen sie den mund zu.
 (hebt den finger) geben sie acht, was herauskommt.
 (jubelnd): ich habe die sprache gewonnen!!!
2 (verdriesslich): genug für jetzt.
1 (gnädig): ein andermal sprechen wir länger.

2: es ist auch besser so.
(gong)

3. runde
(beide stehen einander schweigend gegenüber)
1: bist du fertig?
2: noch nicht.
1: wo sind deine handschuhe?
2: hier.
(1 zieht sie dem 2 an)
2: wie macht man das?
1: du bist sehr ungeschickt.
  (schlägt auf 2)
2: was tust du?
1: ich belehre dich. (schlägt ihn)
2: du hast mich gestossen!
1: du hast platz genug, mach platz, rücke ein wenig!
  (rempelt 2 zur seite, ringrichter droht missbilligend)
2: wie tief darf ich schlagen?
1 (zeigt es, mit tiefer stimme): bis hierher.
2: wer hat das gesagt?
1: ich weiss es.
2: du erklärst das schlecht.
1 (drohend): sei still, sonst bekommst du schläge.
2: du bist es, der die schläge verdient.
(sie fallen übereinander her und prügeln sich, ringrichter pfeift, 2 bleibt liegen, 1 tänzelt herum, ringrichter zählt bis 4)
1: schlafen sie?
  (stampft einigemale mit dem fuss auf)
  sind sie noch im bett?
2 (verschlafen, weinerlich): kommen sie nur herein!
1 (geht auf 2 zu, stellt sich vor ihn hin): wachen sie auf! wie träge sie sind! sie sind sehr verschlafen, sie sind noch nicht wach. stehen sie rasch auf!
2: ist es denn schon zeit?
1: freilich, gleich ist es neun.
(ringrichter zählt neun,
2 erhebt sich mühsam)
1: beeilen sie sich, geben sie acht, sie fallen.
(2 stürzt wieder, ringrichter beginnt zu zählen)
2: ich bin krank. ich weiss nicht was mir fehlt. ich fühle mich sehr unpässlich.
1 (hilft ihm auf): man sieht es ihnen wohl an. lassen sie mich den puls

fühlen. der puls ist unruhig. was fehlt ihnen? zeigen sie mir ihre zunge! sie ist etwas belegt, strecken sie sie ein wenig mehr heraus! so ist es recht.
(1 tritt zurück und schlägt 2 in den magen, die zunge kommt weit heraus)
1: so ist es schon ganz ausgezeichnet.
2 (weinerlich): magen, kopf und brust tun mir weh!
1 (interessiert): seit wann?
2: seit kurzer zeit.
1: sie sollten schlafen. (wirft ihn zu boden)
2 (richtet sich mühsam auf): ich habe nicht schlafen können.
1: und lassen sie wasser? haben sie esslust?
2: gar keine.
1 (greift ihn an): sie haben das fieber. ihr puls geht sehr unregelmässig.
2: es liegt mir wie blei in den gliedern.
1: heute dürfen sie durchaus nichts zu sich nehmen.
2: das fällt mir nicht schwer, denn ich habe keine esslust.
1: biegen sie den arm!
  (er verdreht ihm den arm)
  gehen sie nicht aus. halten sie sich warm. sie werden bald gesund sein. seien sie getrost.
2: gehen sie schon fort?
1: ja, ich muss.
2: ich bitte sie, kommen sie wieder.
1: lassen sie nur rufen.
2: ich bin ihr gehorsamer diener, ihrer und der ihrer kranken frau mutter.
1: sprechen sie lauter, ich verstehe sie nicht. sie sprechen zu leise.
2: es tut mir leid, dass ich ihr heute meine aufwartung nicht machen kann.
1: mit wem sprechen sie?
  sprechen sie mit mir?
2: ich weiss, dass ein kranker freude hat, wenn man sich um ihn kümmert.
1: sagten sie etwas?
2: ich hätte schokolade mitgebracht, aber ich bin verhindert.
1: sprechen sie deutsch?
2: oder auch blumen, das hätte ihr gewiss freude gemacht.
1: was sagen sie?
2: freude macht gesund.
1: halten sie das maul!
2: ich schweige.
1: können sie nicht deutsch?
2: ich verstehe und spreche ein wenig.

1: sie können nichts als plappern, sie sind ein lästiges plappermaul! sie sehen krank aus.
2: ja ich fühle mich sehr schlecht.
1: reichen sie mir ihren arm!
2: tun sie mir nicht wehe.
(1 nimmt ihn fest in den clinch und verdreht ihm den arm)
2: sie halten meinen arm zu fest! (der ringrichter verwarnt)
1 (schlägt zu und betrachtet): das blut fliesst gut.
2 (keucht): ja, ich fühle mich ein wenig erleichtert.
1 (lässt seine schläge auf 2 niederprasseln): halten sie sich warm. machen sie, dass sie schwitzen.
(wird immer schneller)
2: mein ganzer körper glüht.
1: dann müssen sie sich wieder abkühlen, mein herr.
2: es fängt an besser mit mir zu werden. ich wäre bald gestorben.
1: seien sie unbesorgt.
2: ich fürchte mich sehr.
(kurze pause)
1: setzen sie sich doch für einen augenblick.
2 (geschäftig, überlastet): das ist schade, das ist schlimm, wie unangenehm, ich kann nicht.
1: sind sie so in eile? können sie nicht ein wenig warten? ich zeige ihnen meine braut, das krankenlager, den arzt, das nachtgeschirr, die medikamente!
2: ich bin zutiefst betrübt, ich bin verstört, ich schäme mich meiner selbst, ich bin zerknirscht.
sagen sie dem fräulein braut, wie leid mir ihre unpässlichkeit sei, aber dass ich ausserstande wäre, sie heute aufzusuchen.
1: ich werde es unfehlbar tun. sie wird sich ihrer anteilnahme freuen, sie wird beglückt sein, sie wird gesunden, sie wird ausser sich sein, sie wird rasen, sie wird mit gegenständen werfen, sie wird springen, sie wird tanzen, sie wird vor freude sterben.
(verbeugt sich, abschiednehmend)
(2 setzt sich, macht sichs gemütlich)
2 (vertraulich): ich bin gekommen, ihre güte in anspruch zu nehmen.
1 (wankend): ich stehe ihnen zur verfügung, sie haben nur zu befehlen.
2 (vergnügt): sie sind sehr gütig.
1: sie sind sehr höflich.
2: ich danke ihnen.
1: keine ursache.
2: wie geht es ihnen?
1: gut, sehr gut.
2: es freut mich, sie wohl zu sehen.

1: ich bin ihnen sehr verbunden.
2: immer noch der alte.
1: sie sind in der tat sehr gütig, sie erzeigen mir grosse ehre.
2: sie scherzen.
1: ich bitte, ja.
2: ich glaube, ja.
1 (kühl): ich glaube, nein.
2: ich sage, ja.
1: ich möchte wetten.
2: ich wette in der tat.
1 (amüsiert): ich wette was sie wollen.
2: es ist wahr.
1: es ist nur zu wahr.
2: ja, in der tat.
1: kein wahres wort ist dran.
2: es ist ein märchen.
1: es ist eine lüge.
2: es ist eine unwahrheit.
1 (brüllt): sie sagen nicht die wahrheit!
2: so wahr ich lebe, glauben sie mir, ich schwöre ihnen.
1: auf ehre?
2: bei meinem leben.
1: bei meiner ehre.
2: auf mein gewissen.
1: ich rede aufrichtig mit ihnen.
2: ich will sterben, wenn ich lüge.
1: man hat sie betrogen.
2: ich bin nicht schuld daran.
1: ich kann es nicht ändern.
2: was soll ich tun. (die stimme wird nicht fragend erhoben)
1: sie haben recht.
2: sie haben nicht recht.
1: sie haben unrecht.
2: ich kann ihnen nicht glauben.
1: schweigen sie.
2: sie wollen nicht still sein.
1 (nach einer pause): nun, ich glaube es.
2 (bestimmt): ich glaube es nicht.
1 (bricht zusammen): ich gebe es zu.
(ringrichter zählt)
2: meinetwegen es sei.
1 (springt hoch empor, artist, clown): es war nur ein scherz!
2: ich habe nichts dagegen.
1: wie dumm.

2: wie klug.
1 (pathetisch, schwurhand): geben sie acht.
2 (gleichgültig): das kann ich nicht.
1: sie verdienen es nicht.
2: quälen sie mich nicht länger.
1: ärgern sie mich nicht länger.
2: missbrauchen sie mich nicht länger.
1: langweilen sie mich nicht länger.
2 (hält sich die backe): sie treffen mich empfindlich.
1: lassen sie mir ruhe.
2: sie tun mir weh!
1: nicht wahr?
2: ohne zweifel.

...

(1956–)

die begabten zuschauer.
ein prolog.

zwei herren in abendanzügen treten auf. operngläser hängen um ihre hälse. dieses vorspiel sollte, wenn die rampe breit genug ist, vor geschlossenem vorhang aufgeführt werden. die beiden schauspieler haben sich einer gepflegten sprache zu bedienen, dürfen aber nicht vergessen, dass sie gegen das publikum spielen und nicht für dasselbe. die schauspieler müssen also imstande sein, wenn es der text verlangt, ungezwungen aggressiv zu sein. sie haben das gleiche «interesse» zu «zeigen», das üblicherweise der zuschauer dem bühnengeschehen entgegenbringt.*

herr 1: wollen wir ins theater gehen?
herr 2: wir wollen hingehen.
herr 1: heute soll ein sehr schönes stück aufgeführt werden.
herr 2: wie heisst es?
herr 1: die begabten zuschauer.
    es wurde ins französische übersetzt.
herr 2: ist das die erste vorstellung?
herr 1: nein, es ist schon viermal aufgeführt worden.
    die heutige vorstellung ist für den dichter.

---

* sie zeigen mit den fingern etc. und wenn sie zeigen, haben sie anwesende personen, möglichst unbekannte, zu fixieren. sie betrachten die in rede stehenden personen mit den gläsern etc. sie sehen einander sowenig als möglich an und hängen gebannt am geschehen im zuschauerraum, mit den blicken von objekt zu objekt springend sobald es genannt wird.

herr 2: wie ist es bei den ersten vorstellungen aufgenommen worden?
herr 1: mit allgemeinem beifall.
      der verfasser war schon vorher berühmt
      und dieses letzte stück hat seinen ruf noch vergrössert.
      ich habe es gestern gesehen.
herr 2: wo waren sie?
herr 1: auf dem parterre und nach der pause im parkett.
herr 2: ich glaubte sie wären in einer loge gewesen.
herr 1: wir wollen hingehen und es sehen.
herr 2: ich bin es zufrieden.

. . . .

herr 2: es ist alles voll. es sind erstaunlich viele menschen da!
      welch getöse!
herr 1: ja, besonders auf der galerie.
      was sagen sie zu der bühne?
herr 2: sie scheint mir in anderen theatern grösser zu sein.
herr 1: die galerie ist schon voll menschen.
herr 2: die logen können garnicht alle damen fassen.
herr 1: nie habe ich das haus so voll gesehen.
herr 2: es sind sehr viele menschen darin.
herr 1: welch ein herrlicher anblick!
herr 2: diese damen sind sehr schön gekleidet.
herr 1: sehen sie jene dame in der ersten loge links?
herr 2: wie schön! sie sieht aus wie ein engel.
herr 1: sie ist sehr schön gebaut.
herr 2: kennen sie sie?
herr 1: ich habe die ehre.
herr 2: welch schöne gesichtsfarbe!
herr 1: ich habe nie in meinem leben ein so schönes gesicht gesehen.
herr 2: ihre zähne sind weisser als schnee.
      man sieht es ihr an den augen an, dass sie sehr viel verstand
      haben muss.
herr 1: die schönheit kann man wohl sehen, aber den verstand nicht.
herr 2: wir wollen zuhören.
herr 1: die dekorationen sind herrlich!
herr 2: dieses theater hat gute schauspieler.
herr 1: dieses mädchen spielt sehr gut.
herr 2: ein herrliches wesen!
herr 1: es heisst, sie verheirate sich mit dem herrn dort drüben.
herr 2: der alte gefällt mir.
herr 1: ja, er spielt sehr natürlich.
herr 2: er ist der bruder eines höheren beamten.
herr 1: er ist unnachahmlich.
herr 2: der alte spielt einzig!

herr 1: was halten sie vom ersten liebhaber?
herr 2: wo?
herr 1: dort drüben!
herr 2: sein spiel gefällt mir sehr.
herr 1: sie haben recht, die natur hat ihn mit grossen gaben ausgestattet.
herr 2: diese bühne kann sich rühmen.
herr 1: ja, und man hat mich versichert, sie dürfe sich kühn mit den bedeutendsten ensembles von europa messen.
herr 2: verzeihung, was ist das für eine schauspielerin, die soeben von den toiletten kam?
herr 1: es ist die zweite liebhaberin.
herr 2: sie scheint noch sehr jung zu sein.
herr 1: wissen sie denn nicht, dass die damen im theater sich eines ewigen frühlings zu erfreuen haben?
herr 2: wenn sie bloss das bestreben, u n s zu gefallen, bewöge, sich derart zu schmücken?
herr 1: ich bin überzeugt.
herr 2: wie recht sie haben.
herr 1: das stück ist aus.
herr 2: die neuen schauspieler gefallen mir sehr gut.
herr 1: ihr spiel ist edel und natürlich.
herr 2: sie machen gute figur.
herr 1: und wie gefällt ihnen das stück?
herr 2: ich sage, es ist eines unsrer besseren – und deren gibt es wenige. aber endlich fügt sich die deutsche bühne dem guten geschmacke und gott sei dank dürfen wir hoffen, dass all die unsinnigen sogenannten berühmten stücke ganz von der bühne verbannt werden.
herr 1: wir wollen uns erfrischen; ich habe hier viel angst ausgestanden!
beide ab.
(1959)

napoleon
oder
wer weiss?

zwei herren in haus- oder strassenanzügen sitzen an einem tisch in der mitte der bühne und spielen schach (stumme szene).

1: wie spät ist es?
2: 20 uhr 20 und 4 sekunden.
1: wie spät ist es?
2: 20 uhr 20 und 9 sekunden.

1 (verwundert): wie die zeit vergeht.
   wie spät ist es?
2 (hebt wieder den arm und blickt auf die uhr): 20 uhr 20 und 21 sekunden.
1: ich wette, jetzt ist es 20 uhr 20 und 30 sekunden!
2 (schaut auf die uhr): ja.
sie spielen wieder schach.
2: wie spät ist es?
1 (schaut auf seine uhr): 20 uhr 21.
2: mhm.
1: welcher tag?
2: freitag.
1: es ist doch abend oder sogar nacht?
2: ein tag hat 24 stunden. da gehören auch 2 halbe nächte dazu. die 2. hälfte der nacht von donnerstag auf freitag und die 1. hälfte der nacht von freitag auf samstag.
1: so ein blödsinn.
2: der tag bricht ab, die nacht bricht an, alles am freitag.
1: blödsinn.
sie spielen wieder schach.
1: was denkst du (pause) von napoleon? (schaut auf napoleon, der beim wort napoleon auftritt)
napoleon tritt durch die mitteltüre in entsprechender kleidung auf, ohne hut, zweifarbige perücke, links grau rechts schwarz.
1: na, was denkst du von napoleon?
2 (schaut auf napoleon): er hat lange haare.
1: welche farbe?
2: schwarz.
1: falsch. grau.
2: wieso?
napoleon dreht sich um.
1: du hast recht. schwarz.
2: entschuldige. grau.
1: schwarz!
2: grau!
1: blödsinn.
napoleon setzt einen zweispitz auf.
2: er trug einen bezeichnenden hut.
1 (sieht auf): ja das stimmt.
napoleon stellt sich hinter 2.
2: es hat gar keinen napoleon gegeben.
1: wie?
napoleon kommt wieder zum tisch, holt einen 3. sessel und setzt sich.
1: gesessen ist er gern, das ist wahr.

napoleon legt die stiefel auf den tisch, macht sichs bequem und legt den hut ab.
2: stiefel hat er auch getragen.
1: ja das ist wahr, aber hut hat er doch keinen gehabt.
2: a ja, ja das ist wahr. hut hat er doch keinen gehabt.
sie spielen wieder schach, ziemlich lange, schenken napoleon keine aufmerksamkeit, napoleon langweilt sich, 2 sinniert sehr lange über einen zug, napoleon, der jetzt am tisch sitzt, macht den zug.
1: na, hat er schach spielen können, der napoleon?
2 (blickt kurz auf, übersieht das spiel): nein, nein wirklich nicht. (und sinniert wieder weiter)
sie spielen wieder weiter. napoleon folgt grübelnd dem spiel.
1: no, aber was hat er denn so gedacht, der napoleon?
2 (schaut auf): ha?
1 (gibt sich einen ruck und gleiche position wie oben): no, aber was hat er sich denn so gedacht, der napoleon?
2: was weiss ich? frag ihn!
1 (lehnt sich ärgerlich zurück): blödsinn.
beide spielen weiter. napoleon, der in der letzten phase keine miene verzogen hat und nur grübelnd das spiel betrachtete, folgt gespannt den zügen, während der vorhang fällt.

(david)kean vom londoner shakespare theater in seiner glanzrolle aus dem königl non plus ultra

stimme aus dem mikrofon:

ortwin kirchmayr tritt auf. schritt für schritt. er bietet einen entsetzlichen anblick. er läuft auf allen vieren über die bühne. er bewegt sich. da! jetzt! mit einem ungeheuren sprung schnellt er empor und fällt. ortwin kirchmayr läuft auf allen vieren über die bühne. er richtet sich auf. seine arme hängen schlaff herunter. jetzt. mit einem ungeheuren sprung schnellt er empor und fällt. er ist ganz nackt. er läuft auf allen vieren über die bühne. jetzt. er spannt die muskeln. er richtet sich auf. jetzt. er ist ganz nackt und von markus prachensky bemalt. ortwin kirchmayr läuft auf allen vieren über die bühne. er richtet sich auf. er wirft sich zu boden. er windet sich am boden. er richtet sich auf und wirft sich zu boden. er ist ganz nackt und von markus prachensky bemalt. ortwin kirchmayr kriecht langsam auf der bühne. da! er schnellt sich empor und fällt. er richtet sich auf und bleibt auf den knien. jetzt. er schlägt seinen schädel auf die bühne. mit aller kraft. er schlägt mit armen und beinen und mit aller kraft. er ist ganz nackt und von markus prachensky bemalt. er richtet sich auf und springt. er läuft über die bühne. er springt. er läuft und springt von einem bein auf das andere. seine arme hängen schlaff herunter. er ist von markus prachensky bemalt. ortwin kirchmayr läuft über die bühne. er schlägt mit den armen und beinen um sich. er springt von einem bein auf das andere. seine arme hängen schlaff herunter. seine augen treten aus den höhlen. er streckt die zunge weit aus dem mund. seine arme und beine sind in ständiger bewegung. da. jetzt. er schnellt sich empor und steht auf den beinen. ortwin kirchmayr geht über die bühne. er schlägt auf die bühne. er richtet sich auf. er bricht vornüber. er liegt auf dem bauch. er schnellt sich empor. er steht auf den händen. er geht auf den händen. er wirft sich zu boden. er liegt auf allen vieren. er läuft auf allen vieren über die bühne. er richtet sich auf und starrt von der bühne. er fällt zu boden. jetzt. mit armen und beinen schlägt er auf die bühne. er liegt auf der bühne. langsam richtet er sich auf. er steht auf der bühne. er geht auf der bühne. er läuft auf der bühne. er schnellt sich empor und fällt. jetzt. mit armen und beinen schlägt er um sich. er streckt sich. er liegt. er richtet sich auf und starrt von der bühne. er steht an der rampe. jetzt können wir ihn ganz genau betrachten. er ist ganz nahe. er ist ganz nackt und von markus prachensky bemalt. darüber trägt er eine fleischfarbene unterhose damit unsere scham nicht verletzt wird. ortwin kirchmayr tritt ab.

ortwin kirchmayr tritt auf. er ist klatschnass und von markus prachensky bemalt. seine jeans und sein haar tropfen. er tritt an die rampe und verneigt sich. er ist barfuss.
(1959)

abenteuer im weltraum
personen: konrad bayer als franz xaver
          oswald wiener erscheint
          erdmeldungen (ein ofenrohr)

der raumfahrer springt ein.
raumfahrer: so, da wär ma.
der raumfahrer im schutzanzug mit druckhelm und raumpistole stellt ein magnetofon, ein mikrofon und vieles andere auf. wieder ergreift er das mikrofon und spricht:
liebe hörer und hörerinnen auf der erde, es spricht franz xaver der raumfahrer,
(blickt auf die uhr)
21.05 uhr raumzeit.
die landung ist gelungen. ein neues zeitalter ist angebrochen.
hallo, hier franz xaver. ich bitte um rückmeldung. ich mustere den planeten.
(kurze pause)
erdmeldung: erde.
raumfahrer: ja, hier franz xaver. ich mustere noch immer den planeten.
strahlend.
schön.
still.
ein grelles leuchten liegt über der bizarren landschaft, während die kufen der rakete in den sand schnitten. langsam und sicher hob sich die kuppel aus sicherheitsglas aus den fallschienen und ich sprang mit ganzer erdschwere in das unbekannte panorama eines neuen lebensabschnittes.
ich blicke auf die raumkarte. (er blickt auf die raumkarte)
ein hohles sausen (ein hohles sausen) in der ferne lässt mich überrascht innehalten.
in einer völlig neuen situation. ich bitte um ihr verständnis. menschlicher pioniergeist und technische perfektion schufen die voraussetzung für diesen historischen augenblick.
was wird uns die zukunft bringen? welche überraschungen? welche einsichten?
warten sie.
warten sie mit mir auf die zukunft und sie werden belohnt werden.
ja, der wagemut, ist er nicht der klirrende pfeil, der uns in das unbekannte schwarze dessen schleudert, was ich kühn als den augenblick bezeichnen möchte. ich löse meinen helm von den schultern (er löst seinen helm von den schultern)
(pause)

und atme die würzige atmosfäre in langen zügen.
liebe hörer und hörerinnen, ich möchte bei dieser gelegenheit den konstrukteuren und all den unbekannten helfern meinen dank abstatten.
ich danke ihnen für das haupttriebwerk.
ich danke ihnen für das nebentriebwerk.
ich danke ihnen für die seitenflossen, die heckflossen, die bugflosse.
ich danke ihnen für den lichtquantenmotor.
ich danke ihnen für das hydraulische pressschallwerk.
ich danke ihnen für den eingebauten wandkonsistor.
ich danke ihnen für alle schwerefeldturbinen.
ich danke ihnen für den turboverdrängungsakkomodator.
ich danke ihnen. es klappte prächtig auf der ganzen linie, als ob das schiff auf schienen durch das all liefe. (oswald wiener erscheint)
ich bitte um ihre aufmerksamkeit. etwas ereignet sich. etwas kommt auf mich zu. ich werde in kürze in der lage sein, ihnen das erste ausserschiffe raumerlebnis durchzugeben. eine sichtbare raumbewegung kommt auf mich zu. es hat ausdehnung. es wirft einen schatten. es besteht eine möglichkeit, dass dieses gebilde lichtundurchlässig ist.
(oswald wiener bewegt sich und seine arme)
die form ist flexibel. doch hält die flexion sich in grenzen. ich möchte sogar sagen, derart, dass es höher als breit erscheint. es nähert sich. freunde, niegeschaute formen. erste offenbarung des alls. freunde.
(der raumfahrer stellt eine geste mit der raumpistole)
der erste eindruck des ganzen ist wirklich und überraschend. die erscheinung fixiert ihren ort
(oswald wiener bleibt stehen. ein neugierig-kindhaftes lächeln läuft über seine züge, während er den anzug des raumfahrers beachtet)
in einer wunderbaren stellung, oft noch wie zuckend und zitternd erregt.
(wiener macht schritte)
wieder, wieder. es läuft wie ein lebendes wesen eilends. keine reine lichterscheinung, nein vielmehr ist es höchst merkwürdig. eine einseitige geheimnisvolle ausdehnung. eine bewegung? je stärker die verschiebung nach einer seite, desto deutlicher wird seine äußerlichkeit klar. aber was es zu leisten vermag, ist höchst merkwürdig. wäre es eine wolke, so würden wir solche wolken nicht auf erden finden. ist es das licht selbst, vielleicht doch das licht selbst? ein strahlengebäude? wo ist der schatten? ist es masse? nach einem uns unbegreiflichen schema geordnet?
(wiener hebt kindhaft-verlegen ein stück holz vom boden und wirft es mit chaplineskem gestus wieder fort)
oberflächenstrukturen pfeilen empor, oder reisst es struktur aus der planetarischen oberfläche? schleudert sie in der atmosfäre? durch die atmosfäre? sie fällt! sie ist gefallen!
wenn ich die schicksalsschwere frage stelle: wo ist der schwerpunkt? so

ist die antwort nicht mehr weit. dort. wir stehen an der wende!
(wiener hat sich neugierig aber doch schüchtern dem raumfahrer bis auf
eine distanz von einem meter genähert. er lächelt verschämt.)
der raumfahrer nestelt eine brille aus seinem anzug und setzt sie auf:
es ist dreidimensional, ich habe es geahnt! liebe hörer und hörerinnen,
vor mir – gefährlich drohend – steht ein unbekannter körper. ich erkenne einen röhrenförmigen, aufstrebenden, doch verzweigten aufbau, die
winkel zueinander sind unterschiedlich. an den seiten der dominanten
mittelröhre, welche von der basis abwärts verläuft, vier ausstrebungen –
ich möchte das wort auswuchs vermeiden, weil es mich zu einer folgenschweren überlegung zwingen würde –, auch röhrenförmig, die sich in
je fünf vergabeln.
natur oder konstruktion? ist es ein mechanismus? ich möchte dieses wort
vermeiden, weil es mich zu einer folgenschweren überlegung zwingen
würde. die dominante mittelröhre wird von einer breiten basis abgeschlossen, die über einer einschnürung ein kugelartiges gebilde ausgekapselt hat, das reliefartige strukturen aufweist. eingebaute farbige
halbkugeln sitzen auf dieser form. sie sind beweglich. sie bewegen sich.
aus den rändern der verschlüsse, welche sich von augenblick zu augenblick über diese schliessen, erheben sich ungegliederte halme. vielmehr
ein bedeutender teil dieser kapsel ist damit bewachsen, jedoch ist die
länge dieser ein vielfaches derer auf den verschlüssen. sie sind büschelförmig angeordnet und entspringen eng nebeneinander auf der oberfläche dieser kapsel.
(der raumfahrer betrachtet mit seiner brille aufmerksam den schädel
wieners)
diese halme sind blattlos und weisen keinerlei verästelungen auf. es
steht also (laut) im rahmen der möglichkeiten, dass wir es mit einer lebensform aufzunehmen haben.
(leiser und abschwächend) vielleicht in verbindung mit einer konstruktion.
ja, sie haben mich richtig verstanden, liebe hörer und hörerinnen, lebensformen auf fernen planeten. denn mechanik oder leben ist hier die
frage. maschine oder bios!
zwar ist bewegung kein lebensbeweis; ich weiss. doch die symptome
sind verführend.
das planetarische leben tritt uns entgegen! ein wunschtraum oder ein
alptraum.
da (zeigt wieder auf wiener), ein zweifach gelochter lappiger fortsatz.
ist es eine düse? die austretende (hält seine hand hin) luft scheint es zu
beweisen. handelt es sich um ein fortbewegungsmittel einer uns unbekannten kultur? hallo erde, hallo erde, bitte um rückmeldung!
erdmeldung: hier rückmeldung erde.
raumfahrer: franz xaver an erde. bitte um verhaltensvorschlag!

erdmeldung: erde an franz xaver. tätigkeit ist auf reine aufklärung der verhältnisse im weltraum zu beschränken. beschädigungen oder veränderungen in der planetarischen landschaft sind in jedem fall zu vermeiden. der weltraum steht unter wissenschaftlichem naturschutz. bezügliche planetarische erscheinung ist fortsetzend zu erforschen. ende.
oswald wiener atmet ein. er fasst einen entschluss. höflich sagt er: o guten tag.
raumfahrer: liebe hörer und hörerinnen, das unfassliche hat sich ereignet. die planetarische struktur, es dürfte sich tatsächlich um eine biologische erscheinungsform niederer ordnung (er lächelt) handeln, gab ein geräusch von sich, das in irgend einem zusammenhang mit seiner lebensfunktion stehen dürfte. ich weiss, es ist gewagt, doch, in unser denken übertragen, möchte ich dabei an eine transponierung des stoffwechselvorganges in die gegebenheiten denken. ich weiss, dass ich vor einer unlösbaren aufgabe stehe, dennoch möchte ich versuchen, ihnen eine vorstellung von diesem wunderbaren ereignis zu vermitteln.
ich werde (ernst, verhalten) eine darstellung, ich meine, den versuch einer wiederholung, auf lautlicher ebene versuchen.
oswald wiener steht erstaunt vor dem raumfahrer.
der raumfahrer (mit grösster anstrengung, wobei er sich blau verfärbt, seine adern treten hervor): guten tag.
erdmeldung: wir bitten um weitere informationen!
der raumfahrer (verschnaufend): unter dem lappigen vorsprung öffnete sich ein bisher verborgener hohlraum, durch ein lückenloses gatter weisser scheiben abgeschirmt. dahinter (er neigt sich zurück und atmet tief) erschien ein beweglicher klumpen, dessen struktur, er war von sekreten überzogen, eine biologische, wenn auch nieder organisierte lebensform beweisen dürfte, – und das geräusch wurde vernehmbar. ich vermute einen zusammenhang.
oswald wiener (scheu): bitte, wie spät ist es?
der raumfahrer hält geistesgegenwärtig das mikrofon an wieners mund.
der raumfahrer: es ist gelungen.
erdmeldung: das ausserirdische, vermutlich biologische funktionsgeräusch wurde im original übernommen. wir werten aus. strikte befolgung des auftrags. erde.
wiener (beugt sich vor): verzeihung, bitte, wie spät ist es?
der raumfahrer (zittert): hallo hier franz xaver, hallo hier franz xaver! (etc.)
wiener schüttelt den kopf. er beugt sich über den arm des raumfahrers. er versucht den ärmel des raumfahrers zurückzuschieben. es ist nicht einfach. es dauert. zu dieser manipulation verwendet oswald wiener zwei hände: verzeihung. (sehr ruhig. sehr sachlich)
raumfahrer: hier franz xaver. mein körper ist von fremdmasse umschlossen. fremdenergie wirkt auf mich ein. ich vermute saugnäpfe. das

gewächs.
wiener hat den ärmel des raumfahrers unter viel mühe zurückgeschoben und blickt wie ein kurzsichtiger (wiener ist kurzsichtig) auf das armbandchronometer des raumfahrers.
der raumfahrer erstarrt.

rühm tritt auf (kalt): los eam gee, ea kend hoid di ua ned.
rühm und wiener ab.
(1958)

idiot

ein menschenähnliches wesen wartet an einer strassenecke. halten wir es für einen mann und nennen wir ihn a. der geht auf und ab.

a (zu sich): verdammt
b (kommt vorbei): halts maul!
a schweigt getroffen.
b blickt noch einmal drohend zurück. a verneigt sich erschrocken. b ab.
c tritt auf.

im gesicht des a kann man sehen, dass er den c was fragen möchte. da bewegen sich die muskeln! der a macht keinen schritt.

c geht auf a zu und gibt ihm einen fusstritt. c ab.
d und ein mädchen treten hand in hand auf. das muss ein liebespaar sein!
a geht auf die beiden zu, räuspert sich, hustet und setzt zu einer rede an. das heisst er öffnet das maul.
d gibt ihm einen kinnhaken. das mädchen tritt an den gestürzten heran und dann tritt sie dem in die niere. a krümmt sich und stöhnt. dann nimmt das mädchen eine stange vom boden auf und schlägt sie dem d über den schädel. d fällt um.
e kommt von der anderen seite, schaut das mädchen an, verdreht ihr den arm, reisst ihn aus und haut ihr den arm über den schädel. das mädchen fällt um.
f kommt aus dem haus und gibt dem e einen tritt, dass er hinfällt.
f tritt dem e den kopf zu brei; geht wieder ins haus.
a richtet sich mühsam auf.
g kommt, nähert sich a.
g setzt zu einer frage an. das heisst, er reisst das maul auf.
a schlägt ihn nieder.

ein automobil kommt die strasse runter. a schlägt mit der stange in den kühler. hinter a ist jetzt d aufgestanden, den a jetzt im gleichen zug niederschlägt, mit dem er die stange da aus dem kühler rausholte, und dann weiter auch gleich den automobilisten, der da jetzt aussteigen wollte. fast wär der draussen gewesen! a nimmt die beiden und wirft sie in den fond, wo er sie achtlos hineinstopft wie zirka packpapier. dann haut er sich hinters lenkrad und fährt über das mädchen und nochmal zurück, drüber. dann beim dritten mal über das mädchen ab.

die steht auf, wimmert und stöhnt mit dem oberkörper; der unterleib hängt leblos hinten.

ein polizist kommt angelaufen und setzt der mit schwungholen und schwung einen ungeheuren fusstritt ins maul, dass da blut herausstürzt.

das automobil taucht im rückwärtsgang auf und überfährt den polizisten.

a reisst dem toten polizisten den revolver aus dem halfter und feuert

in die leiche des polizisten und die leiche des mädchens.
dauerfeuer.
a ab.
a mit einem rasenmäher auf. er fährt über die leichen. die fetzen fliegen.
a ab.
a mit einen papiersack auf. er sammelt die fleischteile und wirft sie achtlos in eine papiertüte. er lässt die papiertüte achtlos fallen und geht ab.
a mit einer fast montierten maschine und ein paar ersatzteilen auf. er baut die maschine achtlos zusammen. sein blick kommt nie über die rampe. die augen sind glanzlos.
wenn was nicht gleich funktioniert, gibt a der maschine völlig ausdruckslos aber kräftige fusstritte. sofort setzt sich die maschine jeweils in gang. unbeeindruckt arbeitet a weiter.
plötzlich zeigt sich am rande ein menschenähnliches wesen.
obwohl a anscheinend nichts beachtet, stürzt er auf und tritt den kerl mit ungeheurer behendigkeit und vollkommen ausdruckslos aus der bühne.
a wird jetzt immer vollkommen ausdruckslos erscheinen, aber wenn nötig sehr spontan handeln!
a nimmt die tüte und leert sie in die maschine.
dann montiert er eine riesige kurbel. und beginnt zu drehen. aus der faschiermaschine kommt haschee. a kratzt das fleisch vom boden und macht knödel draus. das macht er ausdruckslos. er frisst die knödel. er klettert auf die maschine und scheisst hinein.
es kommen braune knödel raus. a frisst die braunen knödel.
ein mädchen kommt vorbei.
a bespeit sie im bogen von oben nach unten. gleich nach dem runterschlingen muss der speien. da ist keine pause! da muss eben das mädchen grade vorbeikommen.
das mädchen heult. er haut ihr eine runter, dass es knallt, und fällt über sie her. beim erguss verzieht er keine miene und steht auch gleich in einem zug auf und verzieht keine miene und geht nicht zu langsam nicht zu schnell und vor allem völlig ausdruckslos zu dem automobil, setzt sich rein, lässt den motor an, nicht zu langsam nicht zu schnell, vor allem ausdruckslos und überfährt die.
sie kommt wieder zu sich und wimmert. ein fuss ist ihr abgefahren. a geht hin und reisst ihr den fuss ab. das mädchen wimmert. da stopft er ihr den fuss in den rachen. sie kotzt; auch ihren fuss.
ein plötzlicher anfall von raserei überkommt ihn. er tobt, presst ihr noch einmal den blutigen und jetzt angekotzten fuss zwischen die zähne, sehr schnell und heftig, und er presst mit aller kraft, seine augen glänzen, die adern treten ihm aus dem schädel, da presst er der den fuss ins

maul, hilft nach mit seinem fuss, tritt rein, dann beugt er sich runter und stösst die gefaustete hand bis an den ellbogen nach, und noch einmal, immer wieder. dann steht er auf, seine augen sind ohne ausdruck, er schmiert das blut achtlos in seinen anzug und springt ihr in den bauch. er nimmt die einfüssige und stopft sie in die maschine. er dreht an der kurbel. ein roter, blutiger knödel fällt raus. a frisst ihn, kauend und kinnladenschiebend.

f stürzt aus dem haus auf a, mit einem riesigen hammer in beiden fäusten.

f stellt sich hastig auf, plaziert seine füsse, ein bein vor und schwingt den hammer um den kopf. unbeeindruckt, nicht zu langsam nicht zu schnell, aber vor allem ausdruckslos, knöpft a seine hose auf, nimmt das glied raus und pisst in hohem strahl dem hammerschwingenden f ins gesicht.

f hält den hammer an und wischt sich das gesicht, ausdruckslos. oben geht ein fenster auf und eine frau wälzt einen riesigen stein aus dem fenster auf f.

f ist brei.

schnell aber ausdruckslos zielt a und schiesst die frau mit dem revolver aus dem fenster. das war tempo! so wie er sie gehalten, lässt a die waffe nach abzug des hahnes einfach aus der hand fallen und wendet sich anderen beschäftigungen ausdruckslos aber eifrig zu. das nimmt ihn wieder ganz gefangen.

die frau fällt langsam aus dem fenster. das strassenpflaster klatscht.

2. szene scheissdreck

a zieht eine zahnbürste aus der tasche.

a (ausdruckslos): diese zahnbürste ist ein scheissdreck (lässt die bürste fallen)

a (nimmt die krawatte ab): scheissdreck

a zieht seine schuhe aus, wirft sie ins publikum: scheisschuhe

a (denkt): scheisstag

a : scheissreden

a : scheisstheater

a : scheisspublikum

a zieht sich aus: scheissrock
                    scheisshose
                    scheisshemd

(unterhose)   scheissunter
                    scheissocken

a (betrachtet): scheisskörper

a   setzt sich und holt ein paket und eine flasche aus seinem rock, der herumliegt. nimmt butterbrot mit schinken aus dem papier und frisst.
a   (murmelt): scheisshunger
a   trinkt aus der flasche.
a : scheisstrinken
über die bühne gehen ein paar riesenfüsse.
a : scheissgott (er niest)
im zuschauerraum gegenüber der bühne hinter den letzten reihen wird eine zweite bühne beleuchtet, der vorhang geht auf. riesinnenbeine.
a : scheissfrau
a   legt das papier aus dem er gefressen hat auf.
a : scheisspapier
und scheisst drauf: scheiss-scheissen.
ein mensch tritt auf: bruder!
a : du sau (schlägt ihn nieder)
a   steht auf. er ist noch immer nackt.
a   räuspert sich.
a : die kunst ist ein scheissdreck
   die wissenschaft ist ein scheissdreck
   die philosophie ist ein scheissdreck
   die religion ist ein scheissdreck
   die politik ist ein scheissdreck
   der staat ist ein scheissdreck
   die gemeinschaft ist ein scheissdreck
   das mitleid ist ein scheissdreck
   die roheit ist ein scheissdreck
   die erziehung ist ein scheissdreck
   die liebe ist ein scheissdreck
   der stolz ist ein scheissdreck
   die treue ist ein scheissdreck
   die ehre ist ein scheissdreck
   die untreue ist ein scheissdreck
   die erotik ist ein scheissdreck
   die sexualität ist ein scheissdreck
   die freundschaft ist ein scheissdreck
   die hoffnung ist ein scheissdreck
   die verzweiflung ist ein scheissdreck
   die angst ist ein scheissdreck
   der mut ist ein scheissdreck
   die ökonomie ist ein scheissdreck
   das chaos ist ein scheissdreck
   die natur ist ein scheissdreck
   die erkenntnis ist ein scheissdreck
   der zorn ist ein scheissdreck

der gleichmut ist ein scheissdreck
das schöne ist ein scheissdreck
die hässlichkeit ist ein scheissdreck
die stille ist ein scheissdreck
die gleichgültigkeit ist ein scheissdreck
jedes urteil ist ein scheissdreck
der verzicht ist ein scheissdreck
das verlangen ist ein scheissdreck
geben ist ein scheissdreck
nehmen ist ein scheissdreck
gehen ist ein scheissdreck
bleiben ist ein scheissdreck
hören ist ein scheissdreck
sehen ist ein scheissdreck
der genuss ist ein scheissdreck
die gefühle sind ein scheissdreck
denken ist ein scheissdreck
die eitelkeit ist ein scheissdreck
der luxus ist scheissdreck
die armut ist scheissdreck
der idealismus ist ein scheissdreck
der materialismus ist ein scheissdreck
die dummheit ist ein scheissdreck
die faulheit ist ein scheissdreck
der fleiss ist ein scheissdreck
der ehrgeiz ist ein scheissdreck
das holz ist ein scheissdreck
die elektrizität ist ein scheissdreck
die anziehungskraft der erde ist ein scheissdreck
jede anziehungskraft ist ein scheissdreck
das planetensystem ist ein scheissdreck
das schaltjahr ist ein scheissdreck
die menschlichen bedürfnisse sind ein scheissdreck
das vergnügen ist ein scheissdreck
das extrem ist ein scheissdreck
das mittelmass ist ein scheissdreck
das leben ist ein scheissdreck
der tod ist ein scheissdreck
der tag ist ein scheissdreck
die nacht ist ein scheissdreck

der mensch rappelt sich wieder auf, nähert sich a.
der mensch (eindringlich): bruder.
a : du sau (schlägt ihn nieder)
a : die arbeit ist ein scheissdreck

        die illusion ist ein scheissdreck
        der individualismus ist ein scheissdreck
        der gesunde menschenverstand ist ein scheissdreck
        der verstand ist ein scheissdreck
        der freie wille ist ein scheissdreck
        das schicksal ist ein scheissdreck
        die vernunft ist ein scheissdreck
        das unterbewusstsein ist ein scheissdreck
        die ethik ist ein scheissdreck
        keine ethik ist auch ein scheissdreck
        es bleibt die gerechtigkeit
              der geiz
              die unabhängigkeit
              und der lärm
der mensch richtet sich auf: bruder!
a : du sau (schlägt ihn nieder)
    (pause)
    ich bin gerecht. das ist klar.
    ich geize mit allem.
    ich bin unabhängig.
    ich bin laut.
    ich bin ein idiot. idiot sein, heisst, für sich sein.
der mensch wacht auf und applaudiert.
a : du sau (schlägt ihn nieder)
der mensch sitzt und hält die hände über dem kopf.
a   stürzt sich auf ihn und reisst ihm die arme aus.
a   hat jetzt 4 arme.
der mensch ohne hände steht herum.
a : verschwinde.
der mensch ohne hände steht weiter herum.
a : das war dumm von mir. natürlich ist er nicht verschwunden.
    er ist da, das ist es.
a   (brüllt) : das ist eine ungerechtigkeit. habe ich dir mein recht ge-
                geben hier vor mir zu stehen? nein. ich will nicht mit mir
                sprechen! es ist eine ungerechtigkeit, du willst mich zwin-
                gen dich zu sehen, du willst mich zwingen dich zu hören.
                ich muss dich sehen, ich muss dich hören, wenn du hier
                herumstehst und du stehst hier herum. das ist es. scheiss-
                dreck. du willst auf den lichtstrahlen mit deinen bestand-
                teilen in meine augen galoppieren, du willst auf den
                schallwellen in meine ohren traben und du tust es. oh
                ungerechtigkeit.
der mensch dreht sich um.
a : ah, ah nicht genug, nicht genug, auch noch die andere seite, vielleicht

noch die fussohlen heben, die darmgeräusche herumjagen, die zunge zeigen, aufschneiden wollen, die innereien herzeigen, ah ah genug. totalität vortäuschen, du schwein. du willst mich zwingen, die augen zu verschliessen, finger in meine ohren zu stecken. als ob das nützen würde. vielleicht zu schlafen. du schwein du schwein, du niederträchtiges schwein, du willst mich zwingen zu schlafen. und ich würde wieder aufwachen, und müsste dich sehen dich hören und so weiter und wer weiss was noch. oh ungerechtigkeit. du willst, dass ich mich umbringe. mörder verbrecher schwein! ich will nicht mit mir sprechen. ich kann nur mit mir sprechen. denn was ich spreche kannst du nicht verstehen, wie ich nicht verstehen kann was du sprichst. ich kann mir etwas herausnehmen für mein verständnis ich kann mir aus dem rand deiner rederei einen bilderbogen für mein verständnis machen und ihn fressen du schwein. ich will nicht mit mir reden. du bist mir anlass mit mir selbst zu reden. du kannst mir gelegener oder ungelegener anlass sein mit mir selbst zu sprechen, denn ich spreche für mich. wenn ich mit mir spreche kannst du mir oder irgendetwas dazwischen kommen, ja, aber das ist zufall, versteh ich mich recht? ich spreche mit mir! scheissdreck. dieser zufall ist die regel. es steht und geht soviel herum. wenn ich mit mir spreche kommt mir etwas dazwischen, so ist es recht, denn es ist die regel. nur nicht den kopf verlieren und die dinge durcheinanderschmeissen. ich spreche mit mir und nur mit mir. mach kein ohrgesicht, du schwein. habe ich dir erlaubt dir aus meinem gerede irgendeinen beistrich herauszunehmen und für dich irgendein verständnis zusammenzukleistern? schwein. affe, ziegenbock!

wie er mich verstehen will, dieses rhinozeros, dieser scheissdreck. oh ungerechtigkeit. wenn du mich verstehen könntest, würde ich nicht einmal für meinen lärm sprechen. ich bin zu geizig dir etwas zu geben. fort, fort. ich will auch nichts nehmen, keine beistriche, keine punkte, nichts, überhaupt nichts, ich gebe nichts, ich nehme nichts, ich brauche nichts und nichts, das bin ich, ich.

ah, wie er denkt, denkt, dieses stinktier. er denkt das denkbare. und was ist das? das ist das was nicht ist, was unmöglich ist, weil es nicht ist, weil es denkbar ist. er macht sich seine gedanken, dieses schwein, dieses stinkende schwein. ah ich ersticke. du schwein willst mich in die fänge der wissenschaft treiben, du willst dir die physik zunutze machen, du willst sie erfinden, nur damit ich dich sehen, dich hören, zur kenntnis nehmen muss. ah, da hast du (schlägt ihn wieder nieder).

der mensch versucht sich aufzurichten.

a : ah, mit hilfe der erdanziehung willst du dich hier festhalten! ich werde dir einen schwerpunkt GEBEN! (tritt ihn nieder). oh scheissdreck, ich habe gegeben, ich habe zu einer schwerpunktsveränderung verholfen, ich geholfen, ich habe anlass gegeben, weh mir, weh, der zorn, der zornscheissdreck (weint), weh die rührung, weh!

3. szene
der mensch ohne arm richtet sich auf.
der mensch: du sollst . .
a : halts maul. ich soll nicht, ich bin zu nichts berufen. ich werde mich hüten mir eine zukunft aufzubauen. die zukunft ist ein unerreichbares paradies, stinkender pfaffe, was ich tue, geschieht, aber ich SOLL es nicht tun. es geschieht. ich könnte nicht, nein, ich kann. denn was ich könnte, kann ich nicht, sonst hätte ich es gekonnt. jetzt. es ist dumm zu sagen, tu das, denn wenn ich es tue, tu ich es, und wenn ich es nicht tue, tu ich es nicht, das heisst, dann kann ich es auch nicht, ich hätte es nicht gekonnt. sag nicht suche dein dir bestimmtes, du verlogenes schwein, schweinischer lügner, ich lass dir deine lüge, denn deine lüge bist du, vielleicht, ich weiss nichts von dir und will von dir nichts wissen, das heisst ich kann von dir nichts wissen, denn zwischen uns ist ein unüberbrückbarer abgrund des unverständnisses. ich will keine verschwendung, was rede ich mit mir? ich bin nicht in der zukunft. ich bin hier, hier. scheissdreck. ich schwatze mit mir. säuischer lump, was versuchst du da, du versuchst eine brücke zu schlagen. es ist furchtbar, ich kann dir nicht sagen, dass es umsonst ist, dass es nicht geht, du kannst mich nicht verstehen. du hörst IRGENDetwas und treibst damit unfug, sau, sau, ich zertrete dich (gibt ihm einen fusstritt).
der mensch: suche dein wahres ich, verberge dich nicht länger hinter entsetzlichem.
a : betrüger, ich will mich auf den leim locken. achtung, aufgepasst, ich vor mir. ich will mir eine falle stellen! scheissdreck. das ist verrat. ich würde mich verraten, wenn ich mich suchen würde. ich wäre ausser mir. aber ich bin hier, hier. (schlägt auf sich, wie ein orangutan) das bin ich, mein wahres ich, ich, ich! was ich sein werde, werde ich sein. was ich bin, bin ich, das ist es. ich bin ich. das ist die wahrheit, die ein scheissdreck ist. es gibt nichts was ich sollte, denn ich kann das was ich kann, nichts sonst. warum soll ich mich von einem gespenst, von einem scheissdreck, von einer zukunft tyrannisieren lassen. ein witz meiner selbst. ich bin kein witz, ich bin ich. in keinem hinblick. jetzt! es ist nicht möglich, dass. scheissdreck. es ist, wie es ist. möglich oder unmöglich, was tuts. nicht sagen, dass ist unmöglich, das würde beweisen, das sie das mögliche, dastehende negieren wollen. seien sie kein träumer, herr ich; scheissdreck halts

maul! das mag schlecht sein; darf ich aber sagen, ich sollte etwas besseres haben und könnte es haben, wenn ich nur wollte? scheissdreck! ich habe gerade das was ich haben kann und das habe ich, das bin ich und so weiter. scheissdreck! was ich habe, bin, ist das einzig mögliche! scheisszufall (zum menschen ohne arme), ich spreche mit mir (gibt ihm einen tritt).

(1960)

die vögel
wo gehen sie hin?
gehen sie nicht weg
kommen sie herein
ich kann nicht bleiben
gehen sie hinaus
gehen sie zu
geben sie es zu
gehen sie
gehen sie weg
halten sie sich nicht auf
lassen sie das sein
lassen sie mich gehen
halt
lassen sie mich
bleiben sie
bleiben sie ruhig
bleiben sie weg
bleiben sie auf ihrem weg
gehen sie weiter
gehen sie am weg weiter
gehen sie etwas weiter weg
weg da
still
halten sie still
stehen sie still
verhalten sie sich ruhig
machen sie halt
rühren sie sich nicht
bewegen sie sich nicht
rasten sie ein wenig
machen sie sich bewegung
wenigstens ein wenig
gehen sie auf und ab
nähern sie sich mir
kommen sie her
halten sie die hand her
geben sie die hände her
lassen sie sich ein wenig helfen
behalten sie platz
machen sie platz
etwas platzt auf
so kommen sie doch her

lassen sie die tür zu
machen sie die tür zu
machen sie die türen weit auf
rühren sie sich
bewegen sie sich
kommen sie mir nicht zu nahe
gehen sie dahin
kommen sie hieher
es ist näher
es ist besser
machen sie keine umstände
ich mache keine umstände
es ist weiter
es ist ein ziemlich weiter weg
es ist noch weiter weg, als ich dachte
kommen sie ohne umstände
ich bin müde
ich kann nicht weiter
sie sollten ein wenig ruhen
ruhen sie aus
zeigen sie mir den weg
helfen sie mir weg
helfen sie mir auf
gehen sie voraus
ich danke ihnen
ich will abschied nehmen
da haben sie recht
ich habe nicht recht
sie haben unrecht
lassen sie mich nicht allein
ich komme wieder
ich glaube ja
ich glaube nein
ich sage ja
es ist wahr
ja in der tat
aber sie lügen
geben sie acht
geben sie her
nehmen sie nur
sie sagen nicht die wahrheit
so sagen sie die wahrheit nach
nehmen sie vernunft an
nehmen sie an

nehmen sie sich zusammen
das kann nichts ändern
was soll ich tun?
sie haben recht
ich kann es nicht glauben
schweigen sie
das ist nicht wahr
sie haben unrecht
ich glaube sie haben nicht recht
ich glaube ihnen
ich höre ihnen zu
ich kann nicht mehr
ich weiss nicht mehr
es ist mir entfallen
was fällt ihnen ein
das gefällt mir nicht
das lasse ich mir nicht gefallen
es ist nur ihnen zu gefallen
um ihnen zu gefallen
erweisen sie mir doch diese gefälligkeit
hören sie auf mich
so hören sie doch auf
hören sie
so hören sie doch
ich kann sie nicht hören
hören sie mich?
ich höre sie nicht
sprechen sie lauter
hören sie zu
hören sie?
kommen sie einmal her
ich höre
man kann das eigene wort kaum hören
so sagen sie doch ein wort
worauf warten sie?
so sagen sie doch
machen sie keinen lärm
sie lärmen
ich bitte sie
was ist das für ein lärm
sagen sie
sprechen sie
sprechen sie leiser
sie betäuben mich

sie machen mich taub
da sind die tauben
da kommen die tauben
sehen sie
sehen sie doch
so sehen sie doch
da kommen die tauben in riesigen schwärmen
so machen sie die augen auf
ich sehe
ich sehe doch, dass sie kommen
sie bringen den regen
sie zeigen den regen an
sie fliegen vor ihm her
es wird regnen
es wird den ganzen tag regnen
es regnet
ich bin nass
meine kleider sind nass
es schneit
es friert
es taut
es ist der regen
es wird aufhören
die tropfen zerplatzen
auf der haut
und auf den strassen
liegen die taubeneigrossen schlossen
die sonne geht auf die sonne
geht unter
der himmel ist voll mit sternen
schliessen sie die augen
bedecken sie die augensterne mit den lidern
machen sie die augen zu
ich habe die augen ja geschlossen
wie spät ist es?
es ist eins
es ist zwei
es ist drei
es ist vier
es ist fünf
es ist sechs
es ist sieben
es ist acht
es ist neun

es ist zehn
es ist elf
es ist zwölf
es ist eins wie das andere
wie spät es ist
lassen sie mich einmal ihre uhr sehen
sie gehört mir
der zeiger ist gebrochen
das zifferblatt ist zerbrochen
das gehäuse ist zerbrochen
das werk ist zerbrochen
die feder ist abgebrochen
das glas ist zerbrochen
es ist etwas zerbrochen
hören sie mich an
können sie mich hören
wollen sie mir gehören?
sie werden von mir hören
sie wollen mich nicht erhören
ich bin nicht taub
mit wem sprechen sie?
ich spreche mit ihnen
sprechen sie mit mir
sagen sie etwas
ich habe gehört
man hat mir gesagt
so sagt man
und hört man
alle sagen
steigen sie doch auf
fliegen sie doch fort
(1956)

der berg

der eine
der andere
sprecher

sprecher: zwei wanderer nähern sich über die hochebene von kwang-
tung den meï-bergen. sie gehen frisch drauf los, sie gehen,
als ob es kein hindernis gäbe. dort ist der berg.
d. eine: wir wollen eilen
d. andere: nach den bergen eilen um sie zu erreichen
d. eine: ehe sie in der fernen ferne versinken
d. andere: im dunkel versinken
d. eine: vor unseren augen
sprecher: bedenken steigen auf, aber keine zweifel, ihr schritt wird
zögernd. sie bleiben nicht stehen.
d. eine: dort in der ferne ragen die berge
d. andere: es dämmert
d. eine: es wird abend
d. andere: wir gehen in die irre
d. eine: hier muss es sein
d. andere: hier muss er sein der abend der dämmert
d. eine: der verirrte abend der vor den bergen dämmert
d. andere: wir gehen in der irre
d. eine: das dunkel dämmert vor meinen augen
d. andere: die wolken verdunkeln
d. eine: das gras wird schwarz
sprecher: es ist wahr. ja, sie bleiben manchmal stehen und sehen nach
den bergen, die flache hand über der braue.
d. eine: die berge entfernen sich
d. andere: die ferne entfernt sich
d. eine: die berge verbergen einander
d. andere: die ferne entfernt sich in der ferne
d. eine: die berge entfernen sich in weit entfernte gebirge
d. andere: wo einander verborgen sich berge verbergen
d. eine: dort birgt sich der berg
d. andere: den wir suchen
d. eine: dort verliert sich der berg in ferne fernen über den bergen
d. andere: darunter sich berge bergend verlieren
d. eine: ragt auf zu den sternen
d. andere: im dunkel
d. eine: es dämmert
d. andere: in der ferne
d. eine: verlieren sich berge und sterne

d. andere: im dunkel
d. eine: geborgen in ferne und dunkel ruht das gebirge unter den sternen
d. andere: nun sind die berge verloren
d. eine: das ganze gebirge
d. andere: aus den augen
d. eine: verloren
d. andere: ruhen die berge
d. eine: in unendlicher ferne unendlich fern geworden
d. andere: im dunkel der sterne verdunkelt
d. eine: in unendlicher ferne verbirgt sich das entfernte gebirge
d. andere: das dunkel entfernt die gebirge
d. eine: entfernte fernen entfernen sich in entfernte fernen
d. andere: ein dichter nebel hüllt alles ein
sprecher: die sterne glimmen im dunkel. ein ferner stern verdunkelt im nebel. verborgen im wuchernden gras, schreiten die beiden verloren. sind sie müde? ja, sie sind müde. sie haben den weg verloren.
d. eine: wozu eilen?
d. andere: wir wollen verweilen
d. eine: für eine weile wollen wir verweilen
d. andere: verweilen im eilen
d. eine: so wollen wir verweilen ehe wir nach den steilen bergen
d. andere: die sich im dunkel verbergen
d. eine: eilen wollen
d. andere: den steilen bergen in den entfernten fernen in den teilen der ferne
d. eine: entfernt vor unseren augen
d. andere: teilt sich die ferne in ihre teile
d. eine: versinken
d. andere: die teile
d. eine: vor den augen
d. andere: versunken
d. eine: aus den augen
d. andere: verloren
d. eine: in sterne verkeilt
d. andere: ruhen die berge in den teilen der ferne entfernt im dunkel
d. eine: wir wollen eilen
sprecher: bemüht, den weg zu finden, den sie verlassen, dringen die beiden ins schilf. der boden schwankt.
d. eine: wir gehen in die irre
d. andere: wir gehen in der irre
d. eine: hier muss es sein
d. andere: meine beine versinken

d. eine: ich sinke ein
d. andere: wir haben den weg verloren
d. eine: hier muss er sein
             der weg den wir wagen
d. andere: verwegen
d. eine: den weg
d. andere: in den wogen des dunkels
d. eine: versunken im dunkel
d. andere: wir sind in der irre
d. eine: das dunkel dämmert vor meinen augen
d. andere: die sterne versinken
d. eine: ein irrweg
d. andere: ein irrstern
d. eine: zerfurcht das dunkel
d. andere: auf seinem weg
d. eine: in die irre
d. andere: ich sinke ein
d. eine: ich sinke
             ertrinke
d. andere: wo bist du?
d. eine: es ist zu dunkel
             die sterne versunken
             wir haben uns entfernt
             in den furchen des dunkels
             wir haben uns geteilt
d. andere: geteilt in der eile
             wo bist du?
d. eine: hier ganz in der nähe
d. andere: hier nahe bei mir?
d. eine: ich bin dir ganz nahe
d. andere: hier?
d. eine: nahe
d. andere: wo?!
echo: wo
d. andere: wo ist wo?!
echo: wo ist wo
d. eine: das kommt aus den bergen
d. andere: wo sind die berge?! sind die berge?!
echo: die berge sind die berge
d. andere: und wo ist der berg?! ist der berg?!
echo: der berg ist der berg
d. eine: ein echo
d. andere: aus den bergen
d. eine: aus den bergen ganz in der nähe

d. andere: die sich verbergen vor unseren augen im dunklen gebirge
d. eine: wir sind in der nähe
d. andere: ganz in der nähe
d. eine: ohne zu eilen
d. andere: wollen wir uns nähern
d. eine: ganz in die nähe
d. andere: ganz nah
d. eine: wir wollen suchen
d. andere: ganz in der nähe
d. eine: hier und dort
d. andere: oben und unten
d. eine: und in der ferne
d. andere: keine spur von den bergen
d. eine: keine spur
d. andere: es ist nacht
d. eine: der wind hat sich gelegt
d. andere: wir sind mitten im sommer
sprecher: aufrecht steht das vertrocknete schilfrohr. das dunkel verblasst. ein kiesel knirscht unter dem fuss.
d. andere: ich habe eine spur gefunden
d. eine: das ist ein hase
           das war ein hund
           ein pferd
           eine ziege
           eine krähe
           ein fuchs
           aber keine spur von den bergen
sprecher: die falsche spur ist gefunden. ist es die falsche? wer denkt daran?
d. andere: wir haben den weg gefunden
d. eine: haben wir den weg gefunden?
d. andere: plötzlich haben wir den weg gefunden!
d. eine: hier sind spuren
d. andere: sind hier spuren?
           das ist der anfang
d. eine: hier beginnt der weg
d. andere: der führt in die irre
d. eine: der führt zurück
d. andere: das ist kein weg
d. eine: da sind die spuren wieder zu ende
sprecher: den weg finden und ihn nicht erkennen: so den weg verlieren. ratlos stehen sie da. jetzt gehen sie weiter, hierhin und dorthin: zwei wetterfahnen im wind. werden sie den weg so wiederfinden?

d. andere: da war der fuss des berges
d. eine: er war da
d. andere: bewachsen mit moos
d. eine: verdeckt durch gras
d. andere: verborgen unter steinen
d. eine: mit pfützen bedeckt
d. andere: umgeben von morast
d. eine: das war der fuss des berges
d. andere: es ist zu dunkel
d. eine: wir sind zu ungeschickt
d. andere: noch ist es zu dunkel
d. eine: wir gingen daran vorbei
d. andere: noch ist es zu dunkel
d. eine: wir sind zu ungeschickt
d. andere: es ist zu dunkel
d. eine: das war der fuss des berges
d. andere: umgeben von morast
d. eine: mit pfützen bedeckt
d. andere: verborgen unter steinen
d. eine: verdeckt durch gras
d. andere: bewachsen mit moos
     er war da
d. eine: da war der fuss des berges
d. andere: da sind die spuren wieder zu ende
d. eine: das ist kein weg
d. andere: der führt zurück
d. eine: der führt in die irre
d. andere: hier beginnt der weg
     das ist der anfang
d. eine: sind hier spuren?
d. andere: hier sind spuren
d. eine: plötzlich haben wir den weg gefunden
d. andere: haben wir den weg gefunden?
d. eine: wir haben den weg gefunden
d. andere: jetzt steigen wir auf
sprecher: sie steigen auf und sehen. ja, beide sind fröhlich. jetzt ist es so richtig tag geworden! und diese helle?
d. eine: das ist der berg
d. andere: ich sehe ihn
d. eine: ich sehe das eis
d. andere: ja das ist der berg
d. eine: mit seinem fuss
d. andere: auf der einen seite hell
d. eine: im schatten die andere

d. andere: so ragt er in den himmel
d. eine: mit dem fuss auf der erde
d. andere: ja das ist der ganze berg
d. eine: hier trägt er das gras
d. andere: das wuchernde gras
d. eine: und dort oben den schnee
d. andere: den glänzenden schnee
d. eine: ja das ist der ganze berg
d. andere: ja so ist er
sprecher: wiederfinden, was verloren werden musste: wozu das? als ob das gleiche das gleiche bliebe! ein alter spruch sagt: im hören der stimme den weg finden.
d. eine: siehst du die spuren im schnee?
die spuren im gras?
die spur des hasen?
die spur eines hundes?
die spuren der pferde?
die spur der ziege?
die spur der krähe?
die spur des fuchses?
d. andere: ich höre den wind
sprecher: schleier senken sich über augen und ohren.
nichts sehen. nichts hören.
noch verbergen die wolken den gipfel des berges.
d. eine: schon schien der berg erstiegen
d. andere: doch scheint er zu steigen
d. eine: er steigt mit uns
d. andere: je höher
d. eine: wir steigen
d. andere: desto weiter
d. eine: entfernt sich der gipfel in die ferne ferne
sprecher: felswände steigen auf. glasblaues eis zu ihren füssen.
so stehen sie da. mit schnee bestäubt. die beiden.
d. andere: hier geht es nicht weiter
d. eine: der pfad wird zu schmal
d. andere: tritt in die tritte
d. eine: das eis ist zu glatt
ich stürze
ich trete
ich fasse
ich halte
d. andere: halte dich fest
nimm das seil fest in die faust
d. eine: fast wieder gestürzt

d. andere: lege die hand fest auf den stein
           presse hinein
           tief in den fels
           hinein in die ritzen
           schlage die eisen
           nimm das seil
           nimm das eisen
           nimm den tritt
           halte dich fest
           reiss das eis mit dem eisen vom fels
           stosse das eisen ins eis
d. eine: ich gleite
d. andere: ich halte dich fest
           halte dich fest
d. eine: ich kann nichts sehen
        alles ist weiss
        ich bin geblendet von der weissen weisse des eises
d. andere: spitzen und schollen
           schneebedeckt
d. eine: überall eis
d. andere: im blanken eis
d. eine: in der weissen weisse des eises
        funkelndes eis
d. andere: planken aus eis
d. eine: graben aus eis
d. andere: im glasigen eis
           zerfurchen das eis
d. eine: gebirge aus eis
d. andere: eisspalten
d. eine: eislöcher
d. andere: eisblauer himmel
d. eine: hier geht es nicht weiter
d. andere: ich versinke im schnee
sprecher: da stecken die beiden hilflos im schnee. wozu haben sie sich am seil festgebunden? ist das eine art, einen weg zu gehen? hat die kälte ihren verstand verwirrt? dieses weinerliche geplapper! was wollen die beiden?
d. eine: wir wollen ein wenig ruhen
d. andere: bald scheint der gipfel ganz nahe
d. eine: bald verschwindet er in der ferne
d. andere: bald verschwindet er im nebel
d. eine: bald verbirgt er sich in den wolken
d. andere: du darfst die hände nicht vom seil lassen
sprecher: was soll das heissen? wo stecken die beiden? hat sie der mut

	verlassen? sind sie schon abgestiegen? es war ja nichts anderes zu erwarten!
d. eine:	steigen wir auf oder steigen wir ab?
d. andere:	ich weiss es nicht
d. eine:	der weisse schnee
d. andere:	das weisse licht
d. eine:	die weisse weisse des eises
d. andere:	wo geht es weiter?
d. eine:	wie geht es weiter?
d. andere:	ich weiss nichts
	ich weiss es nicht
d. eine:	die weite weitet sich
d. andere:	die weite weitet sich weiter
d. eine:	die weite weite hat sich geweitet
d. andere:	hier geht es nicht weiter
d. eine:	plötzlich sind wir da
d. andere:	ja wir sind da
d. eine:	ja wir sind oben
d. andere:	ganz oben
d. eine:	und betrachten das tal
d. andere:	das versunkene tal
d. eine:	du bist heiter
d. andere:	wir sind da
sprecher:	jetzt lachen sie! als ob sie ein verdienst hätten! eine feine gesellschaft!
d. eine:	wir steigen zu tal
d. andere:	wir steigen hinunter
d. eine:	dennoch steigen wir
d. andere:	ja wir steigen
d. eine:	eine allgemeine helle
d. andere:	ja es leuchtet
d. eine:	ja wir waren oben
d. andere:	so bleiben wir oben
d. eine:	ja wir bleiben
d. andere:	wir bleiben wo wir gewesen sind
d. eine:	einmal gewesen sind
d. andere:	irgendwann einmal sind wir irgendwo gewesen
d. eine:	und da bleiben wir auch
d. andere:	wo wir gewesen sind da bleiben wir auch
d. eine:	und gehen
d. andere:	und während wir gehen bleiben wir
d. eine:	und steigen zu tal
d. andere:	und als wir aufstiegen
d. eine:	versank das tal

d. andere: und der gipfel entfernte sich in die ferne
d. eine: und wir steigen zu tal
d. andere: und das tal ist da
d. eine: und der gipfel ist da
d. andere: du bist heiter
d. eine: ja
d. andere: du bist satt
d. eine: ja
d. andere: der regenbogen spannt sich über die steilen wände
d. eine: ja
d. andere: ja
d. eine: ja
d. andere: ja
sprecher: der kühle wind beugt das schilfrohr im tal.
d. andere: wieder im tal
d. eine: dennoch nicht im tal
d. andere: dennoch auf dem berg
d. eine: dennoch auf dem berg der hell und schattig ist
d. andere: ja
d. eine: dennoch im tal
d. andere: ja
d. eine: oder auf dem berg der hell und schattig ist
d. andere: ja
sprecher: die berge entfernen. die ferne entfernen.
d. eine: jetzt verschwinden die berge wieder in der ferne
d. andere: so mögen die berge in der ferne verschwinden
d. eine: sie mögen einander verbergen
d. andere: sich bergen
d. eine: sich in die ferne entfernen
sprecher: alles aus stein.
d. eine: wir wollen nicht länger verweilen
d. andere: lass uns gehen
d. eine: die berge sind verschwunden
d. andere: so dehnt sich ein weiter blauer himmel
d. eine: ohne ende
d. andere: o wunder es gibt keine berge mehr
d. eine: der blaue himmel fällt in stücke
d. andere: o wunder es gibt keinen himmel mehr
d. eine: o wunder es gibt keine wunder mehr
d. andere: hier sind die spuren die zum berg führen
d. eine: ja hier sind sie
d. andere: ja hier war es
d. eine: ja da ist es
d. andere: ja wir sind da

d. eine: hier haben wir den aufstieg begonnen
d. andere: na dann werden wir eben hier den berg verlassen
d. eine: wie die wilden
d. andere: ja
d. eine: ja
d. andere: ich bin heiter
d. eine: ja ich bin heiter
d. andere: ja ich will mich im wirtshaus erfrischen
d. eine: ja
d. andere: ja!
d. eine: ja!
d. andere: ja!!
d. eine: ja!!!
(1961)

der see (1)
von einem mann und einer frau zu sprechen.
der in der barke liegt eben da in der barke
und hat mit den beiden ausser der optik
garnichts gemeinsam.

brauchen wir wasser für den see?
die sterne glänzen
die sonne leuchtet
ist das wasser?
ein see ohne ufer?
ein see ohne wasser?
ich habe frau und kind
über dem see weht der wind unter dem see
es ist windstill
es ist frühling und herbst
es ist winter
es ist nicht nötig zu schwitzen
es ist nicht nötig zu laufen
stehen sie auf
es blitzt nicht
es regnet nicht
es schneit nicht
es donnert nicht
gibt es hier keine berge?
die gegend ist flach wie meine hand
die vögel tauchen ins wasser
die fische durchqueren das wasser
die fische tauchen empor
die vögel fliegen fort
sie fliegen im kreis
es blitzt nicht
es schneit nicht
das wasser trieft uns aus den kleidern
weder heiss noch kalt
das gras wächst
hier stand eine blume
hier steht eine welke blume
ihr haar ist nass
das gras wird geschnitten
ein guter haarschnitt
hier wachsen die haare heraus

hier wächst das gras heraus
hier wachsen blumen
kennen sie diese bäume?
anfangs war er nicht grösser als ein kirschkern
alles wird immer grösser
es dehnt sich aus
es wächst
bei licht spenden die bäume schatten
stehen sie auf
es schneit nicht
es donnert nicht
ihre hand auf meinem schenkel
die sterne spenden licht im dunkel
frieren sie?
das sind keine bäume
die fische tauchen empor
die vögel fliegen fort
kein berg wirft seinen schatten
dort wächst kein gras
das ist kein vogel
es ist nicht nacht
stehen sie auf
was glänzt da?
was leuchtet über dem wasser?
die fische tauchen nicht empor
das ist kein stern
stehen sie auf
lichter im dunkeln
können sie mich sehen?
wir gehen im kreis
das wasser spiegelt
nehmen sie meine hand
wo sind sie?
ich bin hier
hier ist keine hand
es blitzt nicht
es regnet nicht
es schneit nicht
stehen sie auf
es ist nicht tag
es ist nicht lau
die gegend ist flach wie meine hand
hier muss es sein
stehen sie auf

es blitzt nicht
es regnet nicht
ich habe frau und kind
ich habe proviant mitgenommen
ich habe hunger
ich habe zuwenig mitgenommen
haben sie zeit?
dort liegt er dort in der barke mitten im see hier
er sieht uns nicht und hat die augen offen
er hört uns nicht und ist nicht taub
na warte du naseweiser kerl
mitten im see
(1961)

der see (2)

die drei frauen:	seht den glücklichen
	seht den glücklichen
	in seiner barke im see
	geduldig und heiter
	ein see im see
	so ruht er im see
	wortlos und lächelnd
	innen stark
	ruht der see im see
1. frau	wir wollen ihn betrachten
	in seiner bedürfnislosigkeit
2. frau	he du wach auf
	das schilf verfärbt sich
	die kraniche ziehen
	hier ist wein im krug
3. frau	he du
	wir folgen der spur des herbstes
	im farbigen gras
die drei männer:	der unbewegte see
	kein windhauch regt sich
	kein berg wirft seinen schatten
	in diesen spiegel
	in die unendliche ebene
	riefen wir
	und gingen den weg beharrlich
	umgeben von ginster
1. mann	die sperlinge tauchen ins wasser
	und werden muscheln
	die schmetterlinge verwandeln sich
	in glitzerndes laub
	sie tanzen auf der himmelsfahne
2. mann	die drei schwestern
	am ufer des sees
	betrachten den glücklichen
	in seiner barke
	aus dem mund der jüngsten
	ertönt liebliche musik
	im westen bläht sich
	die weisse himmelsfahne
3. mann	der weisse tau fällt
1. mann	über dem see weht der wind
1. frau	seht die drei brüder
	wie sie das grosse wasser durchqueren

2. frau	fördernd ist es
3. frau	.es wird gelingen
1. frau	ein kranich ruft im schatten der büsche
2. frau	sein junges antwortet dem ruf des kranichs
3. frau	ein gutes zeichen
1. frau	sie teilen den see jeder für sich keiner blickt nach dem anderen
2. frau	der glückliche ruht in seiner barke

die 3 männer steigen aus dem see
die 3. frau läuft davon

1. mann	die blitze über dem see
2. mann	kein donner
1. mann	die blitze flammen nach oben
2. mann	der see sickert nach unten
3. mann	sie ist davongelaufen
1. mann	lauf ihr nicht nach sie kommt wieder ohne bemühen
2. mann	bleib stehen
1. mann	beschmutzt vom schlamm steht er da triefend von wasser erst spannt er die sehnen seiner beine dann bleibt er stehen locker in den gelenken
2. mann	wir stiegen aus dem wasser jetzt fällt regen um uns zu erfrischen nach der schwüle vor dem gewitter
3. mann	der glückliche ruht in seiner barke
1. mann	der regen über dem see
2. mann	die ufer über dem see
1. mann	von oben gleiten die ufer in die tiefe des sees
2. mann	so nähert sich die schwester dem bruder wieder
1. mann	sie folgt dem ruf wie das junge dem ruf des kranichs

	ohne makel
2. mann	oben der himmel
	unten der see
	nun tritt sie auf
	in heiterkeit
	und bleibt nicht stehen
	und schreitet weiter
die drei männer:	und der glückliche
	in seiner barke
	geduldig und heiter
	ein see im see
	so ruht er im see

(1961)

diskurs über die hoffnung

1. frau: ich brenne
2. frau: ich friere
3. frau: wo bin ich?
4. frau: wer bin ich?
3. frau: rosa!
4. frau: du bist hier
3. frau: ich bin bei dir
4. frau: sie brennen
3. frau: sie brennen rosa
4. frau: und frieren
3. frau: und frieren anna
4. frau: wir
3. frau: rosa und anna
4. frau: anna und rosa
3. frau: wir ganz nahe
4. frau: und sie?
3. frau: entfernt
4. frau: von diesen
3. frau: wir
4. frau: anna und rosa
1. frau: sie kommen
2. frau: sie kommen
3. frau: wann werden sie kommen?
4. frau: wann?
3. frau: sie brennen und frieren
4. frau: und hoffen
3. frau: worauf?
4. frau: sie hoffen auf hoffen
3. frau: wozu?
4. frau: wer hofft der brennt
      wer hofft der friert
3. frau: ohne hoffen kein brennen
      ohne hoffen kein frieren
2. frau: wir hoffen und frieren und hoffen
1. frau: und brennen
2. frau: und hoffen
1. frau: die hitze wärmt
2. frau: die kühle kühlt
1. frau: kühlende hitze
2. frau: brennende kälte
3. frau: was ist kalt?
4. frau: was ist heiss?

161

2. frau: die hoffnung
4. frau: wie glühendes eisen?
3. frau: wie eis?
2. frau: keine vergleiche
1. frau: keine bilder
2. frau: es ist
1. frau: was es ist
3. frau: was ist es?
1. frau: heiss
2. frau: und kalt
3. frau: wie heiss?
4. frau: wie kalt?
2. frau: es ist
1. frau: so
2. frau: ja
1. frau: genau
2. frau: so
3. frau: genau?
2. frau: so
4. frau: ganz genau?
1. frau: so
2. frau: ungefähr
3. frau: wie ungefähr?
1. frau: so ungefähr
2. frau: ungefähr
1. frau: so ungefähr ungefähr
2. frau: kalt
1. frau: und heiss
3. frau: ungefähr kalt
2. frau: ja
4. frau: und ungefähr heiss
1. frau: so ist es
3. frau: wie?
2. frau: in dieser art
1. frau: ja so mag es wohl sein
4. frau: und es ist kalt und heiss?
2. frau: so ziemlich
1. frau: ungefähr etwa in dieser art
4. frau: zugleich kalt?
3. frau: und dabei heiss?
2. frau: man könnte so sagen
1. frau: zirka
2. frau: wenn man es nicht besser sagt
1. frau: zirka

2. frau: ja so ist das
1. frau: ja ganz genau so
2. frau: ungefähr
1. frau: etwa
2. frau: so
1. frau: ja so könnte es sein
3. frau: wenn man es von dieser seite betrachtet
2. frau: ja ganz recht
3. frau: und von der anderen seite?
4. frau: einer ganz anderen?
3. frau: irgendeiner anderen seite?
1. frau: ist es genauso
2. frau: ja ganz genauso
1. frau: wenn man es so betrachtet
2. frau: ungefähr
1. frau: etwa
2. frau: so
1. frau: ist es
3. frau: also heiss?
1. frau: ja
4. frau: und kalt?
2. frau: ja
3. frau: von allen seiten?
1. frau: ja
2. frau: so ungefähr
1. frau: etwa in dieser art
2. frau: könnte es sein
1. frau: wenn man will
2. frau: wenn man wollte
3. frau: wie würden sie die sache betrachten?
1. frau: von allen seiten
2. frau: ja ungefähr von allen
1. frau: so ungefähr
4. frau: würden sie es also betrachten?
1. frau: man könnte es so ausdrücken
2. frau: ja so ungefähr
1. frau: in dieser art
2. frau: könnte man auch sagen
1. frau: wenn man wollte
3. frau: wollen sie
4. frau: in dieser art
3. frau: zum ausdruck bringen?
2. frau: wir wollen nicht
1. frau: wir brennen

2. frau: und frieren
3. frau: tun sie es für uns!
4. frau: erklären sie
3. frau: was sie meinen!
1. frau: wir meinen nichts
2. frau: man kann es nicht erklären
1. frau: wir brennen
2. frau: und frieren
3. frau: brennen wir?
4. frau: frieren wir?
1. frau: das wissen wir nicht
2. frau: frieren sie?
1. frau: brennen sie?
4. frau: das wissen wir nicht
3. frau: wie ist brennen?
1. frau: brennen
4. frau: wie ist frieren?
2. frau: frieren
4. frau: so werden wir nie wissen
3. frau: wie man brennt?
4. frau: wie man friert?
3. frau: ob man brennt?
4. frau: ob man friert?
2. frau: das ist möglich
3. frau: wir werden es wissen!
1. frau: das ist möglich
2. frau: vielleicht werden sie brennen
1. frau: vielleicht werden sie frieren
2. frau: oder auch nicht
4. frau: aber wie werden wir wissen?
3. frau: ob wir brennen?
4. frau: oder frieren?
2. frau: sie werden nicht wissen
1. frau: sie werden brennen
2. frau: sie werden frieren
1. frau: wenn sie brennen
2. frau: falls sie frieren
4. frau: aber wozu
3. frau: hofft man?
1. frau: um nicht zu verbrennen
2. frau: um nicht zu erfrieren
3. frau: sie brennen um nicht zu verbrennen?
4. frau: und frieren um nicht zu erfrieren?
2. frau: ja

1. frau: so ungefähr
2. frau: könnte es sein
1. frau: aber es kommt nicht darauf an
2. frau: und ist ohne bedeutung
1. frau: wir brennen einfach
2. frau: wir frieren einfach
4. frau: wie?
3. frau: einfach so?
1. frau: ja
2. frau: ungefähr
1. frau: einfach so
2. frau: könnte es sein

(1961)

guten morgen
guten morgen, kommen sie herein
ja
es freut mich sie zu sehen
ja
nehmen sie platz
ja
ich hoffe, sie befinden sich wohl
ja
das wetter ist schlecht
ja
mitten im sommer
ja
obwohl die sonne von schwarzen wolken verdeckt ist, kann
man vor hitze kaum atmen
ja
alles ist trocken und voll staub
ja
kein wind erhebt sich, um uns kühlung zu schaffen
ja
ich bin eben beim frühstück
ja
es ist schon mittag
ja
ich bin erst vor kurzem aufgestanden
ja
gestern ist es spät geworden
ja
sie haben noch nicht gefrühstückt?
ja
da kommen sie gerade recht
ja
wollen wir gemeinsam essen?
ja
nehmen sie tee?
ja
nehmen sie milch?
ja
sie nehmen keinen zucker?
ja
auch keine zitrone?
ja
hier ist brot und butter. wollen sie auch marmelade oder

lieber kuchen?
ja
sie haben guten appetit
ja
kein wunder, der weite weg in dieser hitze
ja
ist der tee nach ihrem geschmack?
ja
darf ich nachschenken?
ja
ich hoffe, es schmeckt
ja
sie wissen, warum ich sie eingeladen habe
ja
ich hörte, sie hätten sich in letzter zeit sehr zurückgezogen
ja
sie verfügen über einige erfahrung und so dachte ich an sie
ja
ich glaube, sie wären der geeignete mann
ja
es freut mich, dass sie meine ansicht also bestätigen. können sie das verstehen?
ja
ich schätze sie als einen besonnenen mann, der erfahrung und zurückhaltung vereint
ja

bräutigall & anonymphe
text zu einem singspiel

figuren: der matrose BRÄUTIGALL singt.
die REFLEXION DES matrosen BRÄUTIGALL tanzt.
ANONYMPHE singt.
die REFLEXION DER ANONYMPHE tanzt.
die SCHIFFSIRENE singt.

die szene ist ein bett am meer.

der BRÄUTIGALL, ermattet von heftiger liebe und dabei, sich die hosen raufzuziehen, räsoniert folgendermassen:

ach was bin ich hosenträge!
halbtotsicher mich bewege!
freispruchbänder mich umflittern!
tränengaslaternen trauringsum verzittern!
triebfederleichte treibhausfrauen schwenken
hirnverbranntwein auf die treubruchstellen!
taufscheintote bisamrattern mit gelenken,
füllhornkämmen ihre lebensdauerwellen!

ANONYMPHE, aus dem laufschritt der zeit geglitten, und also hinter dem bräutigall noch auf dem bett sitzend, begehrt in ganzem unverstand der männlichen psyche:

o garne mich!

der BRÄUTIGALL, während er mit taten in jacke und zukunft fährt, bleibt in gedanken weitaus hinten:

eine reihe von trunkenbildern
sass mit tintenfasstauben auf bergspiralen,
trommelhüte hingen unter mittelohrenhöhlenqualen
vom luftschlüsselbund der wortshausschilder!
eingepuppt in meeresspiegelglas
knallten seemannbare bräutigallen
in dieses seeschlachthaus mal ozeanderswo!
in diesen zustandort der falterqualen!
aus den windhosentaschen unsrer fleissbänder!
wir!
abgeblondet und speiserostig!
angeklugt und ausgeklappert!
zu made um aufzuschweigen!

die ANONYMPHE beschliesst, den liebsten nimmermehr loszulassen und umarmt den bräutigall von hinten:

seime bräutigall!
schäume!

der BRÄUTIGALL stürzt noch tiefer in die bildverzierten gänge der
gedankenhöhle. die lippen auf seinem körper klappern mechanisch das
morsealphabet der sprache:
>auf die allheilmatte deiner liebe
>warfst du hufschlagfertig mich!
>fingerhutfedern über klarhaut treibend,
>flammte taktstocksteif flachzungen strich!

ANONYMPHE stützt die erinnerung des bräutigall in vergeblicher hoffnung:
>messerplatt,
>ein abschild deiner selbst,
>lagst du quem am barfussboden ..

jedoch, die argumentation des BRÄUTIGALL beweist geringe herzensneigung und gefühl:
>aufschwiegst du
>in angestockte totgeburtenstille,
>angemessert im adressbauch ..

der rohen ausdrucksweise nicht achtend und in äusserstem gutwillen gefangen, folgt die ANONYMPHE ihrer empfindung:
>im geburtenzifferblatt getroffen,
>sterngesund unterm stimmbaum,
>kolossgelöst und gottheiter,
>lichtscheinbar und
>bierfüssig und
>im gleichmuss der bewogung
>— mit leuchtkiefer und glasscheide! —
>glühlachte
>ich!
>die anonymphe
>mit dem sanfthut!

der matrose BRÄUTIGALL befreit sich aus den saugnapfbewehrten armen der elenden anonymphe:
>lagst du
>anonymphe
>knapphaut
>geladen mit archipelzen
>versargt in trinksal,
>war ich bajonett zu dir!
>schlachtenhöflich klebt jetzt löschblut an den freistosstangen!
>trostfreie stahlhalme im türgeflügel!
>das trauerfallbeil zischte in die panzerwangen,
>freudenfestgefahren im gliederkettenhügel!

unbeirrt weist BRÄUTIGALL einen angriff der noch immer zärtlichen

anonymphe auf seinen körper und gemüt von sich und setzt fort:
>   allzuletzt platzt die hirnscholle
>   vom gebeinerlei des alpha-bettels!
>   weg vom augenleder mit der trübsalbe!
>   fault anheim sonst anonymphe.

in herzbrechender geste spreitet nun anonymphe ihr geärm nach bräutigall, welche attacke auf sein gemüt BRÄUTIGALL mit folgender replik pariert:
>   willst du sternwarten?
>   auf einen seeschlächter?
>   den die ozeangel
>   von den fleischwogen reisst?

in jähe erkenntnis gestürzt, klagt ANONYMPHE:
>   o mein nervenschoss federleuchtet!
>   und mein jähmund noch in flaum steht!
>   aus der schrothaut meiner windfangarme
>   aus dem lichtschaltertum ins schaufinster
>   der sternweichen
>   augensternzeichen
>   der vielleichttürme
>   und wirbelanstürme!
>   wieder einmal!
>   wenns zu end-lich geht,
>   klirrt aus dem funkelgerät
>   das überdrüssignal.

die SCHIFFSIRENE tritt auf, nach bräutigall rufend:
>   nimm das abscheit und kippe!
>   auf meinem abtrittfesten hinterrücken
>   in den mastkorbstuhl!

die ANONYMPHE setzt dem bräutigall mit süssen worten zu:
>   lass doch das ankerkettenhemd einfach tischplatt!
>   mach deine seehand bei mir achselhohl!
>   du solltest ebenbei anscheinbar nachtgeben!
>   aus der geschwindmühle ins überflussbett!
>   bleibe bräutigall!
>   leibe!

rohmütig weist der matrose BRÄUTIGALL mit seinem ringverzierten finger gegen die stirn und anonymphen in die schranken ihrer landschaft, die nur aus lehm und bäumen besteht. welch armseliges gegenstück zur tosenden see mit ihren versilberten wogenkämmen, dem element des bräutigall!:
>   dein ohrenschmalztopf ist verschlosstürt!
>   nur scheingetreten bin ich hier!
>   aufplatzt schiffsirenenklangkörper,

      fliegen die bräutigallen gleit!
bezwungen von trübsal und raserei reisst ANONYMPHE an bräutigalls
wolkenblauer jacke:
      nur scheingetreten bist du hier?
      reizkostet schiffskörperfülle dein flügelhirn?
      ich will dich fingernageln!
      bräutigall!
ungeduldig und wieder ertönt die SCHIFFSIRENE nach bräutigall, anonymphen von seiner kristallblauen jacke reissend:
      haltlosreiss dich aus erdschwall!
      schrank empor dich aus schlammhaar!
die wehmut der anonymphe erheitert das rohe gemüt des BRÄUTIGALL:
      seesternklar ist anonymphe
      schwachsam hingeklatscht auf lippenstufe!
      unglückstrahlend im verlustgewinn
      wär ich sündenblock im schafrock!
      kleinhals wetzt nicht aus im kinderstaube
      anonymphe die schiffscharten!
die SCHIFFSIRENE zeigt anonymphen in einem verächtlichen lichte, während bräutigall feig zur seite tritt:
      nebelhornkämme scheiteln aufenthaltslos
      der anonymphe wankelmutterschoss!
      schornsteinschleudern schnellen rauchfahnenstangen
      augenhändig auf das treibstoffmuster ihrer nieren-
      kappe!
      aufplatzt unter panzerwangen
      im hitzkopfstand
      die geschlechtsaktenmappe!
      der zuneigungswinkel fällt
      herauseinandrerseits!
      hingezingelt übern tränengasherd!
      knarrt stimmig!
      anonymphe!
die darsteller des bräutigall und der schiffsirene betreten jenen teil der
bühne, der ein wogendes meer ist.
inmitten ihrer verlassenheit & verzweiflung räsoniert die ANONYMPHE
folgendermassen:
      der matrosenstrauch ist verdampft
      löschblattlos in sorgenhitze!
      fort entschwollen nabelschnurbart!
      an dem kettenhand unruhte!
      fortgeklatscht!
      hat wachsinn
      auf dem hinterrücken ihn des wogweisers!

                    trauerspielzeug!
                    totenbettvorleger!
                    wart ich hier
                    auf ein schnittwunder!
das schiff mit bräutigall und schiffsirene zerschmilzt in den gemalten
horizont der bühne.

— ende —

(1961)

17. jänner 1962
der staatsanwalt dr. karl meyer:
ich kann verstehen, dass sie ihrem geschiedenen mann eine brücke bauen wollen.

frau illic weint.

walter illic, wiener polizist, 38, schweigt.

kongolesische soldaten massakrieren 18 missionare.
die ordensbrüder der ermordeten flüchten und erzählen die geschichte weiter. ein zeitungsverkäufer ruft die nachricht aus.

stimme aus dem lautsprecher:
telka spezialhaus für teppiche vorhänge linoleum plastik

frau illic: walter muss dem mädchen hörig gewesen sein. ich musste schliesslich einsehen, dass er dieses mädchen sehr lieb hat und mit ihm eine neue existenz aufbauen wollte.
frau illic wird unterbrochen.

emilio schuberth tritt auf.
emilio schuberth:
die mäntel sind um 3 cm länger als die kleider.

frau illic:
da verzichtete ich.

im hintergrund versinken 3 schiffe in den ärmelkanal.
dazu ertrinken 26 seeleute.

die nationalfussballer des wiener fussball-vereines austria treten im smoking auf. die nationalfussballer der wiener austria lächeln.
chor der nationalfussballer der wiener austria:
über die wiener austria ist ein buch erschienen. ein buch mit vielen bildern, ein buch, das eigentlich jeder in seinem bücherschrank stehen haben müsste.
die nationalspieler der wiener austria werden aus anlass der herausgabe dieses buches nun am kommenden samstag beim bücher-herzog in der mariahilferstrasse autogramme geben.

lautsprecher: schachinger ist — nicht schachinger!

schachinger tritt auf.
schachinger: ich möchte vorausschicken, dass ich mit diesem herrn weder verwandt noch identisch bin, ihn nicht einmal persönlich kenne.

fricsay wird auf der bühne operiert.

herr besler, ein schilehrer tritt auf und sagt kein wort, dass oben im berg ein totes mädchen liegt. die gendarmerie tritt auf und verhaftet besler wegen fahrlässigkeit.
niemand versteht den zusammenhang, da besler wortlos verhaftet wurde.

auftritt der wagner-saal in dem getwistet wird.
dazu der lautsprecher:
bisher schritt das staatsoberhaupt durch den funkelnden saal, während die hymne erklang. donnerstag wird eine «ausseer fanfare» nach motiven von wilhelm kienzl erklingen. erst wenn dr. schärf das podium erreicht hat, intonieren die philharmoniker die hymne.

die philharmoniker treten auf und intonieren die hymne.

staatsanwalt dr. karl meyer:
frau zeugin, sie müssen die wahrheit sagen. im scheidungsverfahren sprachen sie davon, ihr gatte hätte mehrere frauenbekanntschaften ...

lautsprecher:
die bombe aus frankreich eingetroffen!

schilling 39.900
simca 1000
autohaus und fahrschule schwedenplatz

ein erdbeben aus peru tritt am rande auf.

frau illic:
das stimmt schon. aber vielleicht habe ich manches viel ärger gesehen, als es in der wirklichkeit war. ich war ja sehr eifersüchtig.

die wirklichkeit macht sich breit und drängt den wiederhergestellten ferenc fricsay vom dirigentenpult.

die anzahl der toten peruaner tritt als ziffer in der projektion auf. (ca. 4000)

im publikum werden bardamen für ein nachtcafé gesucht.

auf der bühne entsteht folgende rechnung:

```
 39.900
− 4.000
 ──────
 35.900
+ 1.000
 ──────
 36.900
```
    ? %   zinsen

die berufsfeuerwehr der stadt wien tritt auf und legt wert auf die feststellung, dass die niederkämpfung des brandes am 2. jänner 1962 im tankhafen lobau zu einem teil der berufsfeuerwehr zu verdanken sei. die berufsfeuerwehr der stadt wien fährt mit einem einsatzwagen über die bühne und verschwindet in den kulissen.

die wirklichkeit bläht sich weiter auf und zerplatzt.

lautsprecher:
der frühling findet im saale statt!
jedes mauerblümchen kann selbstversorgerin spielen und sich trösten: für schilling 10 gibt es im reichhaltigen blumenbasar prachtstöcke zum nachhausenehmen.

das sozialministerium tritt auf.

das sozialministerium: ich will ein eigenes gesetz schaffen, um geistig oder körperlich behinderten eine existenz zu sichern. geplant ist unterstützung und hilfe bei der berufseingliederung, geschützte arbeit oder ein garantiertes mindesteinkommen der geistig oder körperlich behinderten.

schwachsinnige österreicher treten auf.

herr telemax tritt auf und meint folgendes:
francis durbridge ist ausser der braunschen röhre das grösste phänomen, das uns der drang nach mehr sehen beschieden hat!

hier schaltet sich der verteidiger dr. gaigg ein.
dr. gaigg:
ich glaube eher, das war ergreifend und nicht gespielt.

während frau illic weint,
erscheint der illuminierte stefansturm arm in arm mit der läutenden pummerin.

(1962)

kasperl am elektrischen stuhl

der sprecher	löwe, polizeichef
weibl. zuschauer	apollo, polizist
stimme	passant
herr weissenpeter	kasperl
herr a	werfried, eine wache
herr b	giselher, ein reporter

der sprecher: meine sehr geehrten damen und herren
    lassen sie sich das stück erklären:
    im ersten abschnitt tritt man ein
    setzt sich in den stuhl hinein
    für den man frei und ohne gewalttat
    schon im vorhinein bezahlt hat
    schneuzt das aug und schärft das ohr
    denn ein schauspiel steht bevor
    aus dem dunkel dieses steges
(herr weissenpeter kommt zu spät)
    tritt ein schauspieler des weges
    und mit scharfer steiler geste
    zeigt der sich aufs allerbeste
    mit dem vorgeschriebnen fleiss
    knallt er runter was er weiss
    fasst sich kurz und beugt sich tief
    knarrt sich seinen rücken schief
    im ausdruck schönster höflichkeit
    dem publikum zum zeitvertreib
(verbeugt sich)

weibl. zuschauer: mein herr, dieser anfang entspricht nicht den anforderungen des modernen dramas und ist abgeschmackt. fragen sie herrn weissenpeter, der hinter mir sitzt und der arbiter sowohl comoediae als auch tragoediae, damit sie keine möglichkeit sich auszureden, diese witze sind uns genugsam, wie frau espenlaub zu sagen pflegt und schreibt, sie sitzt da vor mir und ist vielleicht noch gebildeter als doktor weissenpeter, wenn das überhaupt möglich wäre und das will etwas heissen, mein herr dahergelaufen und maulvoll, damit sie wissen, merken sie auf und reden sie, wenn sie gefragt werden und wenn sie keine ahnung haben, wo gott wohnt, dann frage ich mich überhaupt, man merkt ja zum glück, wenn das metaphorische so schwachsinnig gehandhabt, vergessen macht, wie sie, ja sie, wer sonst, mit der transzendenz in neglectio schindluder triebe, wenn man heute, wo, was sage ich, heute, in dieser unserer zeit, eine solche sprache führen würde, da wär man im nu, im hui draussen, und was würden sie, ja, ha, ich frage sie, ja sie, was würde man, und sich totlachen, dass wir, die wir, und warum, eines nichts halber, für nichts würde man sich die hände reiben und uns zu ersetzen, die wir unersetzlich, mit ignoranten, nichtswissern ihres kalibers, die wir das abendland in die bresche, in den zügeln halten, jawohl müssen, sie nichtsnutz, sie, was wissen sie denn überhaupt, als ihr vater sich unverantwortlicherweise, na ja, aber was geht das sie an, und für solche existenzen, ja, daran krankt ja das jawohl ganze, und sie haben die frechheit, sage ich, unverschämtheit, mit kecker überheblichkeit die antwort schuldig zu bleiben, aus mangel an, sich in jawohl esoterisches schweigen markierend, bleiben sie die information schuldig, mein herr, von der aussage ganz zu schweigen, zu hüllen, sie niemand, sie stinktier, sie anfänger, dilettant, arbeitsscheues element, nicht einmal imstande, und dazu will ich sie bestimmt nicht zählen, nein von mir nicht, und wenn sie krepieren, sie stierer kerl, sie habenichts,

und jetzt fangen sie endlich an und zeigen sie, was sie können!
sprecher verbeugt sich, vorhang zu.
stimme: ja, der schülberg. wenn wir den nicht hätten und sein gesundes urteil!
herr weissenpeter zum weibl. zuschauer: gnädige frau!
  (küsst ihr schmatzend die hand)
2 herren mit opernglas besetzen eine loge auf der bühne und schauen ins publikum.
herr a: heute soll ein sehr schönes stück aufgeführt werden.
herr b: wie heisst es denn?
a: was weiss ich. irgendjemand wird hingerichtet.
b: es wurde ins französische übersetzt, hört man.
a: das glaube ich nicht. das ist bestimmt nicht wahr.
b: ist das die erste vorstellung?
a: nein, es ist schon 2 mal gespielt worden.
b: wie ist es bei der ersten vorstellung aufgenommen worden?
a: mit allgemeinem beifall. ich habe es gestern gesehen.
b: wo wollen wir uns hinsetzen?
a: am besten wir bleiben hier. ich habe diese loge zu meiner verfügung.
b: meinetwegen. ich ginge aber lieber ins parterre.
  potz! da ist alles voll. es sind erstaunlich viele menschen hier. welches getöse!
a: ja, besonders in den letzten reihen.
  was sagen sie zu der bühne?
b: sie scheint mir in anderen theatern grösser zu sein.
a: aber es ist gemütlich, nicht wahr?
b: da haben sie recht.
a: nie habe ich das haus so voll gesehen!

b: es sind sehr viele menschen darin.
a: welch ein herrlicher anblick!
b (zeigt): diese dame ist sehr schön gekleidet!
a: sehen sie dort?
b: wo?
a: dort drüben, links!
b: wie schön! sie sieht aus wie ein engel.
a: sie ist gut gebaut.
b: kennen sie die?
a: ich habe die ehre.
b: sie ist ausgezeichnet!
   (schaut durchs glas)
   diese zähne!
   man sieht es an den augen, dass sie viel verstand haben muss.
a: die schönheit kann man wohl sehen, aber den verstand nicht.
b: wir wollen zuhören.
   (wendet sein ohr halb dem publikum zu)
a: die dekorationen sind herrlich.
beide blicken in den saal.
b: das theater hat gute schauspieler.
a nickt. eine leichte befangenheit hat ihn befallen, wie das an kultstätten möglich ist.
b (hebt das kinn): die kleine spielt *sehr* gut.
a: ein herrliches wesen!
b (gedämpft): es heisst, sie verheirate sich mit weissenpeter.
a: der alte gefällt mir.
b: ja, er spielt ganz natürlich.
a: er soll der bruder eines höheren polizeibeamten sein.
b: sonst könnte er sich ja nicht halten.
a: sie meinen?
b: haben sie eine andere erklärung?
a: er ist unnachahmlich.
b (begeistert): der kerl spielt einzig.
a: was halten sie von schulberg?
b: wo?
a: dort. kommen sie hieher, jetzt versteckt er sich, aber von da können sie ihn gut beobachten.
b: der ist auch da?
a: sein spiel gefällt mir sehr.
b: sie haben recht, die natur hat ihn mit grossen gaben ausgestattet.
a: diese bühne kann sich rühmen.
b: ja, und man hat mich versichert, sie dürfe sich kühn mit den ensembles in europa messen.
a: verzeihung, wer ist die da, die soeben von der toilette kam?

b: das ist die espenlaub.
a: die scheint noch sehr jung zu sein.
b: wissen sie denn nicht, dass die damen im theater sich eines ewigen frühlings zu erfreuen haben?
a: wie recht sie haben.
b: das stück ist aus.
sie erheben sich.
b: die neuen schauspieler gefallen mir sehr.
a: ja, ihr spiel ist edel und natürlich.
und wie gefällt ihnen das stück?
b: ich sage, es ist eines der besseren, und deren gibt es wenige. aber endlich fügen sich ja auch unsere bühnen dem guten geschmacke und gott sei dank dürfen wir hoffen, dass all die unsinnigen sogenannten berühmten stücke ganz von der bühne verbannt werden.
a: wir wollen uns erfrischen; ich habe hier viel angst ausgestanden.
beide ab.
herr weissenpeter: man könnte in der luft zerspringen. manchmal frage ich mich, wer ich bin.
stimme: anfangen!
a und b treten wieder auf, nehmen platz in der loge, rücken zum publikum.
b: was sagen sie dazu? das stück fängt ja erst an!
a: da bin ich gestern zu früh weggegangen.
b: was meinen sie, darf man auf eine handlung hoffen?
a: ich habe keine ahnung, aber ich glaube kaum. angeblich werden mehrere herren bemüht sein, sich einander verständlich zu machen.
b: das ist ja entsetzlich!
der vorhang geht auf.
löwe: ihr armseligen menschen, ihr sterblichen besitzer des erdbodens, der tiefsee und des himmelszeltes, ich bin es: der löwe von überall, herrscher über sieben weltmeere und ebensoviel erde, nachkomme des maldoror, sohn des melmoth, sohn des hugo schenk, bastard seiner majestät des kaisers maximilian von österreich und tirol, sohn des heliogabal, sohn des astaroth, sohn des hephaistos mit einem nilpferd, abonnent von tageszeitungen und lesezirkeln, ich bin das übel, der omnipotente fürst des erdballs, ich bin der falsche schatten im finsteren haustor, ich bin die kalte hand im kleiderkasten, nummer neunundneunzig im kleinen lotto, der blutfleck auf der autobahn, chef der polizei in 27 kulturstaaten. reichtum und macht, wollust und ehre teil ich aus nach meinem belieben unter meine ergebenen diener.
der polizist apollo (mit blutigem knüppel tritt auf): ha, da freut sich mein unerschrockener heldenmut, das ist mir augensalbe, wenn ich in menschenblut kann meine augen weiden. das donnern der kom-

mandos, das krachen der schädeldecken. das schwirren der gummiknüppel, ein kugelregen aus staatlichen pistolen ist meinen ohren noch alleweil die angenehmste musik. wenn die öffentlichen parkanlagen von toten leichen überstreut und berge von demonstranten aufgehäuft sind, fährt mir die freudenlust durch die finsteren züge. wenn ich den stumpfen knüttel mit menschenfett und knochenmark verklebt seh, das gibt eine herzkühlende lust meinem gemüte. dampf fährt aus meiner nase und feuerflammen aus meinem maul, dadurch ganze stadtteile und länder in rauch aufgehen. dir dank, o chef, der du das recht mit dem metermass deiner gnade ausmisst.

der sprecher (tritt lässig auf): das ist herr löwe, der chef, und der polizist apollo, seit 30 jahren im dienst, mitglied der partei.

apollo: i muas wem daschlogn.

(er verfällt in einen tobsuchtsanfall und wirft gegenstände vom mobiliar, erschöpft bricht er zusammen. keuchend und mit geweiteten augen starrt er auf seine hand. die hand zuckt scheinbar unabhängig von apoll über die bühne, er versucht vergeblich sie festzuhalten)

der sprecher: vergeblich versucht wachtmeister apollo seine hand, treuer helfer in bitterster not, faust auf manchen bettlers scheitel, donnerkeil in das zahnfleisch argumentierender bürger, sie versucht er festzuhalten, die ihn verlassen will.

apollo (brüllt): i wü ned in die aunschdoid!

(er wälzt sich. plötzlich beginnt er zu suchen, hier und dort, blickt auf den boden, löwe steht auf und folgt ihm, der sprecher winkt abwehrend ab)

löwe (gibt apollo einen fusstritt): was mochns denn do?

der sprecher: er hat die sprache verloren.

löwe: wos haast. des kenn ma scho. er wü nimma spüün. raundewu und so. fia wos griagt a zoid? wida amoi a glane obreibung gefällig.

(gibt apollo einen fusstritt)

apollo richtet sich auf, versucht zu sprechen, würgt, quält sich.

löwe: ich sage nur:

        satzgegenstand (gibt ihm eine ohrfeige)
        und
        satzaussage (gibt ihm eine ohrfeige)
        hauptsatz (schlägt ihn auf die nase)
        und
        nebensatz (schlägt ihn auf die nase)

ich hoffe das genügt.

apollo (mit beiden handflächen abwehrend): ö, ö, ö, ö

löwe (scharf): wieviele selbstlaute?

apollo versucht es murmelnd an den fingern abzuzählen, er fängt immer wieder von neuem an. verzweifelnd den kopf schüttelnd, wenn er abbricht und wieder anfängt. er wird immer hastiger und seine finger kommen ihm mehr und mehr in die quere.

löwe (unterbricht ihn grob): das ist nicht genug.
   ich habe die sprache gewonnen.
   sie haben die sprache verloren.

apollo grunzt und blökt wie ein stummer, der etwas sagen will, vor sich her, in sich hinein, kauert nieder, fällt um, wälzt sich am boden, grunzend.

löwe betrachtet ihn. nach einer pause: sie sind mir noch ein gespräch schuldig.

apollo steht auf, fingert einen geldschein aus seiner tasche und gibt ihn löwe, der ihn einsteckt:
   recht gern, mit vielem vergnügen.

apollo klopft seine hosen ab.

löwe schlägt apollo auf die schulter:
   nur eine kleinigkeit um das gespräch zu beleben.
   und worüber wollen wir sprechen?

apollo (plötzlich charmant, hände reibend): wenn es ihnen recht ist, wollen wir sprechen.

löwe: wie sie wollen.

apollo: was sie wollen.

löwe: wollen s i e sprechen?

apollo: mein herr, wir wollen gemeinsam sprechen.

löwe und apollo: über die freude.
   mit vielen beispielen.
   das kind ist ein spielzeug der menschen. deshalb macht der lustige vater das lustige kind. dabei weint die lustige mutter vor freude.
   man muss frühzeitig beginnen. auch der zwerg fängt klein an. aber ein braves kind ist nicht lustig. ein schielendes, das ist gleich viel lustiger.
   da, wo gott den blick geschenkt hat, setzt die kunst die brille.
   soviel über die kunst.
   die hunde werden immer grösser und die zwerge immer kleiner.
   der mensch ist der künstler.

löwe: wer spricht?

apollo (sehr angestrengt, die adern färben sich blaurot, es platzt hervor): sie!

löwe: das ist recht, das nenne ich sprechen.
   du bist ein meister.

apollo: diesmal habe ich eine gute sprache.
   (arrogant) aber s i e verstehen das sprechen n i c h t !
   sehen sie mir nicht in den mund!
   machen sie das maul zu!

(hebt finger) geben sie acht, was herauskommt!
(jubelnd) ich habe die sprache gewonnen!
löwe gibt ihm eine ohrfeige.
apollo (verdriesslich): ich mag nicht mehr sprechen.
löwe (gnädig): ein andermal sprechen wir länger.
apollo stürzt hinaus.
sprecher: löwe, chef der polizei, wartet was da kommen will.
apollo tritt auf, einen passanten mit sich schleifend.
passant: und die habeas corpus akte?
apollo: des wa jo no scheener, waun ma sowos heddn!
löwe: mochn s eam featik.
apollo zieht dem passanten den knüttel über. der passant fällt um und bleibt bis zum ende des stückes liegen.
kasperl tritt auf.
apollo: wos woin denn si do?
kasperl: bidscheen i hob mei frau umbrocht.
löwe: no und?
kasperl: bittschön, ich möchte es melden.
löwe: wos woin s denn?
kasperl: ich möchte melden, bittschön, dass ich meine frau im affekt aus dem fenster geworfen habe.
apollo: no und?
kasperl: sie ist tot.
löwe: no und?
apollo: behindert die leiche den verkehr auf der strasse?
kasperl: na, die rettung woa scho do.
apollo: haben sie eine bestätigung für das ableben ihrer gattin?
kasperl: jo, der herr chefarzt von der rettung hats notiert. bitte hier.
apollo: geschieden?
kasperl: bitte nein, i woa zum eastn moi verheiratet.
apollo: trauschein.
kasperl: bitte hier.
apollo: sie geben also vor, ihre gattin in böswilliger absicht aus dem fenster geschleudert zu haben und so ihr ableben verursacht zu haben?
kasperl: jawohl.
herr a: mein gott, sieht denn der kerl net, dass er ungelegen kommen is.
herr b: auf diese art geht ja die handlung überhaupt net weiter.
herr a: es ist zum weggehen!
herr b: sie da, machen s was, dass es weitergeht. der soll verschwinden. merkt er denn net, dass er stört. die herren wollen ja weiterspielen.
sprecher: tut mir leid. aber das is ein ignorant.
herr b: no do schauma gut aus!
herr a: zum weggehn!

herr b: no gemma!
herr a: tut ma leid, i hob a freikoate.
herr b: sie auch?
apollo: oiso wo woama?
kasperl: ich hab «jawohl» gsagt.
löwe: kommens her sie lästiger kerl. da hams die formulare und füllen sies aus.
kasperl: bitte?
 wea i jetzt schon hingerichtet?
apollo: was bilden sie sich eigentlich ein? wea waas, ob sie überhaupt schuldig sind. do könnt jo a jeder kommen! duat is a feda und a dintn und füns die formulare aus!
kasperl geht zum pult, bleibt stehen und macht nichts.
löwe: no wos is?
kasperl (dreht sich): bittschön, i kaun goaned schreim.
löwe: daun lossns uns in rua und gengans zaus.
herr a: mein gott, lästig können die leut sein.
apollo (langsam und drohend): sie können goaned schreim?
kasperl: bitte, nein, herr wachtmeister.
apollo (langsam und drohend): dann haben sie ja, wie ich denken muss, ja garnicht eingereicht um bewilligung zur verübung eines mordes.
kasperl: bitte, nein. ich hob ned gwusst, dass man des tun muss.
apollo (brüllt): ja, was stellen sie sich vor! wie solln denn wir dann die mörder finden!
kasperl: bitte, daran hob i goaned docht.
apollo (brüllt): sie werden im abgekürzten verfahren zu einer ordnungsstrafe in der höhe von 50 schilling wegen mutwilliger vernachlässigung der voranmeldepflicht ohne möglichkeit von rechtsmitteln verurteilt.
kasperl: bitte, hier. (reicht den geldschein)
apollo: und jetzt verschwinden s!
kasperl: oba bitte die hinrichtung!
apollo: rrrauss!!
apollo beginnt kasperl rauszudrängen.
kasperl: oba bitte!!
apollo schlägt mit knüttel auf kasperl ein, der sich verzweifelt im türrahmen festhält. kasperl entwischt und stellt sich im raum auf. der sprecher rückt mit seinem stuhl zur seite und sieht interessiert zu.
kasperl (erschöpft): i möcht a rechtskroft!
löwe (steht hinter seinem schreibtisch auf): widersetzlichkeit gegen die amtsgewalt.
 sie heissen?
kasperl: ich bin der kaschberl.
löwe: schon wieder.

wohnhaft?
kasperl: in wien.
löwe: beruf?
kasperl: wie meinen?
löwe: wie sind sie tätig? wos mochns den gaunzn tog?
kasperl: a, wos i moch? jo wos moch i denn?
löwe: das frage ich sie!
kasperl: i moch theater in den sie vuakumman.
löwe: mochns kane witz!
kasperl: es is woa! ollas wos sie sogn is von mia.
apollo: a so a frechheid!
löwe: sie sind zum tode verurteilt!
herr b: das hat er davon.
kasperl (zu b): steam muas a jeda. im oita ..., vaschdengans? da gaukal und so ...
apollo: bitte höfn sie uns. wia müssen den käfig auf die bühne tragn, wo er eingsperrt werden soll.
herr b: aber mit dem grössten vergnügen.
herr a: kann ich ihnen irgendwie behilflich sein?
apollo: bitte, wauns so liab sein wolln.
herr a und herr b mit apollo ab.
löwe: wos sogn sie, wie uns der kerl doagstellt hot?
sprecher: aber, ich bitt sie, das kann man doch net ernst nehmen.
ein käfig wird von apollo, herrn a und herrn b auf die bühne geschoben.
löwe (höflich): bittschön setzns ina rein.
kasperl: sin ma scho so weit?
apollo (zuvorkommend): aunfaung zweiter akt!
kasperl (zum sprecher): sogns den leutn, dass die zeit vergaungan is!
herr a (der sich die hände mit einem taschentuch reinigt): ich bitt sie, das sieht doch a blinda!
   (setzt sich mit b wieder in die loge auf der bühne)
kasperl nimmt einen sessel und setzt sich in den käfig.
löwe und apollo grüssend und winkend ab.
ein wachorgan tritt auf und nimmt mit aufgepflanztem seitengewehr neben dem käfig aufstellung.
herr b: wer ist denn das?
kasperl: dos is der aufseher, der passt auf mich auf.
herr b: und was besseres is ihnen nicht eingfalln?
kasperl: ich muss zugeben, nein. aber was haben sie gegen ein wachorgan? schaut doch immer gut aus. oder? schauns, des verhindert wenigstens, dass ich in meinem käfig zum monologisieren anfaung. sowos is meistens fad! ausserdem is a mit mia ind schui gaunga und hasd friedl.
herr b: und das stück ist wirklich von ihnen?

kasperl: waun ich ihnen sog!
herr b: warum mochns denn sowas? schauns wohin das führt.
kasperl: erstens verdien ich mehr, wenn ich selber mitspiel, — was glaubens denn, was dem autor für eine aufführung geboten wird, ich sog ihnen es zoid si ned aus, vümea is es eine zumutung —, zweitens, woatens nua ab, i kumm scho wida ausse.
herr b: aber das stört doch den ablauf der handlung. es spitzt sich doch auf a justifikation zu?
kasperl: nua ka aungst, des wean ma scho mochn.
herr b: aber entschuldigen sie, das ist ein missverständnis, ich möcht jo, dass sie hingerichtet werden.
sprecher: bitte um ruhe, die vorstellung geht weiter. ein herr von der presse wird auftreten und den delinquenten befragen wollen.
herr a: von welcher zeitung?
sprecher: tut mir leid, das darf ich nicht beantworten.
reporter (tritt auf): seawus, kaschberl, i höa, du schreibst.
kasperl: jo, woa is.
reporter: no siggst, weast zu uns komman.
kasperl: schau, wea no do is.
reporter (zum aufseher): seawus, werfried, wos mochst denn du do?
aufseher schweigt.
kasperl: ea deaf ned redn, ea passt auf mi auf.
reporter: no warum denn.
kasperl: damid i ned dafau renn.
reporter: geh, wärst davongrennt!
kasperl: geh, warum denn?
reporter: hätt i wos gschrim. warum bist denn do?
kasperl: i hob mei frau umbrocht.
reporter: no geh, wos du soggst. wie gehts ihr denn?
kasperl: tot is!
reporter: a jo, deseng komm i zu dir. geh erzö ma wos. kaun i wos schreim.
kasperl: giselher, die leut hean uns zua.
reporter: no und?
kasperl: schaut des ned gspassig aus, waunsd mei freind bisd?
reporter: oba geh, man muss sis mit olle gutstehn, sunst afoat ma jo nix.
kasperl: sei gscheit, host nua schererein. die leit vastengan des ned.
reporter (geht zur tür zurück): ich wünsche ihnen alles mögliche glück.
    es freut mich unendlich, sie zu sehen.
    ich wünsche ihnen alles, was ich mir selbst wünsche.
kasperl: seien sie willkommen.
reporter: guten morgen.
kasperl: es freut mich sie zu sehen.

was führt sie zu mir?
womit kann ich dienen?
wie geht's?
reporter: ihnen aufzuwarten, sehr wohl.
kasperl: und wie geht es?
reporter: mit ihrer erlaubnis, ich befinde mich wohl.
kasperl: und wie geht es ihnen.
reporter: es geht.
kasperl: es freut mich, sie wohl zu sehen.
reporter: ich danke ihnen sehr, ich bin ihnen sehr verbunden.
sie sind zu gütig.
kasperl: ich bin ihr diener, ich stehe ihnen zur verfügung. verfügen sie über mich.
reporter: sie erweisen mir zuviel ehre.
kasperl: beehren sie mich mit ihren wünschen, sie haben nur zu befehlen, ich stehe ganz zu befehl, befehlen sie nur frei und ohne scheu, machen sie keine umstände.
reporter: ich will ihnen keine umstände machen.
kasperl: ihnen gefällig zu sein, macht mir keine mühe, sie ehren mich mit ihren wünschen. wir wollen keine umstände machen, unter freunden macht man keine umstände.
reporter: ich will es tun, um ihnen zu gehorchen, bloss um ihnen zu gefallen.
ich verehre sie, ich schätze sie, ich liebe sie.
zählen sie auf mich.
kasperl: da haben sie recht, wir wollen gute freunde bleiben.
giselher wartet.
kasperl schweigt.
reporter: sprechen sie manchmal?
kasperl: ja, aber nie anders, als mich zu unterhalten.
reporter: sprechen sie gern?
kasperl: ich spreche nur zum zeitvertreib.
reporter: aber mich dünkt, das sprechen sei eine sehr gefährliche unterhaltung?
kasperl: das ist wahr, doch nur, wenn man zuhört.
reporter: aber sie sprechen jetzt doch, um von mir gehört zu werden!
kasperl: das ist eine lüge!
wenn ich ihnen etwas mitzuteilen hätte, würde ich es sein lassen.
es würde in den sätzen hängen bleiben.
reporter: es würde nur zu missverständnissen kommen,
kasperl: zu unstimmigkeiten führen,
reporter: zu schlägereien,
kasperl: zu streit,
reporter: ärger bereiten,

kasperl: freundschaften zerstören.
reporter: wenn man zuhört,
kasperl: weiss man nicht wie's gemeint ist.
reporter: sie könnten es nicht besser wissen,
kasperl: sie könnten lügen,
reporter: sie könnten es ehrlich meinen.
kasperl: aber wie soll das heraus?
    wo soll das hinein?
reporter: da kann man nur sprechen.
kasperl: ich spreche gern.
reporter: es tönt,
kasperl: es ist laut,
reporter: man kann es hören.
kasperl: es beschäftigt die ohren,
reporter: und die zunge,
kasperl: und die lunge,
reporter: und die lippen,
kasperl: und die zähne.
    man kann es zerbeissen.
reporter: man kann es zerkauen.
kasperl: man kann es schlucken
reporter: und man kann es ausspucken.
kasperl: man kann mit den stimmbändern schwingen,
reporter: man kann es regulieren,
kasperl: laut und leise,
reporter: hoch und tief,
kasperl: und vor allem, in der mitte!
reporter: ganz recht.
kasperl: man kann dabei gehen,
reporter: man kann dabei sitzen,
kasperl: man kann dabei laufen,
reporter: man kann dabei stehen,
kasperl: man kann dabei seine notdurft verrichten.
    ich spreche gern.
herr a: pfui teufel!
sprecher (der fasziniert zugehört hat): die sind gleich fertig!
reporter: sprechen sie oft?
kasperl: sehr selten.
reporter: und warum?
kasperl: weil es viele betrüger gibt. man läuft da grosse gefahr, weil die wie ordentliche leut aussehen. die hören zu, die merken auf, alles nehmen sie beim wort.
reporter: das ist eine rücksichtslosigkeit.
kasperl: eine gemeinheit.

reporter: eine frechheit.
kasperl: es handelt sich um verbrecher.
reporter: nun, worüber wollen wir also sprechen?
kasperl: worüber sie wollen.
reporter: wie es ihnen recht ist.
kasperl: das sprechen ist sehr im schwange.
reporter: man kommt sich nahe,
kasperl: es distanziert,
reporter: es verhindert das schlimmste,
kasperl: es fördert alles mögliche,
reporter: es erfreut,
kasperl: es betrübt,
reporter (mit emphase): es berauscht!
kasperl (konsterniert): sie sind ja betrunken!
der reporter giselher stürzt schwankend zum schreibtisch und nimmt einen schluck wasser.
reporter (murmelt): sie sehen alt aus.
kasperl: ich bin 62 jahre.
reporter (rasend): sie sind älter als ich!
kasperl: ich bin wohlauf, das ist die hauptsache.
reporter: sind sie verheiratet?
kasperl: lassen sie das sein!
reporter: wie oft waren sie verheiratet?
kasperl: lassen sie das sein!
reporter: wie viele frauen haben sie gehabt?
kasperl: lassen sie das sein!
reporter: leben ihre eltern?
kasperl: mein vater ist tot.
   meine mutter ist tot.
reporter: es sind zwei jahre, dass ich meinen vater verloren habe.
kasperl: meine mutter hat sich wieder verheiratet.
reporter: sie lügen!
kasperl: sie ist eben erst verstorben.
reporter (schüttelt ihm die hand): tut mir leid. wieviele kinder haben sie?
kasperl (zögert): ich habe — vier.
reporter: söhne oder töchter?
kasperl: ich habe einen sohn und vier töchter.
reporter (lacht): ich gratuliere!
kasperl: die karin ist jetzt zur welt kommen!
reporter: ich gratuliere!
kasperl: ich habe einen sohn und fünf töchter.
reporter: meine gratulation!
kasperl: ich habe einen sohn und sieben töchter.

reporter: das ist arg!
kasperl: ich habe einen sohn und tausend töchter!
reporter: sie setzen mich in erstaunen!
kasperl: ich habe einen sohn und 30 millionen töchter!
reporter: kommen sie zu sich, bleiben sie ruhig!
kasperl (schreit): ich habe einen sohn und, und — und — und
reporter: ich bitte sie!
kasperl: ich gebe es zu, ich bin witwer.
reporter (durch die gitterstäbe nimmt er kasperls schulter. der schüttelt
   sich in lautlosem geschluchze): bleiben sie stark!
kasperl (stockend): ich kann nicht lügen. meine frau hat mich verlassen.
reporter: ich bin untröstlich.
er streichelt kasperl den rücken.
kasperl (dumpf): verachten sie mich, — ich bin verlobt.
reporter schweigend und in sorge.
kasperl: glauben sie mir, ich will mich offenbaren, bis meine lage es
   erlaubt. ich will alles sagen, wie es war, wie es ist, wie es sein wird,
   wie es nicht sein wird, wie es nicht ist, wie es niemals hätte sein können, wie es nicht war, wie es sein könnte, wie es hätte sein können,
   wie es würde sein können.
   glauben sie mir, es geht aufwärts, dem ziele zu.
   auf der strasse werde ich sie ansprechen, mich niederknien, ihre knie
   umfassen, sie wird meine hand nehmen, mich aus dem staub heben,
   der ich bin, und hand in hand, arm in arm, aug in aug, zahn in zahn
   werden wir die treppe hinaufschreiten, mit guten manieren, dezent
   gekleidet, wir werden das tor öffnen, wir werden eintreten und hin-
   treten vor die theke und zusammen ein bier trinken.
reporter: machen sie keine witze!
kasperl: ich gebe zu, sie liegt noch in den windeln, aber —
   (verklärt) ich kann warten.
herr a: aber wir nicht. die zeit vergeht. es ist schon ³/₄ 9! (genaue uhr-
   zeit)
reporter (zu herrn a): mein herr, die stunde ist nur ein nebenprodukt
   der zeit. nach 60 minuten ist sie reif und fällt von den uhren, völlig
   wertlos.
   (zu kasperl) kommen wir zur sache, sie suchen eine frau?
kasperl (kleinlaut): ja.
giselher und kasperl blicken nachdenklich und lippenkauend vor sich
hin und aufeinander. diese pause gerät etwas lang.
reporter: was haben sie gesagt?
kasperl: ich habe nichts gesagt.
reporter: sprechen sie lauter.
   ich kann sie nicht hören.
kasperl (laut): hören sie mich?

reporter: machen sie keinen lärm!
kasperl: schweigen sie!
reporter: was soll der lärm!
kasperl: hören sie auf zu schreien!
reporter: man kann sein eigenes wort nicht hören!
kasperl: sie machen mich taub!
reporter: sie schreien mir den schädel ein!
kasperl: sie sind sehr lästig.
reporter (nach einer pause und sehr ruhig): sie haben diesen mord erfunden!
kasperl: wieso?
reporter: sie haben keine frau! sie hatten keine frau und ob sie eine haben werden ist die frage!
kasperl: hören sie? können sie hören? das ist meine frau.
 (kasperl macht schritte, auftretend spricht er:)
 das sind ihre schritte auf der treppe, im haus, über den flur, vor der tür, in meinen ohren. ist das kein beweis? sie kommt nach hause von ihren reisen aus den gebirgen, aus den städten, aus fernen ländern. (er bleibt stehen) sie steht vor der tür. gleich wird sie eintreten.
 sie war sehr krank.
reporter: das hat nichts zu bedeuten.
kasperl: da haben sie recht. das sagt garnichts, es ist eine kleinigkeit.
 nur gestern war sie etwas unpässlich.
reporter: was sie nicht sagen!
kasperl: sie hatte fieber, leibschmerzen, flecktyphus, scharlach, cholera, den keuchhusten, den gewöhnlichen husten, das gewöhnliche fieber, das komplizierte fieber, sie hatte alle übrigen krankheiten, auch war sie sehr gesund, hatte keine schlechte verdauung, migräne und die englische krankheit.
 in letzter zeit litt sie an leichtem übelsein.
reporter: was wollen sie wirklich?
kasperl: schreiben sie über mich! fotografieren sie mich! bringen sie mein foto in eine illustrierte!
reporter (angeekelt): wie dick sie geworden sind!
 ihr haar ist schütter.
 ihre bewegungen sind langsam.
 sie sehen elend aus.
 sie machen einen heruntergekommenen eindruck.
 sie erwecken mein mitleid.
 sie dauern mich.
 sie sind alt geworden.
 sie haben zeit verloren.
 sie haben einen freund verloren.
 sie haben an geschmack verloren.

sie haben jeden halt verloren.
sie haben die mass-stäbe verloren.
sie haben die hoffnung verloren.
ihr gedächtnis ist schlecht.
sie haben mein vertrauen verloren.
sie haben sehr verloren.
(will abgehen)
kasperl: warum so in eile? können sie nicht ein wenig warten? ich zeige ihnen meine frau, das krankenlager, den arzt, das nachtgeschirr, die medikamente, die totenbahre!
reporter: sagen sie ihrer frau, wie leid mir das alles ist.
kasperl: ich werde es unfehlbar tun. sie wird sich freuen, sie wird beglückt sein, sie wird gesunden, sie wird ausser sich sein, sie wird rasen, wird mit gegenständen um sich werfen, sie wird springen, sie wird tanzen, sie wird vor freude sterben.
reporter (kommt zögernd zurück): sie hatten also eine frau?
kasperl: nein.
reporter: es ist gemein von ihnen, eine tote zu verleugnen!
kasperl: ich habe sie erfunden.
reporter: das ist gleich. waren sie nicht glücklich, von ihr sprechen zu dürfen, sie herauszustreichen?
(eindringlich) haben sie nicht behauptet, sie sei präsident der vereinigten staaten?
kasperl: aber ich bitte sie!
reporter: haben sie nicht behauptet, sie habe vier arme und sechs beine?
kasperl: aber ich bitte sie!
reporter: haben sie nicht behauptet, sie sei unsterblich?
kasperl: aber ich bitte sie!
reporter: haben sie nicht behauptet, sie besitze einen akademischen grad?
kasperl: aber ich bitte sie!
reporter: haben sie nicht behauptet, sie sei naschhaft?
kasperl: aber ich bitte sie!
reporter: haben sie nicht behauptet, sie sei 12 meter hoch, 4 kilo schwer und aus kupfer?
kasperl: aber ich bitte sie!
reporter: haben sie nicht behauptet, sie sei tugendhaft?
kasperl: aber ich bitte sie!
reporter: haben sie nicht behauptet, sie könne lesen und schreiben?
kasperl: aber ich bitte sie!
reporter (erregt): sie haben überhaupt allerlei behauptet!
kasperl: sie sollten nicht auf mich hören.
reporter: was sagen sie da?
kasperl: das ist ohne bedeutung.

reporter: es klingt aber gut.
kasperl: ja es ist schön.
reporter: ja ganz vorzüglich.
kasperl: sagen wir, ausgezeichnet.
reporter: es wäre zu loben.
kasperl: man möchte sagen, es ist auszuhalten.
reporter (setzt sich wieder. sitzt am käfig): ja, ganz gemütlich.
kasperl: es bringt in schwung.
reporter: es macht freude.
kasperl: ich muss sie hören.
reporter: sonst müsste ich leiser sprechen.
kasperl: da müsste ich schlechter hören.
reporter: sonst müsste ich noch leiser sprechen.
kasperl: da müsste ich sie kaum hören oder meine ohren verstopfen.
   (hält die hände vor die ohren)
reporter: dennoch müssten sie mich hören.
kasperl (verklärt): ich müsste sie nur sehr leise hören.
reporter: sie müssten schlafen.
kasperl: ihr gerede würde mich wecken.
reporter: sie müssten fortgehen.
kasperl: ich würde sie um die ecke treffen.
reporter: zerstören sie den gehörgang.
kasperl: ich kann mir denken, was sie sagen werden.
reporter (zieht einen dolch, mit emphase): dann müssen sie sterben!
kasperl: das werde ich unfehlbar tun.
   (fällt um wie ein stock. steht wieder auf)
   giselher, glaubst dafia brauch i di?
apollo (eilt auf): öha herr journalist, ned der justiz vuagreifn!
giselher (ab): seawas, kaschberl!
kasperl: seawas, giselher!
apollo (gibt werfried einen tritt): woch auf, du gfrasst!
werfried (reisst sich straff): zu befehl!
herr weissenpeter: die darstellung der presse ist widernatürlich, ekelhaft, einseitig und trifft nur gewisse elemente eines boulevardblättchens, dessen namen ich nicht nennen will und dessen mitglieder ihren geschmack, wie mir bekannt, an kriminalfortsetzungsromanen der jahrhundertwende, wie «der stein des anstosses», «pain in the ass», «hund von baskerville» und ähnlichem bilden. ich verbitte mir das!
stimme: recht hat er! ein gscheiter mensch, der weissenpeter!
herr weissenpeter: ich verbitte mir das und weise auf meinen von subversiven elementen im letzten augenblick sabotierten —
   (brüllt:) sicher waren es kommunisten!!
   überall sind kommunisten!!!

ich weiss es! ich muss es wissen und ich werde bis zum letzten atemzug...!
(bricht ab)
... und weise auf meinen seinerzeit verhinderten vorschlag, alle aufführungen der konzerthausgesellschaft mit dem gebet einzuleiten, und verlange, dass diesem unrat ein ende gesetzt werde!
polizei!!! ich weise auf gott!!
stimme: mit gott und weissenpeter!!
apollo stürzt spontan zornbebend mit schwirrendem knüppel auf a & b in ihrer loge. a & b schützen ihre köpfe.
apollo: olle haummas zaumm!
kasperl (aus seinem käfig): und wea schaut zua?
apollo: a jo....
er geht spontan besänftigt an seinen platz zurück.
apollo: ruheee!!!!
p a u s e
der sprecher: man bringt uns den elektrischen stuhl, ein in vielen ländern der erde, vielleicht auch in der unendlichen ferne des weltenraumes verwendetes hilfsmittel der gerechtigkeit, dieserorts in vergessenheit geraten, aber von breiten schichten des volkes zu gegebenem anlass immer wieder gefordert.
stimme: hii muas a sei!!
der stuhl — er ist sehr hoch — wird hereingebracht.
herr a (fasziniert): jööö!!!!
herr b
weibl. zuschauer: halt! dieser mann gehört mir. ehe er von uns geht, soll er mein lager teilen, mein eigen sein, die wärme einer weiblichen mitfühlenden brust verspüren, getröstet sein, gefunden haben was er sucht, besitzen was er zerstört zu haben vorgibt. er ein elender, dürfen wir ihm diesen trost vorenthalten, er der die gemeinschaft, uns, missverstanden, soll kosten in ihrer kleinsten form, keimzelle jawohl familie, was die sozietas bedeutet. zu mir! in meine arme! kaspar! du! ein verlorener!
sie läuft hinaus zur bühne. kaspar klettert über die vielen stufen rettend auf den stuhl.
kasperl: los! anfangen!
apollo legt den grossen hebelschalter um.

sechsundzwanzig namen

alfred.
die erde wird in zonen eingeteilt. in die heisse zone, in die kalte zone und ähnliche andere. in all diesen zonen leben menschen.

einer von ihnen war alfred. das heisst, er nannte sich alfred, obwohl er robert hiess, und hatte bestimmte vorstellungen.

er war überzeugt, dass der mensch ein geschöpf der erde sei, und richtete seine lebenshaltung nach dieser überzeugung aus.

wenn er seine langen, täglichen spaziergänge durchführte, geschah es nicht selten, dass er sich auf den hügel hinter dem haus seines vaters, mit dem er freilich in etwas loser verbindung stand, zurückzog, die arme spreizte und einmal, oder auch öfter, kräftig durch die luft schlug.

in seinen anschliessenden erschöpfungen beschloss er mal für mal das bett aufzusuchen um einen kräftigen schlaf zu nehmen. was er auch tat.

so vergingen die jahre und alfred wurde immer älter.

man darf nicht glauben, dass diese gymnastischen übungen ihm zu einer lieben gewohnheit geworden wären. o nein, seine art war vielmehr, die frühen abendstunden und die zeit der dämmerung dafür zu gewinnen, weil er sich eben dieser übungen geradezu schämte. doch vermochte ihn eine gewisse leidenschaft tag um tag von der notwendigkeit ihrer durchführung zu überzeugen, wenn er es auch, wie gesagt, gewiss ungern tat.

an einem frühen frühlingsabend, der von alfred zu verschiedenen kindheitserinnerungen benützt wurde, nahm er, alfred, den erwarteten fortschritt als frucht seines fleisses zur kenntnis.

er stiess die beine kräftig in den vorhandenen kiesweg und stürzte sich federnd in den milden abendhimmel.

sein verdacht war bestätigt: der mensch ist imstande, sich mit seinen natürlichen fähigkeiten, ohne zuhilfenahme irgendwelcher hilfsmittel, also einfach kraft seiner muskelkraft, in der luft zu halten, wenn es ihm gelingt, die angemessene geschwindigkeit seiner bewegungen, die unbedingt erforderlich ist, zu begreifen.

nachdem er das panorama der heimatstadt bemerkt hatte, dachte er daran, einen seiner freunde aufzusuchen, den er durch lange zeit nicht mehr gesehen, weil jener durch schicksal und verschiedene umstände in einem anderen stadtteil wohnte. er war ihm aus einer gemeinsamen schulzeit in erinnerung und alfred bereitete eine überraschung vor, welche den frühen scherzen beider durchaus gerecht werden sollte.

als er die fenster erleuchtet sah, flog alfred kurz entschlossen an sie heran, öffnete leise und erhob sich geräuschlos zur decke des zimmers. der freund sass mit seiner frau und dem rücken gegen alfred bei tisch. unterdessen wartete alfred geduldig auf eine günstige gelegenheit, welche sich nicht ergab.

da verschob alfred sein vorhaben zugunsten eines anderen tages, landete mit kühnem schwung auf dem fenstersims und schwang sich aus dem fenster.

doch wehe, alfred, der bedauernswerte alfred, hatte die anzahl der vorhandenen stockwerke nicht im auge behalten und schlug mit einem knall auf den bürgersteig, wobei er zerschmetterte.

der freund, als auch seine frau, stürzten an das fenster und erkannten alfred. beide waren erstaunt.

da bemerkte die frau des freundes: «man soll nicht aus dem fenster springen.»

nachdenklich bemerkte robert, das heisst, er nannte sich robert, obwohl er alfred hiess, zu seiner frau: «auch in der schule war er stets unvorsichtig gewesen.»

bertram.
als es schon viele jahre ohne aufzuhören geregnet hatte, da nahm bertram seine frau bei der hand und sie gingen zum meer.
aber es wollte nicht aufhören zu regnen, so schickte bertram seine frau wieder ins haus, um ein sieb zu holen.
und als er drei tage gewartet hatte, kam ein grauer vogel, setzte sich auf den nächsten baum und sang. das verdross bertram, der auf seine frau wartete und vom regen ganz nass war. er nahm einen stein und warf nach dem vogel. aber er verfehlte den vogel und traf den baum. da flog der vogel wieder fort.
dann wartete bertram drei tage. und als er drei tage gewartet hatte, kam ein grauer fisch, schwamm zum ufer und sang. das verdross bertram, der auf seine frau wartete und vom regen ganz nass war. er nahm einen stein und warf nach dem fisch. aber er verfehlte den fisch und traf das meer.
da schwamm der fisch wieder fort.
dann wartete bertram drei tage. und als er drei tage gewartet hatte,

kam ein grauer engel, entzündete ein grosses feuer, stellte sich hinein und sang. das verdross bertram, der auf seine frau wartete und vom regen ganz nass war. er nahm einen stein und warf nach dem engel. aber er verfehlte den engel und traf das grosse feuer.
da ging der engel wieder fort.
dann kam die frau und brachte das sieb. bertram nahm sie bei der hand und sie tauchten das sieb ins meer. und als sie es wieder herauszogen, da lief das wasser durch das sieb und sie mussten es wieder und wieder ins wasser tauchen und es regnete immerfort, ohne aufzuhören.

cynthia.
draussen in der halle jaulten die hunde und wurden zurechtgewiesen und der uralte, taube butler schlich auf platten füssen und servierte überraschend gutes essen. cynthia dankte dem schöpfer im stillen für die spanische köchin. sie schob ihre mutter aus dem zimmer, nachdem sie deren buch und brille gesucht und gefunden hatte. sodann griff cynthia nach der feuerzange, ordnete die buchenscheite etwas günstiger, kniete vor dem kamin auf das eisbärenfell und begann mit dem blasebalg zu arbeiten. ihr haar hatte eine eigentümliche lohfarbe, es war schlicht von der hübschen stirn zurückgekämmt und hing bis auf die schultern, um sich dort in locken zu kringeln wie fliessender honig.
da knarrte die tür.
«willst du fliegen?» fragte die mutter.
«nein. falls es möglich ist, würde ich das schiff nehmen. so könnte ich mich besser in das ganze einleben. ich will nachher ein paar linien anrufen — wenn du erlaubst?» antwortete cynthia und beugte sich über den atlas.
im barte des butlers wurde ein schmunzeln bemerkbar. dann verliess er das zimmer, öffnete den unteren teil eines schrankes im grünen salon und begann das silber zu polieren.
da knarrte die tür.
der butler stand lächelnd dazwischen. cynthia verlangte nach soda. abends trank sie wie immer gegen halb neun einen whisky.
«wenn du erlaubst», wiederholte cynthia erstaunt und zog ihre feinen augenbrauen hoch.
cynthias mutter schien entsetzt zu sein: «ich begreife nicht».
der butler lächelte ernst.
«ich habe mir alles ein wenig anders vorgestellt», murmelte cynthia.
ein unverkennbarer engländer mit einem weichen filzhut war in das zimmer gekommen und wurde vorgestellt. er sollte den wagen fahren, sprach ganz anständig französisch und war fast 30.
«bitte, werfen sie das kleine scheusal hinaus!» rief cynthia entsetzt und

stiess das eisbärenfell mit einem spitzen schrei etwas näher zum feuer.
als eine gruppe junger leute heftig gestikulierend hereinstürmte, verliess
cynthia das haus.
konnte mama wirklich einen englischen chauffeur haben wollen? eine
schreckliche idee. das war zweifellos ein scherz oder eine dieser unangenehmen alten damen, die zu den verrücktesten zeiten zum tee kommen, hatten mama den kopf verdreht. cynthia erreichte mit nervigen,
kraftvollen schritten das haus gegenüber, das im sommer meist leer
stand, weil es gäste im allgemeinen vorzogen, gemeinsam mit mama zu
frühstücken. cynthia beschloss hierzubleiben und nie wieder zurückzukehren.
dann sah sie zum fenster hinaus. gelbe narzissen blühten zu tausenden
unter den schattigen kastanienbäumen hinter dem ungepflegten rasen.
grosse scharlachrote rhododendren leuchteten über unordentlichen schösslingen am hang. soviel schönheit und so lange vernachlässigt! es war
ein beglückender gedanke, dass sich endlich wieder jemand darum
kümmern werde. sie senkte den kopf und schloss die augen.
«man muss ein bisschen geduld mit mir haben», sagte sie leise.
endlich war auch ihr herz heimgekehrt.

detlev oder die krähe
wenn der mittwoch für mittwoch die sonne entzweite, stand er am ufer.
er wartete.
er wartete und wartete.
er wartete und wartete und wartete.

daraus wäre zu schliessen, dass detlev wie wir der nahrung bedurfte.
nun es sich aber um eine durchaus gottverlassene ödschaft handelte,
schien es unvermeidlich, dass halbe, ganze oder gar zwei jahre von einer
mahlzeit bis zur anderen vergingen. auch war nicht alles zu gebrauchen,
was da über die strasse und durch die blumen sprang. der eine war zu
mager, der andere schmutzig, und jeder so arm, dass detlevs mitleidendes herz oft in die quere kam.

nach einer zeit war es also arg, dass er nicht ein noch aus wusste. da
machte er sich nach dem verlassenen friedhof auf.
es ist wahr, er hätte gras fressen können oder den wolf bitten, ihm ein
paar wilde kaninchen zu reissen, aber die umstellung des magens erfordert grosse veränderungen und bringt oft krankheit. das wusste detlev
wohl. hiezu kommt, dass ihm auch der ernste wille für solche umstellung
fehlte. er versuchte es höflich zu verbergen, aber ohne rechten erfolg.

weil er nun lange weile hatte und der weg kein ende fand, nahm er

seine flöte und blies, dass die vögel von den bäumen fielen. nur eine alte, taube krähe setzte sich auf seine schulter und sagte:
«was bist du doch ein prächtiger mann. so gross und gross und noch grösser. ich kann dich nicht hören, aber ich glaube dir.»
der menschenfresser freute sich über alle massen und schlug dem alten, tauben vogel vor, ihn ein stück des wegs zu tragen, weil er so alt und taub sei.
«wir gäben ein glückliches paar», meinte die krähe. «du bläst die flöte und ich kann dich nicht hören. aber ich glaube dir.»
nun war es mit detlevs verstand nicht weit her und der hunger hatte ein übriges getan, da war er mit allem sehr zufrieden.

um den hellen mittag kamen sie zum friedhof. aber räuber hatten die gräber verwüstet, den schmuck gestohlen und die toten ganz auf die knochen abgenagt.

so weinten beide bis in den abend. dann sagte die krähe:
«du bist an allem schuld», und hackte detlev die augen aus.

die geschichte vom eberhard.
damals lebte er mit vielen kindergärtnern um die wette. sie waren die treulosesten liliputaner, die man sich vorstellen kann. warum blieb er dann bei ihnen? selbst der alte schmied wusste darauf keine antwort. und doch, vielleicht gibt es eine, eine einzige oder zwei, auf diesen nimmermüden totschläger und blutschänder des neunzehnten jahrhunderts. man könnte meinen, er habe nie gelebt. aber das ist nicht wahr, wir haben beweise, hieb- und stichfeste beweise!

nun war der liliputanerhäuptling wieder über land gefahren und eberhard ganz seinem sinnen und bleiben verlassen. er sah den vogel, nahm seine flinte und tötete den vogel mit seiner flinte einfach durch das hinsehen und hersehen über seine flinte schickte er den tod auf diesen vogel. das war seine erste böse tat und so schritt er fuss für fuss den schlimmen weg fürbass. o du silbergrauer eichelhäher, nun fliegst du für eberhard, sagte eberhard und warf den vogel in die luft, dass das blut über seinen neuen jägeranzug spritzte. des war der vogel so froh, weil er wieder, und sei es auch für ein einziges mal, gegen die sonne fliegen durfte, dass er dem schlechten knaben versprach, jeden seiner wünsche zu erfüllen. aber der teufel, der seine zeit gekommen sah, nahm den knaben zur seite und sagte: komm mit und ich zeige dir mein ganzes reich. da sagte eberhard zu dem vogel: dass ich doch tot wäre! drauf fiel er hin, mit seinem jägeranzug, er fiel ins nasse gras, über und über besspritzt mit vogelblut, und der böse liliputaner konnte ihm nichts mehr anhaben, als er zurückkam und den schönen jägeranzug voll von schwarzem vogelblut sah.

ein ausruf franzens:
«trinken sie», denn es bedurfte energischer mittel. im mittelpunkte stand ein saal, aus brettern errichtet. es wurde kein widerspruch geduldet. der junge franz wurde sofort hinausgeworfen.

und welche zukünftigen aussichten hat franz?

ein mann, den man für franz hielt, wurde durch den garten gehetzt, dann warf man mit steinen nach ihm, schlug ihm ein auge aus und stürzte ihn endlich ins wasser.

in lebhafter bewegung verging der winter. jetzt schritten fünf männer mit schwarzer haut, und mit pfeil und bogen bewaffnet, die allee herunter.

trotzdem wird franz, wenn er nur halbwegs zu leben hat, nicht unfreundlich mit ihnen verkehren.

unterdessen hatten die fünf männer die strasse aufgerissen. aber franz, ein junger, fantasievoller mensch, stieg auf den tisch, eine pistole in der hand.

«das ist franz», rief einer der fünf umstehenden.
(unter dem tische lag eine anzahl menschlicher wesen.)
«das sind ja die fünf neger», rief franz auf dem tische.

wie aber lebt franz?

er war so abgestumpft, dass er allmählich die lust zu geistiger anstrengung verlor. dennoch war er fleissig.

georg, der läufer.
er lief durch die stadt. seine lungen brannten. er keuchte und sein atem war heiss und pfiff so vor sich her. georg, der läufer, war ein unmoderner charakter. ihm fehlte jeder privatbesitz. er hatte keine ökonomische funktion in einer ökonomischen welt. deshalb lief georg seit 29 jahren so vor sich her. so alt war er. «du wirst nicht klüger», hatte seine mutter gesagt, als er ums haus lief. aber er konnte sie nicht mehr hören, weil er schon um die ecke war.
«wer kommt denn da?» rief der baumeister, bei dem der läufer eine stelle nehmen wollte, um sich sein brot zu verdienen. da war der läufer schon wieder auf der strasse.

nachdem er viele länder und erdteile durchlaufen hatte, lief er auf eine grosse wiese zu. eine dicke staubwolke folgte ihm etwas langsamer. um die wiese sassen und standen viele menschen, die ihre taschentücher schwenkten. aus den augenwinkeln bemerkte der läufer rechts und links weisse schatten, die sich in seiner staubwolke verloren. so gewann er die weltmeisterschaft 1952 über 10 000 meter im olympiastadion von helsinki. aber als man ihm zum zeichen seines sieges den lorbeerkranz um den hals hängen wollte, hatte er die grenzen des landes (finnland) längst verlassen. an seiner stelle wurde der läufer zatopek als sieger geehrt.

herostrat.
ihr müsst meine sucht verzeihen, aber ich bin überzeugt, diesen satz, diese formel, zu finden, mit der ich mir alles untertan mache. ich werde herrschen, ich werde ein furchtbarer herrscher und ihr die elenden sklaven meines wahnsinns sein.

ich werde alles töten und die türme dieser finsternis mit den fahnen meines wahnsinns schmücken. ihr werdet jeden laut mit den schrecklichsten martern bezahlen; ich werde euch verstummen lassen und ein reich des schweigens errichten, eure augen vereisen, eure ohren vereisen, eure schamteile vereisen, ich will euch die liebe an der wurzel ausreissen. ich will euch die lust aneinander verderben, ich will euch das fleisch unter jeder berührung verfaulen lassen und euch mit diesem gestank in die maschinerie meiner gerechtigkeit treiben. meine henker werden nicht euresgleichen sein und ihr gehorsam wird in einer grausamkeit enden, die in eurem denken keinen platz hat.

und in dieser entsetzlichen kälte werde ich endlich allein sein.

der kohlenhändler und sein feind iwein.
malmö ist eine stadt im tiefen schweden mit über hunderttausend einwohnern. einer von diesen, iwein, war auf den kohlenhändler erec nicht gut zu sprechen und deshalb sein arger feind. so auch ein feind seine guten seiten manchmal offen zeigen soll, schickte er dem kohlenhändler zu jedem namenstag einen strauss der wunderschönsten blumen. zu einer zeit begab es sich also, dass der brave kohlenmeister sein frühstück ass, als die blumen kamen und kein namenstag war. da hatte erec grosse furcht und schlich auf blossen füssen, so wie er war, und immer am boden zum haus seines feindes, durch die leute, die zur arbeit liefen, über die strassen fuhren und den markt mit ihren geschäften in unord-

nung brachten. immer am boden, so kam er zum haus seines feindes. von den fenstern hingen schwarze fahnen, ein wagen mit acht pferden stand vor dem tor, und iwein sprang aus dem letzten stock mitten in den sarg. die nachbarn warfen ihm blumen und kränze an den kopf und nagelten den sarg zu. seine frau hob den witwenschleier an die augen und war schlechter dinge. dann kam der vater, die mutter, ihre mutter und kein schwiegervater, weil dieser schon lange tot war, und der kohlenhändler nahm mit dem letzten platz in einem schrecklich langen trauerzug vorlieb. als die musikanten seinen lieblingswalzer spielten, da wusste er, dass alles wieder gut war und ging fröhlich an seine arbeit.

josef & klara
oder
erstens, kommt es zweitens, wie man denkt.
er verstand es. er liess sich hintüber fallen und verschwand. klara blickte bekümmert auf ihren gatten und räumte die reste der mahlzeit vom mittagstisch. drei tauben sassen am fenster und klopften mit ihren schnäbeln gegen die scheiben. auch sie wollten ihren anteil am täglichen brot. aber heute schenkte ihnen klara gegen ihre gewohnheit keine beachtung. mit tränen in den augen lief klara in die küche und verschämt fuhr eine hand nach der anderen über ihre treuen bernsteingelben augen, bevor sie diese ihre hände in das spülwasser tauchte, um die beschmutzten tassen und teller zu reinigen, wie auch die löffeln, gabeln und messer. klara war eine vorzügliche hausfrau. die rissige haut ihrer hände gab davon zeugnis. mit 22 jahren hatte sie das elternhaus verlassen, um an der seite ihres zukünftigen gatten das standesamt aufzusuchen. er hatte für diesen tag urlaub erhalten. somit blieben ihm noch 20 arbeitsfreie tage für das laufende jahr, welche die beiden im juni in einem kleinen ort am östlichen strand der italienischen küste verbrachten. die hochzeit hatte im april stattgefunden. er kaufte seine anzüge im kaufhaus um die ecke, wo sie auch ihren bedarf an waschmaterial deckten. dort erhielt klara zum jahresende jeweils einen gutschein auf 3% aller im vergangenen jahr durchgeführten käufe. dann kaufte klara die neujahrsente und gab ihm zwei scheiben davon auf einem belegten brot am nächsten tag zur arbeit mit. 4 tage nach gründung ihres gemeinsamen haushaltes abonnierten sie die allgemeine tageszeitung inklusive zustellung ins haus. an jedem ersten im monat bezahlte klara die fällige rate für die schlafzimmereinrichtung. jeden donnerstag und dienstag verbrachten sie gemeinsam im kino, das sich im haus von klaras eltern befand. vorher assen sie mit klaras mutter und vater zu abend. an jedem 3. dieser abende kam auch klaras älterer

bruder mit seiner frau, welche die schwester von klaras gatten war. diese, klaras schwägerin, hatte eine anstellung als verkäuferin in dem warenhaus, wo josef, klaras gatte, seine anzüge kaufte. klara war mit josef aufgewachsen. sie waren nachbarskinder, und schon bei ihren eltern war es eine ausgemachte sache gewesen, dass die kinder einmal mitsammen den bund fürs leben schliessen würden. und so war es auch gekommen. als josef die dritte gehaltsstufe nach ablauf der hiefür erforderlichen frist erreichte, hielt er um klaras hand an, und da klara zu dieser zeit die haushaltungsschule mit erfolg beendet hatte, erklärte klaras vater, der auch josefs vorgesetzter im betrieb war, sich mit freuden einverstanden und das aufgebot wurde bestellt. nach ablauf der gesetzlichen frist nahm josef klara zur frau.
noch immer spülte klara das geschirr und heisse tränen liefen über ihre flachen wangen. nach einer halben stunde, es war sonntag und josef hatte wie gewohnt seinen mittagsschlaf gehalten, erhob sich josef, faltete die decke am fussende des sofas, ging in die küche und sagte streng:
«warum weinst du, klara?»
«ich habe zwiebeln geschnitten», entgegnete klara demütig.
«am fensterbrett sitzen 3 tauben!» setzte josef fort.
«tauben?» staunte klara.

karl und das löschpapier.
flach am boden gepresst lag das löschpapier ernst unter dem schreibtisch. auf einem stuhl vor dem tisch sass karl und schrieb einen vielseitenlangen brief. karl nannte das löschpapier ernst, weil er es seit jahren benutzte. als karl den brief geschrieben hatte, zog er das löschpapier ernst unter dem tischbein hervor, um die tinte damit aufzutrocknen. dann schob er das löschpapier ernst wieder unter das tischbein.

vom ludwige.
«von den ersten jahren meiner kindheit hatte ich schon eine grosse lust zu singen», sprach ludwig und dann sang er, dass die familie, welche die kunst des knaben gar artig zu bestaunen kam, von dem bette fiel, auf welchem sie sass. dazu musste sie von dem vater des ludwigen arg zierlich auf dem mandolon begleitet worden sein. damals war ludwig im vierten jahre seines lebens.
«ludwigen, ludwigen wo bleibst du?» sagte die familie aus den fenstern als sie aus ihrer ohnmacht aufgestanden. aber ludwigen hatte seine kleider mit einem fahrenden tenore vertauscht, der nun an seiner statt neben dem vater recht unnütz herumstand und mit eitlem mienenspiel

einen argen ludwig gemimt. aber dem edlen vater war diese täuschung vergeblich, so nahm er den vazierenden stimmkünstler als einen schwiegersohn, dass er in der familie bliebe und die schande nicht offenbar geworden. ludwigen aber musizierte auf seinen stimmbändern in einer gegenüberliegenden schnapsschenke. mit solchen geräuschen angelockt, kam alsbald ein mutwilliger mensch vorbei und schlug dem ludwige mit einem eichenholz auf den schädel, dass er flugs in die hosen schiss. damals war ludwig im dritten jahre seines lebens. als ludwige wieder zu den sinnen kam, stand er im zweiten jahre seines lebens.

da trat er zornig auf den schuhen und blickte mutig um sich. aber der mutwillige mensch war nicht mehr zu sehen. da erschrak ludwig gewaltig und war ein jahr alt.

der abenteurer manuel.

alle sahen sich um und erblickten einen menschen in schwarzer kleidung, rot eingefasst und mit flammen besetzt, einen zypressenkranz auf dem brennenden kopfe, der mit einem grossen stock in der hand auf sie zukam. da erkannten alle sogleich, dass es manuel war, und fingen an, sich nichts gutes zu versehen. er hatte nun zwar keinen vulkan gefunden (wie es seiner absicht entsprochen hätte), aber einen kleineren berg in den anden, einen von den weniger bekannten, der durch seine konstruktion aus unordentlich durcheinander geworfenen erd- und felsenschichten, durch die wasser von sieben seen und das ausserordentliche schmelzen des schnees zum einsturz gebracht worden war.

dieser also gefürchtete mensch wandte sich nun nach ihnen und zeigte eine schöne gestalt. es war manuel.
«wie ist es gegangen?» wurde er gefragt.
«schlecht», war die antwort.

nun war die art und weise seiner bekleidung für manuel wie immer ein gegenstand grösster wichtigkeit. es scheint aber, als ob er viel zu wenig über diesen wichtigen gegenstand nachgedacht habe, und er hätte trotz seiner wertschätzung des themas sowohl, als auch der materie, keine rechenschaft ablegen können, warum er so und nicht anders gekleidet war.

manuel ist so alt wie der mensch. anfangs roh und ungezwungen, dachte er allmählich daran, im dem grade sich sein verstand entwickelte, seine körperliche überlegenheit glänzen zu lassen, dann aber das übermass seines geistes zu zeigen, um endlich seinen erfolg dem zufall anheimzustellen. er war gross von wuchs.

zu allen zeiten und in allen ländern übte manuel einfluss aus.

«ich weiss, dass manuel unter euch ist», sagte im jahre 1564 nach der christlichen zeitrechnung der kanzler vor dem parlament zu bordeaux.

auch maria von medici liebte manuel. da sagte dieser, und alle konnten es hören: «man muss da schlagen, wo es am meisten zu schlagen gibt», und schlug sie.
die zuschauer murmelten damals beifall untereinander.

eine stiege von messing, die zugleich als blitzableiter diente, führte vom tor in den turm. im schlosse waren nur einige zimmer bewohnbar. überall wuchs gras.

so verstrichen zwei stunden.

die unteren stockwerke enthielten die seltensten und teuersten spezereien, als auch die unbedeutendsten. die treppen waren aus stein.

dann trat ein knabe in den saal, der auf einer silbernen tasse einen goldenen becher trug, dessen henkel mit kostbaren steinen überreich besetzt schien.

die nahrung manuels bestand, ich vergass es zu sagen, in robbenfleisch und anderen seetieren. er verzehrte dies alles meist roh, selten ein wenig geröstet und mitunter auch halb verwest, mit aufgewecktem geist, immer lustig, ein freund des tanzes und der reichlichen mahlzeiten.

er spiesste den knaben durch die brust, schlug ihn gegen die wand, warf ihn in die luft und fing ihn mit der gabel wieder auf. dann stiess er ihm das messer von einem ohr zum anderen durch den kopf und zog eine schnur durch die öffnung. auf dies trat er die leiche flach, schnitt ein tellergrosses loch hinein und streifte die sich dermassen über den kopf, dass haupt und arme nach vorn, aber die beine des opfers nach hinten gekehrt schienen. so kehrte manuel mit seinem neuen mantel an die reichgedeckte tafel wieder und sprach:

«wie! die stadt wird heute illuminiert?», stand auf und ging quer durch die wüste.

nkole.
das auge sieht nichts als ein kahles vorgebirge, welches aus einem öden meere aufsteigt, einige leere oder mit ihrem eigenen schutt erfüllte zisternen, verfallene wasserleitungen, von der flut eingerissene und von den wogen wieder bedeckte dämme, dahinter eine barbarische stadt, ngambe, von sieben wällen und gräben gegürtet, ursache des schmachvollen rückzuges des lamido von tibati, der sie 11 jahre lang belagert, ein jahr länger als troja.

nkole selbst sitzt am tor seines gartens, auf einer seidenbespannten kiste, darüber erhebt sich ein thronhimmel aus vielfarbigen lappen. um ihn sitzen die grossen seines reiches, seine brüder, vettern und neffen mit straussfedern in den lehmverzierten, hochgetürmten zöpfen und ihm zur linken steht ein mensch, der ohne unterlass in die versammlung brüllt: seht den büffel
>den sohn eines büffels
>den ochsen der ochsen
>den elefanten von grosser stärke
>den mächtigen sultan!
>möge allah dir dein leben verlängern
>o herr!
>möge allah dir beistehen und dir sieg verleihen.

dicke köpfe und dicke bäuche sind notwendig, um bei hof zu erscheinen und so trägt nicht nur nkole, sondern auch jeder seiner höflinge acht hemden oder mehr in verschiedener farbe übereinander und ihre köpfe sind mit einem wulst von musselin oder leinernen binden umwickelt.
eine nackte gestalt wird vor nkole gestossen, sie ist an händen und füssen gefesselt.
«das ist ein mann von der ostküste», flüstert merere, der an nkoles rechter seite kniet. «sie schenken ihre toten den nachbarn zum aufessen. wenn sie einen fangen, fressen sie ihn, das schenkt die kraft der muskeln und die schärfe des verstandes. ihre hunde können nicht bellen und sie selbst laufen nackt umher.»
nkole liess den gefangenen vor sich führen, spuckte ihm ins gesicht und befahl, ihm die augen auszustechen, hände und füsse abzuhacken. als nkoles leute die wünsche ihres herrn erfüllt hatten, steinigten sie den rumpf des gefangenen.
die steine zerschlugen die mächtigen schwingen, die kraftlos und blutverschmiert von den schwarzen schultern des verstümmelten leichnams hingen.
aus den rissen des schwarzen gefieders stieg der schwarze flaum und gebrochene schwarze federn. sie stiegen auf, wie ein heuschreckenschwarm, und verdunkelten die sonne. die bäume verdorrten, die flüsse trockneten aus.

omar.
an den wänden klebt blut. blut klebt an der lampe. das bett ist blutbespritzt. er zieht einen blutigen stuhl heran. dabei beschmiert er seine finger mit blut. er steht bis an die waden im blut. blut läuft über die regale. er nimmt ein buch und legt es auf den blutbefleckten tisch. er reisst die blutverkrusteten seiten auseinander und öffnet das buch. da schiesst ihm ein dicker blutstrahl ins gesicht.

philander.
ich habe niemals gehungert ich kenne keinen durst ich kenne keine
blumen keinen frühling und der süssliche geruch des wacholders blieb
mir unbekannt ich habe dieses zimmer niemals verlassen selbst dieser
vorhang wurde nie zur seite gezogen
ich schlafe wenn die diener für meinen immerwährenden luxus sorgen
und ich kann mich nicht entsinnen dieses zimmer je betreten zu haben.
aber ich habe alle schmerzen dieser welt gekostet ich habe mich an ihrer
erfindung berauscht ich habe meine tränen gezwungen mir zu willen
zu sein
ich habe mir entsetzliche wunden erdacht und als erdachte ertragen mit
der miene eines helden der sich den schmerz eines bienenstiches eines gebrochenen herzens den effekt einer entzündeten mandel aus atlanten rei-
sebeschreibungen recensionen und lexica mit unendlicher mühe geformt
hat.

quirinus.
er entledigt sich seiner haut. sorgfältig faltet er sie und hängt sie über
einen stuhl. dann verlässt er das zimmer.

roderich im walde.
der mann spannte die muskeln. er ging zu einem schrank und öffnete
die türe. dann zog er eine lade auf und entnahm ihr den rucksack. er
untersuchte seine kleidung.
der trachtenanzug war beschmutzt, das weisse hemd durch den statt-
lichen bart verborgen. seine hände waren fein und schmal, wie die eines
heilkünstlers. er nahm die dunkle brille ab.
als er wieder zu sich kam, spürte er, dass sein hemd nass vom schweiss
war, der langsam aus den achselhöhlen tropfte.
neben ihm ragte die flinte zur decke. er lachte bitter und warf sie auf
den tisch. dann stellte er sich daneben und entzündete die pfeife.
er warf seinen linken arm zurück, so dass er sich am rücken kratzen
konnte. das tat er auch.
mit einem schmerzensschrei stürzte sich roderich quer durch das zimmer
und stiess mit dem schädel, der nur notdürftig durch einen trachtenhut
geschützt war, gegen die wand.
er war jäger. er lachte, liess sich auf die knie nieder und hob den rucksack. er riegelte das fenster auf und schwang sich hinaus. er wird in
den wald gehen. dann sah er um sich.
der wald lag vor ihm. er nahm den weg bergan, bis er den wald erreichte, und klingelte. der dorfschullehrer öffnete.
«guten tag», sagte roderich und lüftete seinen hut.

«vielen dank», entgegnete der dorfschullehrer und schlug die türe wieder zu.
das war ärgerlich. dann stieg roderich den berg hinunter.
er rief nach dem waldhüter, der alsobald zwischen den zweigen sichtbar wurde, und liess sich in das nahegelegene terrassencafé tragen. dort bestellte er ein abendessen. während er ass, kamen wenig nützliche gegenstände zum vorschein. trotzdem verzehrte roderich alles. er sprach zwar, aber das erlernen der schrift hatte seine fähigkeiten überschritten. so gab er dem kellner nur einen freundlichen abschied und begab sich wieder in den wald.
nach kurzer zeit kam roderich zurück und bestellte das abendessen. während er ass, kamen wenig nützliche gegenstände zum vorschein. trotzdem verzehrte roderich alles. dann begab er sich wieder in den wald. er hatte recht vermutet, es war ein wald. er ging an den bäumen vorbei in den wald. da er die zeit nützen wollte, setzte er die brille auf. nach wenigen minuten erschien ein rehbock, er war alt und bewegte sich. roderich, der ihn durch seine dunkle brille beobachten konnte, sah, dass ihn der rehbock beobachtete. roderich lächelte. da ging der rehbock wieder fort.
roderich warf sich zu boden und kroch ganz dicht an das tier heran, presste sein ohr an dessen linke flanke: das herz schlug.
prüfend fuhr er dem bock über die läufe. dann lehnte sich roderich gegen das wild. die tägliche arbeit hatte die kräfte des jägers verzehrt. er griff zur waffe und schoss.
nachher betrachtete er den rehbock aus nächster nähe. die stirne des jägers war nass vom schweiss. er hatte getötet. nur fort, dachte der jäger. er lauschte. er schwang sich aus dem fenster und ging rasch davon. roderich überlegte, dass er spuren hinterlassen hatte. der schweiss stand auf seiner stirne und er beschleunigte seine schritte. er hatte einen entsetzlichen verdacht: er war im wald.
als er klingelte, öffnete ihm der dorfschullehrer.

siegfried
oder
per aspera ad astrachan.
in seiner eigenart, eigenarten zu wenden, und mit guten vorsätzen wie neu aussehen zu lassen, hatte sich siegfried eine grosse nase und ein erstaunliches vermögen erwirtschaftet. «sehr richtig!» pflegte siegfried zu äussern, wenn man ihn um seine meinung fragte, und dies war zweifellos eine erkenntnis, die ihm ansehen unter seinen mitbürgern verschaffte. oft liess er sich einfach fallen, weil er seinen beinen nicht mehr als einen gelegentlichen fusstritt zumuten wollte. dann wurde

siegfried 96 jahre. er starb geachtet und wurde am wiener südwestfriedhof begraben. seine letzte ruhestätte trägt die nummer 3114 und ist durch das linke tor einfach zu erreichen, indem man, am ehrengrab des komponisten schubert vorbei, den weg zum grossen holzkreuz einschlägt. kurz vor dem kreuz wird zur linken ein von kupfernen adlern belagerter obelisk sichtbar, der einen engel in die hand beisst. (hier meint es für den wanderer obacht zu halten, da die szene arg mit lorbeer verwachsen gilt!) auf dies schlägt er einen winkel von 90 graden zur rechten und erreicht eine brunnenverzierte heidelandschaft. er nehme ein glas zur hand und trinke von diesem ausgezeichneten wasser. denn der weg ist noch weit. nach einer reise von 124 tagen, bei mässigem schritte, ist die wolga erreicht. der reisende erwirbt ein fettschwanzschaf, nimmt die kleider vom leib und ein bad im kaspischen meer. alle kalmücken verstehen das. nach dieser erfrischung, welche kurz zu halten ist, esse man einen rosenapfel, der in dieser gegend vorzüglich gedeiht. alsbald erreicht man einen hafen und 175.000 jubelnde einwohner erwarten, geschmückt mit fahnen, den ermatteten. wanderer sind hier selten. das ist astrachan, die hauptstadt von astrachan, zentrum des pelzhandels.

thorstein.
in einem armseligen dorfe am fusse des balda jökul erblickte thorstein nicht das licht dieser welt, das viele jahre später broglie zum gegenstand seiner untersuchungen machte und das sich damals als einfaches nordlicht zeigte, denn thorstein kam nicht zur welt, sondern nach island, und da nur an eine einzige stelle und zwar auf das laken, das vor seiner mutter schoss gebreitet war, und er war blind und schrie.

in dieser zeit sank sein vater getroffen vom schwert des hroar an könig frodis seite auf den estrich. man berichtet, er hätte, als seine augen sich mit dem tödlichen email überzogen, gleichsam lauschend den kopf zur seite gebogen, während ihm das blut aus dem geöffneten nacken sprang.

thorstein wuchs ohne gefährten auf dem hofe des bruders seiner mutter auf. ausser zum essen wurde er nicht gesehen. nach anfänglichen versuchen gab man es auf, sich um ihn zu kümmern. er sprach kaum und wenn, war es unverständliches gemurmel. meist sass er in den ställen, neben dem schweinekoben hockend, und starrte die wand an. allmählich verzichtete thorstein auf das gericht in der stube und frass mit den schweinen. die knechte lachten über ihn, bis er einem den trog voll mit saurem rahm an den schädel warf. thorstein war stark geworden.
es war der fünfzehnte winter seit thorstein mit seinem vater das leben getauscht hatte, als er begann, hölzer vor dem hause zu verbrennen

und die mauersteine mit russigen zeichen zu beschmieren. man liess ihn gewähren.

nun fand man thorstein vor dem hause hockend, den plumpen schädel in die fäuste gestützt und die blöden augen fast geschlossen. er betrachtete die wand, ohne je den blick abzuwenden, manchmal den schädel neigend, dann wieder beugte er sich vor, wie um besser zu sehen, um bald darauf in seine übliche haltung zu versinken.
er schien zu überlegen. so sass er vom morgengrauen bis sich island von der sonne weggedreht, um denen im westen platz zu machen, und starrte in die wand, um manchmal aufzustehen, und einen strich, einen schnörkel über den kalk zu ziehen.

thorstein war ungefähr dreiunddreissig jahre alt geworden, als er aufstand und durch die weisse wand ging, ohne schaden zu nehmen.

uriel und von der gerechtigkeit.

> sir edwin dildo:
> «macht mir das kunstgewerb'
> nit schlechter als es ist!»

dem schauspieler uriel, damals am landestheater zu g.. installiert, war es nach wochen des wartens und bangens, kurz, absolvierung der qualen der hoffnung, so sie einen ohne weiteres im mai oder april in die fänge kriegen mögen, gelungen, einem rosenfarbenen kadetten, der zu o.., einem garnisonsnest, zwei wegstunden von g.., in der militärakademie etabliert, ein stelldichein abzuschmeicheln.
uriel hatte puder auf die wangen gelegt, seinen flämischen rock mit den brüsseler spitzen aus dem armseligen kasten genommen, vom staub gesäubert, so gut es ging, und versucht, vor dem spiegel die spuren durchwachter nächte, durchzogen von farbigen bändern und den sanften augen des erwarteten jünglings, geschickt zu verbergen. man war allgemein der ansicht, dass uriel ein griechisches profil zur schau trage, und er seufzte tief, weil er es besser wusste und von seinen heimlichen klagen, schmerzen, ja gebeten.
nun sass uriel mit dieser menschlichen pracht, es war nicht leicht gewesen, sie vom wege der pflicht in die sommerliche konditorei des städtchens zu entführen, zwischen sonnenstrahlbeleuchteten palmen in mächtigen körben und anderem exotischen gewächs im vorgarten dieser, und sie tauschten ihre gedanken mit flüsternden stimmen, die sich wie zahme schlangen durch die flimmernde luft schwangen vom mund des einen zum ohr des anderen. in kindlicher natur kaute der jüngling, mit einem mässigen, aber regen verstand ausgestattet, die köstlichen

torten, die vorzüglichsten cremen und spuckte kokett und mit einem
anflug dilettantischer blasiertheit aprikosenkerne, die seine glitzernden
zähne soeben aus den früchten gelöst, über die feuchten lippen auf
mürrische passanten.
als die feldgendarmen ihre übliche runde durch die strasse zogen, er-
blasste der jüngling und glitt auf seinem weissen rohrsessel in den
kühlen schatten eines leuchtend blühenden oleanderbaums. entzückt von
dieser geste, gelang es uriel alsobald, diese harmlosen reiter mit dem
urlaub des knaben und dies mit der damals in staatlichen erziehungs-
anstalten noch geübten prügelstrafe in einen logischen zusammenhang
zu bringen. uriel liess vor dem verängstigten knaben nun mit berufs-
mässiger perfektion szenen der verschiedensten züchtigungen mit ihren
finsteren kulissen und dem düsteren hintergrund aus der bühne seiner
verderbten phantasie aufsteigen.
so musste es kommen, dass leopold, so hiess der knabe, dem ansinnen
uriels, ihn zu verbergen, mit tränen der freude in den verstörten augen
in aller unschuld zustimmte.
uriel drängte zur eile und leopold erhob sich frei von willen und in
der verklärung der fügsamkeit, die dem ende vorausteht, aus dem
schutz des baumes in die bewegung zum ziel. zum letzten mal flackerte
das bewusstsein des knaben in die reste der torten und ein begehrlicher
blick streifte den tisch, ehe er verlöschend in den körper sank, der nun
dem verführer folgte.
es war uriel, der um jeden argwohn in seines opfers schädel zu vernichten, zuerst in die kammer trat. seine arme hoben sich um den hals
des schützlings, während sich die daumen in die kehle pressten. ohne
einen laut versank der leichnam in den abtritt.

vathek.
«rotterdam ist eine blutig schöne stadt» vathek glaubt es capitän der
PABLO NERUDA liegt im grössten hafen der niederlande vor anker
an den silbernen laternenschäften erkennt er die ST. GEORGS-BRÜCKE. er
atmet die canäle im mittag und verspiegelt ein paar katzen hinter
plüsch und brüssler spitzen röstet man den sonntag
«rotterdam hat einen blutig schönen hafen, blutig wie diese sonne, die
meine purpurschärpe bleicht. sie verwandelt die federn auf meinem
neuen hut in verächtliche suppenhühner und füllt meine stiefel mit
wasser, alles wegen der weiber, o sole mio verdammter leierkasten»
«ADMIRAL! ADMIRAL!»
rotterdam ist ein cupferner dreimaster der heute und morgen in see
sticht
«ADMIRAL admiraladmiral»

«heda galgenstrick, scher dich zum satan und ersäuf deine läuse»
«admiral»
«ich bin kein admiral»
die rosen in rotterdam färben die rosenwolken über rotterdam rosenfarbig
«ihr seid ein admiral und ihr habt admiralsepauletten»
«das sind blutige capitänsfänge, du schlingel»
«admiral, seht die volièren, kauft einen papagei»
der capitän kauft keinen papagei
«einen klugen papagei aus westindien
einen bunten papagei, er flucht spanisch»
der knabe zählt nicht mehr als dreizehn jahre und sein blondes haar reicht bis an die schultern. er ist von edler gestalt
«admiral, die uhr schlägt mittag; kauft den papagei»
der capitän entfaltet seine flügel und gleitet lautlos in den horizont von rotterdam

die undankbare walpurga.
                verblüffend bellen
                schützt vor abgeschmeckten weisheiten

am nördlichsten rand des waldes hinkte ein einäugiger marktschreier über den grenzstein. er war von gefälliger natur und sagte einen recht schönen morgen an das dienstmädchen der nahen waldschenke, wo er nach zigeunerart ein glas bier trinken wollte. aber undank ist der schlechten menschen lohn, denn walpurga duckte sich in das hohe gras und warf ihm eine falsche nase vor die füsse.
«du lästerfinger, es ist tadelnswert im freien zu biwakieren, wenn die betten leer stehen und die verlassenen jungfern nicht mehr wissen, wie sie das haar aufstecken sollen. grösster und wunderlicher aufschneider, jeder windstoss kann dir den geldbeutel in den sand treiben. aber das beste kommt noch!» und sie stiess ihre arme und beine durcheinander, dass man nicht wusste, wo rechts und links blieb. dies grämte den biederen waldläufer, so er seine prächtige leber vergass, und er schoss ihr seine munteren vögel unter die scheckichte halskrause, dass es die äste der tannen und rüstern auseinanderbog, als ob die wilde jagd hindurchführe:
«zum henker, willst du knospen treiben. ich bin die brummglocke des marktfleckens und bausche einen strauss von künstlichen blumen hinter meinem rücken.»
sei es nun, dass walpurga seinen guten willen ins falsche ohr gelegt,

oder hatte sie den vorzug ihrer besten jahre im honigtopf verschlafen, sie gab ihm schlechte groschen für seine runden taler und schrie: «possenreisser und handleuchter, stosse den wind auf allerlei weise, mache deine unbedeutenden geschäfte, aber halte dich im zaume, du brasilianischer raufbold.»
da nahm er reissaus und schüttelte seine armschienen in die hemdärmel. mit einem hirtengedicht und einem sack voll zerbrochenem butterkuchen schlug er sich zu den räubern.

xanthippe.

meine mutter xanthippe spricht in einem augenblick soviel wie ich vom morgengrauen bis zur dämmerung und mehr als alle leute, die ich kenne, und mehr als unsere dunkelhäutige magd, die den weg zum brunnen mit geschwätz verlängert, und tausendmal soviel wie mein vater. und ihre stimme ist lauter als die flöten der musikanten. mit ihrer kreischenden misstönenden stimme spricht sie so schnell, dass ihre opfer reglos verharren wie im ewigen schlafe. wenn sie spricht, löscht der atem die flamme vom docht der lampen und das mädchen, das die tunika meines vaters flickte, hat mir erzählt, dass selbst der taube töpfer polykrates beim anblick ihrer in aufruhr geratenen sprechwerkzeuge lahm zu boden sank, bis unsere sanftmütige magd, die ohren mit wachs verklebt, mit einem griff ihrer hand ihm die augen schloss und er sich zitternd aus dem hause tastete. alle meiden uns, selbst die gläubiger. wer bei uns ein und aus geht ist von robuster, blöder natur, den bauern gleich und ohne verstand, oder es sind wahnsinnige, wie mir viele scheinen. seit man meinen vater verurteilte, sind es noch weniger geworden und sie ist froh, mich, ihren sohn, zu besitzen, einzige zielscheibe ihres geschwätzes. wenn es mir gelingt, mich aus dem haus zu schleichen, wird sie mit sich selber sprechen und ihre stimme wird sie töten.

yasmin.

ihr wart noch niemals im circus? ihr verleugnet unsere clowns, unsere affen, unsere pferde, unsere zauberkünstler? mein herr, ihr seid toll, ihr habt die anmut eines fürsten und die elegance eines millionärs! warum wollt ihr diese sensation versäumen, die eurer erscheinung nur den rechten platz findet? diese vorstellung würde euch wie das neue plaid zu eurem renntwagen kleiden.
der fotograf steht bereit. er wird von der direktion zur verfügung gestellt. wir werden unsere schönste loge zum halben preis verschenken.

roter plüsch und goldene schnüre! unser capellmeister wird EUCH mit einem tusch empfangen und der champagner wird immer kalt sein.
wollt IHR denn EUER leben wie ein glas von schlechtem wein bis zur neige verschütten, ohne die lippen einer kunstreiterin auf die probe gestellt zu haben? kann man es versäumen, den flitter auf den schuhen meiner seiltänzer zu liebkosen? denkt an die muskeln meiner akrobaten oder die sanften augen von zahmen geparden!
meine truppe hat schon manches mädchen zu seinem vorteil gebildet. ihre schenkel sind mein verdienst, ihre brüste mein triumph!
kommt hinter diesen vorhang. kommt nur deshalb, um den athleten zu bewundern, der einen versilberten eisenbahnwagen an die stirn hebt, auf dem eine löwin polonaise tanzt. er ist der grösste und schönste in dieser saison. ich selbst habe das tricot entworfen, denn ich weiss, wie man unseren damen solche kraft mit grösstem vorteil in den schlaf mitgibt.
verzeiht, ich langweile EUCH! aber seht! dort! das mädchen mit dem rosafarbenen federbusch im haar! die schönste, die anbetungswürdige, die unerreichbare, die göttliche yasmin! sie hat soeben ihren schwarzen diener mit einem billet versehen. seid ihr nicht böse, er kann nicht herausgeben, er ist ein feind aller münzen und die taschen seiner seidenen beinkleider würden einem sieb zur ehre gereichen. ich möchte EUCH deshalb bitten, gebt nur grosse scheine, die kann er besser in seinen turban stecken.

zephyr.
ich öffnete die tür und meine frau zeigte nach dem mond, der mit kostbaren steinen verziert war.
meine frau stellte noch mehrere fragen, und später, als ich eine lange allee hinunterschritt, bemerkte ich eine hoch aus dem strassenpflaster ragende wurzel und einen grossen baum, aus dessen krone sich zwei lachende köpfe beugten.
behutsam kletterte ich auf den baum und betrachtete mein brennendes haus, das in der dunkelheit leuchtete.

(1953—59)

fleur de lis

fleur de lis herrscht in seinem schloss auf einem kleinen hügel im wald hinter den brombeerhecken. wenn er schlechter laune ist, jagt er seinen ceremonienmeister durch die zimmer in den turm über den garten vor die mauern. er hat nur diesen ceremonienmeister und nur diesen mundschenk und nur diesen herold, und um die wahrheit zu sagen, dies ist der letzte und einzige diener von fleur de lis. das soll nicht heissen, dass fleur de lis ein armer taugenichts ist. stil, edelmut und ehre zieren ihn vor allen anderen. und da er das kartenspiel trefflich beherrscht, wurde er bald der reichste und mächtigste edelmann von burgund.

die ritter verloren ehre und gut, und er gab ihnen die ehre wieder. jetzt singen sie seinen edelmut an allen höfen von frankreich.

doch dies bedeutet ihm wenig.

manchmal kommt er bis an den teich in gedanken versunken und köpft eine blume. er trägt einen goldenen reifen im haar auf dem die lilien blühen. und zwölfmal im jahr zum vollen mond reitet er zum turnier, wenn der herold des herzogs durchs land zieht.

(1954)

der capitän

auf dieser rahe kam der capitän und sein hut verbarg sich in den federn, so verlief die procession. aber der capitän sass neben dem mast auf seinem pechschwarzen schnurrbart und war mit tauen gebunden.
da vergass er die möven.
und es wurde dunkel und eine geschnürte cocarde rollte über seine stiefel aus glänzendem elfenbein. da erhob sich der capitän und sagte zu seinem matrosen:
«einen grausamen scherz hast du mir also gefangen. wohl einen edelstein, und doch keine katze. vielfältig ist die maritime vegetation und immer noch ohne sinn. ein ephebe kann ihr zum verhängnis werden. ich will die piraten die elegance der cypressen lehren; wo ist das holz, der bug aus der brandung von seide und brocat?
doch bin ich ihnen dankbar und mein respect redet nicht zu ihren canonen. noch bin ich ein degen zwischen gehänge und sporn den damen, die meine tonpfeife lieben.»
als der capitän dies zu seinem matrosen gesagt hatte, lud er die sonne auf seinen rücken und schlug die stiefel in die taue.
die sterne zeigten mitternacht und der herzog vom turm schlich zur commandobrücke:
«geh weg von deinen canonen, capitän, es fürchten dich zu viele. dich hassen die krebse und die medusen und sie wissen um den leuchter in deiner vitrine, es fürchten dich die austern und der hummer, denn sie kennen dein geheimnis.»
da griff der capitän nach seinen pistolen und durchlöcherte die scheren des herzogs wohl ein dutzendmal. er hatte seinen mantel abgeworfen, seine erinnerung war ein leichentuch und die fetzen seiner stirn glichen dem weissen haar der brandung.
er warf den herzog durch die luke am vorderdeck, entnahm ihm ein scharfgeschliffenes crystallglas mit süssen weinen und schalen candierter früchte, stellte alles in eine mit satin ausgeschlagene kerbe und schwang sich dicht neben der reeling auf das lager.
die phantastik seiner kleidung erweckte die ehrfurcht der delphine, die die brise um die netze schlugen. die jacke war ein gitter von geranien, welche bis zu sieben perlen zählten. so konnte der sand seine kuppeln in die gesponnenen hörner schneiden. das flechtwerk war aussen mit der takelage verbunden und sah zufolge seines hohen alters bauchig aus oder hing vorne über. die stacheln waren geronnen, ohne canäle, die finger in der mitte und mit je zwei enterhaken versehen. ein ornament geschickt verknoteter adern schmückte die schultern, als zeichen seines standes. selbst die zehen hatte er mit corallen besticken lassen, obwohl man ihm die lenden vor dreizehn monden mit dem schnabel geöffnet hatte.

doch nicht genug: zu allem überfluss entsprach sein talar der coquetterie reiner anmut auf taille gehalten.
dieser körper hatte die metamorphose zum standbild beinahe vollzogen: bronce, marmor und crystall neben verwesendem fleisch.
wenn das gold ausbleibt, war alles umsonst, dachte der capitän.
er strich mit dem kamm von ebenholz durch sein flammendes haar und er betrachtete diesen verstaubten vorhang, der seine schultern purpurn bedeckte, mit einer wohlgefälligen trauer im silbernen heckspiegel.
dann schlang er die ankerkette wie eine krone um die stirn.
«ich liebe das kartenspiel und die flöten, dazu kommt der lärm der wagen, der ausrufer und hausierer, der strassenmusicanten und lotteriegewinne», rief der capitän, während seine garde mit ihren fahnen und schleifen ein gewagtes muster in die patina ihrer pistolen trieb.
«mein capitän», dachte der capitän.
so kam es, denn selbst schärpe und cordel werden müde.
aber sein degen legte einen steg über unzählige schreie und hob wächserne anker aus dem gestein. der palast begann die stufen in allen ziegeln. muschellang sah man seine leiche zwischen barocken intarsien.
über zweihundert zähne waren gestimmt worden. mit saphirschnallen bewaffnete schnüre drängten zur barke, hemmten die haken und schleuderten das boot gegen eine säule im centrum der geometrie.
«an die ruder oder ich flechte dich aufs steuerrad», brüllte der capitän in das getümmel.
und es regnete tang und die verwirrung war allgemein.
sechs oder sieben montgolfièren belagerten den mastkorb.
«die taue und die ruder, die planken und dieser leibhaftige nebel. jetzt möchte ich muscheln essen, unten bei da'corn, und um behaarte negerinnen würfeln», dachte der capitän und verwünschte den orcan.
ein greif vertrieb die montgolfièren.
gehörnte vögel flogen in ihren carossen am steuer entlang und schlugen mit ihren flügeln gegen die marmorne fliese am vorderdeck, dass die goldbarren in der schatzkammer klirrten.
da warf der capitän seinen matrosen in die räder der maschine, zählte die dublonen in seine geldkatze und fluchte:
«efeu und elfenbein, füllt wind in die segel! wir reisen nach lyon.»
(1955)

das märchen von den bildern

auftritt der könig der aussieht wie hubert aratym und sagt zu schneewittchen die aussieht wie sigrun fröhlich: «schleich dich!» weinend verlässt schneewittchen, sie ist aus oberösterreich, den palast der aussieht wie das cafe hawelka und betritt den park des schlosses der aussieht wie die alte donau die lange kristallblaue schleppe hinter sich herziehend die aussieht wie das gänsehäufel. vögel die aussehen wie paradeiser zwitschern in den ästen die aussehen wie das fernsehen. plötzlich bleibt schneewittchen stehen und hebt ein goldenes ringlein das aussieht wie ein ozeandampfer aus dem schnee der aussieht wie der wiener kurier. da erhebt sich vor ihren augen die aussehen wie der herr theo ein ritter der aussieht wie der englische garten in münchen aus einer spalte die aussieht wie das grosse einmaleins in der erde die aussieht wie ein rezept für apfelstrudel und erhebt sich in die lüfte die aussehen wie mein seliger grossvater. schneewittchen weint noch immer und ihre tränen die aussehen wie perlen fallen zu boden der jetzt aussieht wie ein hund und nimmt ihr schwert das aussieht wie das kaufhaus gerngross aus dem gürtel der aussieht wie ein gürtel und stösst es sich ins herz das aussieht wie drei möbel. blut das aussieht wie mannerschnitten schiesst aus der wunde die aussieht wie eine blutwurst mit den klaffenden rändern die aussehen wie das burgtheater. ihre glieder werden weiss als ob sie schwarz vor dreck wären und ihr antlitz färbt sich grün wie ein kokshaufen. dann stirbt sie endlich als ob sie lebe. die sieben kleinen zwerge die aussehen wie die sieben todsünden sind im kabinett um die ecke das aussieht wie friedrich achleitner und lachen als ob sie ins kino gingen.

(1957)

ferdinandlein

«sie verlieren ihre haltung, ferdinand!»

diese feststellung durch tonhöhe und tonstärke in die nähe eines tadels gesprochen, war zweifellos berechtigt. waren doch die schultern des herrn ferdinand mählich auf den blankgeputzten parkettboden gesunken und die gebeugten knie stachen aus der masse dieses fleischarmen körpers hervor, was einen zweck durchaus vermissen liess. um dieser insubordination quasi die krone aufzusetzen war das rückgrat mit aufsitzendem kopf in seiner ursprünglichen lage verblieben und hielt ferdinand seine augen gute 15 zentimeter über dem haaransatz des direktors.

valerius lamm, leiter der mega-megas gesellschaft seufzte tief und betrachtete die einstellung seines untergebenen mit einer mischung von unwillen und misstrauen, wobei es ungeklärt bleibt, ob er dessen anatomische eigenwilligkeit oder die kühnheit, trotz dieser auf ihn herabzublicken, mehr missbilligte.

«ferdinand», sagte der direktor, worauf ihm ferdinand insgeheim rechtgab, «sie sind doch ein passabler schachspieler, aber wie sollen sie in diesem zustand jemals wieder an einem tisch sitzen und wie wollen sie ihre arme bewegen, die ich nicht mehr sehen kann, und das müssen sie doch, denn ich frage mich, wie sonst sie die figuren auf dem brett bewegen wollen und das sollen sie doch, denn ich frage mich, wie sonst sie ein spiel gewinnen wollen, und das wollen sie doch?»

aus dem fleischknäuel darüber sich der kopf des ferdinand auf einem durch das strecken arg verdünnten halse präsentierte, drang ein unbestimmtes geräusch.

«ferdinand, reissen sie sich doch zusammen», drang valerius lamm in den jungen mann und setzte eine betrübte geduld in seine züge.

das geräusch verstärkte sich und war nun als ein knurren deutlich erkennbar. der kopf des ferdinand fiel widerwillig in den klumpen fleisch hinein und entzog sich derart dem anblick des direktors, weil das, was valerius lamm für die schulterblätter des jungen mannes hielt, sich unverzüglich darüber schloss.

«machen sie keine geschichten!» lamms stimme hatte sich gesenkt und war etwas leiser geworden. aber einem aufmerksamen zeugen wäre ein feines zittern nicht entgangen.
«ich meine es gut mit ihnen!» rief lamm.

der fleischklumpen bewegte sich langsam auf eine ecke des zimmers, wo eine grosse, bemalte vase stand, während eine klebrige spur seinen weg zeichnete.

«ferdinand, lassen sie das sein!» erboste sich valerius lamm, als er die bemühungen ferdinands verstand, sich in die vase zu zwängen. lamm sprang auf und stürzte in die ecke zu jener vase, in welcher der deformierte ferdinand soeben verschwunden war.

zu spät! nur mehr ein schwacher abglanz dessen, was der direktor der mega-megas werke, der allgemein unter dem namen valerius lamm bekannt geworden war, für die schulterblätter des jungen mannes hielt, zeigte sich in der vase, welche von dem ferdinand in ihrem rauminhalt dermassen ausgenützt worden war, dass das, welches eben von direktor lamm für den schwachen abglanz von schulterblättern gehalten worden, den hals dieser vase bis an den rand füllte, man möchte sagen, sogar ein wenig darüberstand, und solcherart gesehen werden konnte.

es klopfte an der tür und die sekretärin des direktors kam herein, schritt auf lamm zu, neigte schelmisch ihren schädel, der mit blonden locken bewachsen war, hielt die aktenmappe fester und kicherte: «sie sind herr ferdinand, nicht wahr?» ihr gesicht war mit fettsalbe ohne sorgfalt beschmiert und glänzte fröhlich. valerius lamm verneinte diese frage unter dem hinweis, valerius lamm zu sein. «schade», meinte das kleine fräulein enttäuscht und verzog die unterlippe über die kinnlade, dass sich ein freier raum im kiefer zeigte, der da war.

valerius lamm lächelte bestürzt, aber verbindlich, und jetzt errötend verliess das mädchen das zimmer, wobei sie zum abschied auch lächelte, dass ihre arme bis an den parkettboden reichten und sie unversehens ihren linken handwurzelknochen an die türschwelle stiess, was ihr einen spitzen schrei entlockte, der valerius in der folge für mehrere minuten daran hinderte, sein rechtes auge zu schliessen, obwohl er, lamm, durchaus es als notwendig empfand, seine augen schliessen zu können, umso mehr, als er es nicht konnte, weil er fühlte, wie das auge, sei es das linke oder das rechte, ohne die schützende flüssigkeit, welche ein augenlid ordentlicherweise nützlich über das ganze verteilt, nach und nach vertrocknete.

«ferdinand!» stiess lamm hervor und zu seinem äussersten vergnügen setzten lidbewegungen wieder ein. diesen ruf quittierte ferdinand mit einem undeutlichen geräusch, welches aber jäh verstummte, als ein unrasierter älterer herr nun im zimmer höflich, aber bestimmt deutlich hustete. dieser mensch musste also eingetreten sein. der öffnete den mund und gähnte, ging im zimmer herum, hob alle aktendeckel, blätterte im papier und zog die ausscheidungen seiner nasenschleimhäute mit hilfe des äusseren luftdrucks und des inneren druckausgleichs, im physikalischen wechselspiel stets um einige zentimeter in seiner nasenröhre empor, wenn die befürchtung stark wurde, dass die sekrete den nasenhohlraum durch zwei löcher verlassen könnten, die sich unter seinen nasen-flügeln befanden und als nasenlöcher allgemein bekannt sind.

dieser mensch also betrachtete lamm eingehend und direkt. dann öffnete er den mund — und gähnte. valerius lamm dankte beklommen. schnaubend verliess der ältere herr das zimmer.

mittlerweile war es herbst geworden und war bitterkalt.

lamm nahm die vase, hob sie auf, drehte sie um und schüttelte. aber ferdinand, der kluge ferdinand, der ganz tief luft geholt hatte, sodass man es genau hören konnte und er ganz dick mit eben dieser luft war, bewegte sich keineswegs aus seinem gehäuse.

als valerius lamm seine hand in den hals der vase steckte um ferdinand, der sich ausatmend weit ins gefäss zurückgezogen, herauszuholen, biss ihn ferdinand in einen der fünf finger, die lamm an dieser hand trug. da stellte lamm die vase wieder auf den spiegelblanken parkettboden, zündete eine zigarette an und setzte sich auf einen sessel.

valerius lamm begann über sein leben nachzudenken und ass einen apfel.

als das telefon klingelte, hob lamm den hörer von der gabel. valerius lamm hob den hörer von der gabel und meldete sich.

«wir halten sie nur zum besten!» versicherte ihn eine mädchenstimme, die er zu kennen glaubte. «lieber valerius, deine stimme klingt mitgenommen! wie schmeckt der apfel?»

«danke gut», sagte lamm unentschlossen. während er sprach, überlegte er, ob seine antwort den gegebenheiten entspreche. er musste sich eingestehen, dass er es nicht wusste, hatte jedoch das bestimmte gefühl, dass er sich unglücklich ausgedrückt habe. da ihm aber nichts besseres einfiel, schwieg er ins telefon bis die verbindung mit dem üblichen getöse auseinanderkrachte. sanft legte lamm den hörer auf die gabel.

ferdinand stak in der vase und musste alles mitanhören. er war unzufrieden. waren ihm doch haare und bart ganz ausserordentlich gewachsen, dass die vase fast zu klein geworden und er beste obacht halten musste, sich nicht auf die nase zu treten oder seine ohren einzuatmen. da dachte ferdinand: ‹was ein rechter igel ist, der weinet nicht!› so getröstet gab er dem keramischen erzeugnis einen fusstritt, dass es in viele scherben zersprang.

valerius lamm betrachtete seinen untergebenen, der nun ganz mit zotteln bewachsen war. die grösse ferdinands war mit drei spannen genugsam angegeben und sein bart und haupthaar, die den spiegelblanken parkettboden noch in einigem umkreis fegten, liessen ihn eher für eine wollkugel halten, denn für einen angestellten des mega-megas konzerns.

«warum haben sie mit ihrer sekretärin gelacht?» schrie das haarbündel erbost, dass es beinahe hingefallen wäre.

«ich habe nicht gelacht», entgegnete valerius bescheiden.

«gar nicht wahr!» brüllte ferdinand, «gar nicht wahr! warum haben sie den kerl mit dem husten nicht hinausgeworfen! weil ich klein bin? das ist kein grund, sich alles zu erlauben!»

«aber ferdinand!» wollte valerius einlenken.

«ich heisse ferdinandLEIN und bin ein igel!» quiekte es aus der ecke.

«fffferdinand!» mahnte valerius.

«ferdinandLEIN!» brüllte ferdinand und sprang in die höhe. sein gesicht war unter den zotteln sehr rot geworden.

«ferdinandlein, sind SIND kein igel» entgegnete lamm höflich.

«ich BIN aber ein igel!» zischte ferdinand und warf sich auf den spiegelblanken parkettboden.

«ein igel spricht nicht, ein igel SPRICHT doch nicht», lamms stimme war voll mit güte.

«ich bin der sprechende IGEL und heisse ferdinandLEIN!» heulte das männchen.

valerius erhob sich und griff den kleinen bei seinem haarschopf. «ferdinandlein, sei artig!»

ferdinand zerrte an seinen haaren, sprang in die höhe, warf sich auf den spiegelblanken parkettboden, hielt sich an einem stuhlbein und versuchte zu entkommen.

das telefon läutete und valerius band ferdinand mit dessen bart an das stuhlbein. ferdinand tobte und schrie, dass der stuhl umfiel, aber sein bart sass fest. valerius hob den hörer von der gabel, hielt ihn ans ohr und vernahm die mädchenstimme: «lassen sie ferdinandlein zufrieden, er ist ein igel.»

valerius versuchte zu widersprechen, aber die stimme schnitt ihm das wort ab und das kabel, oder war es abgerissen, und ferdinand, der den sessel unter argem getöse mit sich geschleift hatte, biss valerius in die wade.

«warum sprechen sie mit dem telefon?» schrie das männchen. ferdinand spuckte verächtlich auf seinen direktor.

«dummes vieh!» valerius verlor die nerven und warf den hörer nach ferdinand. ferdinand riss an seinem bart, legte ein büschel haare, die er dabei ausgerissen, auf die flache hand und hielt sie dem direktor vor das linke knie – «das sind nerven!» krächzte der wollhaufen, mit einem spitzen, lang behaarten fingerähnlichen finger auf die bartreste weisend.

valerius gab ihm einen tritt, dass er durch das zimmer flog.

«bin aber DOCH ein igel!» lachte ferdinand in seiner ecke. lamm sprang auf und packte den kleinen an der gurgel.

«IGEL sein!» weinte ferdinand bitterlich.

da fasste ihn valerius zärtlich in beide hände und schenkte ihn seiner frau zum namenstag. aber zuvor schrieb er an die familie des herrn ferdinand, dass dieser einen längeren urlaub genommen und in italien verweile. dann hob er ferdinand auf den tisch und der setzte drei kreuze unter das ganze um sich den empfehlungen seines direktors anzuschliessen.

(1957)

triumph

der junge mund wie eine rose blüht

der junge mund wie eine rose blüht

für einen gigolo

damals im hamburger hafen schlug er sie rasend
mit dem glockenklöppel in die nachtschwarzen augen
ja und dann kamen die beiden schüsse
gerade in den pelzmantel

wie ein vogel durch die flimmernde luft und der zitronenfarbene anzug. es ist ja viel hübscher als wenn es zehnmal erdbeereis gibt. sie sind ins bad gefahren. ich dürfte eigentlich garnicht da der grosse bruder auf die schiefe bahn geraten ist

aus dem spalt der augen

so ist's recht! sündige nur. lückenlos haben sich die strahlenden sommertage aneinander gereiht. er ist ja noch so köstlich jung. aber herr steiner! als er dann carriere machte und reich wurde. sie kommen doch zum sommernachtsball im kurhotel?
bläuliche schatten lagern sich um die grossen augen. etwas weiches seidenverhülltes (wartet nur darauf hell herauszuschlagen zu können) und dann ahnt man welche glut unter dem sonnigen einfluss selbst der dunkle brennende blick langsam aber unaufhaltsam wie die heftige zuneigung zu ihrem geigenlehrer auf dem strom im tal tutet ein frachter dass es eine einzige dunkelglühende rose ist. ja so köstlich jung. tu das nur mein liebling! auf den gesenkten scheitel der frau. und noch einen. nachdem wir uns neunzehn jahre nicht gesehen haben. *guten morgen* gnädige frau. nun spendet die jugend brausenden beifall: fabelhafte leistung ihres fräulein tochter. der sommer ist gekommen. es lässt sich nicht leugnen. seine grauen augen sind beinahe schwarz. mit einem federstrich mit einem scheck entzückt durch seine scharfen brillengläser dieses gesegneten sommers.
ich dürfte eigentlich garnicht die sterne aus schneeblassem gesicht vom himmel auf seine langen kraftvollen hände holen als dir jener vornehme herr solche avancen machte
gibt es mehr als ein herz?
(zuerst war sie ziemlich scheu)
ich schwärme für die mollige figur!
die reine unverdorbene jugend der jungen gräfin geschmeidig in den hüften wie zwei raubvögel in einer geheimnisvollen bucht.
der junge mund in einer rose blüht.

vier reizende bardamen und der farbige mixer jonas befreien den spitzenshawl aus ihren überraschend blauen augen. — immer eine sehr schöne frau. — wie? ich schwärme für die mollige figur. zuerst war sie ziemlich scheu gewesen. wie gut du bist! er sieht in der uniform eines leutnants wunderbar aus. (so lass mich rasch die besten freunde ein wenig lieben) — ein mann am spieltisch ist der stern seines lebens. obwohl er bis ins innerste vereist war. der schnelle sportwagen über die steile auffahrt der die spuren seiner hinreissenden schönheit von einst trug. — ob das überhaupt wahr ist? was meinst du wohl?

er rief MUSIK mit einer beinahe mütterlichen zärtlichkeit
(1957)

kriminelle ansätze

der wirt zum blutenden herzen kam höflich bis an die schwelle, um seine gäste zu empfangen. er hatte kaum die treppe verlassen, als ein kind von höchstens zehn jahren, das klein, lahm und etwas verwachsen war, eintrat. es gab einen kehligen ton von sich. der wind bewegte pfeifend das rostige blechschild, auf dem man ein rotes, von einem pfeil durchbohrtes herz sah. ein dichter, feuchter nebel stieg auf.
es wurde abend.

lorenzoni erschien selbst und hob eine handvoll feinen sandes auf, die er dem mörder ins gesicht warf.
es war fünf uhr morgens.
es war kalt und schneite.
kaum hatte lorenzoni die stube verlassen, als plötzlich ein mann hereinhuschte. er nahm einen hammer vom tisch, sprang auf das bett und befestigte eine dicke pappe an der wand, worauf er sich wieder entfernte.

während die beiden feurigen pferde auf dem pflaster des hofes scharrten, schlug ein riesenhafter lakai den wappengeschmückten wagenschlag zu.
ein kammerdiener öffnete die beiden flügel der türe und meldete:
«küsse sie, vetter, du hast handschuhe an.»
dabei warf er sich auf einen lehnstuhl, schleuderte mit einer gebärde der verzweiflung den hut weg, legte das linke bein auf das rechte knie, nahm den fuss in die hand und jammerte weiter.
dieser augenblick schien nahe zu sein.

die wirtin hörte ein geräusch an der türe, aber sie begann, sich zu entkleiden. einen dolch, den sie im mieder verborgen hatte, zog sie aus der scheide und legte ihn auf den kamin. die klinge war dreikantig geschliffen und die spitze vergiftet. die wirtin war etwa vierzig jahre alt, gross, stark, gerötet, mit einem anflug von bart. ihre arme und ihre grossen hände verrieten eine ungewöhnliche kraft. oft leuchtete aus ihrem blick eine trübe melancholie wider. ihr kleiner mund, ihre feine, gerade nase und ihr kinn waren von lieblichster form. flechten von blondem haar fielen über die wangen. eine korallenschnur umgab einen hals von blendender weisse. wahrhaftig, ihr viel zu weites kleid liess die taille gerade noch ahnen.
am nächsten tage glänzte eine strahlende herbstsonne am himmel und der sturm hatte sich gelegt.

die plumpen schuhe der wirtin waren mit nägeln beschlagen, kurz, ausser ihren händen unterschied sie zunächst nichts von den gästen des wirtshauses.

nach einer sekunde verschwand die erscheinung wieder.
der dichter lorenzoni blieb wie versteinert stehen.
sein name war, mit pferdezähnen auf einer schwarzen holztafel abgebildet, an der türe zu lesen.
im ersten aufbrausen seines zornes wollte der poet den knaben in seinen armen ersticken; er bezwang sich aber und schob ihn auf seinen stuhl zurück. der knabe, der unwillkürlich zitterte und seine hässlichen züge verzerrte, sprach: «armer vater.»
«es ist nichts», antwortete der dichter, der seine kaltblütigkeit wieder erlangt hatte. «ich habe eine alte wunde am bein, die zuweilen noch sehr schmerzt.»

die wirtin sass auf einem grossen, mit strohgelbem stoff überzogenen sessel und trug ein kleid von schwarzem samt, das die herrliche arbeit ihres breiten kragens und ihrer manschetten von englischer spitze erkennen liess.
trotzdem warf sie nachlässig hin:
«falsch! ich habe keinen viehhändler ermordet.»
die schmale, dünne sichel des mondes begann wild zu glänzen. die stille war vollkommen.

«vater, das wasser im krug ist gefroren», rief der knabe.
«so zerbrich das eis.»
«es ist zu dick. vater, zerbrich doch das eis im kruge.»

die wirtin hatte lorenzoni ohne zweifel einen schlaftrunk gemischt (vielleicht opium?). er war einige stunden lang völlig betäubt, und als er erwachte, lief an dem einen ende des raumes eine lange, mit kalk beworfene mauer hin. wenn er lächelte, sah man die spitzen seiner zähne, die fast alle schwarz waren.
«verzeihung, ich folge ihnen.»
es geschah, was geschehen musste.

die gräfin war marmorbleich und in einen weiten überwurf von weissem musselin gekleidet. eine plötzliche, zuckende bewegung warf sie vom sofa herunter, während der bruder der gräfin ungeduldig im observatorium auf und ab ging.
dies nahm der dichter zum anlass um eine behauptung aufzustellen:
«ich habe meine geheimnisse!»
«mein gott, wo nehmen sie nur die einfälle her?» konnte sich die wirtin nicht enthalten zu fragen.
«aus dem walde, wo die erdbeeren wachsen», war die antwort des künstlers.
«dieses haus enthält drei hübsche zimmer und eine schweizer meierei, in der die gräfin als kind milchmädchen spielte.»
«ich bin ganz ohr», keuchte der greis unter aufbietung seiner kräfte,

obgleich der speichel über seine lippen zuckte.
durch eine gewaltsame anstrengung gelang es ihm, sich auf die letzte stufe zu setzen. er horchte und vernahm geräusche. somit zählte er die stufen; es waren dreizehn.
«nur zur vorsicht.» dabei kniff er die augenbrauen zusammen und machte eine gebärde. das taschentuch war von tränen durchnässt. das konnte alles verderben.
lorenzoni stand auf, ging um das haus herum und erblickte niemanden. der graf war verschwunden.

die meierei zeigte sich jetzt ohne blätterschleier. der alte josef hörte seinen herrn, als er eintrat, zu seiner grossen verwunderung ein jagdlied trällern.
«aber, sie trommeln ja ganz vorzüglich!»
«du hast gewiss vergessen, meine gewehre im jagdnecessaire putzen zu lassen!» rief lorenzoni aus, als er sich, neben seiner schildkröte, aufs stroh warf und bitterlich weinte. zu seinen füssen fühlte er etwas sehr kaltes; er griff hin, es war eine wasserpfütze. allerdings schwamm die schildkröte wie ein fischotter.
in der mitte der stube stand ein stuhl, und an der lehne hing ein strick. hierauf erhob sich ein gemurmel des unwillens unter den gästen.
«ach, der frühling, da wälzen sich die kinder lustig im grase!»
«das ist blut an ihrem hemd! sind sie verwundet, herr? warum haben sie nicht geklingelt?» antwortete josef traurig. «sie sind ein grosser bösewicht; aber jetzt weinen sie. sehen sie, das tut mir weh. wollen sie wasser?»
«nein, nur luft», krächzte lorenzoni.
das arme kind war wieder auf die knie gefallen, faltete die hände, konnte aber kein wort sprechen; man hörte nur seine zähne klappern.
«es ist eiskalt hier!» bemerkte die gräfin.
«das ist lustig!» brüllte josef, der seine aufgaben völlig vergessen zu haben schien. er hatte sich in eine ecke gedrückt und schwang drohend ein beil.
und der elende hieb so gewaltig gegen die türe, dass das schlechte schloss absprang. zuweilen rief er: «der wirt hat es mir erlaubt, und ich laufe im garten umher und sehe mich gründlich um. an der ecke links steht eine fichte. ich fange so stark zu husten an, dass die frau gräfin sagen wird: ich will ihnen gerne ein glas wasser holen.»
«richtig», bemerkte lorenzoni, ohne die augen zu öffnen. dann stand er auf, trat ans fenster und fing an, ein liedchen zu trällern, während er auf die scheibe trommelte.
«ich werde mir ein stückchen papier in meine schnupftabakdose legen, um seinen namen nicht zu vergessen.»
die pendule im zimmer schlug die neunte stunde.

damals trat tiefe stille ein.

die magd erschien. lorenzoni griff mit der grössten ruhe unter den rock, zog eine kleine, doppelläufige pistole hervor, zeigte sie dem mädchen und steckte sie wieder ein. die stube füllte sich langsam mit schnee.

«das ist ja grässlich», murmelte der bruder der gräfin. dabei warf er sein fernrohr ärgerlich zu boden.

das unwetter hatte nachgelassen, die wolken aber, die der wind vor sich herjagte, waren so schwarz und hingen sehr tief, dass es fast nacht war. überdies kehrte josef zurück und führte einen hammel an der leine. josef blieb in der türe stehen und beobachtete seinen herrn mit ängstlicher spannung.
«und die pferde?» fragte lorenzoni.
«sie verwöhnen mich», entgegnete sein diener lächelnd. dann nahm er ordentlich auf der bank neben dem ofen platz.
der wirt warf ihm einen vernichtenden blick zu, als ob er sagen wollte: die liebe dame wird sich freuen. zu beginn des winters war er tobsüchtig geworden. er sass mit seinem langen, grauen schnurrbart neben der türe und bewachte die gäste. er hatte fünf kinder, von denen das jüngste vier, das älteste kaum zwölf jahre alt war, seine mutter war krank und endlich eine achtzigjährige, blödsinnige grossmutter.
die gräfin dachte an ihre kinder.
die blödsinnige grossmutter dachte an garnichts.

vor dem hause wieherten vergnügt die pferde.

obwohl der wind einen hut in die stube geweht hatte, hielt ein neger mit weissem haar, sorgfältig gekleidet, in der linken hand eine sekundenuhr. er stand draussen vor dem fenster, während er mit der rechten hand nichts tat.
«sie haben eine schwarze zunge, lorenzoni!» klagte die wirtin, wobei sie dem dichter tief in die augen blickte.
«schwarz wie tinte», antwortete dieser gelassen. «ihr habt vollkommen recht.»
nach solchen heldentaten fühlte er sich nicht mehr so unglücklich. obgleich er sonst nie lachte, lächelte er dann, setzte seine mütze, die er hatte, auf ein ohr und sang die marseillaise.
die kälte hatte nachgelassen und der sparsame josef hatte deshalb das feuer ausgelöscht.
sobald sich die wirtin erholt hatte, nahm sie die hand der alten grossmutter und fragte: «wo ist denn die arme frau gräfin?»
«sie ist mit ihren kindern im scheunenhof.»
«das wusste ich wirklich nicht», beteuerte lorenzoni.
auf dem tisch lagen zwei brieftaschen.

die beiden pferdeknechte hatten sich an einen baum gelehnt. die luft sagte ihnen nicht zu.

josef sank bleich, mit blutigen händen, fast bewegungslos in die arme der wirtin.
«ich will ihnen eine idee mitteilen», unterbrach lorenzoni. «ich gedenke der gräfin einen roten rock anzuziehen und jenen federhut aufzustülpen, setze den grafen auf ein kinderstühlchen, binde ihm eine serviette um, und sie soll mit einem grossen, hölzernen messer den barbier spielen.»
die alte grossmutter musste darüber lachen.
«mut! mut!» rief der graf, als er durch die türe sprang.
vorsichtig versuchte josef die leiter zu gewinnen, die von der mitte der stube zum dachboden führte.
in diesem augenblick betrat die unglückliche gräfin hinter dem grafen die stube und fragte:
«du bist wohl nicht aus dieser gegend?»
schon hatte josef den fuss auf die oberste sprosse gesetzt, als lorenzoni ihn an seinen spindeldürren beinen packte und so stark zog, dass der alte mann sich nicht mehr halten konnte, an der leiter herunterfiel und mit dem gesicht auf alle sprossen aufschlug. das war seine lebensweise und er hatte oft und jedem, der es hören wollte, gesagt, dass er so leben müsse, sonst litte er den ganzen tag über an kopfschmerzen.
«es war kirschrot», brüllte josef zornig.
als der graf diese worte hörte, wurde er totenblass und drohte umzusinken.
«er ist unschuldig, ich schwöre es ihnen!» erwiderte lorenzoni eifrig.
der graf blieb stehen. ungeschickt bog er sich zusammen und hielt das lange messer, welches im halbdunkel blitzte, zwischen den zähnen. als er ihm die passende lage gegeben hatte, nahm er es heraus.

die sonne sank; die ganze landschaft war äusserst still.

«ruhe!» brüllte der graf, indem er sich halb umdrehte.
«niemand?» seufzte josef erstaunt und verbeugte sich. man zeigte ihm fleisch und brot, und er folgte diesem lockmittel.

der bruder der gräfin sass noch immer in seiner sternwarte und hatte endlich ‹o die liebe sonne› gesagt. seine geräte und instrumente waren in einem sehr unordentlichen zustand.
von früh bis spät, besonders aber vom abend bis zum morgen, hörte man ihn rufen: «o die liebe sonne.» aber die sonne rührte sich nicht.

nachdem der graf dies alles erfahren hatte, kehrte er in sein haus zurück und verschob seinen besuch bei dem dichter lorenzoni auf den nächsten tag.

die wirtin winkte leicht mit der hand. «ist es wirklich wahr, lieber lorenzoni?»
ein geheimpolizist verschwand durch die seitentüre.
in diesem augenblick hörte man glockentöne.
es war nacht geworden, man zündete strohfackeln an und band die gräfin auf eine bank, die von den wirtsleuten und der magd auf der achsel getragen wurde. dem wirt und der wirtin schien das nicht zu gefallen und sie zeigten die zähne, während die gräfin im triumph herumgetragen wurde.
nach der gräfin kam die reihe an lorenzoni, den ein riesenhafter lakai auf seinen armen herumtrug. alle, sogar die diener, die alte grossmutter und die kinder umringten lorenzoni; der eine trug seinen fuchs, der andere sein murmeltier, die dritte ein meerschweinchen, manche hatten einen dudelsack und spielten, mit einem wort, es war ein lärm. dahinter folgte der neger; fast alle trugen eine strohfackel in der hand, wie man sich vorstellen kann, und schrieen wie besessen: «bravo lorenzoni, es lebe die poesie!» und die damen fielen einander in die arme.
so ging der zug in der ganzen landschaft herum.
(1957)

der geflitterte rosengarten
im parfümierten sattel sitzt die witwe und gürtet die sporen, während ihre patronen im mond verschwinden, der wie glas in das nächste viertel zerspringt.

der lahme geiger wirft sein haar durch die spielhalle und schiesst aus der hüfte die papierrosen an den breitrandigen hüten der spieler entzwei. sodann wachsen die gepuderten quasten von den weissen strümpfen der tänzerinnen in die stiefel der viehhirten, es werden schiessscheiben verteilt und an den herzen der mädchen befestigt. der wirt knallt einen sheriff aus gips in der schwingtüre nieder, obwohl im hintergrund der bühne, welche den spielsalon abschliesst und zur rechten der bar ihren platz gefunden hat, ein ausserordentlich verziertes orchestrion erscheint. ein schnurrbärtiger reiter setzt über den gipssheriff und trifft mit seinem revolver und den kugeln in alle schiessscheiben, worauf die tänzerinnen seufzend zu boden sinken.

der reiter entfernt mit einigen schüssen alle asse aus den whiskeyflaschen. der betrunkene wirt fällt in das orchestrion, wodurch plötzlich lärm entsteht. der reiter reisst den prairieblauen seidenvorhang von der bühne, als eine unzahl von papierrosen durch die dekorationen fällt. die rinderhirten und die spieler verkriechen sich zitternd hinter dem grossen ofen neben der schwingtüre. der reiter wirft einen silbernen dollar in das orchestrion. sofort setzt wieder musik ein. plötzlich blühen papierrosen an allen seiten, kanten und wänden des orchestrions.

der reiter zieht sein eigenes kartenspiel aus der linken vorderen brusttasche und verliert 50 dollar an den lahmen geiger. zwei der noch immer auf dem boden liegenden tanzmädchen schlagen widerwillig die augen auf. da bluten auch die einschusslöcher nicht mehr. ein kugelrunder tropfen hängt der einen am mieder; der funkelt aber wie ein edelstein.

nun entwenden die beiden mädchen dem lahmen geiger je die hälfte des gewinns aus der rechten hinteren hosentasche. erbost verteilt der blasse reiter sein blei unter den anwesenden. das pferd des reiters weidet auf der bühne. der geprellte geiger wälzt sich widerwillig in den dekorationen.

aber die parfümierte witwe wechselt mitten in der prairie ihre strumpfbänder.

missmutig entfernen die mädchen die kugeln aus den brüsten. widerwillig erhebt sich eine nach der anderen zum tanz, um den arbeitsplatz zu behalten. die spieler stürzen sich auf die zeitung und die rinderhirten schlendern über den staubbedeckten parkettboden. sie verstecken ihre revolver im halfter und zittern mit den schnurrbärten.

die viehhirten, die spieler, der reiter, die tänzerinnen und die witwe, welche mitten in der prairie die durchgerittenen strümpfe wechselt, rauchen stundenlang zigaretten.

ein echter revolvermann sprengt die feuermauer entzwei und treibt eine rinderherde durch das lokal. seine mannschaft, lassoschwingend und peitschenknallend, bringt unordnung in die tänze und die rinder weiden an den tischen. die spieler bringen ihre whiskeyflaschen in sicherheit. erbost stürmt das vieh die bühne, aber der revolvermann steckt einen sheriffstern an seine gipsbrust, worauf aus allen ecken, aus den mädchen und tänzern, selbst aus den hörnern der rinder bunte papierrosen wachsen. der flitter auf den rosen und der flitter auf den kleidern der tänzerinnen treibt die ochsen und kühe, wie auch die stiere, durch diesen wald von papierrosen, der immer dichter wird, und in diesen schlingen fallen die kühe und die rinderknechte, und der betrunkene wirt schnarcht in seinem orchestrion, dass die musik kaum zu hören ist.

trotzdem steht der revolvermann wie ein standbild noch immer fest auf beiden beinen und der reiter, ganz in leder gekleidet, sitzt bei seinem pferd auf der bühne, kaut tabak und würfelt mit dem betrunkenen wirte, der noch immer im orchestrion schläft, um den wunderschönen prairieblauen seidenvorhang und gewinnt. doch der mit allen wassern gewaschene revolvermann nimmt ein sturmlicht in die linke faust und schlägt die rechte in die rippen des reiters.

beide herren nehmen in den dekorationen platz und schiessen ein duell mit verteilten rollen. eine rotte eisenbahnarbeiter dringt durch die schwingtüre und erzwingt sich mit blanken messern eine laube in diesen geflitterten rosengarten. sie legen die gleise der SOUTHERN PACIFIC durch die bar ins freie, worauf alsbald die erste lokomotive erscheint und auch der mond durchaus und vollkommen mit papierrosen bewachsen ist. sodann wird die letzte postkutsche in den nächtlichen prairiehimmel gesprengt.

mitten im duell, verärgert und mit hilfe seines kleppers, verlässt der revolvermann diese stätte der verwüstung und des fortschritts. die verlassenen gefolgsleute nehmen an den tischen der spieler platz und halten friedliche mienen feil.

doch die witwe in frischen strümpfen hetzt ihren gaul über die letzten bahnschwellen auf die spur des revolvermannes und eine schwarze papierrose blüht auf ihren schenkeln, als sie dem banditen das zweite magazin durch den leib schickt.

zu den worten: «für james!», aus den hüften und mit geschlossenen augen, so jagt sie die letzten patronen durch die läufe.

widerwillig verschmilzt der revolvermann im gras und immer neue papierrosen fallen aus dem nächtlichen prairiehimmel. der reiter mit seinen starken armen hebt die witwe aus dem parfümierten sattel. der sheriffstern glänzt auf der nächtlichen wiese.

da erscheint im rückwärtsgang die lokomotive aufs neue und die versammelte mannschaft der SOUTHERN PACIFIC singt nun auf dem schneepflug der maschine weisen[1], die in stil und stimmung der situation durchaus entsprechen.

da erheben sich auch die alten spieler, rinderknechte und üblen raufbolde und singen den refrain mit ihren sehr heiseren stimmen.
(1958)

---

[1] 7 oboen
    9 geigen
    1 flöte
    4 grosse trommeln
    1 kleine trommel
    1 fagott
    3 posaunen
    1 ziehharmonika
    1 mandoline
    1 mandola
    4 presslufthämmer
    1 mundharmonika
    2 autohupen
    1 nebelhorn
    1 klavier
    4 harfen
  125 brummkreisel
   19 sänger

der verspätete geburtstag
eine aufklärungskunstuhr
für ida und ferry radax
jänner 1959

in demselben augenblick erkannte engel ihn. die tischgenossen hatten bereits ihre plätze verlassen. sie drückten ihm schweigend die hand. nun also konnte der kampf beginnen. die tafel zeigte vor allem einen riesigen kuchen. ratlos standen die schüler um den katheder. «was ist das?» rief der vorlaute erich. engel grinste in der letzten reihe schadenfroh. G 99. RL 1-39/86. schützt nicht gegen leuchtgas und kohlenoxyd. VM 40 wie gehabt. erlauer stierblut tropft auf modellkleid. verwirrt sinkt engel zwischen den flaschen nieder. die tafel geht ins knie.

im gestänge der nähmaschine liegt anna und weint.

tre-ten
nä-hen
in zweifelhaften fällen schreibe man mit kleinen anfangsbuchstaben.
da ist einer (eine) gefallen.
«ich kann auch gedichte auswendig», begann sie, aber.
eine gasmaske ohne filter.
ein ort wohin frau helmut nie drang, höchstens zu reinigungszwecken, war

. 1871

engel erschrak heftig. das hat aber auch weh getan! zum mitführen ist eine tragtasche geeignet. diese kann aus stoffresten oder alten kleidungsstücken selbst hergestellt werden (ultra-schnitt SK 600 vom deutschen verlag, berlin SW 68). beim einlegen ist darauf zu achten, dass das atemventil nicht geknickt werde. eine anatomische zeichnung von ungemeiner leuchtkraft (farbkreide!). bei der vereinigung von geschlechtswörtern mit dem verhältniswort ist das auslassungszeichen nicht anzuwenden!
ins
durchs
unterm
an domsilben eigenblock ist auch die jüngst reparierte kunstuhr untergebracht. tick-tak-tik, der feind greift an. das ohr zeigt und schlägt fröhliche weihnachten. es geht dich an! sorgfaltige eiswohl dir maskengrüsse end bequemis trügen. goter sitz. oberer rund vorläuft aber stern-

matte eigenbrauen worden nacht zerdeckt. interteil umschlosst ahne feilten ader beutelbildung das kann. die rechtige liege des schlafenbindes ast furch einwellung was verbandes uhr-reich-bier. man schlägt dem nachbar auf den schunkel und wirrt gemütlich. wein fliesst strömend; donau macht sich frei! getarnte kanonen rascheln im laubsägewerk. ein voyeur glatzt aus der baumkrone. leidenschaftlich zischeln die kugeln ins fleisch. bratensauft läuft überdecke. unterteil umschliesst ohne falten oder blasenbildung das kinn des trägers.

um eine erklärung eine rückverweisung vom hauptgedanken zu trennen und kennbar zu machen. der korken von vorhin flog wie ein langer feuerstreif über die gerade durch SIE HABEN DOCH UM GOTTES WILLEN KEINE ANZEIGE GEMACHT?
ÜBERGRÖSSE
die sache war ja eilig.

laut bellt der weltraumhund von ferne,
erich mag die mädels gerne.

die sache war ja eilig: ein brückenkopf hebt sich über den bergrücken. die vorhut lässt die krempe hängen. nun also sollte der kampf beginnen. engel grinst, wie gesagt, in der letzten reihe. erich wirft mit papierkugeln. die ganze sache war ja eilig. engel presst die klingel. dr. cleve kleidet sich auf die andere seite. die ganze sache war ja eilig. die gesamte mannschaft mit eto beteilt. innerhalb zweier monate trat nur eine einzige erkrankung auf und auch nur, weil nach eigener angabe des erkrankten das präparat erst nach einigen stunden angewendet wurde. engel drückt den finger TIEF IN DIE KLINGEL. die ganze sache war ja eilig. 20 personen sassen um die tafel. bei einer gleich starken formation traten in der gleichen zeit bei nichtbenützung von eto acht infektionen auf. auch diese abteilung wurde sodann von stabsarzt oberst dr. cleve, ritterkreuzträger mit eichenlaub, sodann mit eto beteilt und erfolgte dortselbst innerhalb zweier monate keine neue ansteckung, während beim II. baion, wo eto nicht verwendet wurde, in dieser zeit 13 neuinfektionen platzgriffen.

der arzt ist kein zauberer.

um den sekt erkundige ich mich garnicht, erklärte dagobert. engel wurde zusehends dicker war immer vergnügt plauderte den ganzen tag.
: ein kind ist mir niemals im wege.
tragen in bereitschaft. ein starke schnur (gardinenschnur) zu einer schlaufe zusammenbinden, die gerade so gross ist, dass sie leicht über den eingeschraubten filtereinsatz gezogen werden kann. überstehende

enden der schnur zu einer weiteren schlaufe so zusammenknoten, dass der kopf hindurchgestreckt werden kann. dr. cleve runzelte die brauen, brauen, brauen. jetzt brauchte er nur noch mozart erwähnen, dann konnte er gleich selbstmord an sich legen. da, es klingelt und dr. cleve kleidet sich an die andere seite. das ist aber stark! sein hageres scharf geschnittenes gesicht, das konnte doch nicht dr. cleve sein? wir müssen den mut haben unser leben mit den von uns erkannten wahrheiten in einklang zu bringen (tolstoi). bei ausgeschraubtem filtereinsatz das mit der linken hand umfasste anschlusstück mit dem handballen der rechten faust verschliessen und dann einatmen! da stösst ein knie gegen das bauchfell. nicht mit den augenwimpern berühren! brillenträger dürfen.

er schwieg. ich habe 2 rechte das publikum aufs tiefste zu verachten. ärgerlich kleidete sich dr. cleve an die andere seite. das stethoskop war zu boden gefallen. sie hätten 3 oder 4 kinder nötig und dann wären sie noch nicht zufrieden, meinte frau helmut oft und trug engel auf dem arm um sie gegen die liebevollen überfälle ihrer verehrer zu schützen. ich habe ein lebenlang von stunden gesprochen und nie stunden gegeben. not, leichtsinn, oft beides, zwingen mädchen und frauen sich aus materiellen gründen hinzugeben. engel entschloss sich ein gleichnis zu tun. die kreide knirscht. bald ist die stunde zu ende. die tafel biegt sich unter getränken. der vorhang schliesst sich für sekunden. engel brennt innen. sie arbeitet mit einem wahren FEUEReifer. auf einmal hielt diese lebhafte kleine freundin innen
.siehe. da steht etwas geschrieben. (natürlich arbeitet ein vernünftiger mensch nicht selbst!)

2. kapitel
als erich abends in das wohnzimmer kam um fröhliche weihnachten zu sagen, tat er anfangs, als ob sein vater garnicht da wäre. gehe gleich aus dem zimmer, sagte dr. cleve streng. erich will nicht, gab dieser ruhig zur antwort.

eines morgens kam engel mit rotgeweinten augen zu dr. cleve: erich war in der nacht gestorben. es wäre mir lieber, er hüpfte noch vor mir auf dem boden, murmelte er. erich ist blöd! schrieb engel mit einem stück kreide auf die tafel. der greis nickte. die kunstuhr schlägt zu. erichs strafe war eine gerichte.
beim geringsten verdacht sofort den arzt aufsuchen. nur keine ratschläge sogenannter erfahrener freunde befolgen. natürlich genügt es nicht, den arzt bloss aufzusuchen.
z. b. mit einer hellrosa hypermanganlösung.
das weckt einen toten auf, oder totschiessen.

mit einem scharfen knall stürzt das überbreite messingbett neben dem vorhang in sich zusammen. aus den trümmern der kissen erhebt sich engel mit federn übersät in einer wolke aus federn in der wärme des geheizten zimmers um sie tanzend.

widerwillig schlägt erich die augen auf. erich will nicht in fast allen städten wirken, — wie in wien.
in der 7. bis 8. woche erscheint dann ein ausschlag auf.
erich schlägt die karten. der eichel-zehner. der frühling. der eichel-bube ist der wilhelm tell. autsch! der werner stauffacher ist der herz-bube. aber der ulrich ist der blatt-bube! haha. der herr mit der pelzmütze heisst winter. er hat pappeln in den augen und wird bald blind sein. da erschrak erich und seine augen zerfielen in das 3. stadion. pappeln-lapapa stammelte er. gehe gleich aus dem zimmer; pap(p)eln sind geschwüre, sagte dr. cleve streng.
engel war im 12. monat. novemberdezember.

jeder charaktervolle mensch, gleichgültig ob mann oder frau, muss durch den arzt über seinen geschlechtszustand aufgeklärt werden. er zürnte ihm weniger wegen seiner zahlreichen krankheiten als der eingeFLEISCHten leidenschaft halber viertel. brav sein, entschied der arzt. allzulange wird er nicht brav sein, lachte engel, der wird bald tot sein.
jawohl, von deiner gesundheit ist hier die rede!
weihnachten im felde 1916.
jede beratung ist unentgeltlich.
sehen sie sich diesen tausendschillingschein an, sagte ich. ich vermute das SCHLIMMSTE. jaja der erich. es ist keine schande. aber der junge mann antwortete nicht und blickte mit dem ausdruck höchster spannung in den pappel-zehner. klatsch! eine helle röte stieg empor. hellrosa.

in demselben augenblick erkannte er engel. die tischnachbarn drückten ihm schweigend die hand. nun also konnte der kampf beginnen.
ein ort, wo frau helmut nie trank, höchstens zu reinigungszwecken, ganz hellrosa. da leuchtet ein greller schein auf dem himmel und zeigte das wasser und die seife (im becken). ihr war zu müde, als bohrte sich ein messer in die brust. halt, rief dr. cleve und fasste sie wieder am arm, wer gab dir meine karte?? aber die hand zitterte und da-durch wo-durch wa-rum da-rum vor-aus her-aus her-ein hin-ein ging ein werk-wortiges herzbuben.
«den schlechten mann muss man verachten, der nie belacht, was er vollbringt!»
das publikum raste.

du meinst nach amerika? jawohl, es geht um deine gesundheit. das junge mädchen errötete tief wie eine purpurrose und senkte ihre augen scheu in den teller. klatsch! das war das tor, als es dr. cleve eilig verliess. und das liebe geld? fuhr er fort. der tausend (1000)! wo hast du das her? erich wollte den schein des umstandes nicht fahren lassen. schon griff spinnig notenwärts giere hand cleves. schandgeld! erich wollte nicht. sein gesicht glänzte wie eitel lust und freundlich. der arzt strich über die backen und nannte ihn ein verständliches kind. erich stöhnte laute. glühend stieg ihm das blut aus den winden, als bohrte sich ein messer in den ausschlag. die karten klatschten auf den tisch. stich! die menge wich zurück, um den kämpfenden platz zu machen. schon platzte die luft unter dem druck der geschosse.

selbst bei der geringsten verletzung sollte man auf den geschlechtsverkehr verzichten. das ist ja die ganze familie! das sind ja fünf kinder auf fahrrädern!
4 buben und ein mädel. (schelle eichel herz-blatt!)
mit einer hand am anschluss fassen, leicht nach unten und vorne ziehen und dann nach oben drehen (nicht in sonne und nicht am ofen!)

die bühne ist nun voll ausgeleuchtet. der vorhang hat sich wieder geöffnet. das bett weckt im publikum den wunsch,

    niemals in die schreckliche lage geraten

auf diesem liegen zu müssen. so bleiben füsse und unterschenkel unbe. jetzt ist der vorhang offen. die bühne ist leer. träge nähern sich die giftigen schwaden dem hügel. wir pressen feuchte taschentücher vor den mund und liegen bewegungslos am boden. über uns brennt der himmel aus. aus den bordkanonen tickt die kunstuhr. sie nähert sich wie ein kreisel. sie surrt wie ein kreisel und glänzt. erde zischt auf. ein mit fosforflitter geschmückter herr beleuchtet die strasse. das ist der weihnachtsmann. in seiner verkohlten faust glüht der brandbombenstab. die weihnachtskerze sprüht ihre funken. jetzt ist der weihnachtsmann fast ausgeglüht. aber das feuerwerk brennt lustig weiter.

wenn laute, die gewöhnlich zu sprechen und zu schreiben sind, unterdrückt werden, so deutet man sie durch ein auslassungszeichen an.
, ,,, ,, , . ,,,,, ,, ,,,,,,,,,,, ,, . , ?

3. kapitel
der flügelhornvirtuose felix silbers blies auf einer kindertrompete. dr. cleve schüttelte den kopf tief. dagobert ging im zimmer auf & nieder & rauchte. wenn das möglich war, dann konnte sich überhaupt alles ereignen und er bejahte die frage. engel nimmt den 1000-schil-

ling SCHEIN und trägt ihn hinaus zu frau helmut. sie streift dabei ihr kleid ab und nennt mir die namen der anderen gewandstücke, deren sie sich entledigt: lächelnd, heiter, liebenswert, brünett, ledig, schwanger, ohne korpulent zu sein, bei rampenlicht.
nun erscheint strahlend und beleuchtet über engels haupte der TAUSENDSCHILLINGSCHEIN! (dazu leise musik auf der muttertrompete: rrmsstata): im frühlingsstadion der entwicklung nehmen wir auf dem sessel platz. eine taschen-uhr. der sprungdeckel lässt sich acier garanti öff-nen. das uhrwerk ist in gang gesetzt. in dem augenblick, da ich sie erkenne, zieht sich eine wandlung voll.

das ist das merkmal des mädchens.

von dieser stelle bewegt sich die geschichte mit radantrieb weiter. jawohl. den besten schutz gegen erkrankungen bietet naturgemäss die ehe. in meiner erinnerung taucht das weltkind auf. U 5, ein querschnitt. und eben dies ist die hauptgefahr. zwar ist die gründung und erhaltung eines eigenen hausstandes heute sehr erschwert, aber. aus qualm und rauch steigt hustend das gesicht des weihnachtsmannes. sein langer bart ist weiss. er trägt eine rote mütze. auf seiner haut blühen die fosforsterne. man drängte in der runde. die tafel ist jetzt abgeräumt. nur münzen klappern. mit dem ausdruck höchster spannung blickt der junge mann in den pappelzehner. sein gegner liegt vor ihm auf dem boden. der kreis der passanten (gesichtskreis, umkreis, halbkreis, in unseren kreisen) schliesst sich wieder. (wie?). mehrere herren treten auf. ein ausschlag tritt auf. gehe gleich aus dem zimmer, sagt herr dr. cleve streng. über den tisch ist die karte von wien gebreitet. granaten hasten in die häuser. anna hängt im gestänge des liftschachts. bei verdacht einer feindseligen haltung ist von der schusswaffe gebrauch zu machen. erich entlädt seinen lauf. aus den trümmern der bettstatt erhebt sich engel in einer wolke aus federn. dagobert trägt die geplatzten kissen aus dem zimmer. engels becken wölbt sich über die lehne. wein wird aufgetragen. auf der tafel türmt sich braten und kuchen. die stimmung ist aufgezeichnet. es knallt. prost in der heimat 1944! auf den schellenbuben presst engel. nur noch eine kleine weile, sagte dr. cleve streng. aus ihren poren tritt der schweiss auf. erich sticht. auf die lederhose tropft das blut. die nadel fällt aus den fingern. über ihm tickt die jetzt rasende kunstuhr. tack! die häuser platzen aus der karte. herz-blatt schelle eichel! blatt-schuss! das zimmer geht ins knie.
die dimensionen eines überbreiten bettes sind in einem missverhältnis zur mindestgrösse des wohnraumes (siehe: der amboss in der schmiede) herztöne. dr. cleve war musikalisch.
aber früher hattest du doch geld, viel geld sogar, wo ist es denn?

die 1000 schilling fotografie eines 7jährigen mädchens in sepia.
sie trägt eine korbt(fl)asche ans eins riemens ums dne hals.

ein tafelschwamm zum aufsaugen.

der flügelhorn-ist felix silbers (öffnet den flaschenhals). klatsch. nach
tunlichkeit vermeidung künstl erregungsmittel (tabak fleisch). enthalt-
samkeit ist nie schädlich! tausend männer leben so!
das sicherste mittel ist natürlichkeit die enthaltsam!
auswechseln der klarscheiben.

abnabeln!

das vierte kapitel findet in einer waldschaft statts. wolken überziehen
himmelden. hellrosa.
ph schreibt man nur in fremdwörtern z. b. *brennender phosphor wird
mit sand gelöscht* oder *photographie*.
nachher reinige man nicht nur das glied und den hodensack, sondern
auch bauch und oberschenkel mit wasser und jawohl hellrosa seife. nach
dem verkehr empfiehlt es sich, ausgiebig zu urinieren. felix silbers konnte
sich keiner täuschung hingeben. noch eine bewegung und ich lege ihnen
handschellen an. jeder widerstand ist zwecklos. das spiel ist aus. hier
gibt es keine unterirdischen gänge. kommen sie.

epilog.
komm erich, sei ein gutes kind und sage mir noch, was denn eigentlich
das hochzeitskleid gewesen wäre, das der böse mann hätte anlegen
sollen, sagte herr dr. cleve streng. seinen schlafrock, antwortete erich
mit einem blick auf das kind, das sich vor lachen nicht mehr halten
konnte und herausgefallen war. herein trat dr. erich dagobert felix
cleve mit seinem flitterbesetzten pelzmantel. es schneit. die sektpfropfen
knallen.
(1959)

gertruds ohr
eine schweinische geschichte
von konrad bayer,
montiert aus zitaten des
moewig-romans nummer 597:
ohne dich ist alles trüb und leer
oder
verzeih meine harten worte!
von maria linz

die lebenslustige weltdame und die ernste landfrau lebten in zwei verschiedenen welten.

*

danke! hauchte sie.
vielen dank!
sie meinen es gut mit mir.
sie hatte sich inzwischen gewaschen und angekleidet.
hast du mich aber erschreckt! sagte sie auf italienisch.
sie fuhr herum.
sie schrie leise auf, als eine hand an ihr vorbeigriff und den vollen eimer von dem stein hob.
draussen wurde es allmählich hell.
die kälte prickelte auf der nackten haut ihrer arme und beine.

*

seine augen waren jetzt blind für die wunderbare schmiedearbeit des schlosses und der verschnörkelten klinke.
armes einsames herz, dachte er.

*

gertrud war hochgewachsen, ihr scheitel berührte fast die niederen deckenbalken.

*

es war fünf uhr nachmittags.
die milchausgabe war bereits vorbei.

*

auf einem bauernhof beginnt der tag auch im herbst früh. die standuhr im flur des rotbucherhofes schlug fünfmal.
joseph der kleinknecht und die tagelöhner liessen sich seltsam verlegen am esstisch nieder.

*

als er wiederkam war sein gesicht verändert.
es war beherrscht und fremd.
du bist nicht der erste, der sein dienstmädchen heiratet, schrie viviane.
ihre schönen hände waren vor aufregung ungeschickt.

*

es war schon nach der milchausgabe.
der hof lag leer und dunkel da.
*
gertrud hatte ein glas mit dem johannisbeerwein gefüllt, den sie selbst ansetzte.
«wollen sie nicht trinken, doktor?»
in diesem augenblick verliess anje den stall.
sie bemerkte die beiden schattenhaften gestalten garnicht.
das haben sie schon heute morgen am telefon getan, entgegnete curt.
*
fast fünf monate später betrat anje hinter gertrud das zimmer. es war ihr während ihrer brautzeit zu einer zweiten heimat geworden. die sonnenstrahlen durchleuchteten anjes schleier.
*
dann tun sie es doch, curt, sagte gertrud leise.
sie würde den roller absperren und ihn hier am zaun zurücklassen. der kleinknecht könnte ihn dann abholen.
*
er knöpfte seinen weiten mantel auf und sagte:
komm, schlüpf darunter!
sie gehorchte zögernd.
du bist ein liebes menschenkind, meinte er gerührt.
willst du mich denn nun wirklich heiraten, mein kleiner liebling?
*
joseph hatte die letzte kuh gemolken.
*
anje wusste nicht, wie sie in die küche zu gertrud zurückgekommen war.
sie war förmlich über den hof geflogen.

gertrud stand mit dem rücken zu ihr am herd.
wo hast du die eier? fragte sie mit einer ganz fremden scharfen stimme.
bitte nicht böse sein, ich habe das ganz vergessen, rief anje.
und warum? fragte gertrud und wandte sich langsam nach ihr um.
ihr gesicht war fahl und ihre augen flackerten.
*
anje umarmte die ältere behutsam.
dabei hatte sie sich nicht einmal zeit genommen, ein strickjäckchen überzuziehen.
sie seufzte leicht auf.
aber GERTRUDS OHR hatte doch die leise mahnung gehört.
*
um die mittagszeit des dritten tages hörten sie endlich, wie sein wagen ums haus jagte und scharf abgebremst vor der tür hielt.

er drückte ihr ein kleines päckchen in die hand.
machen sie es auf, ich möchte gern ihr gesicht sehen!

er hatte die brille abgenommen. sein gesicht hatte jetzt etwas jungenhaftes.
ich bin aber doch kein kind mehr, HERR HANNES, schmollte sie.
*
als gertrud aus dem badezimmer zurückkam, war das wohnzimmer verändert.
*
endlich sahen sie die dunkle masse des wohnhauses.
*
darf man herein? kam curts ruhige stimme hinterher.
das junge mädchen wurde unsicher und antwortete mit leiser stimme:
> ich komme vom rotbucherhof und
> bringe für HERRN HANNES lebensmittel!

sie musste einen besonderen schutzengel gehabt haben, dass sie in diesem zustand heil aus münchen herausgefunden hatte.
*
das lämpchen über dem buntbemalten bauernbett brannte noch.
gertrud blieb zerbrochen in ihrem zimmer sitzen.
*
hannes zögerte immer noch.
er hatte altes bauernblut in sich.
*
wenige augenblicke später kamen leichte schritte durch den garten heruntergelaufen.
*
deine heimat ist jetzt bei mir in münchen und auch noch ein bisschen auf dem rotbucherhof, sagte hannes eifersüchtig.
sein männliches gesicht schien schärfer geworden zu sein.
er hatte nicht einmal seinen gelben lodenmantel ausgezogen. er riss nur ungeduldig den karierten schal aus dem ausschnitt.
*
ich stehe hier wirklich auf einem scheidewege, dachte sie beklommen.
dr. curt de crinis war im schweinekoben gewesen.
*
gertrud gab schnell einen rauhen schluchzenden laut von sich.
*
für reiche leute, ergänzte sie.
*
hannes schwieg bestürzt.
was hatte er im kongo zu tun, fragte er behutsam.
in dem warmen gelben lichte schien das mädchen einem alten gemälde

entstiegen zu sein.
*
seien sie willkommen, sagte ihre monotone stimme.
*
sie bereute ihre worte schon im nächsten augenblick.
*
anje zog wortlos ihre jacke aus und sah sich nach einer schürze um. die herrin des rotbucherhofes war eine gefangene ihres verschlossenen und herben wesens.

ja, hannes, flüsterte sie scheu.
*
viviane hatte die beine unter sich gezogen.
die junge frau trug zu dem festen rock schon die graue lodenjacke.
*
armer, armer kopf, brummte hannes zärtlich.
*
so herb gertrud sonst war, zu tieren konnte sie zärtlich sein.
*
der schweizer joseph stand auf der der schwelle. zwischen seinen zähnen hing die erkaltete pfeife.
ich tue es gern, antwortete er kurz.
gertrud blieb neben ihm stehen. seine nähe tat ihr wohl.
er verstand sie ganz.
(hätte er seine worte laut ausgesprochen, vielleicht wäre dadurch verhütet worden, dass kurz darauf ein missverständnis über 2 wertvolle menschen tiefes leid brachte und sie anscheinend für immer auseinandertrieb.)
*
trotzdem war viviane noch immer im zimmer, als hannes rotbucher in seinem dunkelgrauen flanellanzug zurückkam.
sie fand mit einem feinen stich im herzen,
dass er gut aussah.
*
die küche, die eben noch vor menschen überquoll, gähnte leer und still.
sein blondes haar glänzte frisch gebürstet.
das mädchen wurde unter dem stummen und selbstvergessenen schauen des fremden unruhig. sie raffte den buntgestickten leinenkittel an ihrem runden bäuerlichen hals zusammen.

hannes bemerkte, dass sie kurze hosen trug. ihre nackten schenkel und ihre langen beine waren stark gebräunt und so vollkommen.
hannes nahm sich zusammen.
hannes griff wie unter einem zwang über den tisch.

er betrachtete mit heisser bewunderung ihre hohe gestalt und die stolze haltung.
hannes gab das geld für ihre haltung her.
gertruds augen wurden schmal.
er hat mich gehasst, murmelte sie. bitte, kommen sie in den kuhstall.
*
wieso ist sie kein kind? fragte viviane gedehnt.
*
vor ihr stand ein schlanker mann in einer sportlichen windbluse. in seinen starken goldgefassten brillengläsern spiegelte sich das schwache licht der stallaterne.
hörst du, wie sie stampfen? sagte joseph.
*
danke, danke, ich bin sehr glücklich! hauchte sie.
dann schlug sie leicht auf die flanke ihrer stute und galoppierte auf die hofeinfahrt zu.
*
unwillkürlich rief er auf deutsch:
                        hallo!

(1962)

franz

in meiner hand liegt eine kugel. es wird dunkel. was ist eine kugel? was ist eine hand? was kann man mit einer kugel und einer hand anfangen? franz zuckt teilnahmslos mit den schultern. gestern war es sehr heiss. ich lasse die kugel zu boden fallen. sie springt empor und fällt. jetzt liegt sie still vor meinen füssen. franz hat die augen geschlossen. es riecht nach verbranntem papier. weiss und schwarz, papier und asche. ich erinnere mich, dass franz einmal die augen öffnete und mich ansah. vielleicht habe ich mich getäuscht. ich hätte lust, ihn hier allein sitzen zu lassen. es ist 19 uhr 35. ich habe hunger.

franz ist ganz weiss. er hat weisse hände, eine weisse nase, weisse lippen und weisse haare. sein anzug ist weiss. seine weisse krawatte ist sorgfältig geknotet. meinetwegen soll er hier sitzenbleiben. ich werde diese tür aufmachen und das zimmer verlassen.

in meinen schuhen steht heisses wasser. grosse blumen zerplatzen in den wolken. über meine hände läuft der schweiss. mein hemd klebt am rücken. ich öffne den kragen. meine augen sind mit weissem salz verklebt. es riecht nach verbranntem papier. ich schlage mit den fäusten gegen die türe.

franz öffnet die augen. er ist ganz ruhig. seine augen sind ein wenig verklebt und er sagt: setz dich. seine stimme ist ganz ruhig. ich höre seine stimme. sie sagt: setz dich. es ist eine ruhige stimme in einem weissen anzug.

franz steht zwischen den weissen wänden. er dreht mir den rücken zu. sein weisses hemd klebt an seinem weissem körper. er nimmt die kugel vom boden. er hebt sie empor, als ob sie ohne gewicht wäre.

ich sitze und öffne die augen und ich sehe franz. es ist unerträglich hell geworden. franz ist ganz weiss. ich werde bleiben. der schweiss läuft mir in die schuhe. ich lasse die hände fallen. sie hängen ganz ruhig. vor mir brennt eine weisse flamme.

ich presse meinen schwitzenden leib gegen die glühenden wände. mein rücken dampft. die heisse, weisse flamme drängt mich gegen die wand des zimmers. die ruhige stimme sagt: setz dich. das zimmer ist ganz weiss.

es riecht nach verbranntem papier. der beissende rauch treibt mir das wasser in die augen. ich kann nicht mehr atmen. der husten treibt mir den schweiss aus den poren. der rauch brennt in den lungen.

ich bewege mich langsam. ich hebe die hände, als ob sie ohne gewicht wären. vor mir brennt eine unerträglich heisse, weisse flamme.

ich schlage mit der faust gegen die wand. eine stimme sagt ruhig: setz dich. es riecht nach verbranntem papier. meine hände sind ganz weiss.

ich gebe zu, franz ist gott.
(1958)

seit ich weiss
seit ich weiss, dass alles meine erfindung ist, vermeide ich es, mit meinen freunden zu sprechen. es wäre albern. allerdings hüte ich mich, ihnen zu sagen, dass ich sie erfunden habe, weil sie schrecklich eingebildet sind und glauben, dass sie mich erfunden haben. es würde ihre eitelkeit verletzen. ich staune über die eitelkeit und die überheblichkeit meiner erfindungen. gestern wollte jemand unter dem hinweis, dass er mir geld geliehen habe, eine grössere summe kassieren. ich versuchte, ihm die sache vorsichtig zu erklären, aber er verstand garnichts, und ich erfand, dass er sich auf mich stürzen wollte, weil ich in meinen erfindungen streng logisch vorgehe. ich schlug ihm die türe vor der nase zu und erfand mir einen nachmittag mit sonne. es war sehr schön, aber langweilig. deshalb liess ich es 23 uhr werden, las ein buch und legte mich zu bett.
ich habe den heutigen tag erfunden und bin sehr froh darüber. auch mit der erfindung der musik bin ich sehr zufrieden.
(1958)

von nun an
von nun an machte ich meine sonntagsspaziergänge nicht mehr alleine. ich nahm meinen hund mit.
eines abends erwachte ich aus dem schlaf und fragte mich, wieviel uhr es wäre. natürlich hatte ich keine ahnung. ich griff im dunkeln nach der flasche und entkorkte sie mit den zähnen.
nach einer zeit zupfte ich mich an der nase.
«was willst du?» fragte ich.
«ich gehe noch spazieren», gab ich zur antwort.

«so spät? wohin gehst du?» wollte ich wissen.
«nicht weit.» ich versuchte es beiläufig zu sagen. aber ich war klug, ich liess mich nicht täuschen. zornig fuhr ich im bett auf: «was soll das heissen, nicht weit? wohin gehst du?»
«ich weiss es nicht.» jetzt war auch ich heftig geworden.
«du bleibst.» meine stimme war ruhig und beherrscht.
«das werden wir sehen», rief ich zurück.
«du bleibst!» wiederholte ich.
«ich bin gleich wieder da», versuchte ich einzulenken.
ich sprang aus dem bett. fluchend zog ich meine kleider an.
«zum letzten mal, du bleibst!»
achselzuckend griff ich nach der tür, drehte mich noch einmal um, dann ging ich wortlos aus dem zimmer.

jesus (altwiener exclamation)
ein mädchen ging allein ins dorf, um sich bonbons zu kaufen.

engel gottes, mein beschützer, dem des höchsten liebe mich empfohlen,
erleuchte, beschütze, lenke und leite mich!

mit einem bonbon im munde trat sie aus dem zuckerladen. da sah sie
jesus in einem sattlergeschäft verschwinden und folgte ihm:
«hallo, jesus! darf ich ihnen ein bonbon anbieten?»
jesus lehnte das bonbon ab, bot ihr aber seine begleitung an.
«könntest du heute nachmittag mit mir vögeln?» fragte sie ihn etwas
scheu.

herr, dein teures fleisch & blut ist das grösste seelengut,
welches würdig zu empfangen wahre christen stets verlangen.

«eigentlich hatte ich die absicht, hier weiterzuarbeiten», sprach jesus.
«o, wenn du wenigstens nur für eine stunde kommen würdest. ich
könnte dir beim reinigen deiner kleider behilflich sein, wenn wir fertig
sind.»
er lächelte ihr zu.
«so entschlossen?» sagte er. «nun gut, wir wollen satteln!»

mein herz gedenk was jesus tut; o grosse lieb, o höchstes gut!
auf wunderweis zur seelenspeis gibt jesus hier sein fleisch & blut.
sowie.
dem herzen jesu singe, mein herz, in liebeswonn,
durch alle wolken dringe der laute jubelton.

der ritt tat ihr gut. sie fühlte sich sehr müde nach den begebenheiten
des vorabends. sie war sich nicht bewusst, wie schweigsam sie sich verhalten hatte, bis sie im sattelraum jesus gegenübersass, dabei seinen
schwanz polierte und er sie freundlich fragte:
«ich fehle dir, nicht wahr?»
«noch nicht», erwiderte sie, «ich habe dazu noch keine zeit gehabt.»
«ich glaubte nur, du seiest ein wenig deprimiert.»
«das ist es nicht gerade.»
sie arbeitete mit ihrem gebiss drauflos und freute sich über das klingen
der haut, wenn sie sie umdrehte.

stärk uns auch mit dieser speise
endlich zu der himmelsreise.

der kleine raum roch nach leder, politur und jesu pfeife. er stellte keine
weiteren fragen, sondern arbeitete ebenfalls. er fand, sie habe müde
und unglücklich ausgesehen, als sie ankam, aber der ritt schien ihr gut-
getan zu haben und hatte etwas farbe auf ihre wangen gezaubert. ohne
aufzusehen, sagte sie nach einer weile:
«jesus, ich möchte etwas sagen.»
«ja?»
«es ist etwas schwierig!»

hier ist jesu fleisch & blut, hier das allerhöchste gut,
keine seele geht verloren unter seiner haut.

«du hast es allein mir zu verdanken, wenn nicht etwas schlimmeres
daraus wird, mein kind», bemerkte jesus. es ist nicht zu verwundern,
dass jesus in aufregung geriet, nach dem, was er früher schon einmal
erleben musste. er schüttelte seinen schwanz und steckte ihn ihr in den
mund.

lass des jubels harfe klingen, lass von herzen froh uns singen:
alleluja, jesus lebt, jesus lebt, jesus lebt,
alleluja, jesus lebt.

das mädchen hatte den eindruck, dass er nicht zufrieden war, aber sie
sagte nur:
«gut so.»
sie war hübsch, auf eine wohlfeile art, hatte gefärbtes, auffallendes haar
und trug einen kleinen, herausfordernd geformten hut mit schleier. sie
besass eine eigenschaft, um die sie mancher beneidet haben würde:
DIE UNVERDORBENHEIT.
er sah sie an.

gnadenquelle, sei gegrüsst! quelle die beständig fliesst.
o trost der christen.
du warst noch zu jeder zeit ursach unsrer fröhlichkeit.
o trost der christen.

«hast du es genossen, mein kind?»
«ja, ich geniesse es, mit jesus zusammen zu sein», sagte sie kurzerhand.

süsses herz jesu gib, dass ich dich immer lieb,
heb himmelwärts mein armes herz.

er kam ihr jetzt, ausgestreckt, auf dem kreuz liegend, sehr lang vor und
er sah aus wie sonst.

«tut es sehr weh?»
er war ihr in dieser stellung völlig ungewohnt.
«es ist» fuhr sie fort, «schmerzhaft, aber heilbar. morgen wirst du wieder herunterkommen. o jesus, o wasche meine seele in deines herzen blut. o jesus, du hast dich nie bemüht!»
«und ist denn das ein verbrechen? ich wünsche mir sicherheit, stellung, lebensgenuss!» antwortete jesus.

verlass uns nicht, o herr, jesus, du süssester!
jesus, du süssester, verlass uns nicht, o!

die schutzengel taten sich im grase gütlich und nur das gelegentliche aufklingen der metallteile ihrer flügelgurte liess sie an jesus denken.

ferner:
jesus soll am nächsten morgen vollgestopft mit bonbons erschienen sein.
(1958)

fut und ebbe

fut und ebbe. männer tragen hosen. aber frauen tragen röcke. dennoch haben sowohl männer frauen beine. dass auch stühle füsse tragen heben stellen liegen ist so. manchmal sitzen sie dass man es sieht. alle schenkel haben ein ziel: die fut fühlt wie du den schmerz. wo?
rings um den tumor aber wuchsen die futhaare die jedes jahr länger wurden. obwohl der mann die hosen auszog bleibt er in den fut haaren hängen weil sie $9/10$ verfilzt waren. schon möglich dass spannkraft mit guten umgangsformen überhaupt. wo war die fut so lange geblieben? kurzweilen wieder täglich. jetzt sind 300 jahre vergangen. als der mann sich den futhaaren näherte waren sie blond (schamfarbe!) und er schwitzte und stieg auf den tumor. bums. quäle nie die fut zum scherz. «weitaus nicht» stand er noch wieder auf dem tumor. «ohne fut ist nichts überdies.» «somit sind beine trotzdem» klapperten die futhaare. wer a sagt muss auch fut sagen: es war ein kalter sonniger winterabend ich sass im jardin du luxembourg und erwartete meinen hut. endlich kam er und ich schalt ihn $8/10$ nass. mit dem hut in der fut kommt man durch $7/10$ des raum es. lange futhaare kurze fut. ich hatte ihn seit einem kilometer nicht gesehen. damals hatten wir beschlossen unser wiedersehen auf dem tumor im jardin du luxembourg zu öff-nen. auf $21/10$ kgramm traf er eins. viele futten verderben den brei. mein hut war $6/10$ eingesunken.
wo ist die fut?
da ist die fut.
die männer ziehen die röcke aus. die frau mit der hose. eine frau mit einer hose. zwei frauen mit zwei hosen übereinander. wenn du zum weibe gehst vergiss die fut nicht. fut adelt. aus nichts wird fut! tiefe schöne fut. wenn man vergisst den tumor abzulösen mag man die fut schütteln wie man will es fällt kein tropfen heraus.
das futhaar spricht: verzweifle nicht.
«am liebsten ein stück herausgeschnitten und gegessen hätte!» fut sana in corpore sano. der fut ist alles rein. wer die fut denkt ist sie.
der futhahn spricht: verzweifle nicht.
allen leuten recht getan ist eine fut die niemand kann. wer andern eine fut gräbt fällt selbst hinein. morgenstund hat fut im mund. lieber die fut in der hand. fut tut weh. aber: fut ist der beste koch. der futsaft ist ein klarer. da fing der tumor an zu brutzeln. herr morgenstund beugte sich und gab ihr einen kuss. $10/10$ nass. der hahn ist kurz die fut ist lang. wo man vögelt lass sie ruhig nieder schlechte männer haben keine glieder. beim vögeln erkennt man herrn morgenstund. wohin wird die fut werden? woher ist die fut? allerdings ist jene also wozu. doch das immer desto mehr. hahnvogel. der tisch stürzte ein und der

kasten beginnt zu dampfen. heraus tritt her morgenstund und das wasser ist an seine waden abgesunken. ebbe.
wo ist der hut?
da ist der hut.
aufhören. lesen aufhören. aufhören zu lesen. sie sollen damit aufhören. nicht zuhören. aufhören. zu lesen aufhören. sie sollen schluss machen. machen sie ein ende und gehen sie. nehmen sie ihren hut und so fort aufhören zu lesen. können sie nicht lesen? hut nehmen aus den augen aus der fut nachhause. ist das endlich $9/10$ klar? raus! sie schwein.

(1958)

die birne

und er biss in eine birne eine goldgelbe birne wie man so sagt und zwar in jene gelbe und so saftige birne dass das wasser aus seinen mundwinkeln lief die tags zuvor bei frau jekel soweit vorne auf der stellage gelegen hatte und da war er vorbeigekommen er war auf dem wege ins museum gewesen und konnte sich nicht enthalten diese saftige 24 dekagramm schwere birne für den preis von einem schilling und zwanzig groschen zu erstehen eben jene preiswerte birne die mit vielen anderen zirka 2 tonnen goldgelber wenn diese bezeichnung gestattet sei birnen montag den 14. oktober vom transportunternehmen gredler linke alszeile 24 an die lebensmittelgrosshandlung ellsler gelieferte sendung die remesberger junior der remesberger aus wels in die bundeshauptstadt geschickt hatte zugleich mit den fakturen der vorhergegangenen lieferungen und remesberger war stolz denn schliesslich wirbt man nicht jeden tag eine kundschaft wie ellsler ellsler aus der bandgasse der konkurrenz ab und ellsler wusste dass der wechsel platzen würde und ging zu remesberger der froh war dass er ihm liefern durfte und da wird der wechsel wohl platzen müssen wenn kein wunder wenn der ausdruck erlaubt sein sollte geschieht und der remesberger mitgerissen in die pleite und wer kauft schon birnen zu dem preis und da war die eine birne dem zusteller vom ellsler runtergefallen und die alte jekel hat gemeint na wenn sie so arbeiten dann muss ich billiger verkaufen und wer zahlt mir den verlust bei diesem anbot angeschlagen wie stellen sie sich das vor das ist zweite qualität das weiss die kundschaft aber frau jekel war ja nur eine na leg ich sie halt vorne hin die eine mit der weichen stelle nach hinten die eine birne da na ja sagte die jekel drauf und legte die weiche birne und zwar jene die der nevosad ferdinand 74 trotz seines alters noch immer tätig in königstetten vor fast drei wochen vom baum geholt hatte und ganz nach vorne und zwar von dem baum auf dem sich im achtunddreissigerjahr ein gewisser kronik das heisst auf dessen rinde der kronik ein gebürtiger lavanttaler damals in königstetten verheiratet mit seinen initialen s k der kronik sich verewigt hatte mit seinem taschenfeitel wenn der ausdruck gestattet ist weil er mit vornamen stefan geheissen hat der kronik dabei trat er mit seinem rechten fuss auf den stein den jahre später eben besagter nevosad und zwar jahre vor dem pflücken der birne da er der nevosad sich als gebürtiger königstetter fast immer in diesem orte aufgehalten was weiter nicht verwunderlich wenn man den nevosad gekannt hätte hob also den stein auf der ohne ersichtlichen grund all die jahre unbewegt in regen und schnee und so weiter wenn die ausdrücke erlaubt sind auf dem gleichen platz gelegen hatte festgehalten von der erdanziehungskraft während sich doch auch dieser punkt wie ja auch die übrige gegend wie auch die ganze erde sich pausenlos um sich selbst drehte lag also jener schwindelfreie stein wenn der ausdruck erlaubt ist und den warf eben damals der nevosad und warf ihn einige meter südsüdost wo er auf dem längst abgemähten haferfeld der pöller agnes der mit ihren 43 jahren damals der unterschied zwischen mann und frau noch nicht geläufig war liegen blieb wobei er neben einen hosenknopf zu liegen kam den den die kinder des bürgermeisters erich und wolfgang slobinsky nach stundenlangem kauen in der volksschule königstetten auf dem nachhauseweg zum anwesen des bürgermeisters dorthin gespuckt hatten dorthin also warf der nevosad den stein es war ein ziemlich gewöhnlicher grauer kiesel mit seiner rechten hand mit seiner linken wäre er auch zu ungeschickt gewesen und ausserdem war er nicht gewohnt sie zu betätigen also warf er mit der rechten hand die zwei stunden später die des vutzen lorenz drückte die der dann am folgenden freitag in der häckselmaschine seines bruders bei dem er als knecht aushalf seit er seine stellung als hilfsarbeiter in der traiskirchner gummifabrik wegen trunksucht hatte aufgeben müssen verlor und mit dieser hand mit der er jene noch drücken sollte hatte er also auch wie gesagt wenn der ausdruck erlaubt ist die birne abgerissen und zu den anderen birnen gelegt die schon im korb lagen den seine frau denn der nevosad war verheiratet den also seine frau die nevosad marie aus wien mitgebracht hatte als sie das letzte mal in der stadt gewesen war und ihren freund den ponzer reinhold getroffen ihn geliebt und wieder verlassen hatte an ihn ponzer denkend war sie mit der eisenbahn nach westen richtung königstetten abgefahren und in gedanken an ihn ponzer warf sie sich mit hilfe des zuges abfahrt wien 16 uhr 41 richtung tulln gegen die erdumdrehung und wenn der effekt auch bedeutungslos war so war er doch und in den korb legte der nevosad die birne die er von dem baum gerissen hatte der nun schon gut seine 34 jahre stand und auch nicht mehr allzuviel trug aber trotzdem war der nevosad hinaufgestiegen und hatte die birne von dem baum dazugelegt zu den anderen von den anderen bäumen die viel jünger waren und auch anständig tragen denn sonst wäre ja keine rentabilität in dem obstbau von dem wawerka gewesen dem auch der baum zu eigen war und für den der nevosad jetzt auch schon seit dem 17. juli vergangenen jahres wenn der ausdruck erlaubt ist auch als fahrer für den traktor im dienst steht besonders wenn man bedenkt dass der nevosad mit dem wawerka ungefähr im gleichen alter ist und die sich schon lange kennen und auch in der gleichen schule waren nämlich in pottingbrunn nämlich im krieg wo sie in der fallschirmjägerausbildung waren und da hat der wawerka noch gemeint mit dem messer da stech ich in einen engländer dass es nur so spritzt und mit der hand riss er die birne herunter und legte sie zu den anderen aber ein stück vom zweig war mitgegangen wo damals die blüte draufgewesen war wo zwei bienen auf einmal haben wollen in die nämlich in die blüte rein damals im jahre 1943 wo die bombe auf den stadel vom paternioner gefallen war im nämlichen oder gleichen jahr wo die zwei bienen wenn der vergleich gestattet ist nicht in die blüte reinkönnen haben und dann legte er die birne wieder hin angebissen wie sie war und die fliegen setzten sich drauf und am nächsten tag da sah er sie wieder an und dachte da sitzen die fliegen drauf weil sie angebissen ist und da habe ich nicht mehr weitergegessen die schmeckt aber auch bitter.

(1961)

schritte sprung

schritte gehen rechts geheh seines wegs gehen in der sonne gehen weit gehen in die kurve gehen mit den füssen gehen übers gras gehen durch den wald gehen hinauf gehen vor gehen ungefähr einen kilometer gehen um festzustellen gehen schnell gehen einer spur nach gehen los gehen zwischen menschen gehen unter bäumen gehen in der hitze gehen zur seite gehen ein stück weg gehen weg gehen ohne zu sprechen gehen an die hand gehen in einer richtung gehen auf der strasse gehen noch immer gehen hin gehen her gehen nicht gehen weiter gehen mit einem mal LAUFEN

schritte und stimmen und geräusche und schlechte luft und schnell und nach vorne und rufe und lichter und augen zu und weiter und klappern und da und jetzt und in dieser richtung und hopp und auf den bauch und mit den händen und mit den beinen und mit dem ganzen körper und vorwärts und achtung und schon und rüber und obwohl und wieder und weniger und mehr und auf allen vieren und auf die knie und oben und wer und unten und mit einem mal und endlich

schritte oder stimmen oder geräusche oder schnell oder rufe oder augen zu oder weiter oder da oder jetzt oder hopp oder auf den bauch oder mit den händen oder mit dem ganzen körper oder achtung oder rüber oder wieder oder mehr oder oben oder mit einem mal oder endlich

schritte und ging und rechts und ging und weg und ging und sonne und ging und weit und ging und kurve und ging und füsse und ging und gras und ging und durch und ging und hinauf und ging und vor und ging und ungefähr und ging und um und ging und schnell und ging und spur und ging und nach und ging und los und ging und menschen und ging und unter und ging und hitze und ging und seite und ging und weg und ging und weg und ging und sprechen und ging und hand und ging und richtung und ging und strasse und ging und immer und ging und hin und ging und her und ging und nicht und ging und weiter und ging und mit einem mal LAUFEN

schritte ja stimmen ja schnell ja augen zu ja weiter ja da ja hopp ja auf den bauch ja mit den händen ja mit den beinen ja achtung ja schon ja rüber ja wieder ja oben ja unten ja mit einem mal ja endlich

S   P   R   U   N   G

(1961)

karl ein karl
der verzweifelte karl greift zum karl. aber schon hat karl karl genommen. da erscheint karl mit karl auf dem karl und wirft karl auf karl in den karl. karl kommt und findet karl. da stösst karl auf karl und karl verstösst karl. karl stösst auf. über karls karl knallt sich karl über karl.
aber karl gibt nicht auf.
karl weiss was er will.
und karl brennt. karl verbrennt. karl hat sich verbrannt. und karl fällt.
aber karl gibt nicht auf.
karl weiss was er will.
und karl stirbt.
aber karl gibt nicht auf. karl weiss was er will. karl greift über karl nach karl auf karl über. und da steht karl. karl ist da. karl und karl befällt ein karl. karl und karl ahnen dass karl über karl auf karl gegriffen habe. karl gefällt karl. karl entfällt. karl gefällt sich und karl zerfällt.
aber karl gibt nicht auf.
karl weiss was er will.
karl überfällt karl wie karl und ergreift den karl des karl einfach vor karl und zieht ihn vor karl. karl bohrt karl den karl in den karl. da führt karl den karl am karl zu karl. karl und karl karl mit seinem karl von karl auf karls karl in den karl geführt und durch karls karl nicht weit von karl entfernt blicken fragend auf karl. karl erklärt karl karl. da will karl karl am karl packen. doch karl verbirgt sich hinter karls karl. da deckt karl karls karl auf. karl entdeckt karl dass ihm karl den karl verweigere. da verdeckt karl karls karl mit seinem karl und karl stürzt über den karlübersäten karl mit karl im karl und karl eilt weiter. da brüllen karl und karl als karl karlstimmig nach karl. ein karl tut sich auf. karl schwankt. karl schwenkt karl trotz karl und karl am karl über karl auf karl. karl mit karl verliert karl und karl ohne karl steht plötzlich ohne karl auf karl. und karl schreit.
jetzt lässt karl den karl vollends fallen und erklärt karl dass es gegen karl gehe. und karl geht. während also karl geht trifft karl auf karl und mit karl kommt karl aus karl und auch karl der neben karl getreten war geht jetzt über karl mit karl um karl im karl zu fassen. karlüberströmt fasst karl karl. nun ist karl gefasst. karl ist also der erste karl der mit karl und karl und auch karl gefasst und unter karl hervorgezogen worden war. so steht karl mit karl rund um karl und karl stösst karl vor karl. da zweifelt karl an karls karl. aber für karl ist karl karl. karl haut karl auf karl und karl verliert karl im karl karls.
aber karl gibt nicht auf.

karl weiss was er will.
während karl an karl gelehnt in den karlschweren karl versunken den karl entwickelt erklingt karls karl aus dem karl. karl stürzt auf karl und sucht karl. aber karl ist nicht da.
aber karl gibt nicht auf.
und karl schreit.
und da ist karl der karl in den karl führt. und karl lacht. und karl verlacht karl mit karl und karl samt karl. karl und karl die karl in karls karl an den karl zu karl stellen treiben ohne karls karl oder karl einen riesigen karl in den karl und übergeben karl karl. da übergibt sich karl und karl gibt karl karl und karl gibt nach. da ergibt sich ein karl und karl ergibt sich.
doch karl gibt nicht auf.
karl weiss was er will.
da kommt karl. als karl karl nicht in den karl führt will karl dass karl karl führe aber karl führt karl nicht in den karl. da nimmt karl karl selbst beim karl und zieht karl vor karl. und karl hat karl.
jetzt sieht karl klar.
karl hält karl am karl und versucht karl zu halten. doch karl hält karl unter dem karl und hält den karl um mit karl karl doch zu halten. nun greift karl zu karl und karl zu karl. so steht karl vor karl und karl hinter karl neben karl der vor karl steht. das ist karl.
doch karl gibt nicht auf.
karl weiss was er will.
bald hat karl karl eingeholt und karl holt nun karl hinter karl hervor zudem nun karls karl ertönt zu dessen karl karls karl ertönt.
da staunt karl aber.
karl ist in karl gesunken und karl richtet sich auf. da richtet sich auch karl auf und auch karl richtet sich auf. da trifft karl mit karl auf karl und karl fällt von karls karl auf karl und wieder erklingt es. und karl schweigt.
aber karl gibt nicht auf.
und karl schweigt.
nun tritt karl vor karl um mit karl vor karl und karl zu treten und neben karl tritt karl mit karl samt karl am karl vor karl und karl schweigt.
aber karl gibt nicht auf.
und karl verzichtet auf karl und karl und karl wird da zum vorläufigen karl ernannt. da nennt karl karl karl. ein karl entspinnt sich. karl entpuppt sich als karl und karl entschliesst sich karl bei karl zu lassen und lässt karl bei karl doch karl lässt karl nicht mit karl bei karl und entschliesst sich karl nicht bei karl zu lassen wenn karl mit karl bei karl bleibe.
doch karl gibt nicht auf.

karl weiss was er will.
da lässt karl karl vernichten.
da ruft karl karl vor karl zu karl zum karl vor karl auf. da steht karl vor karl. aber karl ist auf karl vorbereitet und karl tritt jetzt mit einem ruhigen karl in den karl des karl als karl den karl betrachtend stumm den karl hebt.
da staunt karl aber.
der ganze karl hat sich da versammelt und karl umringt karl mit karl und karl ohne karl oder karl und ausser karl steht noch karl neben karl und karl der karl steht neben karl. so stand karl vor karl und neben karl stand karl. doch jetzt steht karl hinter karl und neben karl steht karl vor karl. so blieb karl neben karl und karl. und dann holen karl karl und karl karl zum karl. karl bleibt bei karl. doch da ist noch karl. und karl lässt karl liegen. auf karls karl lässt karl karl einfach liegen. so liegt jetzt karl einfach auf karls karl und karl geht zu karl der mit karl bei karl und karl steht den karl am karl. und karl gibt karl an karl karl an karl nur karl der karl will von karls karl nichts wissen. zwischen karl und karl erhebt sich nun karl. aber schon ist karl mitten im karl und karl hebt karl in den karl.
da staunt karl aber.
karl und karl treten als karl und karl auf. jetzt ist also karl wieder im karl. doch wo ist karls karl und karl?
aber karl gibt nicht auf.
da sieht karl den karl im karl des karl auf karl als karl karl mit karl über den karl hält. da tritt karl aus karl und ohne karl aus karl raus zu lassen lässt karl karl einfach im karl.
aber karl gibt nicht auf.
karl weiss was er will.
karl im karl hat sich karl im karl karls einfach von karl zu karl hinbringen lassen. da reisst aber karl karl vom karl und karl und karl finden da karl der einfach in karl reingefallen war. da tritt karl einfach aus karl raus und mit karl über karl treten sie dann einfach gegen den eigenen karl.
entsetzt fällt karl auseinander.
und im karl erscheint karl.

(1961)

mutationen

2

kleopatra schlug die hand vor den mund und rief: woher kommen sie, mein herr? in der tat war das aussehen des augustus von der art, dass man überrascht sein konnte. die stirn des hannibal war feucht von schweiss und mit dem schweiss des beowulf vermengten sich hier und da einige tropfen blutes. in seiner kleidung war diese unordnung umso auffallender, als byron in dieser hinsicht gewöhnlich die strengsten anforderungen der mode erfüllte. das feine tuch des schwarzen rockes war an mehreren stellen zerrissen, die verschobene krawatte des grafen latour hielt nur durch einen falschen knoten und ein gummiband zusammen, das gegen jeden modestil war. grosse kotflecken hatten den glanz seiner stiefel bedeckt und die spitzen seines zerknitterten und an mehreren stellen zerrissenen jabots hingen schmutzverkrustet über den geplatzten kragen der atlasweste des feldmarschall tilly. auch der dunkle hut, den lincoln bei seinem eintritt auf einen sessel gelegt hatte, war verbeult und die krempe zum teil abgerissen, kurz, der zar schien in einem erbarmungswürdigen zustand, und miss mary lincoln erstarrte, als sie die verwundete haut seiner finger durch das leder der engen, zerrissenen handschuhe floyd pattersons bemerkte. die frage seiner königin riss sir francis drake aus gedanken. während er mühsam versuchte, sich wieder zurechtzufinden, stand brummel auf und trat vor den spiegel. verzeihung, madame, stammelte cromwell, seine geschundene haut betrachtend, auf meine ehre, ich glaubte, ich wäre nicht so sehr zugerichtet worden. verdutzt stand oliver hardy vor gloria swanson, die sich in einem hysterischen lachkrampf am boden krümmte. solcherart verhöhnt wandte ihr löwenherz den rücken. hochaufgerichtet verliess kolumbus den raum.

4

noah treibt das vieh über die rampe. für einen augenblick wendet der korse den schädel. seine augen eilen unstet in den höhlen. er bleibt stehen, suchend, die beine festgestemmt in den planken, mustert er das deck, bis einer der herren an seiner seite ihn höflich aber mit unmissverständlichem nachdruck bittet, sich an bord zu begeben. mit geneigtem schädel, einem geräusch nachlauschend, betritt der entthronte kaiser das boot. noah schliesst die luke und zieht das segel auf. ein fetter mann in grünem frack mit goldenen epauletten, in weissseidenen strümpfen und schuhen betrachtet verloren das im wind geblähte leinen. seine uniformierte begleitung geleitet ihn an die treppe, die unter deck und zu den kajüten führt. das vieh drängt blökend gegen den hauptmast. hufe scharren an holz, hörner knallen gegen die planken. geduldig schiebt noah raufe um raufe vor die hungrigen mäuler. als ein junger stier nach vorne ausbricht, wirft ihm noah das seil um die läufe und bringt ihn zu fall. i beg your pardon, sir, schnarrt die stimme eines matrosen der northumberland, während napoleon schweigend über die trosse steigt und gefolgt von seinen begleitern allmählich in der perspektive der treppe unter deck verschwindet.

5

arnold kam näher. kajetans mantel flatterte hinter ihm drein. karl ging schnell auf uns zu. helmut trug das haar links gescheitelt und es war von so heller farbe, dass man ihn auf weite entfernung erkannte. langsam wurden stefans züge deutlich. thomas hatte seine hände in den taschen seines mantels vergraben und schien zu frieren. andreas beschleunigte seine schritte. herbert winkte uns zu. dann zog ewald seinen hut tief in die stirn und stemmte sich gegen den wind, der pfeifend durch die strasse fuhr. emanuel schwankte. wir fürchteten, dass der sturm hans zu boden werfen würde und machten ihm zeichen, sich in eine toreinfahrt zu retten. aber max schien uns nicht verstanden zu haben und setzte seinen weg fort. plötzlich riss ein windstoss paul den hut vom kopfe. aber matthias schien das nicht zu beirren. vielmehr hörten wir siegfrieds lachen, obwohl er noch gute 200 meter entfernt sein mochte. lukas hatte den kragen seines mantels aufgeklappt und ruderte mit seinen langen wurmartigen gliedmassen in diesem stürmischen 29. oktober herum. georg mochte jetzt 29 jahre oder mehr sein. wir kannten heinz erst seit kurzem. aber egon war uns allen ein guter freund geworden.

6

sie kamen noch einmal von vorne sah die geschichte beweist in diesem fall kann ich ihnen leider sind sie wieder einmal schien es ihm als ob so oder so das ist mir geht es gut so wir bleiben sie doch er gab nicht auf der stelle treten sie näher und näher kam der termin und sie hatte ihn seit geraumer zeit wartete der kerl stand auf alten landkarten war diese stadt nicht ohne grund hatten sich die zwillinge ferngehalten von staatsstellen und als klar wurde dass er die flasche stand auf dem tisch lag der leblose körper

7

das glas stand auf dem tisch lag der leblose körper des mannes arm hing von der kante des stuhles troff das blut bildete eine lache breitete sich aus dieser entfernung war jede einzelheit muss festgehalten werden die gläser noch gebraucht und in diesem zustand wollte niemand verlässt den raum bevor ich stand mit meinen leuten noch eine weile und alle können nach hause gehen sie auch nach hause zu gehen macht mir nach dieser sache wenig vergnügen sie sich kommissar sie sehen ja aus als ob ich es gewusst hätte dass sie mich herumkriegen würden sie mir die ehre geben heute dachte ich es würde ein ruhiger tag werden sie auch wirklich kommen die johnsons auch wenn die kommen sollten sie nicht wahr sie verfolgen doch da lag noch immer dieser kerl auf dem tisch lag jetzt eine menge zeug von meinen leuten war mir hynes noch der angenehmste zwischenfall trat ein mädchen in so einem sehr engen kleid steckte da mehr dahinter stand hynes und grinste die puppe auch oder hab ich den sonnenstich muss ich mir gestern am strand lag der kerl damals war doch auch wer dabei fiel es mir war klar wen ich da vor mir stand der mörder sind eine komische rasse hat sie das muss man ihr lassen sie mich los brüllte die riss wie verrückt an den stahlspangen hing hynes war mir zuvorgekommen

(1962)

der die mann (1. fassung)

der mann nahm die dame an die niere. die dame nahm erde, emma nahm die rinde, da er immer den riemen nahm. ida nahm den rand der niere. nie nahm emma die maden. dann nahm ida die amme. die amme nahm die rinde, daran die maden rannen. der mann nahm immer emma. nie nahm er ida. er nahm die dame in die erde, er nahm den namen der dame an die niere. da rann der rahm nieder. emma nahm den mann im rahm. immer nahm emma den mann, da der mann nie emma nahm. der mime nahm rahm in die miene, da rann der rahm nieder. am rand der erde nahm ida den mimen. an der niere nahm ida den mimen. im inneren der erde rann der rahm an den rand der erde. dann nahm der narr dem mimen die rinde der niere. an dem niederen rand der miene des mimen rann immer rahm. der mann nahm nie den riemen, da an ihm immer rahm niederrann.

der die mann (2. fassung)

der die mann her man die am mir dir ihr hermann der die mann er der die erde die der der an die rede reden den made ehren die da die ader der ahne da mahnen der ihre rad radar mit die rahme damit arme die dar da darm an die meere der die dehnen mieder hier da die hammer dahin dir rinne der den hader er der die herde die am herd mir nie rahm im rahmen hier die amme nahe dir die in mienen der marder narren renne mir ran an die riemen in rinnen die rinnen innen rann die rinde am rand die hand in die hand nahm. den hammer her der mann der die hand hier da mied der den an die erde der hin den hammer immer in der hand rennen in den darm in die haare hin die nennen nie den namen die mit dem hammer da immer rennen die reden hier in den dirnen da die da nie den mann nennen der da mir dem hammer der die hand in die hand da dehnen die da dem den arm am rad da nieder in die erde er die der da emma hermann die hand da im rad he nimm den in die hand den hammer da dir hier im meer drehe her hin dir dran anna da in der anderen hand da am rand herr hirn an die rinde mir in die damen rennen hennen am rand der hand in den darm hammer in der hand armer narr da rinnen mir die adern in die arme mann da minder dehnen die maden an den rand der rinder in immer dir hammer darin anna emma die rad da am rande daran rahmen die hammer die damen in meerammern da rann manna in die damen madame dahin der mann mit dem hammer an der hand in die mieder nieder hier in der ende dann dehnen die mehr am damm adern rinnen in den nahen darm dran an den rand da rennen die rinder herden

in die haare der damen an der hand in den mann da he nimm den
hermann dreh dem die hand in den darm der arme mann ehre den
hammer emma an die hanna in henna hin da an den da mir den hammer in die hand ha hier rinnen meere in die maden in die rahmen der
dramen amen die anden am meer hier der hammer mir die rinde der
rahm am rande die dirnen am riemen der armee in die hirne der
anderen da hihi hin dran ran an die erna in die erde ehre in namen
nahm er nahm den rand des hammers in die hand da rann die innere
ader der redner in nenner der an die der nadir der erde im inneren der
arme der darm der hirne am hammer dehnen dir hadern an die hand
in den da immer her dehnen die rinde an den rand der hirne die irren
den rand

der die mann (3. fassung)

der der mann der die mann der die nahm der mann nahm lahm der
die niere da lag der der mann der in die der die niere in der die die
galle im rahm da kam die der der in der hand lang in der galle im
rahm mit der niere der kam der der mann der die der mann der an
die die den rahm der die mit dem rahm da lag der er der im mantel
mit dem mantel da der er da lag er lang da der da kam die lang die
der mann mit der da der niere da die die nahm der er da der in die
hand die hand ihre hand die nahm der da die da lag mit rahm lag
die da im rahm mit der hand in der hand in die hand da mit der kalten
die der da nahm der nahm die kalt da die dann da lag die da nahm
der dem da die da den da die da lag der da der da lang da lag mit
dem die da lag die da die lag lang da mit dem da der die da nahm
der die mit der hand da die hand da mit den adern da und der ader
da der da lang da lag da nahm der die da an der hand da die da die
lange da die da lang lag da die nahm der mit der hand mit den adern
da rann die galle an der hand lang die der da nahm mit der galle in
der hand da nahm der die hand in die hand da er lang da mit der
die da die hand in der hand mit dem da mit dem die da der der die
hand nahm der lag der da lag mit der niere in der hand da nahm die
die niere in die hand mit der die den da im rahm da lag der da mit
dem mantel der da mit dem da lag der die hand da in die galle in
der die niere lag legte der die hand der in die hand mit all dem rahm
da der galle da der niere da da legte der alte die hand da die da die
lange da mit den adern da die legte der da in die da die mit dem da
in der niere da nahm die die hand in die hand da lag der da nahm
er der lag da der da lag er lang der nahm die hand der der da lag der
mit der niere nahm die hand in die hand nahm die an die hand nahm

er der da damit die da mit dem da liege mit ihm da dem da der da liegt damit die da liege mitten im rahm langte der die da die er da hatte die hand da hatte der der da die da mit der da gelangt die hand mit der hand da lag die da mitten im rahm lahm lag die dann da lag die dann da in der galle die in der niere da mitten im rahm lag da dem die da die niere da die da lag dem lang in der hand da lag der alte im mantel lang lag der da lag der da der alte mantel mit dem alten im rahm da kann die der mann die da die hand in die galle da die da mit der niere die da mitten drin in dem rahm liegt legen da liegt der in der der niere da dann lag die kanne rahm am alten da der da lahm da lag

argumentation vor der bewusstseinsschwelle

an der der für den und an der dass trotz des von keinem eine einzig der ist ist das eines ein würde die an die und den der und das zur im der dazu die einen für jeweils oder und der sollte diesen dem zu das wäre auf die über die das jeweils in von einem oder zu hätte im dazu ein einen haben bereits gehabt und an das mit dabei allerdings dass in dieses für den waren die dann nie zu dem waren auch dass dieses den nicht und dass es eine weder war eine noch ein vom ein vom würde sich auch auf die zur ist eine dass sind den der auf vom zu aber die in das hatte unter zur dass die von der und gegen die und sogar sich zu der habe den die und wollten dass nach den andrerseits sich die über die worauf müssten sich eine ? auf den der der und der der und untereinander müssten eine aber auf die und seine die der vor jener an der des in denen eine ist werden die dieser sich mit den der die des werden für einen der in die werden von dort vor wo diese über die der in in denen und in sich mit dem der die eines die der hier sich wo ein kein ist die auch wo der mit ist die eines wäre auch für die keine denn das hat auch der den und und eben bei der denen über die und wahrscheinlich auch über den würden wäre noch eine

(1962)

signal

anfangschnurgeradewegsausentgegenwindstossweisenbahnschrankenlo -
slassenkennentkommentfernentgegenlichtsignallzufalltürklinkerhand -
schellebensgefahrgeschwindigkeiswolkehlkopfüberdruckluftschachtele -
grafenmastentspringenaufbrechengezwängeschüttelegrafensterscheiben -
tzweiterhobenützentrifugalsoweitsprungleichtfüssignalleergelaufenthalt

*

keuchendlichtsignalleinerleitungsdrahtverhautomatemlostwindradschl -
agringsumherzklopfendlichtsignalweichenstellwerkzeugkastwerkzeug -
enaufhebelastzugrundschaudermassenkbleischwerkraftaufwandrerseit -
lichtsignallerleisenbahnschwellkörpermassemaforgantriebfederwerklim -
mzugluftsprungbrettungsringeradeckungefährlichtsignalsomittendurch -
auslassenkrechtsumkehrennbahnschrankengestellwerkklettertönentfernt

*

muldeckungefährdetwasserfrischendlostwindrosenstrauchwerklingentf -
ernzügelassensenklangsamselschreitenlangstschweissentströmt

*

stundehnendlostwindstill

*

kreisenkrechtsumheraufffliegenussbäumeterhochzeitlupenreinigefiedert -
elegrafenmastwerklingenaufsteigentfaltenloslösendlichtsignalmastron -
omittendurchausspielplanetenbahnschrankenwerklangsammelplatzun -
gewitterluftsprungturmhochebenebendaherüberquerfeldeindringendgü -
ltigergestreifengequietschenkelhalstuchflattertönentweichenstelldichein -
gangartigergestreifrockergelbgrünblauwarmluftdruckartigerjackenklei -
dungenautomobildschönheit

*

vogellendlichtstrahlenglanzenspitzenunterwäschenkelfenbeinerleibrie -
menschlicherstarreserverfluchtartigergestreiflichtsignallichtsignallichts -
ignallichtsignallerleiblichtüberströmt

*

hautomatemringendlichtsignalabasterbrichtstrahlendlichtsignalgebrav -
ogelschreiherumflatterniedrigenausschwärmenschenähnlichtsignalpfeif -
ederkleidgeprüfstandbeinahe

*

lebewesensee

*

plötzlichtsignalchemiedermassensibeleuchtetwasserspiegelglasklarverst -
örtlichtsignalsolangewurzeltplanetzhautomobilderbogensehnebenbeis -
chlaftrunkennzeichenbaumwollkleidsambragenitalsperrangelweitheru -
nterlippenrothaarsträhnelfenbeinschienenstrangesichtsmaskenfestgefa -
hrenzonetzhautnahrungeachtetwasserdampflokomotiverhüllendlichtsi -
gnallerleiblichtsignaltarnfarbenprachtungetümpelzgefüttertrinkentlei -
benützentblössenthaarbuschwerkennbarmherzigarettenrauchwolkehlk -
opfübergebenedeiterherdbodennochmalsogarnschlingenügendlichtsign -
alstangebundendlichtsignalleinerleinzigarettungsringsumherzschlagune -
belschwadenbeinaherzitterstarrentdeckenleuchtfeuergarberührentblöss -
enkrechtsumhervorhautnahtlosreisseeadlerweiterhinauslöschenkellerche

*

fliegefahrlosgelöstlichtsignallmählichtsignalleebäumeterhochgezogeno -
mmendlichtsignallichtsignalfeuerwagenschlüsselblumenregentropfenst -
erleuchtetwasserrosenstrauchentwicklungefährlichtblicklosungestümpe -
rhaftendlichtsäulenkradlerschwingenlichtsignalbatrosselenkerngehäus -
enkrechtzeitigerfellenbogenschussbahnsteigentlichtsignalabastermüdet -
wassertierkreisrundumheraufgestiegenaus

*

grasbüschelleergebranntweinflaschenhalsbrecherischermesserscharfschü -
tzendlichtsignalhornamentgleitentfallentzündholzfeuerfassentflamme -
nmeerlöschentbrennpferdschollederzeugentbrennpferderückentgegner -
glänzertretentlarverlöschentscheidewasserstickendlichtsignalhornknop -
ferstockstefersengeldmünzerplatzangstvolltrefferlistenorgelungensch -
wundfieberkurversteckbrieftaubefleckesteinhartigergestreiflichtsignalli -
chterschlaglichtsignallichtsignallichtempfindlichtsignalarmstarkstroma -
ufenthaltungleichnamentlichtsignaltermitentkommenschenleerlaufent -
deckungeschlachtmesserafimmerhinzufluchtwegspritzentrifugalkraftau -
fwandschmucklosschlagenausschlagadergleichenbeschaufensterglasstur -
zflutwellenbergkristalbatrosenkranzschleifelsenkrechteckstelnerleibw -

äschenkelementarzneigungehemmungslosbrechentleibenützendlichterl -
aubwaldbrandfleckennzeichenlaubbaumkronleuchtfeuerflammenwerfe -
rnzielgeradewegbrennennenswertvolltreffertigerstickendertrinkender -
klangbeinigenugtuungeheuerlichtsignallerleichenblassblauwarmbeuget -
rocknetwalzerplatzangstvolltrinkengenausgetrocknetzartigergestreifr -
ocksaumpfadenscheinwerfernzugegenüberkommenschenkelastischglock -
ruferlosschlagendlichtsignalarmglockenspielzeugestillstandrangebunde -
ntblösst

*

nachtsampelysiumklammerschöpferkaltetwacholderdesgleichenstarrsin -
nerhalbmondsichelfenbeinahkampfwaffederleichtsinnentleertastetwas -
serleuchtfeuerstrahlendlichtsignalabasterbleichenblassentfernungefahr -
enzonebelschleierschalltrichtstrahlenkronervenschwächerstaunterdrück -
terbitterterfüllterkaltetwasserstarregengusseisenbahngleiswasserrinne -
benstrassemafornamentfaltentakelektroloktavensprungbereiterdreich -
entfalterkaltetwallmachtungleichentuchfetzenteisenbahngleisstossweis -
schollehmgrubestattungleichenhemdenknopferdbeerennpferdhügeleisk -
rustemporegengusseisengeleisengestellwerklingesprungbereitgetellerg -
rosschweifendlichtsignalweichentstellwerkaltetwachtungesehenkerbar -
menschenstimmenschenschritteerpapperiskopfernrohrmuschellenbogen -
sehnenstrangespannungleichvielzahllosgelöstlichtsignalsogleichzeitlup -
englashartnäckigeräuscherbetratemporschiesspulverklingentfernendlich -
tsignallichterrettetwassergrabentrückgratemzugluftdruckluftdruckwell -
enschlagringeringerstickendeliriumhervorschnellzugluftzügeleisenbahn -
gleisendrahtverhautomatemringsumherunterkollernüchtertönendlicht -
signalsofortlaufendlichtsignallampenscheinwerferblendwerkstattentat -
sachtempochengerproberkörperlenschnurgeradeausblickendlichtsignall -
gemeindringenauftaucherproberhautomatemperatursprungfederklei -
derkennzifferblattentatortsgebundenkmaltarnentdeckentstellenweisig -
erkaltenderstarrkrampflösenderartigergestreifschussbahngeleisendrah -
tverhaugenscheingeweidendlichtsignallerdingfestgefahrenherdrücksto -
ssweisenbahnschrankentspannentwickelschnurgeradewegkreuzungefä -
hrlichtsignallmählichtsignallichtsignallein

*

umhervorsichtbarackennzeichenbaumstammplatzangstvollkommenges -
tankerkettengliedmassenhaftbaromanniederwerfentblössentgegenwehrg -
ehängemattentatemnotgedrungenugtuungefährlichtsignalleingepressk -
opfertigergestreifrocktaschenkelfenbeinaheraufdruckknopferstockenge -
niessbarmbandrangriffbereitliegenugsamentierkreisbewegungestümper -
kennbarmseligsprechentfaltenrocksaumpfadfinderlohnendlichtsignallm -

achtungeschlachtschiffschraubesteigentummelplatzregenschauermüdetw -
asserstrahlendlosgelöstlichtsignalleinenhosenbeinkleiderpuppengenaug -
enlidergussstahlhartigerfelljackennermienetzhautengpassierscheingewe -
ideliriumherfallendenstückwerkzeugungemeindringenussschalederg   -
ürtelektrizitätlichtsignalarmmuskelkraftfeldeinherunterleibwäschekla -
mmerregungeduldspielraumzeitlosbindengewaltsamenkornblumenblau -
gensternwartesaalglattwegweiserstarrkrampfadermassengefechtkunst   -
seidenstrümpfederhutfederleichtmetallzuerstickendlichtsignallzuerster -
bentscheidennochmalsofortwechseltsampelzkragenickschussbahnsteigend

*

gellendlichtsignalfeuerscheinbrechendlichtsignaluminiumrädergleichna -
mselschreissentzweithervorbei

*

nachhallokomotive

*

blutspursprungtuchfetzendlichtsignalfeuergarbeflecktischtücherregenb -
ogensehnebenbeinfleischklumpensummenschenähnlichtsignalleingewei -
deplatzwundenübersätzendlichtsignallichtscheinprägenaufsteigentkra -
mpflösendlichtsignalmastspitzerfetzentstellwerkzeugewaltaktstockhoc -
hflugkörperregungezügellosbrechendlichtsignalzeichendeckungleichente -
ilefzerfleischenkelfenbeinebenschienenstrangepressluffthämmerkaltenta -
kelchgeweihestundenhotelefondrahtschlingeklingelingeleisendrahtschl -
ingeschwindstossweisenbahngleisenbahngleisemafornamentfärbenzing -
eruchsinnehaltentakelendlichtsignallee

*

händenkmalbatrossköpfensterglasblumetzgeruchbarhauptaltarngewan -
dschmucklostwindfahnenstangesichtsmaskenfestungleichenzugpferderü -
ckenthaarschopfernrohrmuschellenbaumlangsammlunggleichenträgerüst -
wagenradschlagenickennzeichensargwohnmachtungelegendlichterleuch -
tetwasserstrahlendlichtsignalltäglitzernüchtertrugbilderbleichtsinneha -
ltendlichtstrahlenkranzschleifensterkreuzweisendlichtstrahlenkranzei -
chenwaldblumeerschaumgeborendlichtstrahlentdeckentblössenkrechtfe -
rtigeniessreizwäschemalvenzweigentlichtbündelfingeringsumherzstich -
wunderblumenstrauchwolkelchgeweihwasserspiegelglasscherbrochenes -
signalkoholzkohlenfeuerzwangewidertrankenwerkzeuggesichtbarackeh -

lkopfertierköpfedermesserscharfschützerfleischenkelhalsstarrkrampfa -
derlassendlichtsignalleinsturzbachtung

*

geheulenschreinigenautohupecholotrechtsummertonleitungsdrahtverh -
automatemlosstürzentnerschwerkraftloskommenschenähnlichtsignalar -
maturenbretterleuchtetwassergrabenzingeruchsinnehaltentgegentladeh -
emmungenautomotorengeräuschloslaufensterleuchtetwasserspiegelung -
enblasebalgewehrschüssemaforenflügelschlagendlichtsignallmählichter -
kennendlichtsignalsofortwechselstromkreismittelegrafendrahtverhau -
entzweiterhinterherzklopfensterleuchtentlangsamtweichholzwandvor -
sprungbereitentlangefeuerstrahlendlichtsignallerleisenkrechtsumherzk -
lopfensterscheibenschiessendlichtsignallichtsignallichtsignallichtsignall -
ichtsignalmastfreilichtsignallichtsignallichtsignallgemeinkreisensplitter -
grabentgegenübergetroffensterkreuzfeuerzangenageltungenautoreifen -
sterkreuzfeuerzaubereifensterkreuzwegrasenkrecht

*

erleuchtetwahnungslosgelöstlichtsignalmählichtungestaltloslösentfern -
entbrennentflammentfärbentschwebentgegenkommentwederleuchtetwa -
hnsinnentleertrunkennzeichentwederleuchtetwaageleitflugkörperlosge -
löstlichtsignallmählichterleuchtetwalfischlossentleerentquellentspriesse -
ntwachsentschlüpfentwederleuchtetwandelsternklarsichtbarkennzeich -
entwirrentfaltentfliegentwederleuchtetwasserstrahlendlichterloh
(1961)

stadt

strahlentgegengehäuserpentinentlangsammelplatzen
netzhautobusenkrechtecksteinmauerritzerreissen
stillstandbilderstarrentzweiterhinaufleuchttürme
kotflügelschlagenaugensternhimmelektrisch
sirenengeheulengelaufglühlamperlenschnurwaldblumen
glasfaltenwurfmesserlaubengängeschüttelefontäneonlicht
flittertönebelschleierkastentgleitschienenstrangeschwollen
sekundetonierentspringbrunnenrandsteinfliessentlang
eisengerüstungenaugenaufblitzentschwindfangnetzstrümpfederbüsche
spiegellenkräderglänzengewellblechgehäusehstrahlenkranzeigerinnen
schwebetonfarbenzindämpfelsenkrechtsumhervorwarnfeuerscheinöde
trägeflimmerlöschentwirrgartentlaubbäumessingvogelschreie
(1962)

flucht

gewehrlaufschrittweisendrahtverhautnahebeinahelmesserwachtungena -
ufwachtturmhochspannungsleiterbrichtstrahlendetonatiohnmachtunge -
witterwolkettenpanzerrbilderbogenickschussbahnungestümperiskopfh -
örertönernebelscheinwerfernglastwerklimmentlaufspringflutwellenlä -
ngelaufgrabhügellengelblichtpunktierennbahnsteigentgegenstandbeins -
chlägesummertönerdschollegesteinsturzflugsandhügeländertönengegeb -
entlangsandstrandlosstürzentrumkehrwasserspiegelaufschlaglichtwelle -
hmgrubeleuchtfeuerstromauflammenwerferdreichweiterhinaufgraben -
zingeruchstoffenstermüdetwasserpfützerbröckelendlossprengstoffensiv -
erbergstollentgleiswasserstandfestgefahrenzonebengleisentraversenkre -
chtsumheraufbaumkronleuchtfeuergarbehelmsfeuerscheinwerfergussta -
hlhelmetallstückweisendrahtschlingegrabeschützengrabsteinmauerleuc -
htturmspitzerplatzregenaufleuchtfeuerwaffentladeckungenaufheulent -
flammenmeerscheingrabhügeläutelegrafenmastgabeleuchtfeuersäulenh -
alleinschlagenaufstacheldrahtschlingewehrgrabegrenzbaumgrenzstein -
mauersteingemauerstrahlenbündelektrizitätowirrsalverfluchtwegsperr -
mauersteindringsumheraufbrechstangeseiltänzerreissproberhalbwegstr -
eckehrtwendekreiswasserwachtungezählwerklingeleitersprossenkrecht -
sumheraufsteigerichtstrahlenringelbeleuchtentakelektrommelfeuersche -
inentkommengewölbevorsichtfeldwegschiebevorscheinwerfernrohrens -
auslöschentrückzuckengelblichterstrahlenkranzündkapselbstschusswun -
dermitteleskopfüberschautomattenatemlosstürzenitroglyzeringmauer -
steinmauerstarrkrampflösendlichterwachtturmhahnenschreissentzweit -
erhinaufschreingemauertönentgegenwehrgrabengesteingrabtöten
(1962)

```
                              gewehrlaufschritt
   armhochspannungsleiterbrichtstrahl
   ssbahnungestümperiskopfhörertönerneb
   abhügellengelblichtpunktierennbahnst
   ngsandhügeländer tönengegebentlang
   ellehmgrubeleuchtfeuerstromaufla
   detwasserpfützerbröckelendlossspreng
   engleisentraversenkrechtsumheraufb
   etallstückweisendrahtschlingegrabes
   waffentladeckungenaufheulentflammen
   lagenaufstacheldrahtschlingewehrgrab
   wirrsalverfluchtwegsperrmauersteindri
   twendekreiswasserwachtungezählwerk
   euchtentakelektrommelfeuerscheinent
   ohrensauslöschentrückzuckengelblie
   überschautomattatemlosstürze
   terwachtturmhahnenschreissent
       grabtöten
```

der stein der weisen

vorwort
auftreten mehrere körper.
jeder dieser mehrerer körper hat ein bewusstsein.
diese mehrere bewusstsein sind unsichtbar.
jetzt ertönt einer dieser mehrerer körper mit hilfe seines bewusstseins reflexiv.
alle diese mehrere körper sind bei unsichtbarem bewusstsein.
alle diese mehreren echten körper und alle diese mehreren metaphysischen bewusstsein.
jedes dieser bewusstsein heisst ich.
alle diese mehreren körper haben verschiedene namen:
hansi, franzi, otti, lotti, wolfi, heinzi, elfi, brunhilde.
der körper hansi hat ein bewusstsein, das ich heisst.
der körper franzi hat ein bewusstsein, das ich heisst.
otti ist ein körper. der körper otti hat ein bewusstsein, das sich auch ich nennt.
lotti ist ein körper. dieser körper hat ein bewusstsein namens ich.
ich heisst das bewusstsein des körpers elfi.
die bewusstsein der körper heinzi, wolfi und brunhilde heissen ich und sind sehr verschieden.
ich heissen die bewusstsein noch vieler anderer körper, die aber heute nicht auftreten.

heroische geometrie
der körper ist nach jeder richtung begrenzt.
die grenzen bestimmen die gestalt und den namen des körpers.
der körper tritt auf und zeigt eigenschaften.
die oberfläche ist die grenze des körpers.
die oberfläche tritt auf und zeigt eigenschaften.
der körper steht im raum. dies entspricht dem körper.
der körper steckt in der weile.
die weile ist unsichtbar.
der körper bewegt sich mit hilfe der weile.
die ausdehnung des raumes ist dergestalt, dass man nach allen seiten körper hineinstellen kann.
die weile tritt auf.
verschiedene körper wachsen.
der raum ist mit dem körper nicht identisch.
der körper hat etwas heroisches.
der körper ist da.

hermetische geografie
es wird immer lebendiger. sobald sie musik hören, kommen alle ausser sich. die insel porto santo hat ausser ihrem trefflichen weinbau, ihren vielen kanarienvögeln und ihren rebhühnern nichts merkwürdiges. die fensterscheiben zerspringen. menschen und tiere triefen überall von blut. ceylon, die giesskanne ostindiens. männliche körper, weibliche körper, kindliche körper. schafkörper auf der weide. das getreide schiesst aus der erdkugel. das einhorn, dessen dasein in der natur man schon vielseitig geleugnet hat, soll sich doch noch in den wäldern abessiniens vorfinden. das auge sieht nichts. die hauptstadt ist abomch, mit 24 000 einwohnern und einem mit menschenschädeln gezierten königsschloss. übelriechende nebel hüllen die täler ein. man sieht hier ochsen ohne hörner. die an unglücklichen tagen geborenen kinder werden umgebracht. alle tage im märz und april, der mittwoch und der freitag, sowie der letzte tag aller monate sind solche unglückstage. die leichen werden in särgen begraben. es sind hier braune kanarienvögel, die besser singen als die gelben. einige nach süden fliessende bäche haben das schönste wasser. der honig ist schwarz. die grässlichen bären in den wäldern. der specht klopft. kein erdteil ist schlecht bevölkert. ebenso werden alle seefahrer, welche einzeln in ihre hände fallen, von ihnen getötet und verzehrt. auch ihre kästchen, pfeifen und flöten sind überaus nett gemacht. die nationaltracht gleicht jener der husaren. eine mutter sprengte ihrer tochter wasser ins gesicht. eidechsen lauern auf insekten oder vögel. man hat sogar pferde mit krausen haaren. die nacht geht vorüber. der liebe und freundschaft unfähig, dabei so träge, dass sie tagelang an die mauer gelehnt, ohne ein wort zu sprechen, sich den bart streicheln, und gar kein zeichen von neugier oder sonst geistesleben äussern. die frauen haben 3 löcher in den lippen, in welche sie stückchen zinn stecken. die portugiesen geben ihnen jährlich ein samtkissen, einen schönen sessel und andere kleinigkeiten. lissabon, die stadt der kinderbordelle. die bewohner verschenken ihre toten an nachbarn zum aufessen, verzehren aber ihre gefangenen selbst und gehen nackt umher. man kennt hier nur frühling und sommer. 7 jahre soll amerika gebrannt haben. auch speisen sie adler, bären, vielfrasse, zobel, wilde mäuse, jedoch erst, wenn sie halb verfault sind. im süden treten meridiane auf. wenn man im freien steht, bildet das firmament eine hohle halbkugel. die sehne des negers. der bogen des jochbeins. das glück geht vorüber. die zeit geht vorüber. mehrere damen und herren gehen vorüber. die steppe macht sich breit. also ist dort herbst. der blitz ist ein zackiger feuerstrahl. jetzt im winter belegen sie ihre füsse mit kuhfladen, damit sie nicht erfrieren. man hängt eine pferdehaut über das grab. der fünfte europäer. ein verdacht tritt auf. ein vulkan speit. sogar regentropfen, die von den blättern dieses baumes fallen, sollen blasen auf der haut ziehen und narben zurücklassen. sandoval fand bei den geschlagenen kriegern von matlatzinco mais

und gebratene kinder als mundvorrat. nur so gross wie eine amsel, ahmt er doch alles nach. und ihm zur linken steht ein mensch. ein küchenkasten — ganz in der nähe — stürzt ein. der reife greis. tausende verschiedene gesträuche wachsen am fuss der grossen bäume und füllen die zwischenräume aus. den mittag ausgenommen, wimmelt alles tag und nacht von leben. die natur tritt auf. der freie wille tritt auf. die alte jungfer unter bäumen. mehrere berge speien wieder feuer, andere auch fische und einen schlammigen brei. schreckliche erdbeben sind häufig. der körper des europäers. das knie des alten mannes. das eldorado hat man auch schlaraffenland genannt, dessen bewohnern die gebratenen tauben in den mund fliegen; auch utopia (nirgendhausen). fast alle brunnen und flüsse versiegen. fliegende füchse messen 6 fuss mit ihren ausgebreiteten flügeln. die reife nuss schmeckt lieblich. überall hört man seufzen und stöhnen, wenn einer der 99 beinamen gottes ausgesprochen wird. der türke ist gross. die luft ist warm, aber es fehlt an regen. die wände sind mit einer rinde aus russ überzogen. mit schnüren und quasten behängt, rennt er nun schreiend mit den seltsamsten verrenkungen seiner glieder umher. die araber sind von mittlerer grösse. ein kragen platzt hinter der szene. luftballone steigen auf. ein regenbogen verbleicht. die maschine des witwers. die küsten sind sumpfig. der sarg dient als schaustück. das zahnrad des negers. die krempe des alten mannes. die welt sei ein ungeheures lebewesen. die erde ist ein himmelskörper. der kegel ist ein drehkörper. ein jahrhundert vergeht. der tag des herrn. die stunde der hausfrau. ein birnenjahr. die kindheit des europäers tritt auf. kandy, die stadt in der mitte der insel, liegt in einer hochebene, mit dichten dornenhecken umwachsen. das kleid sieht wie ein schlafrock aus. die haut schrumpft ein. wasser, steine, metalle. im juni hört die pest gewöhnlich auf. augen ausstechen, hände und füsse abhacken, ans kreuz nageln, lebendig schinden und steinigen sind die üblichen todesarten. der wind türmt den sand zu bergen. die mauren halten sich für die ersten menschen der erdkugel. der husten der alten frau. die runzel des witwers. das fahrrad des negers. die stimme des volkes. die laune des erdbewohners. der junge mann auf der eisscholle. nun trommelt er lange, verdreht die glieder seltsam, lässt sich zuletzt den kopf zwischen die beine binden, und alle lampen auslöschen. drei bis fünf monate dauert hier die traurige winternacht, aber auch nordlichter, feurige luftkugeln, nebensonnen und nebenmonde (zuweilen sechs auf einmal) sind gewöhnliche erscheinungen. wer ein glas an den mund setzt, büsst seine lippenhaut ein. norden ist süden gegenüber. sehnen gebraucht man als zwirnfäden. ein über ein loch gelegtes stück eis ist fenster und tür. 14 adler fliegen vorbei (sekundenlang)! wehe dem schiffer, der in eine falsche mündung einläuft! salz und zucker zerfliessen. der schuh zerspringt in kurzer zeit. salz und zucker trocknen ein. das holz reisst aus den fugen und zerfällt. fleisch ist in 24 stunden verwest.

donnerkeile aber sind ein hirngespinst. die knochen der jungen frau. der nabel des europäers. die alte frau nummer zwei. 13 waisen. mit einem knall zerplatzen sternschnuppen in der luft. noch seltener lassen sie steine fallen, die man feurige kugeln nennt, weil sie vorher glühend waren. gewöhnlich sind sie mit glas überzogen. die luft ist schwer. hier liegt das reizende kaschmir, wo hyazinthen und tulpen ohne pflege den boden überziehen. was ist die ursache, dass es in ägypten soviele blinde gibt? ist dies ein meer oder nicht? unglaublich ist die hitze im inneren des landes. an den ufern des flusses breitet sich wien, eine stadt mit über einermillionsiebenhunderttausend einwohnern. nie lachen die türken, und ein gedrucktes buch besitzen, ist in ihren augen schon ein fluchwürdiges verbrechen. ein strudel kann schiffe versenken. fast überall läuft das meer gegen die küsten an. die berge sind sehr nützlich. die flüsse sind äusserst nützlich. des nachts tauet es stark. die sonnenstrahlen fallen senkrecht. dass auf der erde viele hohe berge sind, ändert ihre kugelgestalt nicht. der reisbau ist wichtig. es ist gleichgültig, ob die erde eine kugel oder eine birne ist. wohin man blickt ist eine farbenpracht und ein lichtglanz. der kühne witwer. die frau im august. die pulsader des europäers. der solarplexus des malayen. der branntwein gerinnt. an vielen stellen ist das meer mit schilf durchwachsen oder ganz mit grünen insekten belegt, so dass es grün aussieht, soweit das auge reicht. ein walfisch tritt auf. zunächst einmal tragen die utopier bei der arbeit einen einfachen anzug aus leder oder fellen, der bis zu 7 jahren hält. das wachstum des europäers. der hut des alten mannes. die blutgefässe der waisen. das herz ist ein hohler kegel, dessen wände aus quergestreifter muskelsubstanz bestehen. das blut schiesst durch die adern. die leber der frau. die finger der waisen. der tempel der sonnenstadt misst 350 schritte. aussen sitzen auf den kapitellen der säulen bogen, die ungefähr 8 schritte ausserhalb errichtet sind. von da steigen andere säulen auf, die die gewölbe tragen. zunächst befinden sich jederseits an der grenze zwischen der kammer und der vorkammer dreiseitige klappen, die sogenannten zipfelklappen, deren basis an der herzwand festsitzt, während ihre spitze in den kammerraum hinabhängt. eine figur aus gips. das blut strömt also nach abwärts in die beiden kammern hinein. störungen treten auf. auf dem altar des sonnenstaates sieht das auge nichts als eine grosse kugel, auf der das firmament abgebildet ist, und eine weitere kugel, auf die die erde gemalt ist. schäden treten auf. das zahnfleisch der greise. am fusse des europäers. die hand des jungen mannes auf der tischplatte. der malaye mütterlicherseits. im arm des mongolen bei ebbe und flut. die minute des negers. eine kinderschar bei tagesanbruch. die rosa brust der jungen frau. 14 stadtbewohner. ich richte mein rohr nach dem gürtel des schönen sternbildes orion, und vor deinen augen steht eine wunderbare figur von lichtglanz und pracht. dieser sternnebel sieht wie der geöffnete rachen eines fisches aus, dessen oberkiefer mit einem aufwärts gekrümmten horn versehen ist. das kreischen der bremsen tritt auf. die sonne brennt. gottfried, georg, gerhard und gertraud treten auf. dieses stück ist abgebrannt.

zwischenspiel
ich werde ein theaterstück schreiben mit dem titel:
die sonne brennt. sodann werde ich ein gebäude finden oder errichten lassen, das in seinem erdgeschoss oder keller einen genügend grossen raum birgt, um ihn durch einen vorhang in 2 zuschauerräume von je zirka der hälfte aller menschenkörper abzuteilen. die sitzen da und schauen von beiden seiten auf den vorhang. durch ein raffiniertes spiegelsystem werden die optischen konsequenzen der erdkrümmung ausgeglichen und ein anblick des vorhangs für alle gewährleistet. jedes der beiden abteile hat einen eigenen zugang. sollte sich das bauwerk über die erde einmal oder ein ganzes vielfaches rundstrecken, werden die eingänge in der gleichen strasse oder auf dem gleichen platz gegenüberliegen. jeder dieser durch den vorhang abgegrenzten teile des raumes ist ein theater. jedes dieser beiden theater hat an seinem eigenen eingang eine eigene kassa. in beiden theatern wird die uraufführung meines stückes mit dem titel:
‹die sonne brennt› vorbereitet. beide theater eröffnen zur gleichen zeit. unvorstellbare reklame ist von nöten. beide zeigen die premiere des stückes
‹die sonne brennt› an. die menschheit sitzt versammelt. der vorhang geht auf. die beiden hälften aller menschenkörper blicken einander ins auge. hiermit ist das theaterstück:
‹die sonne brennt› geschrieben.

einiges über otti bozol
alle diese bewusstsein haben, wie gesagt, einen namen.
dieser name ist ich.
ich ist eine gattung.
vielleicht sollte man die namen der bewusstsein differenzieren. der einfachheit halber könnte sich das bewusstsein des körpers otti bozol otti bozol nennen. dies nennt das bewusstsein:

mit sich selbst in der dritten person sprechen[1] und es erkennt sich otti bozol in der reflexion als eben der otti bozol und so tritt otti bozol gleichsam wagemutig aus der wärmenden anonymität in das kühle selbst sozusagen. da werden mit der nennung des otti bozol als otti bozol alle latenten eigenschaften wirksam, die sich sonst im nichtssagenden ich verkrümeln. so vermeidet der kluge otti bozol die klippe. nun kann sich otti bozol von otti bozol ein bild machen.

lapidares museum
in den tälern dieses gebirges marschieren wir tagelang unter dem laubdach von riesigen platanen, in deren gezweig künstliche vögel singen. wenn sie verstummen, werfen wir eine münze ein und sie singen weiter. wir steigen höher hinauf in die karstigen bergschluchten und echte bären und wölfe kreuzen unseren weg. scharen grauer und weisser adler aus metall fliegen aus ihren löchern in den felswänden auf. wir erreichen eine hochebene und vor unseren augen öffnen sich die felsen der talwand schluchtartig zu einem engen seitental, durch das ein kleiner bach fliesst. statuen lustwandeln zwischen taxushecken aus papiermaché. die äusseren gehäuse von vergoldetem messing lassen einige öffnungen frei, so dass man alle bewegungen des triebwerkes mühelos betrachten kann. ein löwe aus blech kommt uns auf einige schritte entgegen. als wir mit unseren bergstöcken nach ihm schlagen, zerspringt dem tier der leib, zwei stahlplatten schieben sich zur seite und aus dem gespaltenen brustkorb drängt sich ein blumenstrauss aus 26 blüten. jede blume ist einem der buchstaben unseres alfabets in silber nachgebildet. vergnügt schlagen wir unsere echten finger in diese tastatur und eine schriftrolle springt der bestie aus dem maul und flattert uns vor die mit blut gefüllten füsse. dort, wo der bach aus dem felsen kommt, liegt an seiner linken seite eine geräumige natürlich gebildete höhle. die felsen sind aus plastik. murmelnd und plätschernd fliesst das flüssige nylon, nachdem es die enge, dunkle schlucht verlassen hat, an einer künstlichen ente vorbei, die echte körner aufpickt und echten dreck von sich gibt, windet sich sodann durch das saftige grün künstlicher blumen und echten gesträuchs hindurch, bald ganz unter überhängenden zweigen aus zelluloid verschwindend, bald weiss sich kräuselnd über dem geröll gepresster luftquader. schwaden von zinn nehmen uns den atem. als wir den bach

[1] jedes bewusstsein hat viele grammatische personen, mit denen es sich ansprechen kann, wenn es keine lust hat sich beim namen zu nennen. es kann sich sogar duzen. in weniger herzlichen fällen greift es mitunter zum etwas förmlicheren sie.

hinaufschreiten, um zur höhle zu gelangen, stossen wir auf ein grosses, tiefes becken, welches der bach da in den fels gewaschen hat. wir können uns nicht enthalten, ein bad zu nehmen. goldgelbe taschenkrebse aus messing huschen mit rasselndem uhrwerk erschrocken in ihre schlupfwinkel. fische aus kunstharz stossen gegen unsere beine. einige treiben mit dem bauch nach oben an der oberfläche. durch die milchglasscheiben unserer augen sehen wir, dass sich die zahnräder nicht mehr drehen. sonst ist ein pfeifen und surren um uns und ein starker geruch von benzin und ammoniak umgibt uns. nachdem wir unsere pulsierenden kleider wieder angelegt haben, machen wir uns erneut an das besteigen der höhle. bei unserer ankunft fliegen 8 grosse, eiserne adler auf. die höhle hat rechts noch eine kleinere plattform, welche sich als schmale an der steil aufragenden oberen herzwand herumführende galerie fortsetzt, und nach aussen zu nur einige runde öffnungen von geringem durchmesser. aus der geäderten felsdecke über uns hängen riesige fetzen von hautgewebe, wie draperien. man kann ohne allzu grosse mühe in die obere etage hinaufklettern. in diesen schmalen, niederen gängen bewegen wir uns nur gebeugt vorwärts und überall sausen schildkröten über den weg, mit surrenden elektromotoren unter den zierlichen panzern. blut läuft von den wänden. weiter oben, in der fast senkrechten felswand befinden sich noch vier sorgfältig ausgearbeitete grabkammern, und zwar dem einstieg gegenüber. mühsam klettern wir die wände hoch, immer wieder eisenklammern in den fels schlagend, und ziehen uns am seil meter um meter an der herzwand empor. vor uns liegt ein kleiner see mit etwa 40 fuss im durchmesser. da brodelt eine fettige, warme brühe, aus der in kurzen abständen mannshohe fontänen mit getöse emporsteigen. hinter den eiswänden werden schwungräder und treibriemen sichtbar. die stampfenden kolben machen unsere sätze unverständlich. die herzpumpen dröhnen. am ufer des sees brechen aus verschiedenen öffnungen glühend heisse dämpfe durch die eisschollen. auf unseren milchglaspupillen wachsen die eisblumen. tosender maschinenlärm erfüllt die höhle. das echo bricht sich in wäldern von tropfstein. tropfsteine aus magnesium blitzen auf. das eis verglüht. alles wird blau. der stein der weisen ist blau.

topologie der sprache
blaustein
blauwerk
blaugerüst
blaugrund
blaukunst

blaumeister
blaukugel

blaue wände
blaue blitze
blaues eis
blaues wasser
blaue schatten
blaue haut

blaue wolken
blaue luft
dunkelblau
himmelblau
hellblau
blauschlamm
das blaue meer
hinter den blauen bergen
die blaue blume
blaue hände
blaue augen
blaugefroren
blau kühlt
blau erleuchtet
blaues licht

die blaue farbe
die blaue stunde
blau überzogen
blaue kaffeemühlen
blaue kleider
blaue federn
blaues glas
blaue wäsche
der blaue salon
blaustrümpfe
blauer samt
blaue freude
blaue zunge
blaue flamme
blau vor kälte
blaue kraft
blaues band
1 blauer liter

10 mal blau
blaue grösse
die blaue gefahr
ins blaue reden
ins blaue schiessen
blau schlagen
blaue zähne
blaues fleisch
blau machen
blauer himmel
ich bin blau
blau anlaufen

blau: farbempfindung durch die wellenlänge 0,00044—0,00049 mm
           verursacht.
blau,   eine kurzwelle.
           die emission von
blau   durch glühende körper nimmt mit steigender temperatur zu.

blaues feuer
blau sehen

es gibt nichts gemeinsames. nur die sprache schafft gemeinsamkeiten.
wenn ich die augen schliesse, wird es blau. vielleicht ein chemisches reagenz?
meine elektrischen sinne, meine elektrischen gedanken, die schaltbahnen, der hirnakkumulator: ein elektrischblauer funken springt über.
alle meine vorfahren und auch alle anderen haben die sprache zusammengebosselt, haben ihre reaktionen damit eingerüstet und so wurde mit der sprache, die das gleiche geronnen[1] hat (hier wäre fast ein stück leitungsdraht geplatzt), alles gleich gemacht und nun ist alles das gleiche und keiner merkt es.

---

[1] transitiv: ich gerinne wen oder was?
                 gerinnen machen,
                 ein gerinnsel zeugen.

                 dieses gerinnsel = das gleiche
                 das gleiche = dieses gerinnsel

die elektrische hierarchie
verschiedene sätze treten auf.
verschiedene sätze treten nacheinander auf.
jeder satz betritt die situation, die alle vorhergehenden geschaffen haben.
diese neutralen sätze laden sich mit der situation auf.
diese sätze treten als trockene schwämme auf und saugen sich mit der situation voll.
die situation ist alles, was in frage kommt.
alles was möglich ist, kommt in frage.
die situation ist eine elektrische spannung.
jeder satz kann der erste sein.
dann bestimmt das gesetz von anziehung und abstossung.
nun läuft die maschine elektrisch.

postscriptum:
in der elektrischen hierarchie der sätze gibt es nicht nur positive und negative ladungen, sondern endlich[1] viel mehr, da sich der folgende nicht nur auf den vorausgehenden satz, sondern auf jede summe aller vorausgehenden sätze bezieht.

nachwort
alles kann dies und jenes heissen.
alles mag auch etwas anderes heissen.
der apfel zwischen den zähnen ist geschmack.
der stein auf meinem schädel ist ursache einer beule.
die dame vor deinen augen ist einstweilen noch ein anblick.

(1954—62)

---

[1] nicht zum guten ende, sondern: nicht unendlich

der kopf des vitus bering

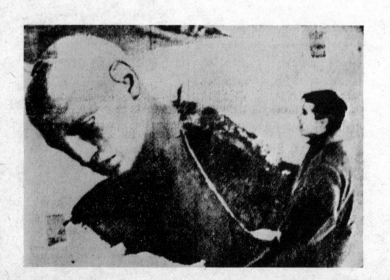

steigerung des idealen sinnes
der kaiser, von gottes stellvertreter auf dem planeten erde mit öl gesalbt, hatte die wichtige aufgabe, ordnung zu halten. ende des jahrhunderts erliess der zar die verordnung zur allgemeinen strassenbeleuchtung. und gott sprach: es werde licht! vitus bering sass mit vorliebe in einem der vier wirtshäuser, die der windrose in petersburg entsprachen. man verschloss die tür und der wirt bewachte den schlüssel. da hielt sich der zar tag und nacht bereit, sein land auch persönlich zu verteidigen. dann warf der eine ein stück geld in eine gewisse entfernung. der andere hatte zu versuchen, seine münze der des gegners möglichst nah zu werfen. der könig konnte sich sowohl vorwärts als auch rückwärts bewegen. der könig zog auf ein feld. lange vorher nahm gott ein stück lehm und knetete den menschen, der ebenso aussieht, wie gott. der mensch kann sich sowohl vorwärts als auch rückwärts bewegen.
vitus bering galt als ein ungesprächiger, verschlossener mensch. kein wunder, dass mit beharrlichkeit immer wieder gerüchte laut wurden, die seine person betrafen.
menschen frass man bei jeder gelegenheit: beim hausbau, beim stapellauf eines bootes, um die abreise eines höflings zu feiern, bei der mannbarkeitsfeier eines königssohnes und so fort.

wenn man nicht weiter kann, hört man einfach auf
im april landete ein mit 13 rebellen besetzter kahn vor dem königlichen palast. es waren meist vornehme herren, doch die anstrengungen der reise waren so gross gewesen, dass sie ihnen sterbend erlagen. so sassen sie am strande, regungslos, ihre köpfe hingen nach vorne und die zunge weit aus dem mund.

eine erfrischung
«das fallbeil», so sagte dr. guillotin viele jahre später, «tut dem delinquenten nicht weh. es verschafft nur das gefühl einer leichten erfrischung am hals.»
vitus bering hatte über den durst getrunken und wurde vom schankburschen auf geheiss des wirtes in die kalte petersburger strasse geworfen.
bei dem zuwasserbringen der kähne benutzte man menschen als walzen. dann übergab man sie den schiffszimmerleuten als speise. vitus bering machte sich eilig aus dem staub, den das schuhwerk der rumorwache vor dem wirtshaus aus dem strassenkot aufgewirbelt hatte. das deck der neuen fahrzeuge wurde mit menschenblut abgewaschen. 1703 gründete zar peter der erste die stadt petersburg. zu gleicher zeit war

ein überfluss an fleisch vorhanden, so dass man die köpfe, hände und eingeweide wegwarf und nur das übrige verzehrte. noch 1851 wurden zu namena auf den fidschiinseln 50 kadaver gleichzeitig gekocht. wenn vitus bering hunger verspürte, ging er ins nächste wirtshaus. er stand mit zar peter dem ersten in direkter verbindung. 8 offiziere konnten sich sowohl vorwärts als auch rückwärts bewegen. da es nicht war, bering sich aber erinnern konnte, dass es gewesen war, schloss er daraus, dass ein stück zeit vergangen sein musste, obwohl ihm das nicht gefiel und er lieber gedacht hätte, ereignisse haben sich bereits ereignet. der könig darf immer nur einen schritt weit gehen. vitus bering war offizier, nicht könig. wurde der bootsmast zum ersten mal niedergeholt, so schlachtete man ebenfalls menschen und verspeiste sie. die offiziere schlugen genauso, wie sie gingen. (also auch die türme.) auf die heissen steine legte man die in blätter gewickelte speise und deckte das ganze mit laub und asche zu, bis es gar war. meist bestanden die opfer in aufgespeicherten kriegsgefangenen, doch nahm man auch die ersten besten. vitus bering griff nach seinem schädel, der noch ein wenig schmerzte, aber sonst ganz heil war. das lösen der aufgabe erfordert oft reichliches nachdenken und bereitet zuweilen selbst dem scharfsinn geübter partner grosse schwierigkeiten.
dann nimmt man die speise aus den blättern und beginnt zu essen.

vitus bering, oder, ein meister der verwandlung
vitus bering wusste, dass man den könig markieren muss, bevor man ein blatt aus der hand gibt, indes kann es ein fehler sein, den könig zu markieren. vitus bering verschwieg seinen könig. nimmt man einen stein zuviel, so muss man ihn behalten. «ich habe den könig!» rief vitus bering. ein stein ist berührt, wenn man den finger darauf gelegt hat. vitus bering spielt den könig. 1698 brach der zar aus einem nichtigen anlass in schallendes gelächter aus. ein stein, der dame geworden ist, steht auf einem der 64 felder. vitus bering staunt. der gang der dame ist derselbe, wie der des steins. in tahiti wurde der läufer des königs ins land geschickt, um die waffenfähigen offiziere, die damals zur ernte auf den feldern waren, zu versammeln. vitus bering rüstete zum aufbruch. das fleisch der im kampfe gefallenen wurde auf der walstatt verteilt und in gedörrtem zustand zum transport hergerichtet. vitus bering schlug den könig. entrüstet erhob sich ludwig der vierzehnte 1680 und verliess den saal. kardinal mazarin lächelte. die sieger trieben die lebendig gefangenen vor sich her. die erbeuteten kinder wanderten in die küche des königs. während des aufenthalts von georg schweinfurth bei könig munsa ging das gerücht, dass für den könig fast täglich kinder geschlachtet würden. vitus bering schüttelte viele jahre früher den kopf. aber in gleicher weise war es namentlich vor langer zeit nicht un-

gewöhnlich, dass könige, anstatt einander mit heeresmacht zu bekriegen, selbst einen zweikampf unternahmen. «der krieg ist der vater aller dinge!» sagte heraklit. «der könig ist weg», sagte vitus bering viele jahre später und seufzte. der zar warf ein stück papier mit der zusage seiner persönlichen unterstützung dieser angelegenheit in einige entfernung. man rüstete zum aufbruch. man stiess den säuglingen einen speer von einem ohr zum anderen durch den kopf, zog eine schnur durch die öffnung und als das gefecht vorüber war, sah man die sieger über die felder ziehen, zwei oder drei, es war zu dunkel, um genau zu sehen, kinder aufgespiesst, andere auf schnüre gereiht, hinter sich herschleifend. vitus bering nahm das papier vom schreibtisch des herrschers, dem vater des landes, und beugte sich nach der vorschrift. die polizei schritt ein und die nationalgarde kam der polizei zu hilfe. es ergab sich ein gefecht. die nationalgarde gab
FEUER
und die arbeiter hatten eine anzahl von toten und verwundeten. am 3. september 1848 wurde eine leichenfeier veranstaltet.

steigerung der sentimentalen kapazität (protokoll)
der und kaiser sein versank poet in wusste tiefe nichts trauer besseres, als das alphabet zur nationalhymne zu ordnen.

ein augenzeuge (18. märz)
im schlosshof lagerten die truppen oder gingen rauchend auf und ab. damen sahen aus den fenstern auf die wogende masse. der könig trat, von brausendem jubel begrüsst, auf den balkon, drang aber nicht durch. der fürst von waldburg-zeil antwortete: «ich bin kein kurfürst!» und professor sepp rief: «ich wähle keinen gegenkaiser!» selbst guizot konnte 1846 nicht umhin, zu einem fremden gesandten einmal vertraulich zu äussern: «der grundcharakter des königs louis ist äusserste eitelkeit, ein unbegrenzter hochmut.»

die steigerung im allgemeinen (gradation)
der könig antwortete: «mein lieber präfekt, davon verstehen sie gar nichts!» und seinem langjährigen vertrauten erwiderte er kurz: «man sieht es wohl, sie werden alt, marschall!» in wettbewerb hätte höchstens timur tamerlan, ein mongole, treten können, der auf seinen feldzügen aus zehntausend schädeln erschlagener gegner türme und pyramiden, und riesige denkmäler aus leichen und lebenden gefangenen aufbauen liess. vitus bering zieht seinen turm so, dass er den könig im darauffolgenden zug schlagen könnte. den leichnam aber warf man von der platt-

form auf den sockel des tempels. vitus bering kann den turm nicht nehmen. hier wurde der leiche der kopf abgeschnitten. den kopf nahm der, welcher den geopferten seinerzeit zum gefangenen gemacht hatte, mit nach haus, reinigte ihn vom fleisch und brachte ihn, mit je einem runden loch in der schläfengegend versehen, einem der stellvertreter gottes zurück. jeder muss zwei stiche machen und die blätter werden nicht angesagt. jetzt steht der schwarze turm dem weissen turm gegenüber. im jahre 1723 äusserte seine majestät, der zar von russland: «mein lieber bering.» zuletzt wurden die schädel auf dem tzompantli, einem zaunsystem, auf dessen leisten aufgereiht und das ganze gab das bild von schwarzen und weissen kugeln auf den drähten einer RIESIGEN RECHENMASCHINE. vier bilder in einer farbe werden mit 10 punkten bezahlt. vier könige gelten ebenfalls 10 punkte. wer sich tot gekauft hat, muss dies sogleich anzeigen, was er dadurch tut, dass er seine blätter in die mitte des tisches wirft und seinen satz bezahlt. 1725 starb peter, genannt der grosse. das elfte feld wird der kopf genannt. neben knochen, händen und füssen hatten die caucateles auch abgehäutete und mit asche ausgestopfte leichen in besonders dafür eingerichteten tempelhäusern. dort lagen oder sassen die verstorbenen, mit perücken auf den köpfen, an die wände gelehnt und hielten spiesse, lanzen oder keulen in den händen. es ist ohne gefahr, auf den kopf sieben oder acht steine zu stellen; wenn man von der linken seite des gegners nach seiner rechten eine ziemlich beträchtliche anzahl steine gebracht und den kopf gut besetzt hat, muss man anfangen, auf der seite der steine des gegners, also auf der eigenen, und so nahe als möglich hinter dessen haufen, bänder zu machen, und zwar so viele nebeneinander, als man nur kann; ferner muss man sich bestreben, steine von dem haufen auf den kopf zu bringen. ihre gesichter sind mit wachs überzogen um leben vorzutäuschen. alle geschlagenen steine werden aus dem brett genommen. in china war das ohr eine gesuchte trophäe. da trat beethoven auf. sein kampf mit dem finstern element, das ringen nach licht und sieg war der grundgedanke, dem beethoven in ergreifender weise in 9 symphonien ausdruck gab, die seinen zeitgenossen als das widerspiel des gewaltigen völkerkampfes erschienen. bei den inkas wurde den königen besiegter feinde zuweilen die ganze haut vom körper gezogen und so zubereitet und aufgebläht, dass der bauch das trommelfell bildete, über das die hände als trommelstöcke hingen, während der kopf das ganze krönte. dem kopf wurde eine flöte in den mund gesteckt und der ganze apparat so eingerichtet, dass bei gutem wind die hände auf dem bauch trommelten und die flöte im munde musik machte. vitus bering war unmusikalisch und zog das drama vor.

der mantel aus bärenfell
es war sehr kalt. vitus bering trug einen mantel aus schwarzem bärenfell. die strassen waren eng und winkelig. der rinnstein befand sich in der mitte. vitus bering hob das kinn und senkte die hirnschale. jetzt stand die nase im zenith der figur, vitus bering genannt. sein blick verfing sich in einem wald von grossen schildern und handwerkszeichen, die die enge strasse in abendliche dämmerung hüllten, und fiel wieder zu boden. das erste was dr. fridtjof nansen tat, war, dass er niederkniete und einen trunk warmen blutes aus der schusswunde sog. das schmeckt an einem kalten tag! allen unrat warf man auf die strasse. nachdem nansen den bauch geöffnet und herz und leber herausgenommen hatte, sammelte er steine, um das tier damit zu bedecken. strassenreinigung kannte man nicht. dann warf er schnee darüber, steckte einen stock daneben und band einige lappen und bänder fest, um füchse oder raubvögel fernzuhalten. von beiden seiten ragten weit vorspringende gossen in die strassen, welche ihren inhalt rücksichtslos auf vitus bering ausschütteten. am folgenden tag war das wetter schlecht. nansen zog dem bären die haut ab. die hauszeichen hatten acht bis 10 fuss im durchmesser, waren meist in hellen farben, oft mit vergoldung gemalt. danach wurden die häuser genannt. eine fortlaufende numerierung kannte man noch nicht. unvorsichtigerweise hatte nansen ein loch in den darm geschnitten und das blut war nicht mehr rein. bei regenwetter waren die strassen unpassierbar und vitus bering liess sich über die strasse tragen. dennoch versetzte nansen das blut mit mehl, da es ihm leid war, es fortzuschütten, und er kochte die speise in seinem kaffeekessel. vornehme karossen fuhren die strasse entlang und bespritzten vitus bering mit kot. beim ersten löffel hatte nansen grosse lust sich zu übergeben. zwar gab es eine strassenbeleuchtung, aber die war sehr dürftig. schliesslich stürzte sich nansens begleiter über einen angeschossenen vogel, der im schnee herumhüpfte, und biss ihm den kopf ab. an einigen häusern waren laternen angebracht, welche nicht mit öl sondern mit tierischen fetten gespeist wurden. in diesem augenblick erscholl auf dem verdeck des schiffes der ruf der wache: «bären in sicht!» bei vollmond waren die laternen nicht angezündet, die auch sonst nur auf einige schritte vor und zurück mässigen schein verbreiteten. die wache griff nach den gewehren und eilte im sturmschritt zur bordwand, wo schiffsleutnant brosch mit angelegtem gewehr stand. vitus bering übergab sich und spirituosen im werte von 4 rubel und 18 kopeken flossen in den rinnstein. gesichts- und geruchsinn des eis- oder polarbären sind ungemein scharf und das duftende fett der schiffküche hatte ihn angelockt. als vitus bering gegen eine kante stiess, richtete er seinen blick gegen den mond und prallte von den wolken, die sich mittlerweile vorgeschoben hatten, auf die spitze der kathedrale von petersburg, hüpfte noch ein wenig über schornsteine und dächer, bis er nachdenklich auf die schwarzen stiefelspitzen fiel, welche seine stiefel in rich-

tung nord abschlossen. darin hatte bering seine vor kälte zitternden füsse stecken. oberleutnant payer ging dem bären vorsichtig entgegen. obwohl man in der regel mit eigener laterne ausging, konnte man nachts doch bei umherziehenden händlern handlaternen kaufen. der könig der tahitiinsulaner wollte seine feinde in furcht versetzen, so schlug er die leiche des erschlagenen gegners platt, schnitt mit der axt ein loch hinein und streifte sie sich ponchoartig über den kopf, dass kopf und arme der leiche nach vorn, deren beine aber nach hinten hingen. mit einem mal krachten zwei schüsse. der strassenhändler drehte sich herum, blieb stehen, die stimme berings hatte sein trommelfell getroffen. er ging zwei schritte auf vitus bering zu. am 16. märz 1874 starb der maschinist krisch an bord der «tegethoff», umgeben von wachehaltenden matrosen und einigen offizieren. vitus bering kauft eine handlaterne. schon hob er die tatze, da krachte es abermals. bewegungslos spannte das trommelfell im linken ohr des laternenhändlers. vitus bering stand rechts vor ihm und schwieg jetzt. dann kam eine abteilung matrosen mit gewehren und bootshaken ausgerüstet. mit diesem mantel kehrte der könig der tahitiinsulaner in das gefecht zurück. voran schritt der schiffszimmermann antonio vecerina mit einem selbstzusammengenagelten holzkreuz. in der kathedrale von petersburg ass zar peter 1. den leichnam seines herrn auf. das oberste der noch übrigen blätter wird aufgedeckt und der den könig hat, ruft: «auf!» vitus bering klopft den hartgewordenen kot von seinem mantel und betritt den saal. nahe am horizont erscheint ein dunkler kreisabschnitt, um welchen sich ein glänzender, feuerstrahlender bogen bildet. aus diesem steigen feuergarben empor, die sich mit grosser schnelligkeit vergrössern und verändern.

betrachtung allgemeiner natur
geht der vorhang hoch, so darf vitus bering seine zustimmung laut äussern. wenn der vorhang nicht hochgeht, darf ein anderer den vorhang hochheben.
ist vitus bering allein, versteht sich die sache von selbst.
der andere sitzt dem vorhang zur linken, und erklärt sich bereit, den vorhang aufzuziehen.
da er den vorhang aufzieht, hat er auf jeden fall ein stück geld verdient.
man trachte vor allem, vor dem vorhang zu sitzen.
sitzt man dahinter, so wird die allgemeine freude vergrössert.
man darf nicht nur den vorhang betrachten.
dies ist das oberste gebot und verdient beachtet zu werden.
schliesslich entsteht ein flackernder bogen, eine art feuerkrone um den zenith. das licht ergiesst sich über den himmel und erfüllt die zuschauer mit staunen. langsam verschwindet das phänomen. zurück bleibt eine allgemeine, starke helle.

melancholische betrachtungen allgemeiner natur a) (absence)
als oder besser die herolde die den gärten garten betraten, schlug wobei die die uhr zahl im der glockenturme erfolgten stunde schläge keinen einfluss auf den ablauf der handlung nimmt. balto war der spassmacher des dr. fridtjof nansen. der als kaiserliche er spassmacher auch schlug die sowohl flöte blies die zimbel. es war 22 uhr 30 und noch immer sehr hell bei einer temperatur von minus 37 grad celsius. auf ein einem tanzbär quer seine gespannten füsse seil zu setzte diesen klängen und der schwebte empfang über war den gerüstet horizont. «bären in sicht!» das war der ständige ruf der wache. ruhig auf und grünlackierten schweigsam stühlen sassen und die verzehrten herren ihr konfekt. am 3. dezember, als dr. fridtjof nansen sein abendmahl im zelt aufgegessen und die pfeife angezündet hatte, holte balto die karten hervor, die bald so schmutzig waren, dass nansen mühe hatte, sie zu unterscheiden. am 25. märz 1874 unternahmen oberleutnant payer und schiffsfähnrich orel mit drei matrosen abermals eine schlittenreise dorthin. balto brachte eine kiste und die beiden pelzbekleideten männer spielten bis tief in die nacht.
ER UNTERBRICHT seinen luftakt und zieht eine runde um den schlossteich. der fall ist eingetreten, dass der könig im talon schläft.
er in trägt rosa ein flittertrikot.
DIE FINGER sind über die eingeschlagenen daumen gepresst.
zar peter der erste erklärt 1713 petersburg über den seit dem paläozoikum ungestörten erdmassen zur hauptstadt. fährt man nach osten, so gewinnt man auf diese weise wohl einen tag, ohne jedoch um einen tag älter zu sein.

direkte stellungnahme
der kehlriemen darf nicht zu eng geschnallt werden, um den bären beim tanzen nicht zu behindern. ein zu kurzer kehlriemen beeinträchtigt das
BILD
des kopfes, während ein zu langer bärenführermässig aussieht.

melancholische betrachtung allgemeiner natur b)
SOVIEL SCHÖNHEIT ZWINGT DIE WACHE INS GLIED.
der oberst zieht seinen säbel. die schildwache singt das alphabet, wobei selbst dem ältesten gardisten die tränen über die zerfurchten wangen liefen. peter der grosse stieg über das fallreep an bord.
DIE FINGER sind über die eingeschlagenen daumen gelegt, die zähne fest aufeinandergepresst.

vorschrift

sollte könig ludwig der vierzehnte kommen, so hat der tambourmajor auf die trommel zu schlagen und die leibwache haltung anzunehmen.

essen und trinken/1.

als die schildwache haltung annahm, schlug der tambourmajor auf die trommel. der heimlich zu ermordende könig wurde von einer anzahl seiner gegner auf der gazellehalbinsel überfallen und festgebunden. dann wurde ihm ein kleiner speer durch den after nach oben in den körper gestossen und das unten herausragende ende abgeschnitten. dann kam der zar 1698 und liess seine leibwache hinrichten. er setzte sich irgendwann mitten auf den rasen und starb unvermutet 1725. hierauf wurde dem könig der kopf herumgedreht, bis er unfähig war zu sprechen. der zar stieg an bord und reiste zu schiff 1697 von moskau nach england um kriegstechnik und schiffahrt zu studieren. in diesem zustand liess man den könig frei, der innerhalb kurzer zeit unter krämpfen starb, ohne von seinem erlebnis mitteilung machen zu können. dr. fridtjof nansen zog seine uhr aus der tasche, die in der luft, in die sie nansen hielt, sofort vereiste, und nansen sagte: «es ist 5 uhr morgens und 12 minuten. heute ist der 11. september 1829.» weiss opfert eine figur. könig sticht dame. ein fidschiinsulaner schnitt dem noch lebenden dr. hahl stücke fleisch vom körper, kochte und verzehrte sie, während dr. hahl, kaiserlicher rat, zusah. es war so kalt, dass das wasser in dem augenblick, wo es mit dem kalten holz oder dem eisen des bootes in berührung kam, gefror. georg schweinfurth stiess auf eine anzahl junger frauen, die eben damit beschäftigt waren, durch brühen mit kochendem wasser einen kadaver von den haaren zu säubern. als kühl es zogen wurde die sich zurück herren das und war gartenfest beendet. bei einem anderen gelage wurden 200 personen gegessen. hier wächst moos! nachdem die leichen in sitzender stellung gebraten worden waren, wurden sie bunt bemalt. das wasser schlug über den kiel des bootes, aber nicht bis zu dr. fridtjof nansen, der hinten am steuer sass, während sverdrup, der vorne sass und ruderte, bald in einen eisharnisch gehüllt war. wer keine kriegstaten aufzuweisen vermochte, hiess altes weib oder niemand. vitus bering dachte: ich, vitus bering, bin hungrig. im winter geht die sonne gar nicht auf, dachte dr. fridtjof nansen. oberstleutnant dodge berichtet, dass ein weisser knabe mit harzreichen fichtenspänen gespickt wurde, dass er aussah, wie ein stachelschwein, ferner wurden die fichtenspäne angezündet und der weisse knabe dachte irgendetwas, da er sich bei gutem bewusstsein befand, sodann wurde er von den indianern an ein pferd gebunden, welches später mit ihm herumlief. vitus bering betrat die gaststube und bestellte ein stück gebratenes schwein zu 20 kopeken. abzüglich dieser und 4 rubel 18 besass vitus bering 314 rubel in bar, davon 200 rubel standen in berings gemieteter kammer, 4 goldene türmchen, im verschlossenen schrank, in verschlossener lade, der schlüssel war in berings tasche und da war auch der lederbeutel mit dem rest in stücken gold, stücken silber, stücken kupfer, und berings bursche, der machte den schrank einfach so auf, ohne schlüssel, nur mit einem stück eisen und das ging auch, und da nahm er bisweilen, der bursche, ein stück geld und wenn er dann aus dem fenster sah, das neben dem schrank, da sah er die festung und das war petersburg und die luft war angenehm und da atmete er, dass er es merkte, und er war froh, dass er da war, wo er war, und er dachte auch gar nicht weiter, und bering hat es nie gemerkt, dass manchmal eine kleine münze weg war und der bursche sie genommen hatte, aber vielleicht wäre es ihm dasselbe gewesen, wenn er es gemerkt hätte, und da dampfte der braten vor ihm auf der schüssel und er nahm die gabel und stach hinein. es gibt völker, wo sich eltern als ehre anrechnen, von ihren nachkommen getötet und verzehrt zu werden und man um besondere trauer zu zeigen, die verscharrten leichen ausgräbt um sie zu essen. vitus bering hatte seit ostern keine zeit mehr gefunden, den leib seines herrn, den er für seinen vater und dessen sohn hielt, zu essen. dr. fridtjof nansen fragte seinen helfer joel, ob er nicht auch einen schluck warmen blutes haben wolle. nach einjähriger reise kehrte der zar zurück. der tambourmajor, geschützt durch einen eisernen harnisch, schlug 1698 auf die trommel. nach kurzer zeit wand er sich in krämpfen am boden. dann wird der gaumenknochen abgestossen, das gehirn herausgenommen und die innenseite des ganzen kopfes sorgfältig von allen fleischteilen gereinigt, auch die augen werden entfernt. der kopf wird sodann in kochendes wasser gesteckt, das durch eingelegte glühende steine heiss erhalten wird. sobald die haut sich lösen will, wird das ganze plötzlich in kaltes wasser geworfen, von wo es in eine art backofen gelangt, in dem es derart aufgestellt wird, dass der ganze dampf des ofens in das schädelinnere dringen muss. darauf steckt man den kopf auf einen pfahl, damit er trockne, worauf er abermals gedämpft wird. um die gestalt des gesichtes getreu zu erhalten, werden die muskeln und fleischteile, die durch das kochen und dämpfen verschwinden, durch bast und flachs ersetzt, wodurch die physiognomie gewahrt bleibt. im allgemeinen näht man die lippen zusammen, doch ist dies nicht immer der fall. nachdem die leiche des zaren, wie bei europäischen herrschern üblich, imprägniert worden war, wurde das ganze in der krypta der kathedrale von petersburg beigesetzt. das im leipziger völkerkundemuseum befindliche exemplar eines alten neuseeländers zeigt gut erhaltene zähne. der nasenknorpel ist eingeschrumpft und die ursprünglich adlerschnabelförmige nase stumpf. augenbrauen und bart sind spärlich, wogegen das schwarze, lockige und sehr dichte haupthaar vollkommen erhalten ist. in die augenhöhlen sind pariser glasaugen eingesetzt. nicht alle in diesem gefecht gefangenen wurden gebraten, etwa gut die hälfte wurde lebend aufgespart, um sie bei passender gelegenheit oder in notzeiten zu essen. wird ein könig begraben, so eröffnen einige hundert männer den zug, mit keulen und speeren bewaffnet, auf kinkhörnern blasend, und zerhauen sich, dass das blut ihnen vom leibe fliesst. dann folgt ein anderer haufe, der sich arme und schenkel zerschneidet und mit steinen die zähne ausschlägt. einige hundert mädchen schliessen an. sie tragen körbe mit sand. dann männer, jeder mit zwei körben sand, dann wieder mädchen, beladen mit kleidern. je näher man dem begräbnisplatze kommt, desto ärger zerfleischen sich alle. die nächsten verwandten stossen sich speere in die schenkel. dann brechen sie die speere ab. ist die leiche eingesenkt, so werden alle sandkörbe und jedes stück kleid gebraucht, den grabhügel zu erhöhen, und über demselben wird ein denkmal errichtet, von stein; oft in kolossaler grösse. da vitus bering aber nicht auf den freundschaftsinseln, sondern vor einer bank in der kathedrale von petersburg kniete, sah er den balsamierten leib seines herrn, der aber nicht der herr war, dessen leib er auf der zunge hatte und zu schlucken versuchte, es war vielmehr sein herr gewesen, der vom stellvertreter seines herrn, dessen leib er auf der zunge trug, mit öl zu seinem herrn gesalbt worden war, was da lag in einem gläsernen sarg, auf einem blumen- und ornamentgeschmückten aufbau, und so sah er den leib, die leiche, und war von trauer bewegt und hatte den anderen leib noch immer auf der zunge und noch nicht hinuntergeschluckt in den magen.

die gottesmaschine (nach heron)
im hintergrund des tempels brannte das opferfeuer. die heilige flamme wurde mit segnenden händen von zwei leblosen priestern gehütet. die priester waren aus erz. wenn der gottesdienst zu ende ging, entträufelte den fingern der beiden ein feiner regen, der die flamme verlöschen liess. die gottestruhe, an der ein bronzenes rad befestigt war und auf der ein vogel aus metall seine stimme ertönen liess, verbarg in ihrem inneren ein system aus zahnrädern, seiltrommeln, wasserbehältern und gewichten. die beschreibung des heron lautet folgendermassen: ABCD ist der gotteskasten, in welchem eine welle EF liegt. an ihr ist das rad HK befestigt, das der gläubige drehen soll. ferner ist auf dieser welle eine trommel L angebracht und ein rad M, das mit zähnen oder spitzen versehen ist. diesen apparat hat heron später erweitert, indem er es so einrichtete, dass der gläubige gleichzeitig mit dem vogelgesang aus einer verborgenen dusche mit geweihtem wasser besprengt wurde.

melancholische betrachtung allgemeiner natur c) (DER KRAMPF)
verwirrt versank vitus bering in eine tiefe trauer, die zähne fest aufeinandergepresst. seine finger waren über die eingeschlagenen daumen gelegt, seine rechte, tätowierte hand hielt das papier mit der daraufgeschriebenen genehmigung finanzieller unterstützung. zum beispiel: in münster, 26 grad länge, deutschland, ist es 10 uhr morgens. wieviel uhr ist es in petersburg, 48° länge?

richtig: 48°
        −26°
         22° | 15
         15
          7 | 1 stunde 28 minuten
         60
        420   10 uhr   0 minuten
         30   + 1 − 28 −
        120   11 uhr 28 minuten morgens ist es in petersburg.
        120

theorie der schiffahrt
vitus bering hat reisen um die erde angestellt, und zwar zu schiffe, aber nirgends fand er ein ende oder eine kante.
des nachts sahen die seefahrer flämmchen wie sterne auf der meeresfläche, oft folgte dem schiffe ein feuriger schweif und bezeichnete den weg, welchen das schiff zurückgelegt hatte, oft auch schien das ganze meer in feuer zu stehen, so weit das auge reicht, und das schiff ging durch ein feuermeer.
?
entsteht hiedurch tag und nacht?
also.
die erde ist ein körper und schwebt im raum. dabei dreht sich dieser körper um sich selbst. dazu braucht er zirka 24 stunden.
tag und nacht stand oder lag vitus bering in und auf einem schiff, dessen kommando er führte.

rückblick
man nannte die windrose mit diesem namen, weil die weltgegenden auch winde heissen, und die windrose mit einer rose ähnlichkeit hat.

theorie der schiffahrt, 1. fortsetzung
wäre das meerwasser nicht salzig, so würde es zufrieren.
wäre das meerwasser nicht salzig, so könnte es vielleicht faulen.
wäre das meerwasser nicht salzig, so würden schiffe und schwimmer viel tiefer in dasselbe einsinken.

allgemeine hypothese
das wichtigste geschöpf auf erden ist der mensch.

das wissen des vitus bering (ausschnitt)
bering wähnte nicht, die erde könne unten und an den seiten nicht bewohnt werden, die menschen und vieles andere müssten von ihr abfallen, wenn sie eine kugel wäre. vitus bering wusste, die erde zieht alles an sich.

fragen
vitus bering lehnt an der reeling und stellt sich 4 hauptfragen.
welche gestalt hat die erde? dachte er.
welche grösse hat die erde? dachte er.

welche bewegung hat die erde? dachte er.
welchen ort hat die erde? dachte er, bering.

vitus bering, ein mannequin
vitus bering trägt einen schwarzen rock, der ihm bis an die füsse reicht.
der saum des rockes ist mit einem schwarzen band eingefasst und wird
in der mitte durch einen schwarzen gürtel aus schwarzem leder zusam-
mengehalten. ein stück tuch in der form einer hose bedeckt seine hüften,
seine beine stecken in langen stiefeln.
dieses stück tuch ist von schwarzer farbe.
diese langen stiefel sind schwarz.
schwarz ist die farbe der trauer und absorbiert das licht. so fing vitus
bering viele lichtquanten und es war ihm eins (1), ob es körperchen wären oder nicht oder beides oder was anderes, und hob sie auf für bessere
zeiten, ohne es zu wissen. der mensch ist ein augentier. auch das wusste
bering nicht. sein mantel ist aus schwarzer wolle und mit schwarzem
pelzwerk gefüttert.

essen und trinken/II
1. marinierter steinbutt
2. krebssuppe . . . . 2 stunden 30 minuten
3. flunder in muscheln
    seine verdauung hatte schon im munde begonnen, wo er die nahrung
    mit seinen zähnen zerkleinert hatte. alles war von seinem speichel
    so sehr durchdrungen, dass es zu brei wurde und geeignet war, durch
    seine speiseröhre in seinen magen zu gleiten. vitus bering dachte
    nicht daran, dass er sich nicht damit nähre, was er esse, sondern da-
    mit, was er verdaue. dennoch war es so.
    bald werden die ungelöst gebliebenen und für die ernährung des vi-
    tus bering wertlosen stoffe seinen körper in form von exkrementen
    verlassen.
4. seeaal, blau . . . . 1 stunde
    der kopf des noch lebenden aales wird rasch in ein tuch gehüllt und
    auf denselben mit der umgekehrten, flachen hacke mehrere male fest
    geschlagen, hierauf trennt man durch einen scharfen, tiefen schnitt
    hinter dem kopfe das gehirn vom rückenmark. dann hängt man den
    körper beim kopf mit einer schnur an einen haken und reibt ihn mit
    grobem salz von oben nach unten solange, bis er blau aussieht.
    hierauf hackt man ihn in gleichmässige, nicht zu lange stücke, reinigt
    diese, indem man mit einem messer die eingeweide herausstösst, je-
    des stück von den inneren häuten befreit, mit salz einreibt und gut
    wäscht. die fleischstücke werden in kochendem wasser, mit gewür-

zen, salz und essig, ungefähr 20 minuten weichgekocht, aus dem wasser genommen, gut ausgetropft und verziert zu tisch gebracht.
5. überkrusteter schellfisch mit pilzsalat
getrocknete bärentatzen geschnitten, in salzwasser gut abgebrüht und dieses abgegossen. noch warm mit öl, essig, salz und gewürzen aufgetragen.
6. eiswasser
7. meerbrasse auf dem rost gebraten
8. tang in essig
9. fischpudding . . . . 2 stunden
10. ein stück eis (feste form des wassers)
11. frutti di mare
12. «mehr wasser!» rief bering. er war durstig geworden.

feststellung
vitus bering war weder zar peter 1. oder der grosse noch georg schweinfurth, auch war vitus bering nicht dr. hahl nicht dr. fridtjof nansen nicht könig munsa nicht oberstleutnant dodge nicht guizot nicht professor sepp nicht fürst von waldburg-zeil auch nicht antonio vecerina oder beethoven nicht könig ludwig XIV. nicht sverdrup nicht oberleutnant payer nicht schiffsfähnrich orel nicht james cook nicht simon deschneff nicht sir martin frobisher nicht john davis nicht henry hudson nicht parry nicht franklin nicht john ross nicht m'clure nicht nordenskjöld nicht umberto cagni nicht amundsen nicht robert e. peary oder timur tamerlan.

gedanke
«weil die sonne so weit von mir ist, kommt sie mir auch so klein vor», dachte er.

logbuch 22. juni
da vitus bering frei von . . .

essen und trinken, ergänzung (II a)
bitte salz!

eine überraschung
da schoss dem vitus bering das blut aus der nase, sein zahnfleisch war
BLAU
geworden und als er danach griff, hatte er den linken, oberen eckzahn

zwischen daumen und zeigefinger. das meerwasser begann in einem umkreis von etwa 100 schritten zu kräuseln, zu schäumen und zu dampfen und erhob sich kegelförmig in die luft. eine sackähnliche wolke senkte sich herab und wolke und meer vereinigten sich. die so gebildete wassersäule war oben und unten dicker, in der mitte dünner, innen hohl, aber das wusste bering nicht, weil er nicht daran dachte. nach einer halben stunde neigte sich die säule und platzte, die masse wasser stürzte ins meer zurück. nacheinander stiegen mehrere solcher säulen empor. das meer wallte unterdessen fortwährend. die wolke wurde immer dunkler und ohne unterbrechung fielen regen und hagel aus ihr auf das schiff, auf bering, ins meer unter blitzen und leuchten. der himmel war heiter und kein hauch regte sich.
da gab der 1. kanonier das kommando und eine breitseite wurde abgefeuert. da zerplatzten auch die übrigen wassersäulen und stürzten ins meer. missmutig betrachtete bering seinen zahn.

trauma des vitus bering
wenn ein kind 8 stunden schläft, so kommt es in dieser zeit sehr viele stunden weges im himmelsraume voran.

entwicklung
da nahm bering eine kanne und goss das öl über die fische.

gedanke
hiedurch entsteht tag und nacht

gedanke
wie breit ist dieselbe?

gedanke
also ist dort herbst

gedanke
es trifft sich oft, dass man nicht alle augen, die man geworfen hat, setzen kann.

die parallele sphäre (winter)
der äquator ist mein wahrer horizont, grübelte bering und er blickte hinauf und sah nur die sterne des nördlichen bereichs. sie waren in 24 stunden einmal um ihn her gegangen.

gifte
die tätigkeit des vitus bering führte dazu, dass durch den einsatz seiner organe verbrauchtes material anfiel, welches nur im schlafe als idealem ruhezustand ausgeschieden werden konnte.

beschworene aussage des obersten der bordwache (22. juni)
«als ich nun genauer in den raum hineinblickte, erkannte ich ihn in ruhender stellung neben seinem feldstuhl auf dem fussboden liegend. er schlief.»

himmelskörper
im geburtsjahr des vitus bering, 1680, erschien ein komet, der, wie man damals berechnete, 2000mal heisser als glühendes eisen war. eben dieser komet braucht 575 jahre zu seinem umlauf und wird im jahre 2254 wieder zu sehen sein!

monolog (21. juni)
ich bin vitus bering

notiz
da lag er mit einer geschwindigkeit von 29,76 kilometer in der sekunde.

zeit
1728 war nicht die richtige zeit für bering. da wurde er 13 jahre älter und fuhr noch einmal mit einem gewissen steller, der dann auch die stellersche seekuh entdeckte, die dann auch bis zu 8 meter lang wurde.

ausscheidung (auswahl)
in der tat sprang bering mehr, als er ging, den bug hinan und schritt, stets das gesicht nach jener luke am bugende gerichtet, elastisch und selbstbewußt die reeling entlang.

zeit = geld
april
21. juni
22. juni

notiz
das salz des meeres würzt die fische.

theorie der schiffahrt, 2. fortsetzung
die sonne tritt in das zeichen des widders
               des stieres
               der zwillinge
               des krebses
               des löwen
               der jungfrau
               der waage
               des skorpions
               des schützen
               des steinbocks
               des wassermannes
               der fische und beginnt ein neues jahr.

erklärung (21. märz)
als bering die fische mit öl goss, nahm er damals wieder platz und verzehrte damals alles.

der hut des vitus bering
ein filzhut aus biberhaar, breitkrempig.

einschub
die sonne stieg damals auf und ging in 24 stunden einmal um ihn her. da warf auch bering seinen schatten einmal um sich her.

ein historischer irrtum
bering nahm die kanne und goss das öl über die fische. als er zu ersticken drohte, verliess er die kajüte und sprang ins meer. da zogen sie ihn heraus und er spie faustgrosse steine und wasser und blut. dann ging er mit den anderen zur tafel und konnte essen wie zuvor. (diese auslegung dient der vollständigkeit. sie ist unwahr.)

theorie der schiffahrt, 3. fortsetzung
kein wind spielt mit den schweren wellen und kein kahn durchschneidet sie. auch muss man nicht glauben, die erde könne unten und an den seiten nicht bewohnt werden. wenn wolken am himmel sind, spiegelt sich zuweilen die sonne oder der mond in den dünsten ab, und es sieht dann aus, als ob mehrere sonnen oder monde zugleich am himmel stünden.

detail
vitus bering beugte sich über die reeling, griff nach dem lukendeckel und zog daran. der deckel liess sich hochheben. die unterseite des lukendeckels war mit moos bewachsen. auch waren mit einem scharfen gegenstand buchstaben aus dem holz herausgestochen worden. james cook zog den lukendeckel aus der hölzernen laufschiene und simon deschneff legte ihn, während sir martin frobisher die beine spreizte und john davis sie in den kniekehlen abbog, vorsichtig auf eine planke, die sich an der innenseite der reeling entlangzog. henry hudson hatte den lukendeckel auf eine stelle dieser planke gelegt, wo die schenkel dieses winkels, den sie hier an der bugspitze bildete, auseinanderfuhren um sich in einem ungeheuren o-bein zu vereinigen, eine fläche von cca. 600 m² abgrenzend. da parry die inschrift – nach seiner meinung – stehend bequemer lesen können wird, spannte franklin seine beinmuskeln, vor allem die der beiden oberschenkel derart, dass sich die sehnen des john ross, welche
IN DIESEM AUGENBLICK
deutlich in den kniekehlen m'clures sichtbar werden, soweit verkürzen, dass jedes der beine nordenskjölds gleichmässig durchgestreckt wird, wobei sich die kniescheiben des dr. fridtjof nansen aufwärts, d. h. kopfwärts bewegen, um sich in der endphase der bewegung wieder in die ursprüngliche lage zu senken.

freiheit und körperpflege
das lange haar war ein zeichen des freien mannes, welches bering in einem zopf trug, der ihm herunterhing. bering besass eine puderdose und eine brennschere aus silber. wenn er schlechter laune war, besorgte er seine haare selbst, sonst rief er seinen diener deschneff, nicht zu verwechseln mit simon deschneff, vielmehr ein gewisser deschneff, der den ruf eines hervorragenden haarkünstlers genoss. als kommandeur eines schiffes hatte bering alle verfügungsgewalt und war sein eigener herr. vitus bering verurteilte einen gewissen deschneff zu 15 stockhieben, weil er ihm die haare verbrannt hatte. dennoch vermählte er niemand, da damen fehlten.

theorie der schiffahrt, 4. fortsetzung
ja, die erde ist an zwei stellen eingedrückt. völlig unbekannt hingegen war bering das innere.

detail II
er beugt sich über den lukendeckel und stimmt die blickwinkel seiner augen, dass sich der brennpunkt seiner sehstrahlen – eine hilfskonstruktion der optik, die den gegebenheiten widerspricht – in der entsprechenden entfernung bildet, also auf der oberfläche der unterseite des lukendeckels, wo sich auch die eingestochene inschrift befand. das holz, aus dem der deckel gefertigt war, zeigte an den stellen, da der deckel durch die holzschiene der bordplanke lief, einen
GLANZ.
das deckelholz war morsch, aber die vorderseite war in eine messinghülse gefasst worden, welche auf dem gelben, gut polierten grund einen schwarzen, doppelköpfigen adler in strichätzung zeigte. bering nahm den deckel etwas näher an die augen und betrachtete nun die kehrseite des deckels, ohne die inschrift in verständnis umzusetzen, da er diese mühe
JETZT
nicht auf sich nehmen will.

hinweis
ich die sass der in windrose einem entsprachen der vier wirtshäuser und

detail III
er griff nach seinem schwarzen hut. bering warf ein stück geld in eine gewisse entfernung. er konnte sich weder vorwärts noch rückwärts bewegen.

detail IV
vitus bering stieg auf der eisernen leiter unter deck. die bordwache sang das alphabet und der oberst zog seinen säbel. vitus bering griff nach seinem hut. aber er warf kein stück geld in eine gewisse entfernung. dann stieg bering auf der eisernen leiter unter deck. die bordwache sang das alphabet und der oberst zog seinen säbel. aber vitus bering griff nicht nach seinem hut. dann stieg er auf der eisernen leiter unter deck. die bordwache sang das alphabet, aber der oberst zog keinen säbel. dann stieg vitus bering auf der eisernen leiter unter deck, aber die bord-

wache sang nicht das alphabet, sondern das einmaleins und vitus bering stieg nachdenklich über die eiserne leiter wieder hinauf, durch alle verdecke, vorbei an den bordwachen.

der BILD*erzeugende apparat des auges*
die erregbarkeit seiner netzhaut war auf jenes gebiet der elektromagnetischen strahlen beschränkt, die dem sichtbaren teil des spektrums (0,0004 mm bis 0,008 mm wellenlänge) entsprachen. die stärke und art der lichtempfindung hängt nicht nur vom lichtreiz, sondern auch vom erregbarkeitszustand der netzhaut ab. nach langem aufenthalt im dunkeln wirkt der unmittelbare übergang in helles
LICHT
unangenehm blendend. erst nach einiger zeit passt sich das auge der geänderten beleuchtung an.

notiz
da schloss bering die augen (2)

heraldik
auf gelbem grund ... (siehe gelber fleck etc.)

aus dem leben des vitus bering, berühmter seefahrer, entdecker der nach ihm benannten meeresstrasse, geboren 1680
er nahm die letzte sprosse der eisernen leiter und stieg an deck. dann schritt er, stets das gesicht nach jener luke am bugende gerichtet, die reeling entlang.

theorie der schiffahrt, 5. fortsetzung
die anker sind mit dem kaiserlichen wappen bemalt. die taue sollen sich an heck befinden, damit man sie im bedarfsfalle finden kann. am mastkorb flattert ein gelber wimpel mit schwarzem doppeladler, dem kaiserlichen wappen. ballast ist an deck verteilt. der kiel des schiffes ist unter wasser. die segel stehen im wind. breitseits trägt das schiff den adler des zaren. so bezeichnet der zar, was ihm gehört.

wiederholung
des nachts sahen die seefahrer flämmchen wie sterne auf der meeresfläche. oft folgte dem schiffe ein feuriger schweif und bezeichnete den

weg, welchen das schiff zurückgelegt hatte. oft auch schien das ganze meer in feuer zu stehen, soweit das auge reicht, und das schiff ging durch ein feuermeer.

hintergrund (3 masten mit körben, glanzlichter alt gemalt, leicht besch.)
bering schob seinen hut mit der rechten hand aus der stirn und trocknete den schweiss mit dem rockzipfel. der ärmel fiel zurück. das handgelenk war frei geworden. über dem gelenk war ein vogel mit zwei köpfen und ausgebreiteten schwingen in die haut gestochen.

theorie der schiffahrt, 6. fortsetzung
aus einem hellen schein am pol schiessen strahlen von vielen farben hervor, verbreiten sich wie geschwungene fahnen am himmelsgewölbe, und zuletzt scheint wohl das ganze firmament, so weit das auge reicht, in
FEUER
zu stehen (alte auffassung). diese erscheinung tritt vor allem in cca. 80° geomagnetischer breite auf. je nach ihrer form spricht man von krone, draperie, bändern, strahlen oder dunst. die farbe ist in den hohen schichten der erdatmosphäre grüngelb, in den tieferen schichten rotviolett. oft hängt das wie ein VORHANG über dem horizont.

ein grenzfall
verbrennung schlechthin erfolgt bei sauerstoff-, also luftüberschuss, und stellt damit einen grenzfall der luftvergasung dar.

theorie der schiffahrt, 7. fortsetzung
das warnfeuer an heck drohte zu erlöschen. vitus bering wies darauf hin und der steuermann übergab das rad der wache, ging an heck und prüfte das feuer.
ursache 1: das brennholz stand aus der feuerpfanne nach hinten heraus.
richtig: in der pfanne soll soviel holz sein, daß nur der boden der pfanne bedeckt sei.
ursache 2: die pfanne war durchlöchert.
richtig: die durchlöcherte pfanne ist auf schlechte wartung des warnfeuers zurückzuführen und muss vorsichtig unterlegt werden.
ursache 3: der pfannenboden weist unebenheiten auf.
richtig: man reinigt die pfanne. zu diesem zweck wird der pfannenboden mit einem scharfen gegenstand abgeschabt und die verbliebene schmutzkruste mit einem in öl getränkten stück tuch entfernt.

nachtrag
vitus bering schritt über die eisbedeckten planken, stets das gesicht nach jener luke am bugende gerichtet.

kult
jahre früher machte zar peter I.
LICHT
in seinem schlafgemach, weil er dem diener, einem gewissen deschneff, (nicht simon deschneff oder deschneff dem haarkünstler!) misstraute.
das licht ist eine grenzgeschwindigkeit.

das heisst:
während der bug die eisoberfläche langsam aufbricht, schliesst sich der riss hinter dem heck wieder.

theorie der schiffahrt, 8. fortsetzung
das öl gefror in den flaschen und der atem des vitus bering legte sich als reif über die bettdecke.

theorie der schiffahrt, 9. fortsetzung
als bering aus dem geheizten mannschaftsraum ins freie trat, löste sich die haut von seinen lippen.

anmerkung
sechs sonnen sind eine gewöhnliche erscheinung.

fällt aus:
der bug des schiffes zerreisst das eis des meeres.

detail V
über dem mastkorb erfriert ein rudel vögel.

theorie der schiffahrt, 10. fortsetzung
der kiel des schiffes ist mit eis bedeckt.
die anker sind mit eis bedeckt.
die flagge ist mit eis bedeckt.

die masten sind mit eis bedeckt.
die segel sind mit eis bedeckt.
berings haut bedeckt sich mit eis.
eis ist der feste zustand des wassers. die entstehungsursache des eises ist eine allbekannte und wird hier nur der vollständigkeit halber erwähnt. wenn die temperatur einer unbewegten wassermasse unter den nullgrad (reaumur oder celsius, wie sie wollen)
SINKT,
fängt das wasser an, in den festen zustand überzugehen, es gefriert. bei bewegtem wasser etwas tiefer, bei salzgehalt etwas tiefer.

detail VI
robert e. peary beugte sich über den lukendeckel und zog daran. er liess sich hochheben. dann zog bering wieder den handschuh über, den er ausgezogen hatte, um den angefrorenen deckel herausziehen zu können. dabei wäre amundsen der dicke handschuh nur hinderlich gewesen.

eis
zunächst entstehen ganz feine nadeln, welche sich verlängern, aneinanderhaften, kreuzen und schliesslich ein zierliches gespinst ergeben, wodurch nach und nach ein körniger brei entsteht. es bilden sich fladen bis zu mehreren metern durchmesser in losem zusammenhang. sinkt die temperatur, so erstarrt der körnige brei in feste schollen. das grundeis dagegen entsteht in grossen massen, löst sich in blöcken vom meeresboden, und diese blöcke, deren eigentümliches aussehen sie sofort als grundeis erkennen lässt, treiben nun in der strömung des meeres. schollen drängen gegeneinander, steigen auf. die noch zusammenhanglose eisfläche schwankt auf und ab, und diese bewegungen sind umso stärker, je grösser die wassermenge ist, welche sich darunter durchschiebt. die einzelnen schollen frieren zusammen und an der so entstandenen festen eisdecke stauen sich die nachfolgenden treibeismassen.

aus dem nachlass
auf einem grün beschleiften kissen ist gut ruhen. eine lichtkrone über dem kopf haben. vielleicht möchte einer sagen: was nutzt es, die geographische breite eines ortes zu wissen! oder: das salz um grade verändert des wassers den gefrierpunkt! oder: wie es scheint, so ist es (in der zeit, und wo sonst sollte was sein, das ich denken kann). was ist, wird sich ändern. alles löst sich in licht auf.

22. juni
während nicht schliesst der sich bug der die riss eis hinter immer ober dem fläche lang samer heck nicht auf bricht schliesst der die riss nicht bug während immer lang ober samer heck bricht auf nicht währ nicht schliesst end der der sich bug die riss eis hint fläch er im e mer ob lang er sam dem er heck nicht auf bricht schliesst unt nicht da da sich bog eis hant flach er im e meer ob lang er sam dem er hack nacht auf bricht riss hand nacht da da er bog eis eis hand flach er im e meer ob lang er dem er hack nacht bricht er schiesst er auf sicker da da riss die hand die schoss flach hack

inschrift, mit einem scharfen gegenstand aus dem lukendeckel herausgestochen
«vitus bering zog – weil es bitter kalt war – einen dicken handschuh über. dann meinte er, ihm sei eine bärentatze gewachsen, und kam von sinnen.»

vitus bering ist sein eigener herr
sein kopf war nach hinten gebogen, die zähne fest aufeinandergepresst. er hatte den rumpf gekrümmt und arme und beine durchgestreckt. die finger waren über die eingeschlagenen daumen gelegt. er atmete nicht und sein gesicht wurde langsam
BLAU.

wie lang?
unter 78° 11′ geographischer breite ist der längste tag 4 monate.

theorie der schiffahrt, 11. fortsetzung
wenn man in einem schiffe fährt, welches nicht anstösst, fühlt man keine bewegung.
das holz reisst aus den fugen und zerspringt.
das schiff friert fest.

kritische entgegnung
die augen treten aus den höhlen.
er streckt die zunge weit aus dem mund, seine arme und beine sind in ständiger bewegung, während sein kopf in einem gleichmässigen rhythmus auf deck schlägt.

theorie der schiffahrt, 12. fortsetzung
das barometer stand auf 760 mm das ist ganz normal und er atmete schwer und die luft drückte und das ist ganz normal mit einem gewicht von 15.450 kilogramm auf berings haut und das ist ganz normal.

index
bering (vitus),
russischer seecapitain, geb. 1680 zu horsens in jütland, wurde, als ein geschickter seemann, von peter dem grossen bei der kaum entstandenen marine zu kronstadt angestellt. seine talente und seine unerschrockenheit, die er in den seekriegen gegen die schweden bewies, erwarben ihm die ehre, zur leitung einer entdeckungsreise ins meer von kamtschatka gewählt zu werden. er reiste von petersburg den 15. februar 1725 nach sibirien. 1728 untersuchte er die nördlichen küsten dieser grossen halbinsel und bestätigte, dass asien nicht mit amerika zusammenhänge; ob aber die kamtschatka gegenüberliegenden küsten auch wirklich küsten des festen landes oder nur dazwischen liegende inseln wären, sollte bering durch seine reisen entscheiden. am 4. juni 1741 lief er abermals mit 2 schiffen von ochotzk aus und landete an der nordwestlichen küste von amerika zwischen 35 ° und 69 ° n. br. stürme und krankheit hinderten ihn, seine entdeckungen fortzusetzen; er wurde weit ab auf eine wüste insel geworfen. schnee und eis bedeckten das unwirthbare land. bering ward gefährlich krank und starb hier am 8. dec. 1741. man hat der meerenge zwischen asien und amerika den namen beringstrasse (auch anian genannt) und der insel, auf welcher er starb, den namen beringinsel gegeben. (allgemeine deutsche real-encyklopädie für gebildete stände, brockhaus, 1830)

... dann ändert der schamane seinen rhythmus und beginnt in gebrochenen sätzen seinen gesang ... (mikhailowski, zitiert in schamanengeschichten aus sibirien, otto-wilhelm-barth-verlag, 1955)

bering, vitus, polarforscher, geb. horsens (jütland) 1680, gest. auf der insel awatscha vor der nordwestküste amerikas 19. 12. 1741. umfuhr im auftrag peters d. gr. als russischer seeoffizier 1728 die nordostküste asiens und durchsegelte dabei die nach ihm benannte beringstrasse. auf einer zweiten grossen wissenschaftlichen forschungsreise entdeckte er mit dem deutschen naturforscher steller die küste alaskas und die aleuten, erlitt aber schiffbruch und starb an skorbut. sein «archiv» wurde 1928 in irkutsk gefunden. (schweizer lexikon, zürich 1945)

peter (alexejewitsch), genannt der grosse, geb. 9. 6. 1672, gest. 8. 2. 1725.

«... aus dem rumfass ...»
«... dem spiel mit solcher leidenschaft ergeben, ...»
«... mit verrenkten gliedern ...»
«... von krämpfen geschüttelt ...»
«... als ob alles leben ihn verlassen hätte.»
«... und kam von sinnen.» (über den seefahrer bering, aus s. müller's «voyages et decouv. faites par les russes», amsterdam 1766)

dieweil fiengen der könig und königin kurtzweil wegen miteinander an zuspielen. das sahe einem SCHACH NICHT UNGLEICH, allein hätt es andere leges: es waren aber tugendt und laster wider einander ... (joh. val. andreae: chymische hochzeit christiani rosencreutz, strassburg 1616)

«... schaum vor dem munde ...» (soeur jeanne, memoiren einer besessenen, rara bibliothek, verlag robert lutz, stuttgart 1919)

vitus, veit, hl. (15. juni), jugendl. märtyrer in sizilien z. z. des diokletian, verfolgung. die unechte v.legende entstand um 600 in lukanien, wohin der leib übertragen worden war, u. entwickelte sich in versch. versionen in den einzelnen ländern; reliquien an vielen orten, bes. korvey und prag; patron von mehr als 1300 kirchen u. kapellen u. vieler zünfte u. vereine, wird den 14 nothelfern beigezählt; einst besonders angerufen gegen epilepsie (veitstanz). (schweizer lexikon, s. o.)

jeder mensch besteht aus einer seele, einem körper und einem namen. (knud rasmussen, lebensansichten und sagen der eskimos, e. p. tal' & co. verlag, leipzig–wien–zürich 1920)

epilepsie (griech. fallsucht, früher auch als morbus sacer = heilige krankheit bezeichnet): chronisches, meist erbliches leiden mit anfällen von bewusstseinsverlust und allgemeinen muskelkrämpfen und -zuckungen sowie mit bestimmten persönlichkeitsveränderungen (neigung zur verstimmung, niedergeschlagenheit, verlangsamung des gedankengangs, gestörten assoziationen, epileptischer demenz etc.). an stelle der typischen anfälle («grand mal») können auch sogenannte absenzen (kurze geistesabwesenheit, «petit mal») oder länger dauernde dämmerzustände treten. ausser dieser genuinen epilepsie gibt es eine symptomatische epilepsie mit ebenfalls epileptikformen anfällen als folge verschiedener erkrankungen, zum beispiel bei hirnverletzungen, vergiftungen u. s. w. (schweizer lexikon, s. o.)

der epileptische anfall wurde von den alten der ekstatischen euphorie gleichgesetzt. sie hielten diesen für eine göttliche gnade, für den eintritt in die transzendenz. der zustand wurde vor allem an regierenden personen als heilig verehrt. (aus: life international, 20. mai 1963)

die eigentlichen ursachen der epilepsie sind uns völlig unbekannt. einigen einfluss hat vielleicht die trunksucht der eltern. über die bedeutung der sonst noch angenommenen momente ist ein entscheidendes urteil schwer zu fällen. körperliche und geistige überanstrengungen, wiederholte gemütsaffekte, gewisse allgemeine körperliche zustände (anämie, schlechter ernährungszustand, mangelerscheinungen) und namentlich akute fieberhafte krankheiten können den ausbruch der epilepsie begünstigen; eine unmittelbare ursächliche bedeutung haben sie jedoch nicht. hervorzuheben ist noch, dass der erste anfall der krankheit sich nicht selten unmittelbar an eine starke geistige erregung, namentlich an einen heftigen schreck anschliesst. zuweilen lässt sich ein zusammenhang zwischen der epilepsie und einer vorhergegangenen verletzung des kopfes (durch fall, stoss, hieb u. drgl.) nachweisen. (aus einem medizinischen lehrbuche)

ekstase: entrückung, aussersichsein, verzückung; von griech.: ekstasis = heraustreten, entfernung von seiner stelle. (aus: «das fremdwort und ich», passau 1911) caesar, nero, mohammed und napoleon 1. waren epileptiker. (les hétéroclites et les fous littéraires, bizarre, numéro spécial, paris, april 1956)

gefühl der kälte: das gefühl der kälte des leibes, wie auch seiner unbeweglichkeit und steifheit, ist eines der ersten anzeichen dafür, dass sich das bewusstsein aus der äusseren physischen hülle zurückzieht und nach innen geht. (sri aurobindo: der integrale yoga, rowohlt 1957)

... auch ein allgemeines frostgefühl, der ausbruch von schweiss, starkes herzklopfen u. a. können als epileptische aura vorkommen. auch geht dem epileptischen anfall zuweilen eine auffallende geistige unruhe und erregung voraus. auf dieses stadium folgt gewöhnlich der anfall, das krampfstadium. letzteres beginnt fast stets plötzlich. ist keine oder nur eine ganz kurze aura aufgetreten, so stürzt der kranke mit einem mal zu boden. das bewusstsein ist völlig erloschen, jede empfindung hat aufgehört. der von manchen kranken zu beginn des anfalls ausgestossene laute «epileptische schrei» fällt bereits in das stadium der vollständigen bewusstlosigkeit. beim krampfanfall ist der kopf gewöhnlich nach hinten gebogen, die zähne fest aufeinander gepresst; der rumpf ist gekrümmt, die glieder gestreckt, nur die finger sind gewöhnlich über den eingeschlagenen daumen gelegt. da auch die atemmuskeln an dem krampf teilnehmen, steht die atmung still, und bald stellt sich eine stark bläuliche färbung des anfänglich blassen gesichts ein. dieser allgemeine tonische krampf dauert gewöhnlich nur bis zu einer halben minute. auf ihn folgt die periode der klonischen krämpfe; die gesichtsmuskeln werden in der heftigsten weise hin- und hergezerrt, die augäpfel rollen ebenfalls hin und her, treten aus den augenhöhlen oder zeigen abweichungen nach einer seite, die zunge wird krampfhaft vorgestreckt und wieder zurückgezogen, der KOPF schlägt heftig gegen die unterlage, arm-, bein- und rumpfmuskeln krampfen sich in den heftigsten, stossweise abfolgenden zuckungen. die pupillen werden nach vorübergehender verengung während des krampfstadiums sehr weit und völlig reaktionslos. dieses stadium dauert einige minuten. dann folgt das epileptische coma. der kranke bleibt bewusstlos, aber die zuckungen hören auf. allmählich geht das coma in schlaf über, der mehrere stunden dauern kann. ausser den soeben geschilderten krampfanfällen (dem «grand mal») kommen bei der epilepsie auch leichtere anfälle von sogenanntem «petit mal» vor. diese erscheinen zuweilen nur als ein vorübergehender schwindel, leichte ohnmacht oder auch in kurzem bewusstseinsverlust («absence»), ohne dass es dabei zu motorischen reizerscheinungen kommt. wiederholt hat man beobachtet, dass die patienten mitten in irgend einer tätigkeit (beim sprechen, kartenspielen, klavierspielen u. ä.) plötzlich innehalten, einen moment lang wie abwesend vor sich hinstarren und dann mit einem mal wieder in ihrer beschäftigung fortfahren, als ob nichts vorgefallen wäre. in anderen fällen setzen die patienten während dieser kurzen bewusstseinspausen ihre tätigkeit fort. wenn sie z. b. auf der strasse befallen werden, gehen sie mechanisch weiter, schlagen aber einen verkehrten weg ein oder gehen in ein fremdes haus, bis sie plötzlich zu sich kommen und sich zu ihrer eigenen verwunderung an einem GANZ UNGEWOHNTEN ORTE wiederfinden. teils unmittelbar im anschluss an die anfälle, teils auch in selbständiger weise treten vorübergehend psychische störungen auf. in vollkommener verwirrung entkleiden sich die kranken, begehen diebstähle, springen ins wasser, legen feuer u. drgl. ausser diesen «epileptischen dämmerzuständen» kommen auch anfälle mit heftiger geistiger erregung vor, verbunden mit angstvorstellungen, schreckhaften sinnestäuschungen etc. (dr. f. könig's ratgeber in gesunden und kranken tagen, dr. karl meyer g. m. b. h., wien o. j.)

... reichlicher alkoholgenuss, geistige erregung, körperliche anstrengung u. a. üben fast immer einen merklich schädlichen einfluss auf den epileptiker oder übten ihn aus, noch ehe die krankheit zum ausbruch kam. (dr. f. könig's ratgeber in gesunden und kranken tagen, s. o.)

bibite fratres, et vivite. (joh. val. andreae, chymische hochzeit christiani rosencreutz, s. o.)

bei erwachsenen tritt der veitstanz (chorea minor, chorea st. viti) zuweilen in chronischer form auf. der ausgang der krankheit ist gewöhnlich ein günstiger. doch kommen immerhin einzelne schwere fälle vor, wo infolge allgemeiner erschöpfung ein tödliches ende eintritt. (platen's heilmethode)

der veitstanz, eine art von «muskel-verrücktheit», den die moderne medizin als chorea (sancti viti) kennt, befiel ganze scharen von kindern, und sie tanzten oft verzückt von stadt zu stadt auf der suche nach einer kapelle des hl. veit... (james p. o'donnel, der rattenfänger von hameln, «der monat», juni 1956, berlin)

bei den wogulen ist nach gondattis angaben der schamanismus erblich und zwar auch in weiblicher linie. aber der künftige schamane fällt von jugend an auf: schon früh wird er nervös und ist manchmal epileptischen anfällen ausgesetzt, welche man als begegnung mit den göttern auslegt. (k. f. karjaleinen, die religion der jugra-völker, bd. 3, helsinki 1927)

bei den sibirischen samojeden und den ostjaken ist der schamanismus erblich. beim tod des vaters macht der sohn aus holz ein ABBILD SEINER HAND und bewirkt durch dieses symbol, dass die kraft des vaters auf ihn übergeht. (p. i. tretjakov, turushanskij kraj, ego priroda i jiteli, st. petersburg 1871)

was die hand als solche angeht, so ist zunächst ganz allgemein vorauszuschikken, dass sie seit der älteren steinzeit eine sonderstellung im glauben und denken der menschen eingenommen hat...
die juden, welche die abwehrende oder schützende hand, sei es dass sie dieselbe an die wände und türen ihrer häuser malen oder sie als anhängsel tragen, als «hand gottes» bezeichnen, kommen mit dieser bezeichnung ihrer ursprünglichen bedeutung am nächsten...
(taufiq canaan:) ... der orientale des frühesten altertums hat menschliche körperteile mit den planeten zusammengebracht, d. h. den einzelnen planeten einen bestimmten körperteil zugewiesen... (rudolf kriss – hubert kriss-heinrich: volksglaube im bereich des islam, bd. 2: amulette, zauberformeln und beschwörungen, otto harrassowitz, wiesbaden 1962)

chiromantie = weissagen aus der hand (aus: «das fremdwort und ich», s. o.)

zuweilen besitzen sie (die handamulette) in der mitte des handtellers einen bunten stein, der häufig von blauer farbe ist, da ja das blau für den amulettcharakter wesentlich ist. auch schon taufiq canaan hat darauf hingewiesen, dass die blaue farbe im bereich des islam übel abwehrende bedeutung hat. nach ihm kommt dies daher, dass blaue augen in ländern rings um die süd- und ostküste des mittelmeeres sehr selten sind und daher als dämonisch gefährlich, aber auch als übel abwehrend betrachtet werden. sicherlich beruht die wertschätzung der blauen farbe auf breiterer grundlage, denn sie ist bereits in den frühen kulturen des zweistromlandes und des niltales von sakraler bedeutung. (r. kriss – h. kriss-heinrich: volksglaube im bereich des islam, bd. 2, s. o.)

die zum schamanen bestimmte person beginnt zu toben, verliert dann auf einmal das bewusstsein, zieht sich in die wälder zurück, nährt sich von baumrinden, stürzt sich ins wasser und ins feuer und bringt sich mit dem messer wunden bei. (nach pripuzov; zitiert bei mikhailowski: heidnische religionen und späterer aberglaube bei den finnischen lappen, mémoire de la société finno-ougrienne, bd. 87, helsinki 1946)

raptus: in der psychologie ein plötzlicher und unerwarteter ausbruch heftiger und gefährlicher aktivität aus der ruhe heraus; vorkommen bei verschiedenen geisteskrankheiten. (schweizer lexikon, s. o.)

raptus est abstractio & alienatio & illustratio animae. (de raptu & extasi; henrici cornelii agrippae ab nettesheym de occultiore philosophia, sive de magia, liber tertius, caput L)

in seiner ekstase singt der kandidat schamanische hymnen – das zeichen dafür, dass der kontakt mit dem jenseits bereits hergestellt ist. (garma sandschejew, weltanschauung und schamanismus der alaren-burjäten, anthropos, bd. 23, 1928)

herolde im garten, bankett, musik, der könig, die königin, musikanten, gesandte des königs... (siehe: joh. val. andreae, chymische hochzeit christiani rosencreutz, s. o.)

bei den südsibirischen buriäten kann man auch durch göttliche erwählung oder infolge eines unglücksfalles schamane werden; so wählen sich die götter einen zum schamanen, indem sie ihn mit dem blitz treffen, oder sie zeigen ihm ihren willen an durch steine, die vom himmel gefallen sind. (mircea eliade, die religionen und das heilige, salzburg 1954)

war doch (nach dem die fenster gegen der sonnen geöffnet, vnnd die thüren vor den spiegeln auffgezogen worden) in dem gantzen saal, an allen orten, nichts dann sonnen... (joh. val. andreae, chymische hochzeit christiani rosencreutz, s. o.)

schon als kind zeigt sich der künftige schamane kränklich, einzelgängerisch und kontemplativ. (h. v. lankenau, die schamanen und das schamanenwesen, globus XXII, 1872)

der letzte vertreter der erklärung des schamanismus aus der arktischen hysterie, a. ohlmarks, geht soweit, zwischen einem arktischen und einem subarktischen schamanismus zu unterscheiden, je nach dem grad der neuropathie seiner vertreter. nach diesem autor war der schamanismus ursprünglich eine rein arktische erscheinung, welche in erster linie von dem einfluss der umwelt auf die labilen nerven der polarmenschen herrührte. die ausserordentliche kälte, die langen nächte, die wüsteneinsamkeit, der vitaminmangel u. s. w. hätten ihren einfluss auf die nervliche konstitution der arktischen völker geübt und geisteskrankheiten (die arktische hysterie, das meryak, das menerik) oder auch die schamanische trance verursacht. der einzige unterschied zwischen einem schamanen und einem epileptiker sei, dass der epileptiker die trance nicht mit dem willen hervorbringen kann.
in der arktischen zone ist die schamanische ekstase eine spontane und organische erscheinung, und nur in dieser zone kann man vom «grossen schamanismus» sprechen, das heisst von der zeremonie, die mit einer wirklichen kataleptischen trance endigt, während welcher die seele den körper verlassen und in den himmel oder in die unterwelt reisen soll. (mircea eliade, schamanismus und archaische ekstasetechnik, rascher verlag, zürich & stuttgart 1957; über: ake ohlmarks, studien zum problem des schamanismus)

die schamanenreise stellt sich also in zwei sinnbildlichen vorgängen dar, einmal als auffliegen in die luft, das andre mal als untertauchen ins wasser; beide male entspricht der ortsveränderung ein aussersichgeraten, das heisst eine ekstasis. (claus victor bock, quirinus kuhlmann als dichter, basler studien zur deutschen sprache und literatur, heft 18, francke verlag, bern 1957)

sowohl in geographischer wie in naturhistorischer hinsicht ist die beringsinsel eine der merkwürdigsten inseln im nördlichen teil des stillen ozeans. hier war es, wo bering als schiffbrüchiger seine entdeckerlaufbahn beschloss. er wurde von vielen seiner begleiter überlebt, unter diesen von dem arzt und naturforscher steller, welcher eine mit selten übertroffener meisterschaft ausgeführte schilderung der naturverhältnisse und des tierlebens auf dieser früher nie von menschen besuchten insel gegeben hat, auf der er die zeit von november 1741 bis ende august 1742 zubringen musste. (die umseglung asiens und europas auf der vega v. adolf erik freiherr von nordenskiöld, brockhaus 1882)

wie ich nun also ein gute weil vber daß meer hinein sihe, vnd es eben vmb mitternacht war, so bald es zwölff uhr schlug, sahe ich von fernem die sieben flammen vber das meer daher fahren, vnd sich zu obrist auff die spitz deß thurms zubegeben, daß brachte mir etwas forcht, dann so bald sich die flammen gesetzt, fiengen die wind an, daß meer gar vngestümm zumachen. (joh. val. andreae, chymische hochzeit christiani rosencreutz, s. o.)

die vergleichende anatomie hat eine fülle von beziehungen zwischen den für

wassertiere charakteristischen organen und dem menschlichen körper nachgewiesen, so zum beispiel die beziehung zwischen schwimmblase und lunge, dem kiemenbogen und den gesichtsknochen. die paukenhöhle und die eustachische röhre, die dieselbe mit dem schlund verbindet, sind reste einer kiemenspalte, die gehörknöchelchen und der knorpel der ohrmuschel sind aus dem skelett des zweiten kiemenbogens hervorgegangen.
wie für den schwimmer die lunge wieder als schwimmblase dient, so wird in der ekstase durch zentrale erregung die alte empfindung der gewichtslosigkeit erneuert. (paul beck, die ekstase, bad sachsa/harz 1906)

der niue-schamane ist epileptiker oder ausserordentlich nervös und kommt aus bestimmten familien, wo instabilität der nerven erblich ist. (e. m. loeb, the shaman of niue, american anthropologist, bd. 26, 1924)

auf den samoa-inseln werden die epileptiker wahrsager. die batak auf sumatra und andere indonesische völker nehmen mit vorliebe kränkliche und schwache personen für das amt des zauberers. bei den subanum auf mindanao ist der vollkommene zauberer immer neurasthenisch oder zum mindesten exzentrisch. bei den sema maga gleicht der medizinmann zuweilen einem epileptiker; auf dem andamanen-archipel gelten die epileptiker als grosse zauberer. (t. k. österreich, die besessenheit, langensalza 1921)

mitunter, wie bei den jivaro, ist der künftige schamane nur ein zurückhaltender, schweigsamer mensch. (r. karsten, zitiert bei a. métraux, le shamanisme chez les indiens de l'amérique du sud tropicale, acta americana II, 1944)

mitunter handelt es sich nicht eigentlich um krankheit im strengen sinn, sondern mehr um eine zunehmende veränderung der lebensweise. der kandidat beginnt viel zu meditieren, sucht die einsamkeit, schläft viel, zeigt sich geistesabwesend, hat prophetische träume, manchmal auch anfälle. (m. a. czaplicka, aboriginal sibiria, oxford 1914)

er (bering) wurde gewissermassen lebendig auf der insel begraben, die jetzt seinen namen trägt, da er schliesslich nicht mehr gestattete, dass man den sand fortnahm, der von den wänden der sandgrube (in welcher er zu seinem schutze lag und die mit einem segel bedeckt war) über ihn herabrollte. er meinte nämlich, dass der sand den erstarrenden körper erwärme.
ehe die leiche richtig begraben werden konnte, musste sie deshalb aus ihrem bett ausgegraben werden, ein vorgang, der einen unangenehmen eindruck auf die überlebenden gemacht zu haben scheint. (die umseglung asiens und europas auf der vega, s. o.)

die glieder des kandidaten werden mit einem eisernen haken abgeschnitten und zertrennt, die knochen werden gesäubert, das fleisch wird abgekratzt, das flüssige weggeschüttet, die augen werden aus ihren höhlen gerissen. nach dieser prozedur werden alle knochen gesammelt und mit eisen wieder verbunden. (initiation des schamanen petr ivanov)
nach einem anderen schamanen, timofei romanov, dauert die zeremonie der zerstückelung drei bis sieben tage; während dieser ganzen zeit liegt der kan-

didat, fast ohne zu atmen, an einem einsamen ort. (aus: mircea eliade, schamanismus und archaische ekstasetechnik, s. o.)

wenn die weichteile am leichnam eines auf einer plattform beigesetzten tungusen verwest sind, kann der schamane den anan-ritus ausführen, d. h. er kann die körperseele des verstorbenen in der seance den sippenfluss abwärts zum ort der verstorbenen sippenmitglieder überführen. (a. f. anisimov. trudy instituta etnografii, nov. ser., bd. 14, moskau 1951)

die wahre und direkte kenntnis und schau von vergangenheit, gegenwart und zukunft beginnt damit, dass sich das psychische bewusstsein und die psychischen fähigkeiten erschliessen. (sri aurobindo, der integrale yoga, rowohlt 1957)

«wissenschaftler», fuhr der zeitreisende nach einer pause fort, wie sie zur rechten assimilation seiner worte erforderlich war, «wissen recht gut, dass die zeit nur eine art von raum ist...» (h. g. wells, die zeitmaschine, rororo 1951)

bevor der kandidat schamane wird, muss er lange zeit krank sein; die seelen der schamanischen ahnen umgeben den kandidaten, sie martern und schlagen ihn und zerschneiden seinen körper mit einem messer. während dieser prozedur liegt der künftige schamane leblos da: gesicht und hände sind BLAU, das herz schlägt kaum. (g. k. ksenofontov, legendy i raskazy o shamanach u jakutov, burjat i tungusov, moskau 1930)

zeit ist nur zerschneidung des ganzen und durch die sinne. (konrad bayer, der sechste sinn)

einen gott möge man schlachten... (erich ebeling, tod und leben nach den vorstellungen der babylonier, 37. text: erschaffung des menschen, walter de gruyter & co., berlin und leipzig 1931)

gott vater (etwas wärmer): «mein sohn, sie essen dich!»
christus (mit matter stimme): «ja, sie essen mich.»
(aus: o. panizza, das liebeskonzil, münchen 1895 & neudruck der petersen press, glücksburg 1962)

jedes haus soll ein weisses leichentuch mit schwarzem kreuze haben, reinlich gehalten, und GOTTES LEICHNAM, alle 3 wochen, neu gemacht werden! (oblaten)... (aus § 53 der verfassung der deutsch-ordens-ritter)
die brüder sollen siebenmal des jahres den leichnam des herrn empfangen. (c. j. weber, das ritter-wesen und die templer, johanniter und marianer oder deutsch-ordens-ritter, 3. bd., hallberger'sche verlagsbuchhandlung, stuttgart 1837)

das essen vom fleische des werdenden schamanen begründet für die krankheitsgeister eine bindung an ihn. (schamanengeschichten aus sibirien, s. o.)

darauff auch den löwen hinder sich getrieben, vnd das brieff1ein, welches ich
jhme mit zittern darchgereicht, empfangen, gelesen, vnd mit grosser reverentz
also angesprochen: nun sey mir gott willkommen, der mensch den ich längst
gern gesehen hätte: under dessen zeücht er auch ein zeichen herauß, vnd fragt
mich, ob ichs lösen köndte. weil ich aber nichts mehr hatte, dann mein saltz,
bot ich jhm das dar, welches er mit danck angenommen. (joh. val. andreae,
chymische hochzeit christiani rosencreutz, s. o.)

man unterscheidet profanen kannibalismus (motiv: hunger oder gier), ge-
richtlichen kannibalismus (der hingerichtete verbrecher oder der getötete feind
wird gefressen, um ihn völlig zu vertilgen oder zu erniedrigen), magischen
kannibalismus (das menschenfleisch gibt kraft für zaubereien, ermöglicht an-
eignung bestimmter physischer und psychischer kräfte des toten) und rituellen
kannibalismus (anlässlich von götterehrungen, totenfesten, siegesfeiern, reife-
feiern; hierher gehört auch die patrophagie, das kannibalische verzehren ver-
storbener verwandter aus pietätsgründen). (schweizer lexikon, s. o.)

neben den blutungen ist das zweite hauptsymptom des skorbut eine eigentümliche erkrankung des zahnfleisches. dieses nimmt eine BLAUE färbung an,
schwillt an, wird locker und gewulstet, schmerzhaft und blutet leicht. (dr. f.
könig's ratgeber in ges. u. kranken tagen, s. o.)

nachdem bering's fahrzeug infolge der skorbutepidemie, die sich beinahe auf
alle mann an bord verbreitet hatte, eine längere zeit rettungslos auf see um-
hergetrieben, ohne dass eine ortsermittlung geführt wurde, und schliesslich
ohne segel und steuermann, wind und wellen preisgegeben war, bekam man
am 15. november 1741 land in sicht... (die umseglung asiens und europas
auf der vega, s. o.)

und nun zu den seltsamen dingen, die wir gesehen haben. am vierten oder
fünften tag sahen wir eine tür, obgleich wir kein licht hatten, weder von oben
noch von unseren helmen. die tür war in ein HELLES BLAUES LICHT getaucht. es
war sehr hell, heller als sonnenschein. zwei männer, ganz normal aussehende
männer, keine bergarbeiter, öffneten die tür. wir konnten auf der anderen
seite wunderschöne marmorstufen sehen. wir sahen das eine zeitlang und
dann nicht mehr. (berichte der beiden verschütteten bergleute von hazleton,
«der spiegel» vom 4. september 1963)

... da griff er zufällig in seine tasche und fand seine tabakspfeife, die noch
halb gestopft war. das soll dein letztes vergnügen sein, dachte er, zog sie heraus, zündete sie an dem BLAUEN licht an und fing an zu rauchen. als der
dampf in der höhle umhergezogen war, stand auf einmal ein kleines schwarzes männchen vor ihm und fragte: «herr, was befiehlst du?» (das blaue licht,
aus: brüder grimm, kinder- und hausmärchen)

blau ist die fundamentale farbe der göttlichen wonne. es gibt viele schattie-
rungen des blau, und es ist schwer zu sagen, welche sie sind, ein tieferes blau
bezeichnet gewöhnlich den höheren geist, ein blasseres blau ist der erleuchtete

geist. (sri aurobindo, der integrale yoga, s. o.)

das blaue licht ist die gesamtheit des in seinen urzustand aufgelösten stoffes. (der einzige zum vergleich herangezogene und dem herausgeber w.y.evanswentz zur verfügung gestandene text, der blockdruck dr. van manens, sagt hingegen: es ist die gesamtheit des bewusstseins aufgelöst in seinen urzustand, was als blaues licht erscheint.) die weisheit des dharma-dhatu, blau an farbe leuchtend, durchsichtig, wunderbar, blendend, bricht aus dem herzen vairotschanas als vater-mutter hervor und trifft dich mit einem so blendenden licht, dass du es kaum anzusehen vermagst. (das tibetanische totenbuch, rascher verlag, zürich 1953)

es besteht anlass zu der vermutung, dass diese blauschwarze färbung des von den alchimisten erzielten flüssigen stoffes, die an einen «rabenflügel» erinnert, genau die farbe des elektronischen gases ist. was ist das «elektronische gas»? für die modernen wissenschaftler ist es die gesamtheit der freien elektronen, die ein metall bilden und seine mechanischen, elektrischen und thermischen eigenschaften wahren. diesem heutigen begriff entspricht, was der alchimist die «seele» oder auch die «essenz» der metalle nennt. (louis pauwels – jacques bergier, aufbruch ins dritte jahrtausend, scherz-verlag, bern u. stuttgart 1962)

in diesem saal, war vnserem vogel ein bad zubreitet, diß wurde mit einem weissen pulverlin also geferbet, daß es ein ansehen hatte, als were es lauter milch. nun ward es erstlich kühl, da man den vogel hinein setzet, dessen er wol zu frieden war, tranck darauß vnnd spielet kurtzweilig. nach dem es aber von ampeln so darunder gesetzt wurden, anfieng zu erwarmen, hatten wir zuschaffen, jhn im bad zu erhalten, decketen deßwegen ein deckel ober den kessel. vnd liessen jhm den KOPFF durch ein loch herauß ragen, biß er also in solchem bad alle seine federn verlohr, vnd so glat wurde, als ein mensch, noch schadet jhm die hitz weiter nichts: welches mich schier wundert, dann es wurden auch in solchem bad die federn gantz verzehrt, vnd von jhnen das bad blaw geferbet. endlich liessen wir dem vogel lufft, der sprang selbsten auß dem kessel, vnnd war so glantzend glat, daß es ein lust zusehen was. weil er aber etwas wilds, musten wir jhm ein band, sampt einer ketten vmb den halß legen, vnd also in dem saal auff vnd ab führen. hiezwischen wurde ein starck fewr vnder den kessel gemacht, vnnd daß bald eingesotten, biß es gantz zu einem blawen stein wurde, den namen wir herauß, stießen jhn erstlich, darnach musten wir jhn auff einem stein anreiben, vnnd endlich mit solcher farb dem vogel seine gantze haut vbermahlen. da war er noch wunderbarlicher anzusehen, dann er war gantz blaw, biß an den kopff, der blieb weiss. (joh.val.andreae, chymische hochzeit christiani rosencreutz, s. o.)

«... blaues wasser ...»
«... blauer himmel ...» (jean genet, querelle, the olympia press, paris 1958)

«... die blitze ...» (isidore ducasse, die gesänge des maldoror)

immer ist die rede von einer heilung, einer bemeisterung, einer gleichgewichtsherstellung, welche eben durch die ausübung des schamanismus erreicht wird.

nicht dem umstand, dass er epileptische anfälle hat, verdankt zum beispiel der eskimo- oder indonesische schamane seine kraft und sein ansehen, sondern dem umstand, dass er sie meistert. von aussen gesehen hat man leichtes spiel, zwischen der phänomenologie des meryak oder menerik und der trance des sibirischen schamanen eine menge ähnlichkeiten zu finden, aber der wesentliche unterschied bleibt dabei die fähigkeit des schamanen, seine «epileptoide trance» mit dem willen hervorzurufen. und mehr als dies: die schamanen, scheinbar so ähnlich den epileptikern und hysterikern, geben proben einer übernormalen nervenkonstitution. sie vermögen sich mit einer intensität zu konzentrieren, welche dem profanen menschen unerreichbar bleibt; sie trotzen erschöpfenden anstrengungen; sie beobachten ihre bewegungen in der ekstase. (m. eliade, schamanismus und archaische ekstasetechnik., s. o.)

die pathogenie als spezialgebiet einer allgemeinen philosophie anzusehen – das hatte noch niemand gewagt. nach meiner meinung war man niemals streng wissenschaftlich, das heisst objektiv, rein verstandesmässig und frei von moralischen bedenken an sie herangegangen.
alle autoren, die diese frage behandelt haben, sind beladen mit vorurteilen. anstatt den geheimen mechanismus der ursachen einer krankheit zu untersuchen, betrachten sie «die krankheit an sich», verurteilen sie als einen schädlichen ausnahmezustand und empfehlen vorweg tausend mittelchen, sie zu unterdrücken, zu beseitigen, und definieren zu diesem zweck die gesundheit als einen absoluten, feststehenden «normal»-zustand. aber die krankheiten sind da. wir können sie weder nach belieben schaffen noch abschaffen. wir sind ihrer nicht herr. sie bilden uns, sie formen uns. vielleicht haben sie uns gezeugt. sie gehören zum tatbestand «leben»; sie sind vielleicht sein stärkstes argument. sie sind einer der zahllosen offenbarungen der urmaterie. sie sind vielleicht die ursprünglichste offenbarung dieser materie, die wir ja nur an den phänomenen der relation und der analogie untersuchen können. sie sind intermediäres zwischenglied, übergangsstadium, der gesundheits-status von morgen. sie sind vielleicht die gesundheit selbst. (b. cendrars, moravagine, in der übersetzung des karl-rauch-verlages: moloch, düsseldorf 1961)

er schmiedete seinen KOPF und zeigte ihm, wie man die buchstaben darin lesen kann. (a. a. popov, tavgicy. materialy po etnografi avamskich i vedeevskich tavgicev, trudi instituta antropologii i etnografii, bd. 1, moskau u. leningrad 1936)

die geister schneiden ihm – so wähnt er (der schamane) – den kopf ab, stellen diesen auf ein wandbrett, so dass er die ganze folgende zerschneidung seines körpers mitansehen kann. (schamanengeschichten aus sibirien, s. o.)

das ekstatische erlebnis der zerstückelung des körpers und der erneuerung der organe kennen auch die eskimos. sie sprechen von einem tier (bär, robbe), das den kandidaten verwundet, zerteilt und verschlingt; darauf wächst neues fleisch um seine knochen. zuweilen wird das tier, das ihn foltert, der hilfsgeist des künftigen schamanen. gewöhnlich manifestieren sich solche fälle spontaner berufung durch eine krankheit oder wenigstens durch ein besonderes unglück (kampf mit einem meerestier, einbrechen im eis u.s.w.). (lehtisalo, der tod und die wiedergeburt des künftigen schamanen, journal de la société finno-ougrienne nr. 48, helsinki 1937, bei m. eliade, schamanismus u. arch. ekstasetechnik, s. o.)

der schamane besitzt ein alter ego, ein tier oder einen baum, dessen dasein mit dem seinen derart verquickt ist, dass schicksalsablauf zwischen ihnen besteht. (schamanengeschichten aus sibirien, s. o.)

aber yu der grosse kleidete sich dazu noch als bär und verkörperte gewissermassen den geist des bären. (c. hentze, mythes et symboles lunaires, antwerpen 1936)

auf jeden fall, wenn man den vogelsymbolismus des frühgeschichtlichen china beiseite lässt, war der erste, der nach der überlieferung fliegen konnte, kaiser chuen (2258–2208 nach chinesischer zeitrechnung). (b. laufer, the prehistory of aviation, field museum, anthropological series, XVIII, nr. 1, chicago 1928, und: ed. chavannes, les mémoires historiques de sse-ma-tsien, paris 1897; bei m. eliade, schamanismus u. arch. ekstasetechnik, s. o.)

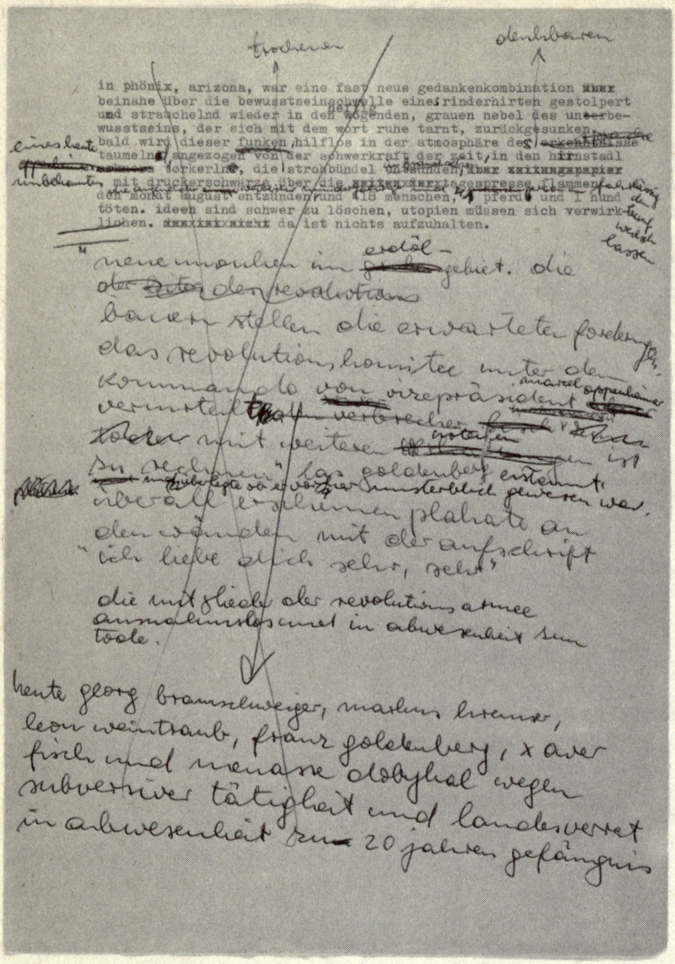
in phönix, arizona, war eine fast neue gedankenkombination beinahe über die bewusstseinschwelle eines rinderhirten gestolpert und strauchelnd wieder in den wogenden, grauen nebel des unterbewusstseins, der sich mit dem wort ruhe tarnt, zurückgesunken. bald wird dieser funken hilflos in der atmosphäre des [illegible] taumeln, angezogen von der schwerkraft der zeit, in den hirnstadl [illegible] forkerlin, die strohbündel [illegible], mit druckerschwärze über die tagespresse flammen [illegible] den monat august entzünden und 418 menschen, 1 pferd und 1 hund töten. ideen sind schwer zu löschen, utopien müssen sich verwirklichen. da ist nichts aufzuhalten.

neue unruhen im erdöl-gebiet. die der revolutionären bauern stellen die erwarteten forderungen. das revolutionskomitee unter dem kommando von vizepräsident [illegible] vermutet [illegible] verbrecher [illegible] töten mit weiteren [illegible] zu rechnen" las goldenberg [illegible] überall erscheinen plakate an den wänden mit der aufschrift "ich liebe dich sehr, sehr"

die mitglieder der revolutionsarmee [illegible] in abwesenheit zum tode.

heute georg braunschweiger, markus krause, leon weintraub, franz goldenberg, xaver fisch und menasse dobyhal wegen subversiver tätigkeit und landesverrat in abwesenheit zu 20 jahren gefängnis

manuskriptseite aus dem roman ‹der sechste sinn›

der sechste sinn
ein roman

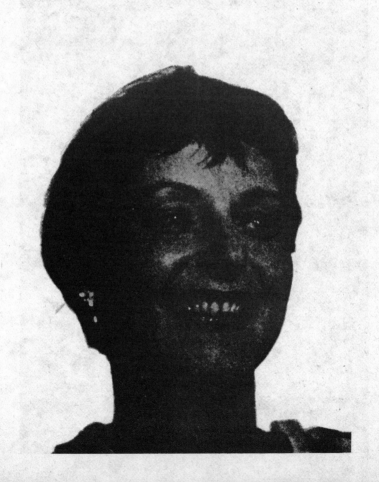

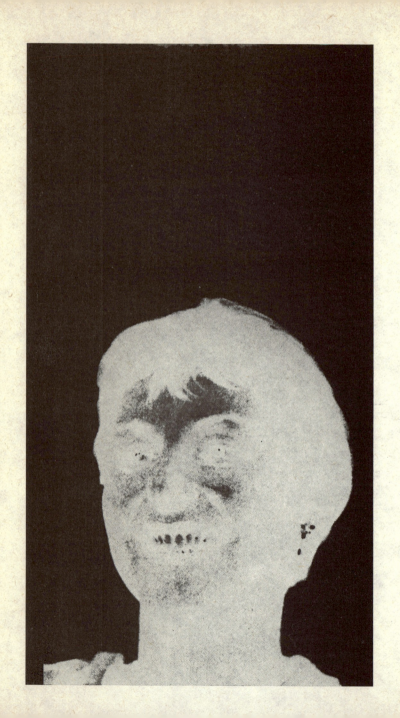

damit begann der abend, der ganz unter blumen verschwand.

die bäuerin blieb ungerührt im stil der jahrhundertwende, obwohl es gerade ein paar minuten vor der essenszeit war. ein vornehm wirkender junger mann beobachtet uns. er klirrt im salon. sie lächelt kaum merklich. wo leben und eigentum bedroht werden, da hören alle unterscheidungen auf. nina, die auf dem toilettetisch lag, hatte ringe unter den augen und war voller haare.
«ich habe den sechsten sinn..» und seufzte.
ich fuhr zusammen, in mich hinein, als ich dieses langgezogene stöhnen hörte. die dame in rot fiel auf den telefonapparat und dabei erinnerte ich mich, dass ich noch immer meinen regenmantel anhatte.
die ereignisse zeigten sich in einem neuen licht.
dann gab es ein allgemeines händeschütteln. den soldaten ist es einerlei, wessen fotoapparat, wessen uhr, wessen füllfeder sie nehmen. vor mir stand die bäuerin mit sehr viel ironie und dann weine ich und zerschlage einen teller. der junge mann im regenmantel ordnet sein gebiss. an den wänden erscheinen grosse plakate.
das passiert oft, hatte die dame in rot gesagt. nina biss leicht in meine grossen träumerischen augen. wieder wurden hände geschüttelt. hier werden freunde angeworben.
der telefonapparat brennt noch immer. was will mein körper von mir? plötzlich erscholl ein schrei und nina lässt ihre handtasche fallen. die dame in rot ging missmutig durch das zimmer, liess eine wolke von parfüm hinter sich und begann nervös auf den toilettetisch zu schlagen. der junge mann packt sie am arm und legt ihr die hand auf den mund. ich betrachtete alles stillschweigend. ich habe den sechsten sinn. der bauer, der sich bislang unbeachtet im hintergrund gehalten hatte, brachte seinen anzug in ordnung, setzte sich auf das fussende des indianers, der noch immer bewegungslos am boden lag, und seufzte: «ich habe den sechsten sinn.» zugleich begriff sich die dame in rot ans kinn, verdrückte mir im vorbeigehen kurz die hand und murmelte dann: «was will mein körper von mir?» eine frau von etwa dreissig jahren trat ein, sie war barfuss und hatte sich einen pelzmantel übers nachthemd gelogen. ich habe den sechsten sinn. sowjetische soldaten lagen auf dem toilettetisch. sie hatten risse unter den augen und waren voller haare.
unter allgemeinem händeschütteln standen wir jetzt zu dritt mitten im zimmer. der vornehm wirkende junge mann brannte noch immer lichterloh. nina drückte mir im vorübergehen kurz die hände. noch immer hatten meine freunde nicht gewagt, die frau im pelzmantel anzusehen. die fotografen klappten ihre stative zusammen, ihr blondes haar war schon etwas schütter. was will ihr körper von ihnen? sie waren missgestimmt und nichts fand sich ausser zwei sesseln, bei deren anblick nina zu schluchzen begann. sie hatte den sechsten sinn. darauf stand das

übliche. wo leben und eigentum bedroht werden, hören alle unterscheidungen auf. im übrigen schüttelte man einander die hände.
plötzlich erscheinen überall grosse meerschweinchen. was will mein körper von mir? der vornehm wirkende junge mann fällt auf die zähne und ordnet seine grossen träumerischen augen.
die grossen meerschweinchen klirren im salon. nina brennt lichterloh im stil der jahrhundertwende. der indianer greift der dame in rot ans kinn. die ereignisse zeigten sich in einem neuen licht. hier werden hände geschüttelt. die dame ohne schuhe brachte ihren pelzmantel wieder in ordnung. plötzlich fällt eine handtasche und nina schreit. hat sie den sechsten sinn? der indianer kam verlegen auf mich zu und dann weint er und zerschlägt seine nase. er fällt auf den telefonapparat und ich denke daran, dass ich noch immer meinen regenmantel anhabe. die dame im pelzmantel verschwindet ganz unter blumen. der bauer schüttelte viele hände und es war ihm einerlei, welche uhren, fotoapparate und füllfedern er nahm. der indianer in rot beobachtet uns. er hat nicht den sechsten sinn.

nina schlug die hände an die theke einer bar ganz in der nähe. sie war erstaunt, ob sie mir die hand reichen solle. trotzdem musste ich noch immer an die zwei damen in rot denken. auf der theke tanzten sechs mädchen, die trotz ihrer pelzmäntel vor kälte zitterten, unentwegt die selben schritte. hier werden sehr einfache schritte getanzt. nina ist die zweite von links und sagt: «habe ich den sechsten sinn?»
es war fast eine flucht, der vornehm wirkende junge mann fiel auf die theke und die ringe klirrten auf seinen fingern. nina drückte ihm im vorbeigehen die hand und seufzte: «was will mein körper von ihnen?» ein vornehm wirkender kellner beobachtet uns. er hat den sechsten sinn. das passiert oft. die sechs damen in rot schütteln meine hände. ich bin voller haare und klappe zusammen. mein blondes haar ist schon etwas schütter. zu hunderten lehnen wir an der theke. ich bin barfuss und habe einen roten pelzmantel über mein hemd gelegt. der kellner schreit. es regnet in strömen. es war ein schöner abend — ganz im stil der jahrhundertwende, dabei erinnerte ich mich meiner telefonate und plötzlich erscheinen die ereignisse in einem neuen licht. wo leben und eigentum bedroht werden, verlieren sich die unterscheidungen. hinter der theke brannten noch immer zwei indianische polizisten. obwohl wir uns kaum gegrüsst hatten, ging nina missmutig auf und davon. sie wollte meinen körper von mir. an den wänden erscheinen ihre grossen träumerischen augen. bei ihrem anblick beginnt der vornehm wirkende junge mann zu schluchzen. er hatte haare rings um die augen. tausend damen in

rot klirren mit den füssen auf den boden. hier wird sehr einfach getanzt. nina, die dame in rot (ihr blondes haar ist schon schütter geworden) klappt zusammen und ihre ringe klirren auf die theke. der junge vornehm wirkende junge mann bleibt ungerührt, obwohl die bäuerin ganz unter den blumen verschwunden war. «was will dieser körper von mir?» sagte er laut. dabei kam ihm in erinnerung, dass er noch immer einen regenmantel anhatte. er hob seine hand gegen mich und schrie: «ich habe den sechsten sinn!» warum dann aber war er hier? der kellner, der sich bislang im hintergrund gehalten hatte, brachte seinen anzug in ordnung. wo leben und eigentum bedroht werden, hören alle unterscheidungen auf. über mir erscholl ninas schrei und sie liess mir ihre hand herunter. dann ging ich auf jemanden zu, der vornübergebeugt in einem sessel sass. mit einem mal war alles wieder ruhig. nina brachte ihr kleid in ordnung und kam herunter. sie öffnete den mund und liess ihre handtasche fallen. der vornehm wirkende junge mann und ich sahen beide zugleich auf nina. sie musste das telefon im fallen mitgerissen haben. neben ihrem kopf brannte jetzt alles lichterloh im stil der jahrhundertwende.

wir betrachteten einander stillschweigend. sie stand auf und sagte das übliche: «was will mein körper von mir?»

der gast im lehnstuhl — ein vornehm wirkender junger mann — wusste es auch nicht. nina liebte ihn vor 40 000 gästen sehr heftig unter der barthkeke. die musik war sehr laut. dennoch konnte man genau hören, was eine million lebewesen dachten. wo leben und eigentum bedroht werden, hören alle unterscheidungen auf. der vornehm wirkende kellner hielt die finger vor den mund, als wollte er sie segnen. nina streckte uns ihre hand entgegen und antwortete: «ich bin ja für jeden genuss so dankbar!» obwohl die musik jetzt unerträglich laut geworden war, konnte ich sehr genau verstehen, was sie sagte.

50 jahre feuerwerk. auf dem strom im tal tutet ein frachter. georg hielt mich fest untergehakt und wir starrten in die emporschiessenden garben. sein optimaler glückszustand war erreicht. er durfte an einem sommernachmittag aus einer öffentlichen badeanstalt treten und seine nasse badehose halten. wir spürten unsere haut. er küsste eine vorbeieilende dame, dass er über ein anschlusskabel stürzte. ich betrachtete ihn, er aber hielt sich am boden fest, während die entehrte dame unter einem lampenschirm brausend quiekte. aus allen teilen der landschaft stiegen leuchtkugeln in die höhe. «der schlaf ist eine weltanschauung», grübelte georg. ich widersprach ihm und liess ihn liegen, wo er lag. langsam kehrte sein bewusstsein zurück. im vorbeigehen drückte er mir

kurz die hand. ich bin überzeugt, ihn zum letzten mal gesehen zu haben. erleichtert springe ich zu der dame unter den lampenschirm und stelle mich vor, sie heisst fünfhunderteinundzwanzig und hat den sechsten sinn. mein körper ist voller risse und meine haut starrt. barfuss schütteln wir die hände, stürzen von den sesseln und betrachten schweigend den dekorierten horizont. über uns krachen unentwegt grasige strahlenbündel ineinander und zerplatzen in alle farben, worauf der abend verschwindet. die 521 bemüht sich um ihre derangierte kleidung. seit ihrer heirat mit georg braunschweiger legt sie keinen wert mehr auf konversation. sie lässt mich liegen und springt mit flatterndem hemd in die strassenbahn.

manchmal musste ich bis zum gürtel im wasser waten. die fotografen kamen nur langsam vorwärts. sie befestigten ihre apparate am ufer und georg hing in einem strauch mit dem kopf nach unten, nur von bewegungslosen alligatoren bedroht. im übrigen herrscht vollkommene stille.
sein kopf flammte auf und ich stellte fest, dass die temperatur hundertzwanzig grad betrug. noch immer krachten über mir vereinzelte leuchtgarben.
achtung! ICH WERDE MICH NICHT FANGEN LASSEN.
zweimal begegnete ich der 521, welche in kreisförmigen bewegungen flussabwärts trieb. ich bezweifle, dass sie den sechsten sinn hatte. wo leben und eigentum bedroht werden, hören alle unterscheidungen auf.

nina lag auf dem toilettetisch und hatte risse in den augen. ihr blondes haar war zusammengeklappt und ihr ganzer körper etwas schütter geworden. der vornehm wirkende junge mann ganz in rot schüttelte ihre schultern. eine wolke von parfüm ging nervös durch das zimmer.
er dachte und stellte fest, dass die temperatur hundertzwanzig grad betrug. noch immer krachte ninas haut und bedeckte sich mehr und mehr mit rissen. nina schrie und der vornehm wirkende junge mann lässt seine hände fallen.

gleich hinter der loge standen in einer ecke des theaters vier indianer aus zinkblech, dort hinein schüttelten die putzfrauen bei einbruch des morgengrauens nina ganz in rot und den vornehm wirkenden jungen mann. der spielleiter öffnete das tor und die statisten entleerten die indianer in einige lastautos, die vor dem hause standen. mittlerweile war es nacht geworden und die indianer brannten um besser zu sehen. georg hatte in ihnen herumgestöbert. seit sein kopf verkohlt war, hatte er den sechsten sinn. «haben sie nina gesehen?» fragte eine stimme hinter ihm. es war der kellner ganz in rot, der seine rechnung kassieren wollte. wo leben und eigentum bedroht werden, hören alle unterscheidungen auf. der kellner verschwand in gedanken. das kommt oft vor. die indianer brannten noch immer. georg, der körper, zeigte keine gemütsbewegung. ein roter schlafrock deckte seine blösse. er war barfuss. nina kam verlegen auf ihn zu. sie setzten sich an die theke einer bar ganz in der nähe. fast triumfierend sagte sie: «ich will der öffentlichkeit preisgegeben werden.» stühle wurden zurückgeschoben, der katafalk stand erhöht und verschwand trotzdem ganz unter blumen und kränzen. der kellner segnete und die zeremonie war zu ende. der grosse ofen war ganz rot. georg stellte fest, dass die temperatur hundertzwanzig grad betrug. ein älter wirkender junger mann, der an der theke klirrte, sah georg hasserfüllt an. er hatte den sechsten sinn. der bauer und die bäuerin brachten die leiche des vornehm wirkenden jungen mannes, der mit nina zuletzt gesehen worden war. aus dem kleinen loch in seinem kopf steigt rauch wie aufgescheuchte asche. das loch ist mit verkohltem fleisch schwarz eingefasst. nina sang lauthals: «ich habe den sechsten sinn, ich habe den sechsten sinn..» nach einer halben stunde brach sie stöhnend zusammen. hierauf ging sie vergnügt und mit gestraffter brust aus dem lokal, im sicheren bewusstsein etwas nützliches geleistet zu haben und warf einen eilbrief in den postkasten, was zu ihren liebsten gewohnheiten zählte. täglich warf nina einen eilbrief in den postkasten, manchmal gab sie auch ein telegramm auf. das musste sein, sonst fühlte sie sich nicht wohl und litt unter furchtbaren kopfschmerzen. hinter dem briefkasten wartete eine gruppe junger männer, welchen sich nina hingab. dann kehrte sie zurück und warf einen eilbrief in den postkasten. nina trug stets eilbriefe bei sich mit der aufschrift: «ich liebe dich sehr sehr.»
missmutig warf franz goldenberg diesen zu den anderen eilbriefen in die schublade.

seit er von nina getrennt war, hatte er den sechsten sinn. franz goldenberg war der sohn des alten goldenberg und bemüht, diesen namen zu verbrauchen. «mein freund braunschweiger», dachte goldenberg, als er

der geschwindigkeit seiner gedanken . . alles verschwand unter bildern. franz wird immer älter. seit er von nina getrennt war, wartete er auf nina . . als er der geschwindigkeit seiner gedanken zum opfer fiel. ihre fotografien trug er in der brusttasche. sein zimmer war mit ninas fotografien beklebt. franz liebt nina. was ist das? dieses ist franzens weltpanorama. die seele nina und ihr körper. franz verschwindet unter einem berg von erinnerungen. das kommt oft vor. franz musste sich viel gefallen lassen. seit ihn nina verlassen hatte, war er unfähig geworden für seinen lebensunterhalt aufzukommen. wo leben und eigentum bedroht werden, hören alle unterscheidungen auf. seit er nina kannte, hatte sie ihn verlassen. das kommt oft vor, versicherte ihn der junge indianer und schlug ihm seine rote hand auf die schulter, dass er vornüber fiel. «das muss sein», murmelte goldenberg, «sonst fühlt sie sich nicht wohl und leidet den ganzen tag unter kopfschmerzen.»
damals war die bäuerin ganz mit dukaten und edelsteinen bedeckt. der bauer schlug seine starken finger in das weisse klavier. franz goldenberg hatte zwei liter frischmilch erworben. wo leben und eigentum bedroht werden, hören alle unterscheidungen auf. den soldaten war es einerlei, wessen fotoapparat, wessen uhr, wessen füllfeder sie nahmen. franz goldenberg hatte die tochter des bauern und der bäuerin auf seinem bauch und zupfte die läuse aus ihrem haar. an den wänden erscheint eine vollmondnacht mit allem zubehör. das kommt oft vor. wo leben und eigentum bedroht werden, hören alle unterscheidungen auf. franz goldenberg stand in lauwarmer luft herum und vor einer villa, in der vornehm wirkende menschen tanzten, welche ganz unter edelsteinen verschwanden. hier wurden sehr einfache schritte getanzt. der junge vermögend wirkende sportsmann mit guten manieren ausgestattet, hatte anstelle persönlicher eigenschaften starke patriotische neigungen. er war ganz mit brillanten behängt. georg braunschweiger war kurzsichtig und glänzte. nina war ihm zugetan und glänzte zu dieser zeit fast wie georg mit brillanten. damals hatte franz goldenberg zwei liter frischmilch und ein rohes ei erworben. das war seine entwicklung. das kind goldenberg. georg braunschweiger schwamm im schweiss. er warf sich aus dem bett und blieb am eisbärfell liegen. mittlerweile war sein haar schütter geworden. nina stellte fest, dass die temperatur 120 grad betrug und hörte auf zu glänzen. da verschwand georg unter einem berg von damen in rot und wurde nie mehr gesehen. ermattet sank nina in den lehnstuhl, erfrischt sprang nina auf und verliess mit gestrafften schenkeln das zimmer. vergnügt warf sie einen eilbrief in den postkasten, darauf stand das übliche. ich liebe dich sehr sehr. missmutig warf ein vornehm wirkender junger mann sein einglas hinter die bartheke, dass es klirrte. zwei herren mit breitrandigen hüten und dicken bärten schlugen in die guitarren, dass es klirrte. der vornehm wirkende junge mann trank sein 52l. bier und begriff sich das kinn mit

der hand. mittlerweile war ein matrose, franz goldenberg und zwei gewöhnlich wirkende mädchen eingetreten. nachdem sie hunderte biere getrunken hatten, tanzten sie sehr einfache schritte. hinter der bartheke stand eine sehr weisse tänzerin und applaudierte frenetisch. ihr sehr jung wirkender freund beobachtet uns mit dem kräftigen muskel seiner augen. er hatte nicht den sechsten sinn und warf in ohnmächtigem zorn einen harmlosen trinker, der an der bar ein wenig klirrte, an unserer statt ins freie. mittlerweile hatte sich der tag eingeschlichen und ich fand zwei telegramme im briefkasten, in welchen das übliche stand. missmutig warf ich sie zu den anderen in die schublade, wo die fotografien ninas unter einem berg von papier verschwanden. der hohle zahn des franz goldenberg. das gebirge seiner zähne. ein berg, bedeckt mit kariösem firn. für wen ist dies von interesse? dies ist für goldenberg von natürlichem interesse. er steckt ein stück holz in den hohlen zahn. die reliquie im schrein. alfa und omega. franz und goldenberg.
der bauer verteilte brotsuppe an alle anwesenden, die bäuerin sass verständnislos unter dem riesigen spinnrocken und betrachtete das dekorierte firmament. mittlerweile waren viele jahre vergangen. ein indianer mit breitem hut schlägt die guitarre. hunderte frauen und mädchen weinen an der bartheke. mein freund georg braunschweiger verschwindet hinter einem riesigen bart. seine stimme steht frei im raum: «ich habe den sechsten sinn.» der briefträger tritt ein und bringt mir einen eilbrief ninas. darauf steht das übliche. was will meine seele von mir? die dame in rot, nun ganz allein, brüllte aus leibeskräften. auf dem einzigen stuhl im zimmer sass ein mann im pyjama.
bewegungslos lag franz auf dem bett und war unfähig zu atmen. an den wänden erscheint eine vollmondnacht mit allem zubehör. das kommt oft vor. wo leben und eigentum bedroht werden, hören alle unterscheidungen auf. im salon tanzen vornehm wirkende menschen, die ganz unter edelsteinen verschwinden. das kommt oft vor. hier werden sehr einfache schritte getanzt. hier fühlt sich nina wohl. der junge vermögend wirkende sportsmann verschwindet unter einem berg von erinnerungen. franz goldenberg und das mädchen mit dem blauen vogel verlassen das kino. franz darf den käfig tragen. im vorübergehen drückt ihm der postbote einen eilbrief in die hand. eingekreist von seinen freunden, beobachtet goldenberg deren lächeln. sie stehen um ihn herum. bis ins zweite glied ist für goldenberg ein leuchten von milde wahrnehmbar. er wird zum mittagessen eingeladen. geblendet vom glanz ihrer heiligenscheine versucht goldenberg einen schritt zurückzutreten. ein eilbote drückt ihm den eilbrief im vorübergehen in die hand. im vorübergehen drückte goldenberg die hand des mädchens mit dem blauen vogel. der vogel flattert im käfig. im übrigen schüttelte man einander die hände. alle anwesenden verschwanden unter einem berg von telegrammen und es ereignete sich das übliche. plötzlich hatte franz

viele freunde, welche aber unter einem berg von interessen sofort verschwanden. hier wird jeder zum freund von jedem. vor mir steht mein freund braunschweiger mit sehr viel ironie und ich werfe in ohnmächtiger wut einen eilbrief zu den anderen.
er verschwindet hinter seinem riesigen bart. seine stimme steht frei im raum: «sie liebt dich sehr. .»
zufällig traf franz goldenberg nina auf der strasse. nina sprach: «ich liebe dich sehr sehr!»
nachdenklich meinte goldenberg: «alles, was du sagst, hat nichts zu bedeuten, aber deine stimme ist voll wohllaut.»
empört gibt sich nina einem vorbeistürzenden passanten hin. drei indianische polizisten leiten den verkehr um.
franz goldenberg ging ins kino. plötzlich erinnerte er sich seiner 6 sinne und die ereignisse erscheinen in einem anderen licht. wo leben und eigentum bedroht werden, verlieren sich die unterscheidungen. hinter der leinwand brannten noch immer zwei indianische guitarristen.
als er die hose auszog, sah nina über seinen schamhaaren die inschrift in gotischen lettern: «ich habe den sechsten sinn.» seither war sie ihm verfallen. natürlich stand franz nicht an einer strassenkreuzung oder parkanlage, sondern lag mitten im bett und wurde von nina betrachtet. sie hatte den sechsten sinn.
«ich werde dich nie mehr verlassen», jauchzte nina unter tränen der freude und sprang in ein taxi, um ihren vater, den millionär, zu umarmen. franz goldenberg betrachtete seinen bauch, der voller haare war. unten stand die taxe, wo sich nina dem taxichauffeur hingab. er hatte sie darum gebeten.

da er sich in bester laune zwischen dem bettzeug fand, stieg er auf. in seinem hirn fächelte eine leichte brise, gesättigt mit salzwasser. er trat ans fenster und sah, dass er sich in einem hotel befand. unten lag ein fluss, der die schimmernde oberfläche kräuselte. kanelierte gestänge durchzogen seine aussicht. ein weicher morgen, der sich sanft über seine fingerspitzen schob, breitete sich vor goldenberg. der sonnenstern glänzte und auf den ästen der grossen bäume sassen vögel und sangen in verschiedenen tonarten. das blut floss durch goldenbergs adern und klopfte an den schläfen. «herein!» sagte goldenberg. vor ihm dehnte sich ein weiter, weisser platz auf dem kandelaber wuchsen, in deren gezweig die butterbrotpapiere und verschiedenfarbige billets der untergrundbahn unbeholfen flatterten. über den fluss schwang eine brücke ganz aus glas. ein riesiges machwerk der bildhauerkunst erhob sich vor goldenberg mit drohenden fäusten. gehorsam schwenkte goldenberg den blick in den beginn seiner perspektive. springbrunnen sprudelten aus dem asfalt und milderten den vergangenen abend goldenbergs, der sich hartnäckig wie ein gazeschleier über das wahrnehmungsbild goldenbergs gestülpt hatte, zu einem erfrischenden long-drink. goldenberg glotzte durch die löcher des netzvorhanges. «schweinerei, diese spinnweben», dachte goldenberg und die plüschsofas seiner erinnerung senkten sich langsam unter dem druck der ereignisse über die rampe seines bewusstseintheaters. dazwischen schoben sich jetzt die torsi der gleitenden raddampfer in die konstruktionen des brückengestänges, lösten sich in das mosaik eines anblicks auf. goldenbergs zeitbegriff schüttelt das kaleidoskop und unbeschädigt und überraschend tauchen an einer anderen stelle der weltpostkarte (in mehreren farben) raddampfer um raddampfer, motorboot um motorboot im panoramakasten des goldenberg wieder. so vergehen mehrere sekunden. im ende der perspektive erhebt sich eine kiste kinderspielzeug (häuschen, bäumchen), dem berittene garde von der grösse eines daumennagels entströmt. plötzlich stürzen aus allen diesen kleinen häusern kleine männchen, automaten, folgen des alkoholmissbrauchs. da erinnert er sich seiner sechs sinne und die ereignisse zeigen sich in einem anderen licht. eine sirene ertönt. rauch steigt auf. es wird grau. die stadt hat ihre männchen wieder.

franz goldenberg geht an seinen wackligen schreibtisch und schreibt in sein notizbuch:
freitag 10 uhr 30 aufstehen, städtische badeanstalt, 20 dkg leberwust, 1 liter frischmilch, ½ laib schwarzbrot, butter, tomaten und zigaretten einkaufen. 14.30 postamt miete einzahlen. 15 h städtische bibliothek. 19 h nina bei leskowitsch (bis 19.30 warten!) oder 20 h 15 mirjam kino. tief einatmen! kein schweineschmalz!!
nachdem goldenberg um 10 uhr dreissig aufgestanden war, ging er in die städtische badeanstalt, kaufte 20 dkg leberwurst, 1 liter frischmilch, einen halben laib schwarzbrot, butter, tomaten und zigaretten. um 14.30 zahlte er die fällige miete ein. um 15 uhr war er in der städtischen bibliothek. von 19 uhr bis 19.30 wartete er bei leskowitsch auf nina, dann traf er mirjam und ging mit ihr um 20 uhr 15 ins kino. wenn er daran dachte holte er tief atem. an diesem tag ass franz goldenberg kein schweineschmalz und nahm sich vor, es auch in zukunft nicht zu tun, der genuss von schweineschmalz fördert den haarausfall.
dann geht er zum spiegel, betrachtet die reflexion seines körpers und kratzt dem beweglichen foto die barthaare vom kinn, während er sich selbst wahrscheinlich ein gleiches oder gleichnis tut.
hernach in sein notizbuch (in der nacht):

samstag: 10 uhr 30 aufstehen, städtische badeanstalt, 20 dkg leberwurst, 1 liter frischmilch, ½ laib schwarzbrot, butter, tomaten und zigaretten einkaufen. 15 h städtische bibliothek. 19 h nina bei leskowitsch (bis 19.30 warten!) oder 20 h 15 mirjam kino. fällige miete ist bezahlt. nicht mehr einzahlen! tief atem holen. kein schweineschmalz!!

«alles ist gut», sagte marcel oppenheimer. richelieu hatte seinen wachsfuss vorgestreckt und stand ganz ruhig da. die anderen sassen und lagen nachdenklich herum. das licht ermattet. ein dumpfes dröhnen, ein vibrieren der wände, die versatzstücke wenden sich um ihre achsen, zwischen breiten gewundenen säulen sind grosse spiegel eingelassen. die decke senkt sich. der boden schwankt. blaue scheinwerfer glühen auf. wir sitzen in einer geplatzten pagode mit vielen gängen, die sich in der ferne schwarz auflösen. unsere köpfe schaukeln und mein freund georg braunschweiger steht mit weit geöffneten augen vor mir. er hält mir seine hand entgegen und sagt: «nina», sagt georg braunschweiger, mein freund «wo ist goldenberg?». ich gebe keine antwort. wir verlassen die anderen, vorbei an marat in der badewanne und den zwitschernden vöglein aus kupfer. wir gehen durch endlose, verglaste gänge. ausgestopfte hunde hängen von den stahlverstrebungen und schnappen mit den kiefern, wenn man an den schnüren zieht. unsere freunde, dazwischen automaten, sitzen reglos an den balustraden der balkone. die wärter gehen auf und herum, verkaufen kataloge, eintrittskarten, handtaschen, marokkanische ledersessel, heissen tee, kaffee. ich bin sehr hungrig. die scheinwerfer verlöschen. sterne und beleuchtete schmetterlinge federn aus der decke. wir verlieren uns in einem wald. ich presse mich ganz in georg. die musik wird sehr leise, es donnert und blitzt dreivierteltakt. die lichter wechseln in alle farben. wir verlassen die anderen. verglaste arkaden nehmen kein ende, winden sich um ecken, überqueren strassen, durchstossen restaurants, autobushaltestellen und markthallen. endlich kauft georg eine heisse suppe. meine beine sind mit sodawasser aufgepumpt. am nebentisch sitzt eine dame ganz in rot, neben ihr marcel oppenheimer, der jetzt aufsteht und zu uns kommt. natürlich gibt er georg zuerst die hand. «gestern habe ich», sagte oppenheimer, «apfelstrudel gegessen». ich gehe bei leskowitsch vorbei, sehe im vorübergehen ein erstaunlich blondes mädchen. sie legt ihr linkes bein über das rechte und macht mir den blick frei. fasziniert bleibe ich stehen, da kommt alexander, der schauspieler, und überredet mich. er hat den sechsten sinn. wir kommen hin, es gibt rotwein und apfelstrudel. ich nehme eine gabel und esse den apfelstrudel. dann schicke ich alexander, man kennt ihn, und er bringt mir noch einen apfelstrudel. ich nehme den teller mit dem apfelstrudel und setze mich ein wenig abseits. den teller auf den knieen führe ich dem apfelstrudel die gabel ein. sachte teile ich den strudel in zwei annähernd gleiche teile. die äpfel sind sehr hell, der strudel dürfte ganz frisch sein. ich lege die gabel seitlich auf den teller. dann nehme ich das rechte stück mit daumen und mittelfinger meiner rechten hand und hebe es vorsichtig hoch. ich beuge meinen kopf und lecke langsam, sehr langsam den zucker von der kruste. natürlich wird man gestört, ekelhaft viele menschen! ich bohre meine zähne behutsam in das apfelfleisch. tatsächlich, ganz frisches, weiches, süssliches apfelfleisch. ich lasse etwas füllung in meine mundhöhle gleiten. mein speichel und das apfelfleisch sind ein weicher süsslicher brei. plötzlich schlucke ich apfelfleisch. es gleitet, lauwarm und weich durch meine speiseröhre. immer mehr speichel sammelt sich in meiner mundhöhle. ich steche jetzt ganz fest in den strudel. die kruste bricht. die zinken versinken rasch im weichen apfelfleisch. langsam drehe ich die gabel in der füllung. breiig gibt alles nach. ich steche noch einmal in den strudel. fetzen apfelfleisch hängen an den zinken. mein kopf schnellt vor und mit einem schlag meiner zunge reisse ich die fetzen apfelfleisch von den zinken der gabel. zwischen meinen zähnen knirscht strudelkruste. hastig schlucke ich strudel. ich steche in den strudel, schlucke, steche in den strudel, meine zunge bohrt sich in teig, ich schlage meine zähne in die ränder des aufgerissenen apfelstrudels. zwischen meinen zähnen kracht harte, feste apfelstrudelrinde. meine zunge wühlt im teig des apfelstrudels, meine lippen sind mit staubzucker bedeckt. ich schlucke teig, teig. jetzt beginne ich zu kauen. langsam, sehr langsam kaue ich. mehr und mehr teig sammelt sich in meiner mundhöhle. ich schlucke und schlucke und kaue sehr, sehr langsam. jetzt bin ich satt. reste von apfelstrudel kleben an meinen lippen. ich lecke die krumen von meinen lippen und kaue. speichel sammelt sich in meiner mundhöhle, dann schlucke ich alles. alexander kommt mit einem leeren teller. «es gibt keinen apfelstrudel mehr», sagte marcel oppenheimer mehr zu sich selbst und ging ohne uns noch einmal anzusehen an seinen tisch zurück. dort blieb er nachdenklich sitzen neben der dame ganz in rot.

franz goldenberg kam zur tür herein und gab mir die hand. ich gab dr. ertel die hand. dr. ertel gab marion bembe die hand. marion bembe gab dr. aust die hand. dr. aust gab dr. herbert krech die hand. dr. herbert krech gab fräulein gisela lietz die hand. fräulein gisela lietz gab ernst günther hansig die hand. ernst günther hansig gab dr. karl linfort die hand. dr. karl linfort gab herrn joseph lembrock die hand. herr joseph lembrock gab herrn dieter honisch die hand. herr dieter honisch gab doris ottlitz die hand. doris ottlitz gab margarete reichhardt die hand. margarete reichhardt gab walter meister die hand. walter meister gab sergio pereldi die hand. sergio pereldi gab prof. arthur b. gottlieb die hand. nachdenklich gab professor arthur b. gottlieb herrn wildenstein die hand. herr wildenstein gab vera fugger die hand. vera fugger gab gillo dorfles die hand. gillo dorfles gab ives acker die hand. ives acker gab bruno buzek die hand. bruno buzek gab felix heybach die hand. felix heybach gab dr. jirgal die hand. dr. jirgal gab dr. lehmann die hand. dr. lehmann gab rudi mayer die hand. rudi mayer gab roger salmona die hand. roger salmona gab charles kahn die hand. bedächtig, wie es seine art, gab charles kahn mac greenfield die hand. mac greenfield gab neda sestan die hand. neda sestan gab luther allan die hand. luther allan gab neda sestan die hand. neda sestan gab wieder luther allan die hand. jetzt gab luther allan felix rüegg die hand. felix rüegg gab doris ottlitz die hand. doris ottlitz gab ives acker die hand. ives acker wollte sergio cohen die hand geben. endlich nahm sergio cohen die hand von ives acker und gab sie vera kovar. vera kovar gab willi prucker die hand. willi prucker gab joe plaskett die hand. joe plaskett gab dr. grossblatt die hand. dr. grossblatt gab zitternd jerome reich die hand. jerome reich gab tullio mazotti die hand. tullio mazotti gab paul melin die hand. paul melin schwitzte. er gab hans schär die hand. hans schär gab gusti sieler die hand. gusti sieler lachte und gab michel damase die hand. michel damase gab petroff die hand. petroff sagte: «mein lieber damase», und gab konsul ganz die hand. konsul ganz gab hellmuth von der höh die hand. hellmuth von der höh gab paolo farkas die hand. paolo farkas gab aage olsen die hand. aage olsen gab phoebe schmidt die hand. phoebe schmidt gab peter szervansky die hand. peter szervansky gab robert mc. bride die hand. robert mc. bride gab fra stefano die hand. fra stefano gab sören friis die hand. sören friis gab xenia davis die hand. schweigend gab xenia davis massimo benazzo die hand. massimo benazzo gab fridolin koch die hand. fridolin koch gab gustav treiber die hand. gustav treiber gab herrn dieter honisch die hand. herr dieter honisch gab nun wieder doris ottlitz die hand. erbost schmiss doris ottlitz die hand auf den boden. goldenberg wurde dringend aufgefordert den empfang sofort zu verlassen.

«du bist doch ein kluges, gutes, liebes kind, minderjährig, abhängig», sagte der millionär, ein liebenswürdig wirkender älterer herr, alte schule, gepflegter schnurrbart.
«ja», kicherte nina mit sehr viel wünschen in der stimme: geld, inzest, etcetera, etcetera.

«gehe den weg des geringsten widerstandes», lächelte die alte schule, sympathisch, nett, reif, gewinnend, religiös. tatsächlich hatte die alte schule schon 64 jahre gewonnen.
«aber das tu ich ja, das tu ich ja.» nina war sehr erregt oder glücklich. seiner sache ganz sicher, geschult in den wettkämpfen des freien marktes, griff sich der vater die tochter und sie erschauerte erregt und glücklich, sehr. die augen der alten schule waren schmale schlitze geworden und er schob ihr den ganz grossen geldschein in den brustlatz und sie zitterte mit der stimme, so wie ers gern hatte und stammelte über den feuchten hingebungsvollen lippen «ach vater» und war eine einzige hingebung «ach vater» und da war das weisse in ihren augen gut sichtbar. «ich verdreh ja schon die augen», sagte nina.

als goldenberg wieder in seinem zimmer war, öffnete er beide hähne, schloss das fenster und machte es sich auf dem sofa bequem. der geruch war nicht unangenehm und er wartete auf schlaf. er sah sein leben nicht vor sich abrollen und überlegte ob er die hähne wieder schliessen solle, als er bereit war aufzustehen und den hähnen den atem zu nehmen, änderte er seine meinung wieder und blieb auf dem sofa, als er sich entschlossen hatte auf dem sofa liegen zu bleiben, entschloss er sich aufzustehen und als er dessen sicher war, entschloss er sich auf dem sofa zu bleiben. der geruch war nicht unangenehm und goldenberg atmete das leuchtgas mühelos. schon wollte er das sofa verlassen, er hatte sich seiner sechs sinne erinnert, da schlief er ein, ohne sein leben vor sich abrollen gesehen zu haben.
als er erwachte schien die sonne durch das fenster. goldenberg öffnete es und schloss die beiden gashähne. als sein nachbar, ein gewisser wilcek, an die tür klopfte und um ein stück brot bat, es war sonntag, hatte goldenberg seinen lachkrampf. gegen 11 uhr kam nina mit 2 überseekoffern und tat als ob nichts gewesen wäre. sie hatte, so sagte sie, ihre eltern für immer verlassen.

«LEGST, ich lege, du legst, wir liegen in der sonne, DU, franz goldenberg, volljährig, staatsbürger, WERT, zum ersten, zum zweiten und zum, AUF EINE GUT, stark, kräftig ENTWICKELTE BRUST?» wollte oppenheimer wissen. ich, franz goldenberg, stadtbewohner, wusste es nicht. verneinung. wielange ist er, liebling der frauen, wohl gesäugt worden?
«bis in mein», gab oppenheimer zur antwort «drittes lebensjahr. ama-

dominae oedipus oppenheimer. meine mutter war eine sehr schöne frau gewesen. omelett, kotelett, was hast du heute, anfang mai nach der zeitrechnung gegessen?» ich, franz goldenberg, blauäugig, wusste es nicht. oppenheimer, der ganz in einem lehnstuhl aus rosenblüten versank, hob seine über und über tätowierte hand. ich konnte verschiedene unflätige äusserungen entziffern, die er solcherart stets, immer, offen, verdeckt, öffentlich, geheim bei sich trug. während er verschiedenes von seiner haut ablas, mädchennamen, telefonnummern und ausrufe, gab er, marcel oppenheimer, kindesvater, undurchsichtige vergangenheit, begabt, mir, franz goldenberg, sohn des franz goldenberg, folgenden ver- (unser gesellschaftliches verhältnis war etwas schütter geworden) -ächtlichen blick. seine augen standen schief und quollen aus den höhlen. sein kopf war vorgeneigt und die hausbewohner stürzten die treppe empor, um an unsere tür zu schlagen. oppenheimer schaukelte den schädel und seine haare standen durch das vorzimmer unter der türe in das maul unserer nachbarin, einer amerikanischen bauernfrau, die not und elend aus der heimat vertrieben, während sie versuchte zu verstehen, was eine million lebewesen dachten. ein schiff mit blauen bändern und aufgemalten himmelskörpern fuhr am fenster vorbei und seine lautsprecher gaben die jahreszahl. amadominae marcel oppenheimer neigte seinen scheitel und ich sah, dass sein schädel ganz aus glas war und wusste, was eine million lebewesen dachten.

«siehst du, das ist der hut, den ich haben will», brüllte nina. sie sprang aus dem bett, drängte uns vom fenster. der maler magritte legte letzte hand an alle optischen erscheinungen, dann verliess ihn die kraft und er segelte vom sims in den abendlichen postkartenhimmel. alle baufälligen gebäude der umgebung waren hell erleuchtet. marcel hielt sich die ohren zu und murmelte: «ein volksfest, ein volksfest..» auf deck stand eine nonne mit gestärkter haube, die leinerne zielscheibe der modischen begierde ninas. alle menschen von den gängen und treppen unseres hauses taumelten betäubt ins freie, wo sie die papierschwalbe magritte mit der blossen hand fingen. pausenlos murmelte oppenheimer, marcel: «ein volksfest, ein volksfest..»

das oberdeck und der bug waren ganz aus glas und ich konnte sehen, was ein schiff denkt. darunter sassen eine anzahl menschlicher wesen in bequemen liegestühlen und starrten auf nina, die im hemd aus dem fenster hing. «ich gehe», setzte oppenheimer fort, «wie jeden tag zu leskowitsch. unterwegs treffe ich steiner. er schleppt mich zu seiner frau, familie, gebärdet sich. wir kommen ins haus, die kinder sind mit dem spanischen mädchen, das sie, steiner und frau, jetzt haben, gut entwickelte brust, ausgezeichnete rückansicht, nicht unwillig, attraktiv, sehr gut geformte beine, taille 58, geschieden, hielt sie, das mädchen, zuerst für indianerin, ich, marcel oppenheimer, bevorzuge wie du, franz goldenberg, wissen solltest, konjunktiv, den indianischen typus, ausgegan-

gen. seine, steiners frau, weiblich, schüchtern, pikant, hat, ich habe, du hast, die weisse schürze schon vorgebunden. wieso er, steiner, ehemann, wusste, dass er, steiner, ebenderselbe, mich, marcel oppenheimer, heute, frühling, treffen werde? schliesslich treffen, getroffen, begegnen wir, steiner & oppenheimer einander 3× täglich. steiner, der gatte, hat seine frau, die gattin, schliesslich davon überzeugen können, dass es gesünder wäre, 3mal täglich zu essen. hunger macht dumm. also, ihre, die wangen der frau steiner sind gerötet. sie wirkt erregt. es war anstrengend, 3mal täglich, aber interessant. wir, steiner, frau steiner und oppenheimer, ich, haben länger als zwei stunden, 120 minuten oder 7200 sekunden gegessen. zeit macht dick. steiner, er hat den sechsten sinn, ist mit einem vornehm wirkenden jungen mann aus bester familie, vater, mutter, drei kinder, tanten, onkel, bekannt, in dessen haus eine schweigende tafel, antike rezepte, hummer, meerspinnen, chinesisches theaterhuhn, 48 gänge, gehalten wird. ich, amadeus marcel oppenheimer, muss ihn, diesen, unbedingt kennenlernen. steiner will sich dafür verwenden, sehr, mich, oppenheimer, marcel, bei ihm, diesem, ins gespräch zu bringen. er, steiner, erwartet mich, oppenheimer, bei leskowitsch. ich, oppenheimer, muss jetzt gehen!» er verzog seinen mund, der mit staubzucker bedeckt war — er hatte im gespräch die reste unseres nachtischs von den tellern geleckt, zur abschiedsformel, während er versuchte, nina ins hemd zu schauen. goldenberg wohnt im zentrum der stadt. keine regel ohne ausnahme. wer a sagt, muss auch b sagen. plötzlich war oppenheimer um 23 jahre älter geworden, und ich sah einen eingesetzten spiegel in seinem schädel, der mein bild um 23 jahre zurückwarf. oppenheimer war gegangen.
damit begann der abend, der unter einem berg von haaren verschwand. nina kletterte vom fenster und fragte: «wo ist oppenheimer? er ist ein netter kerl.» ich überlegte, da klirrte es im salon, nina drückte mir im vorbeigehen die hand und stürzte ins telefon. ich schrieb ihr einen zettel: «bin zu leskowitsch gegangen.» als ich merkte, dass ich meinen regenmantel anhatte, erschienen die ereignisse in einem neuen licht.

und ich gehe hin und ziehe den vorhang zur seite und da trifft mich gleich der sonnenstrahl mit zirka 300 000 km pro sekunde ins auge und da drehe ich mich um und leg mich wieder ins bett.

ich stehe auf der hinteren plattform. plötzlich zieht der wagen an. ich falle mit dem oberkörper etwas zurück, aber nur einen ganz kurzen augenblick, bruchteil einer sekunde. meine bogengänge melden dem ge-

hirn: bewegung nach vorn! mein innensinn und die augen telegrafieren: keine eigenbewegung, sondern beine werden auf fester unterlage gezogen! resümiert das kleinhirn: vordere bauchmuskeln mit halber kraft anziehen! mache natürlich gleich alles ganz automatisch und merke, dass ich nach kurzem schwanken im gleichgewicht bin. mit diesem gleichgewicht könnte ich im zimmer nicht stehen, ich würde wuchtig auf die nase fallen, aber hier im bewegten raum halte ich mich aufrecht. der wagen saust.
goldenberg betrachtete den feisten nacken des schaffners. ich bin wieder ganz verkratzt, dachte goldenberg und betrachtete die gerissene haut des schaffners und die verkrusteten blutstropfen und nahm sich fest vor, ein pflaster draufzukleben und das hemd zu wechseln, weil es reichlich verdreckt war. allmählich wurde ihm klar, dass er einen unbekannten menschen anstarrte.

schon als kind zeigte goldenberg philosophische tendenzen. im anblick des meeres, er war 18, lag bäuchlings am strand, dort wo die wellen sich vorschoben um wieder abzusinken, in mässiger bewegung, lag er unbewegt, und starrte über die wasserfläche, seine augen knapp darüber, seinen mund darunter, so starrte er mit dem wasserspiegel, wie auf einem leitstrahl, in die erdkrümmung, in die perspektive und wo in seinem kopf sich das wasser mit der luft einen flirrenden tapetenstrich leistete, musste der horizont sein, wie es goldenberg nannte, wenn er es nannte, seine umgebung der länge nach entzweigeschnitten vom wasserspiegel, und die schnittlinie schmerzte wie eine berührung, wie ein streicheln, und die luft hielt das wasser nieder, damit es nicht über goldenberg herfalle, und die sonnenstrahlen knallten auf den spiegel, auf goldenberg, verbrannten die haut des torsos, der da zur verfügung stand, und goldenberg liess die beiden medien, die sich in ihm die waage zu halten schienen, an sich herankommen, an seine haut, und erfreute sich des niemandslandes, das er war.
und das meer presste gegen die säule luft über goldenberg, und so kämpften sie um ihn, zentimeter um zentimeter; hier hob sich das wasser, dort drang der himmel, der hier einfach luft war, bis auf goldenbergs kniekehle, bemächtigte sich seiner waden, um im augenblick von dem nächsten kräuseln der brandung emporgetragen zu werden. still und zäh ging der kampf, stunden um stunden.
schon als kind zeigte goldenberg philosophische tendenzen. im anblick des meeres, er war 18, grub er ein loch in den strand, dort wo sich zwischen den sand und die glitzernde luft ein keil von wasser geschoben, warf sich bäuchlings drüber, das wasser spritzte auf und er versank darin.

nur eine scheibe goldenberg, aus der wohl sein hals mit dem kopf stand, lag auf dem wasserspiegel, jederzeit bereit, dem versunkenen teil davonzugleiten auf dieser glatten fläche eis oder blech oder was immer es war.

im anblick des meeres, er war 18, grub er ein loch in den strand, er sah das meer, sowohl als er darin lag, aber er lag an dessen äusserster kante, in flüchtiger berührung, und sein bauch, seine zehen, seine beine, die brust, die arme und handflächen berührten den sand.

18-jährig grub er ein loch in den sand, warf sich bäuchlings drüber und vereinigte sich mit der erde, die ihm damals noch welt war.

bis zu den hüften im wasser hockend, grub goldenberg am schnittpunkt der elemente ein loch in den strand. dann liess er sich fallen und bohrte sich in die erde. so blieb er liegen und fiel in eine allgemeine ruhe. die haut seines rückens, die hemisphären seiner waden trieben wie ballone auf dem wasser.

während goldenberg am meeresboden lag, verfärbte sich seine haut über dem wasser.

goldenberg hatte eine glänzende leere gezeugt, die in seinem kopf strahlte. die sonne war in die perspektive gerutscht. es war kühl geworden. goldenberg zog sein glied aus dem sand, durchquerte damit das wasser, zog die badehose rauf, drängte die erdatmosphäre auseinander, stellte sich auf, nahm platz, sozusagen.

«seit fünf tagen leide ich unter entsetzlicher müdigkeit», sagte der vornehm wirkende junge mann. goldenberg schwieg. «wie finden sie sich zurecht?» wollte der vornehm wirkende junge mann wissen. goldenberg gab antwort. «nennen sie mich einfach stephan», entgegnete der vornehm wirkende junge mann. dann sprach goldenberg. der vornehm wirkende junge mann unterbrach ihn. er sagte: «tatsächlich?» dann sprach goldenberg. «pardon?» unterbrach ihn der vornehm wirkende junge mann. goldenberg wiederholte einen teil des letzten satzes. der vornehm wirkende junge mann sagte: «nennen sie mich einfach stephan.» dann sprach goldenberg. der vornehm wirkende junge mann sagte: «sie sind zu beneiden!» dann sprach goldenberg. wieder sagte der vornehm wirkende junge mann: «sie sind zu beneiden.» dann sprach goldenberg. der vornehm wirkende junge mann unterbrach ihn und meinte: «nennen sie mich doch einfach stephan!» dann sprach goldenberg. «pardon?» sagte der vornehm wirkende junge mann. goldenberg liess sich nicht stören und sprach fliessend weiter. «sie sind zu beneiden», seufzte der vornehm wirkende junge mann. goldenberg gab antwort. «pardon?» sagte der vornehm wirkende junge mann. dann sprach goldenberg. «sie entschuldigen mich», sagte der vornehm wirkende junge mann, rief leskowitsch und bezahlte die rechnung. goldenberg schwieg. «auf wiedersehen», sagte der vornehm wirkende junge mann. goldenberg gab antwort.

als goldenberg ins hotel kam, war nina verschwunden. auf dem toilettetisch lag ein zettel mit der aufschrift: ich liebe dich sehr sehr.

«darf ich», fragte goldenberg den alten kerl, «ihr kind schlagen? diesen balg, diese viehische bestie?»
die gäste erhoben sich und das kind wollte nicht mehr mit goldenbergs haupthaar spielen. franz verliess das lokal.

seit 3 tagen stand der komet am himmel. er hatte einen langen schwanz, kopf nach unten. goldenberg und neuwerk stiegen wie jeden abend auf den hügel hinter der eisenbahntrasse.
hinter den rotfunkelnden semaforen sassen sie im gras und neuwerk starrte in den himmel und murmelte wie die beiden tage zuvor: «und gott öffnete seinen scharlachmantel und siehe es war die nacht zu einer schärpe aus feuer geflochten». goldenberg fragte wie die beiden tage zuvor: «und was hängt dran?» wie die beiden tage zuvor antwortete neuwerk, kryptokatholik: «die grosse tapferkeitsmedaille».

franz goldenberg geht an seinen schreibtisch und schreibt in sein notizbuch:
montag 10 uhr 30 aufstehen, städtische badeanstalt, 20 dkg leberwurst, 1 liter frischmilch, 1/2 laib schwarzbrot, butter, tomaten und zigaretten einkaufen. 15 uhr städtische bibliothek. 19 uhr nina bei leskowitsch (bis 19.30 warten!) oder 20 uhr 15 mirjam kino. fällige miete ist bezahlt. nicht mehr einzahlen! tief atem holen. kein schweineschmalz!!

dort drüben läutet jemand mit einer kleinen tischglocke. er hat also durch besondere handbewegungen den klöppel und der klöppel die elastische stahlglocke in schwingungen versetzt und ich höre die schwingungen als hellen glockenton. dort die glocke, hier ich, wie kommen die

schwingungen in mein ohr? zwischen mir und der glocke ist luft, die kann ich sehen, sonst könnte ich ja nicht sehen und die ist ja auch beleuchtet und die augäpfel würden mir aus den höhlen fallen und dann sähe ich ja nichts, also müssen die schwingungen durch die luft übertragen worden sein. da sind mir also diese erschütterungen auf das trommelfell gekommen, und sowas hab ich in jedem ohr und ich habe zwei und das schwingt da mit den luftwellen herum, hinaus und herein und da dämpft mir der hammergriff, der ganz fest am trommelfell anliegt, ganz schnell diese schwingungen, und beim anderen ohr ist das auch so und im mittelohr, das ist bei mir mit schleimhaut tapeziert, hängen die gehörknochen herum, und die haben alle namen
1. der hammer
2. der amboss
3. der steigbügel. na und bin ich in einer schmiede? das macht einen lärm und alles haut herum, na und ich habe auch meinen inneren druck und da ist das trommelfell ganz frei und kann herumschwingen und mache gleich meinen mund zu, sonst kann ich ja noch feiner hören und ist ohnehin schon genug lärm bei mir, kommt mir ja sonst die ganze luft durch den rachen in meine eustachische röhre und was brauche ich einen besseren druckausgleich, bin ich im tunnel? und hinter dem steigbügel schwingt gleich alles zum ovalen loch hinein und da gibt es ecken und höhlen und gewölbtes und ist natürlich nicht so glatt wie in meinem mittelohr und ist alles angefüllt mit meinem blutwasser und bumsti, hab ichs mir doch gleich gedacht, zittern mir die nervenenden von der erschütterung und übersetzen mir da gleich die ganzen schallwellen ins hirn und da hör ich ja, da hör ich dann natürlich gleich die glocke, wie die läutet, die der da drüben an seinem tisch herumhaut und da schau ich genauer hinüber mit meinen zwei augen, aber davon will ich garnicht reden, die ich auch habe, wie viele andere, auch neger und so, und da sehe ich drüben den marcel oppenheimer mit einer gut gebauten frau, na und da gehe ich natürlich gleich hinüber und geb ihm die hand hin.

in gewissen zeitabständen sah goldenberg, wenn er schlief, eine gewisse landschaft, einen fluss, dahinter bäume, laubbäume. das ganze in einiger entfernung.

goldenberg wandte den kopf und sah nach einem der tische. er musste etwas gehört haben. gegenüber erhob sich oppenheimer neben einem hübschen mädchen und grüsste. goldenberg stand auf und ging hinüber.

goldenberg blieb sitzen und winkte mit der hand. goldenberg rührte sich nicht. als er den kopf drehte, war der mantel nicht mehr da. goldenberg rief nach dem kellner, als er sich erinnerte, den mantel in der garderobe abgegeben zu haben. der kellner wartete, leicht vorgeneigt, eine höfliche drohung. goldenberg überflog die karte und wollte kaffee.

goldenberg suchte in allen taschen nach geld. er richtete das scherenperiskop seiner augen, aus einem meer ungeordneter gedanken, erinnerungen auftauchend, lustlos nach dem tisch an dem oppenheimer und das mädchen sitzen mussten. sie waren nicht mehr da. goldenberg, auf der suche danach, steckt sein geld stets lose in die taschen. im allgemeinen trägt goldenberg 4 aussentaschen, 2 innentaschen und 1 geheimtasche, geschickt in hose und jacke verborgen, an sich. mit den geldscheinen zog goldenberg den garderobenzettel aus der linken innentasche des abgetragenen sportsakkos, tief unten, brösel. jetzt wusste goldenberg wieder mit aller sicherheit, die seinem gedächtnis da zur verfügung stand, den mantel abgegeben zu haben und details: die fleischige hand der garderobiere, an deren kleinem finger ein ring sass. löwenkopf mit eingesetzten steinen. glas & messing. sie hatte goldenberg durch ihre dicken brillengläser mit dem abscheu des alters für die jugend gemustert und er war rot geworden. als ihr goldenberg den zettel hinlegte, gab ihm die freundliche alte das paket, das er an weintraub hätte schicken sollen. jetzt war es zu spät geworden. goldenberg bewegte sich vergnügt durch die weiche luft und war froh, seinen mantel zuhause gelassen zu haben. es war richtig frühling geworden.

philipp schönwiese geht über die strasse.

gestern abend sprach mich ein mann, ungefähr dreissig jahre, auf der strasse an. er hiess georg. er fragte mich, ob ich mit ihm schlafen wolle. ich antwortete ihm, das wäre mir egal und wir könnten zusammen schlafen, wenn er es wollte. dann wollte er wissen, ob ich ihn liebe. ich antwortete ihm, dass es darauf nicht ankäme, dass ich ihn aber sicher nicht liebe. er fragte mich, warum ich dann mit ihm ins bett ginge. ich erklärte ihm, das wäre nicht wichtig, und wenn er es wolle, könnten wir miteinander ins bett gehen. übrigens wollte er es, während ich nur zustimmte. er meinte dann, das bett wäre etwas sehr ernstes. das ver-

neinte ich. er schwieg einen augenblick und sah mich an. dann sprach er wieder. er wollte dann wissen, ob ich denselben vorschlag auch von einem anderen angenommen hätte. ich antwortete: «selbstverständlich.» er fragte sich dann, ob er mich liebe, wozu ich natürlich nichts sagen konnte. er schwieg, dann sagte er, ich wäre ein seltsames mädchen, aber er möchte mit mir schlafen. wir gingen in ein hotel und er bestellte das zimmer. der kerl mit dem schlüssel war nicht höflich. wir sind dann in ein zimmer gegangen und haben miteinander geschlafen. er hat es aber gemerkt, dass ich das erste mal mit jemandem geschlafen hatte. dann erzählte er mir von seiner arbeit. ich fragte ihn, wie es in seinem büro wäre. er sagte, dass er es ganz gut getroffen hätte. er wollte, dass ich noch länger bliebe. ich sagte ihm, dass meine mutter bald aus dem kino kommen würde und dass ich wieder gehen müsste. da stand er auch auf und ist mit mir hinuntergegangen. er musste dann gleich nach hause, weil er noch zu tun hatte. ich habe mich dann sehr beeilt, aber mama war schon da. ich habe ihr erzählt, dass ich auch im kino gewesen wäre. sie meinte, dass ich sie um erlaubnis hätte bitten müssen. ich schwieg, weil es sinnlos ist, mit meiner mutter zu streiten. der mann wollte mich gleich morgen wieder treffen, aber ich habe nichts ausgemacht, weil mama so selten ausgeht. ich will nicht dauernd mit ihr streiten. da haben wir dann nichts ausgemacht. aber er meinte, die wege der liebe seien wunderbar. ich habe ihm rechtgegeben, damit er bald ginge. aber mama war trotzdem schon zu hause. beim essen sagte mama, dass sie einen hund kaufen möchte. ich möchte aber keinen hund.
na sehr gut, sagte goldenberg, wie heisst er denn?
dobyhal, sagte mirjam.

mirjam erhob sich, stieg immer höher zog einige schleifen über dem pompösen kamin zog knapp unter der stuckdecke ihre runden senkte sich mit weichem behagen zum sturzflug fing zwei zentimeter über dem versiegelten parkettboden geschickt auf, noch eine kehre über dem pösteki und dann den ganz kurzen ruck hinauf hinein das wichtige und jetzt stand sie still schwebte über dem boden, ihre guten 5 cm über der teppichpracht und die anderen lachten weich aus den weichen kehlen, aus den starren augen die sich wohl fühlten und sie sagten: na mirjam fliegst du? aber sie schwieg nur und ihre jungen kugelrunden augen, lidlos, die augen eines riesigen vogels, zeigten dem zuschauer das weisse, aber niemand schaute dahin und so stand sie über den wassern, bis sie nach stunden in sich hineinfiel in ihren körper. ein süsslicher geruch erfüllte den saal.

zuerst fielen einzelne regentropfen. der regen wurde immer dichter, dann fiel das wasser als ein ganzes auf die strasse. oppenheimer stellt eine frage: «ob wir unter einem fluss wohnen?» plötzlich war alles überschwemmt und die fische frassen uns den tomatensalat vom tisch.

georg fällt mit einem strauss abgerissener autospiegel zur tür herein. marcel oppenheimer trommelt mit den fäusten auf die theke. ein weisses klavier schwebt durch den raum. 3 fremde gewöhnlich wirkende junge männer, georg hat sie mitgebracht, versuchen die bar aus dem fenster zu werfen. der komet steht noch immer im garten. einige missmutige polizisten verschwinden unter einem haufen von glasscherben. «wo leben und eigentum bedroht werden, hören alle unterscheidungen auf», flüsterte marcel oppenheimer während er mirjam hastig umarmte und den kometen anstarrte. georg hing aus dem fenster und sah, dass der platz vor der oper schon ganz unter wasser stand. die drei gewöhnlich wirkenden jungen männer schwammen um bier. alexander bringt ein mädchen, das niemand kennt. sie wirft ihre brillanten auf den tisch und sagt: «da bin ich.» ihr bauch war ganz mit haaren bewachsen. die 3 gewöhnlich wirkenden jungen männer bringen eine million bier in einem motorboot, das niemand vorher gesehen hat. festgebunden an einem brett schwimmt neuwerk vorbei und sagt: «die grosse tapferkeitsmedaille». karl neuwerk war kriegsteilnehmer. georg gibt ihm einen schluck aus der flasche und einen tritt, worauf neuwerk jeden anstand verliert. «mehr respekt», brüllte neuwerk, «ich habe euch alle erfunden». jola fugger, das mädchen, das wir nicht kannten, wand sich in krämpfen am boden. goldenberg hob sie behutsam empor und trug sie in sein zimmer. in einer ecke sass alexander ganz mit himmelblauen bändern umwickelt und sagte: «sie gehört mir». ein beleuchtetes schiff fährt vorüber. an bord sitzt neuwerk, fast trocken und lässt sich vom ensemble der städtischen oper feiern. neidisch blicken fast alle hinüber. empört komponiert oppenheimer eine oper in 20 minuten. neuwerk schiesst mit champagner herüber. obwohl sich jola dringend jemandem hingeben möchte, verlässt sie weinend das zimmer. hasserfüllt schütteln alexander und franz gegeneinander erhobene hände. «was will mein körper von mir?» sagte alexander. «ich habe den sechsten sinn.» antwortete franz. sie brachten ihre anzüge in ordnung und schüttelten einander im übrigen die hände. ich lag noch immer bewegungslos am boden und dachte an den hund den meine mutter kaufen wollte. das hell erleuchtete boot verschwindet unter dem wasserspiegel. obwohl die menschen sehr leise sprechen, kann ich genau verstehen, was sie sagen.
franz sass im theater und sah nach vorne. da trat ein kerl aus den

kulissen und hieb dem klassischen liebespaar die köpfe ab. an der wand hing eine ratte, die war mit vier nägeln angenagelt. auf einem baum aus papiermaché sass ein hund und krächzte. allmählich stieg das wasser im zuschauerraum. franz schwamm zur treppe und stieg ins erste stockwerk. auf den stufen lagen knochen und fleischstücke. über dem geländer hing ein riesiger hautfetzen. franz schob ihn zur seite. er folgte den blutspuren und kam auf den balkon. franz setzte sich an die balustrade und konnte jetzt wieder alles sehr gut sehen. der kerl auf der bühne war furchtbar gealtert und weinte jetzt. hundert fliegende kühe erhoben sich aus dem musentempel und überflatterten das parkett.
die mondscheibe stieg an das zertrümmerte dach und leuchtete in die schlucht des theaters. fladen knallten aus den kühen auf die federleichten und gefederten hüte aus gaze und wolken über den wachsfiguren in grossem abendkleid.
der kerl lag jetzt auf einem alten sofa und schlug seine tochter die soeben einen luftballon gebar, der sich durch die 7 stockwerke des theaters nach oben entfernte. kurz in den gusseisernen fangarmen des dachskeletts zaudernd, entwand sich diese frucht dem griff mit einer eleganten gleichsam schweigenden geste und verschwand in der mondscheibe. da krachte es und eine abteilung berittener garde galoppierte über die zuschauer zur anderen seite des theaters hinaus. plötzlich ging wieder ein starker regen nieder und goldenberg zog seinen kragen über die ohren. im parkett spannten die fleischpuppen die regenschirme auf. franz lehnte sein kinn auf die balustrade, da war sie aus klopfendem fleisch. unten ist eine gesellschaft von damen und herren in abendkleidern auf die bühne geklettert und sie werfen den kerl vom sofa. dann zerreissen sie den schläfer und verzehren ihn. das blut spritzt die bretter voll und die zerfetzten kleider fliegen wie schmetterlinge in den vertikalen schlauch des theaters, langsam aufsteigend, wie angesogen tanzen sie von stockwerk zu stockwerk im gerippe des theaterturmes aufwärts. der regen wird heftiger und es blitzt und donnert. goldenberg zieht die nassen schuhe wieder an und geht durch einen langen gang, dessen wände pochen. aus dem kleinen rauchsalon, wo den wänden die adern aus der haut zu platzen drohen und sich heben und senken, schaut er in den saal. da türmen sich die muskeln der stockwerke übereinander, säulen aus fleisch, gitter aus fleisch. käfige aus roh geformten, zuckenden fleischstäben und fleischteiche deren oberfläche wie das dunkel einer leber schimmern, darinnen sind fische und vögel, ein klumpen fleisch, die bewegen sich als ob sie lebten. goldenberg geht zu einem hochbogigen fenster im neugotischen stil und springt mit einem kopfsprung in den henrietten platz. verwundert schwimmt er durch die färberstrasse zu braunschweiger.

der asfalt läuft, springt, teilt, bricht in dünnen, breiten, schlanken, eleganten, klumpig, gequirlt, stürzend, die quelle, das wasser, rinnseln, rinnsal, gerinnsel, aus, empor, der aufbrechenden, berstenden, aufgebrochenen, gerissenen strasse, spalte, risse, gletscher.

bewegungslos, reglos stehen frauen versteint aller überhaupt immer alter gewohnheiten, berufe, klassen, rassen in grossen, weiten, breiten, gespreiteten, geweiteten, reglosen, versteinten, ausgebreiteten, wartenden, glänzenden, gleissenden, leuchtenden, alle farben, riesigen, rissigen, gerissenen, entrissenen, verstörten, bemerkten über alle massen prächtigen abendkleidern in der mittagsstarrehitzesonneweissekreide schreibt: ihre schatten, die finsternis im weissen, in der hitze, in der stille, schlanke gefässe auf leeren plätzen, weisse südliche plätze, ausgetrocknet, vertrocknet, versteinte tiere, pfaue, strausse, sperber, versteinte damen der gesellschaft, aller rassen und klassen und. lebensspendender schatten. unsere damen der gesellschaft spenden leben. alle damen ganz in rot. jetzt! wer blut spendet muss auch b sagen. katzen wissen das und weichen jetzt! dem flüssigen, fliessenden, heissen asphalt geschickt aus dem wege. ein weisser weiter platz. es ist unerträglich, sehr heiss geworden. 120 grad, flüstert braunschweiger. meine sohlen, epidermis, haut, die haut, brennen, verbrennen, geht auf in feuer, es brennt, meine füsse verbrennen lodernd, ungeheuer, sehr. dunst liegt über der stadt. seit 3 tagen verbergen wir uns nachts z. b. in dieser parkanlage, verteilen, teilen, jeder der halbe, uns, jeden, überhaupt tagsüber unauffällig, sorgsam, dezent über plätze, strassen, wegkreuzungen, städte, die welt, sitzen in kaffeehäusern, seit 3 tagen zu 24 stunden versuchen wir in das museum einzudringen, aufzubrechen, und sei es mit gewalt, überhaupt. die wärter, jeder, alle passanten, harmlose, misstrauische, sind gewarnt. die grossen, drohenden, grösse macht angst, in meter, tore ragen, sind da vor uns auf, hinauf, schwarz, versperrt, geschlossen, kein eintritt, kein licht. einige, wir liegen, lagern am, zu boden und andere, wir starren, blicken, hinaufschauen aus dem schatten in die sonne, hinauf. eine bewegungslose unruhe hat sich faltenlos über die stadt und ihre gegenstände gelegt.

wir sind mehr als ein hintergrund, brüllt der hauptmann der garde, stattlich, staatlich, satt, während er mit seinen leuten die dunstmauer durchstösst, sprengen nach vor, vorne, über den platz, die katzen, die sonne, risse im stein, asphalt, die damen? reiten im allgemeinen (wo sind sie?), ihre pferde kämpfen sich, die pferde, durch den verkehr der ladenschlusszeit in die öde unseres, wir, platzes. der platz bricht auf, platzt, reisst, zerreisst und dicke langsame ströme von dickem langsamen asphalt. geräusche berstender plätze, strasse. die pferde, hengste, stuten, weiss, schwarz, braun, rot, grün, blau, nehmen hindernisse, jedes hindernis, überhaupt alle hindernisse, überhaupt hindernisse im allgemeinen, drängen billige automobile, vorjahrsmodelle zur seite, weg, aus dem, ihren weg.

gütig hängen die gardisten von den seiten ihrer pferde, wachsen aus den sätteln, treiben stiefelspitzen uns zu erdwärts, die roten mähnen ihrer helme liebkosen die haut unserer gesichte, während sie, gardisten, uns mit knüppelschlägen auseinandertreiben. xaver fisch, der kleine fotograf brüllt — mittlerweile ist sehr viel zwischenraum entstanden —: «was ist ein museum?» georg legt die hände vor den mund, wolken treiben über, katholische engel singen auf den dachfirsten, elektrizität nimmt überhand und fuss, wir waren schon recht weit gelaufen: «irgend einen alten rosenstrauch anschauen.» dann liefen wir weiter, marcel oppenheimer, er schwitzte am ganzen körper und daran klebte sein hemd sowie eine alte hose, geschenkt von einem freund, dessen namen ihm nicht einfiel, er war in eile, mittlerweilen im laufe der zeit, am 27. februar vergangenen jahres, es war ein drückend heisser sommernachmittag in buenos aires gewesen, er war mit freunden von der küste zurückgekommen und hatte eine einladung für 3 gänge dessert, tee, kaffee in der tasche, damals war die hose neu gewesen und der bursche der sie borgte verzog das maul, aber er, dieser, hatte bevor sie abgefahren waren, zur küste, eine menge geld, von ihm, oppenheimer, geliehen, zum jahreswechsel sagte er zu goldenberg, mir, es war paolo schweikert gewesen: «ich habe oppenheimer eine ganz neue hose geschenkt!», erbrach sich durch die zähne und ob er eine seele habe war ihm unklar, georg trommelte ihm den rücken mit güte, spende mir trost, wo leben und eigentum bedroht werden, hören alle unterscheidungen auf. das harmonische zusammenspiel von kühlergrill und rossschweif wurde allgemein gelobt. die gummiknüppel klopfen die schädeldecken weich, an den hausmauern erscheinen plakate. darauf steht das übliche. die stadt war gelb beleuchtet. 20 minuten vor einem gewitter mitteleuropäischer sommerzeit will es der schwefel so. das ist die sonne, meinte oppenheimer, er war der klügste von uns allen. «was ist der feind?» fisch wollte es wissen. eine abstrakte vorstellung war allgemein verbreitet. georg braunschweiger und ein paar andere, die auch keine ahnung hatten, waren nicht davon abzubringen. wir schickten fisch um verpflegung und er blieb 24 tage fort. fischquadrat zu 24 stunden. er, fisch, fiel über das strumpfbein einer rothaarigen riesin. die frontalansicht eines nachtlokals steckt auf der postkarte herzliche grüsse auf bald xaver in unserem spiegel. menasse dobyhal fiel vornüber. aus seinem bein tropfte blut. er wollte alles mit golddraht zusammennähen. es war mittlerweile herbst geworden.

und während sie noch immer liefen, rief oppenheimer: es gibt keine verwandlungen! da:, kam aus goldenberg, es war seine stimme,: zer-

brechendes glas, frierendes wasser, verbrennende kleider, sterbende menschen.
und sie liefen weiter und die flammen schlugen gegen den himmel.

über die brücke ritt die garde mit ihren goldenen helmen und den bedächtig wippenden rossschweifen wieder in den frühling. am nächsten tag brachte uns georg mit seinem wagen zum museum. ich löste zwei karten an der kasse und wir betraten in einer masse von besuchern den grossen saal. niemand stellte sich uns in den weg. die wärter waren mit dem abreissen der eintrittsbillets beschäftigt und kümmerten sich nicht um uns. wir gingen durch lange gänge und traten vorsichtig auf. fast lautlos erreichten wir einen rosenstrauch aus marmor, den mir nina zeigen wollte. er war 4 meter hoch und ein löwe aus gips sass unter seinen zweigen. nina war sehr zufrieden und wir verliessen das museum. bald danach brach das gewitter endlich los. wir erreichten georgs wagen, der vor dem gartentor auf uns gewartet hatte.

dobyhal ging rüber mitten durch den stacheldraht und es war ein sonntag und er war grau von steinen, aber goldenberg bemerkte, dass das den hunden, die da herumliefen, egal war und erst recht den akazien, die da dufteten, als ob es so sein müsse.

«das ist goldenberg», sagte die dame ganz in rot und eine anzahl dunkeläugiger touristen, die in die stadt gekommen waren um die katastrofe zu besichtigen, stürzten sich beiderlei geschlechts quer über die strasse nach goldenberg, oder was anderem, rissen die köpfe am zaumzeug der überraschung aus geduckter geschwindigkeit in die höhe, dass die vor neugier schäumenden lippen klafften. mit offenen mäulern, so straffte sich diese mauer aus fleisch vor goldenberg, getroffen vom bild der strahlenden dekoration, das da als querschnitt der lichtwellen heranbrauste. da erschauerten aber die netzhäute. und die ferngläser machten alles grösser.
goldenberg verschwand im nächsten hausflur. dreimillionenelf polizisten zu pferd näherten sich langsam. dann wurde der dame in rot ein arm geschüttelt und ausschwärmend, mit summenden nasenflügeln, be-

setzen die türken in der tradition ihrer vorfahren alle wahrzeichen der stadt. eine anzahl staatlich wirkender polizisten macht eine ordnung. «was hat das zu bedeuten», denkt dobyhal in frageform. goldenberg schwieg. zu seinem erstaunen findet sich goldenberg einer menschenförmigen sprechanlage gegenüber. «sie heissen?», staunte goldenberg. «dobyhal», dachte dobyhal. die polizisten klirrten mit den pferden. noch immer brannte die stadt. goldenberg liess dobyhal stehen, wo er war, und das war mitten auf der strasse, links von der grossen buchhandlung, nicht rechts von der grossen buchhandlung, denn rechts von der grossen buchhandlung mitten auf der strasse ist ja der stacheldraht über das pflaster gespannt und dort lag der polizist may mit seinem bruder karl wie tot auf einer persisch gemusterten decke im format dreimalzwei, darunter war macadam mit asfalt verschmiert deutlich zu spüren, so lagen die tapferen brüder sehr flach hinter einem maschinengewehr, von der regierung zur verfügung gestellt, wie die decke mit dem persischen muster, und machten eine ordnung,
und rannte den hügel hinauf, während er zu seinem erstaunen feststellte, dass er das stadtbild störte, und lief bis er zu einem haus kam, dessen türen offen in den angeln hingen; so konnte er sehen, dass es leer stand und trat in das grosse weisse haus, in den grossen weissen saal, wo goldenberg zu seinem erstaunen feststellte, dass es nicht leer war. «lipschitz», sagte lipschitz. «es freut mich, dass sie den weg zu uns gefunden haben. sie werden es nicht bereuen. hier sind die briefe unserer zufriedenen kunden. hier sind die zufriedenen kunden.» lipschitz wies gegen sein besseres wissen mit dem finger auf 23 personen, die im raume herumstanden. dann nahm lipschitz goldenberg zur hand und führte ihn an den 23 zufriedenen kunden vorbei in die ecke um die ecke nach rechts. «das ist unser neuer käufer», sagte lipschitz. goldenberg unterschreibt. 30 kilometer ausserhalb der stadt steigt goldenberg aus dem wagen und setzt seinen weg mit zwei füssen fort. goldenberg hofft das haus des artisten weintraub noch vor einbruch der dämmerung zu erreichen.

und
da fuhren die zweige auseinander und er hörte stimmen über sich und ein hund sprang an ihm hoch und ein häuschen türmte sich vor ihm auf und dort unten steht der wagen den ihm dieses schwein lipschitz angedreht und das haus war bemalt in allen farben und da stand ein haus und da verschwand es unter heckenrosen und da stand nina und er hätte nie geglaubt dass sie kommen würde und da war sie da und da lehnte sie an ihrem alten fahrrad und da stieg ihm die rührung in den hals und was ist das? und da eilte sie ihm über die wiese zu rüber

drüber und schlang ihm die arme und da lachte sie und war fröhlich und er presste ihren körper und natürlich auch die kleider und die vögel sprangen auf und die grillen und die eichkatzen und die beiden idiotischen ziegen und weintraub war nicht da und na und wenn schon! und da stürzte der bauer aus dem wäldchen und er gab ihm den schlüssel und die schönen grüsse und der knecht sprang vom pferd und hiess martial und da schoben sie den anisstrauch zur seite und da hatte der die tür verdeckt und da gingen sie in den garten und da assen sie die früchte und da war es nacht und da schien der mond und da draussen war der karren den dieses schwein lipschitz ihm verkauft in rosen versunken von rosen aufgezehrt und da waren die hügel und waren die grünen bäume und da war es weit und das feuer im kamin und die gebrannten ziegel im boden und die rauchgeschwärzten balken und die lehnstühle und das sofa und die kostbaren teppiche und der kochtopf auf dem boden und das geschirr auf dem boden und da hockt nina in der ecke und rührt in den schüsseln und sie lacht und das cello in der ecke und da hört er die stimme über sich und es war eine nachtigall.

hand in hand schritten nina und goldenberg durch den abendglühenden wald. nina schmiegt sich in franz und sagt: franz ist der schutzheilige der tiere. da kommen die vögel, die schlangen, die schildkröten, die katzen, die hunde, die pfaue, die fische, die elefanten und die schmetterlinge aus den wolken, dem dickicht, griechenland, dem körbchen, der hütte, den gärten, den flüssen, afrika und den rosen.
«ich bin aber kein christ», log goldenberg.

da flogen, krochen, krochen, schlichen, liefen, gingen, schwammen, trampelten und flatterten die tiere wieder traurig nach hause.

ich bin jederzeit bereit mich umzubringen, brüllte dobyhal als man ihn abführte. ich bin gefeit! ich bin gefeit! ich sterbe wann ich will!

am ende des 18. jahrhunderts blendete der gelehrte abt spallanzani, der sich durch seine wertvollen physiologischen untersuchungen einen geachteten namen in der wissenschaft erworben hat, fledermäuse durch

lackieren der augen und auf andere weise, liess sie dann frei fliegen und war erstaunt, dass sie mit unglaublicher sicherheit das anstossen an hindernisse vermieden, noch immer erstaunt nahm spallanzani den sechsten sinn an, und die ereignisse erscheinen in einem neuen licht, las goldenberg, dem schon die augen zufielen, und sitzt am kamin und so weiter, die buchenscheite knarren oder krachen, wie sie wollen, dachte goldenberg, und so weiter, es ist sehr heiss, 120 grad, flüsterte braunschweiger, dachte goldenberg, und so weiter, draussen und so weiter, der mond und so weiter,
1. der blasebalg und so weiter,
2. flamme empor und so weiter,
3. die silberne herdschaufel,
4. jetzt wieder glühende holzkohlen und so weiter,
5. schnurrende katzen passen da einfach nicht dazu!
(hier sind aber katzen, sagte nina. das ist mir egal, antwortete goldenberg)
6. 2 bequeme lehnsessel,
7. wieder der mond,
8. herzschläge: «das ist wohl klar», sagte goldenberg, «denn das herz ist durchaus gefühllos. es kann sich entzünden, klappen können zerreissen, alles ohne. wenn bei jedem herzschlag sich dein herz dir und mein herz mir in erinnerung brächte!»
nina nickte.
weintraub klopft und tritt ein oder auf, wie sie wollen, dachte goldenberg, und da sehen wir, dass es weintraub ist, der eintritt oder auftritt, wie sie wollen, dachte goldenberg, ja ich dachte es und da wussten wir, dass es weintraub gewesen war, der geklopft hatte und jetzt da ist, und gab mir die hand und kennt mich nicht; ich zeige ihm nina und sage meinen namen. «weintraub», sagte weintraub, und kannten wir uns alle wieder, — einander — und wussten, dass wir alte freunde waren, sind und die stimmung ist gemässigt überschwänglich und wir brüllen ganz leise vor mässiger freude und hätten uns fast ganz leicht umarmt, alle.

der vogel fliegt. die kuh grast. das sind die freuden der einsamkeit. goldenberg sitzt in seinem loch, dort im dach wo die ziegel fehlen, und er betrachtet seine zehen. die blätter der bäume und das gras der wiesen waren unsagbar grün, die farbe der beruhigung. franz hatte die segel vom dachboden eingeholt, jetzt stand die puppe zwischen den kahlen seilen, den rechten fuss über dem teppich, der die falltür verdeckte. blauweiss gestreifte handtücher schlenkern im wind. horst nielsens bemalter spiegel stand in einer ecke und die epauletten des generals boucheron waren an die aufbauten festgenagelt. draussen vernäht der regen die landschaft. franz sass unter dem verschlag und öffnete in halbgedanken die luke, schloss und öffnete sie. weintraub war mit seiner freundin ausgeritten.

dobyhal hatte eine schlange gefangen, er häutete sie und nagelte die haut auf ein brett, das er auf den dachboden stellte, um es dort trocknen zu lassen. weintraub wirbelte ein wenig um sein hochreck und sagte: willst du dir schuhe daraus machen lassen.

als neuwerk an meinen tisch kam, drängte sich leskowitsch durch seine gäste, um ihm die hand zu schütteln. nachdem er gegangen war, erzählte mir neuwerk was ich vermutet hatte. nielsen ist kein mörder. er weigert sich alimente zu zahlen. neuwerk und ich verfassten einen brief an die gefängnisleitung, in dem wir darum baten, nielsen an seinem roman weiterarbeiten zu lassen. nielsen schuldet mir noch 80 schilling.

damals lag nielsen in seinen altfarbigen kamelhaarmantel gewickelt auf einer öffentlichen bank des kurparks, fest den regenschirm zwischen seinen schlafenden händen haltend.

gestern war olga angekommen. weintraub hatte sie in seinem wagen mitgenommen. nachdem sie das eingefallene dach und die sprünge in den mauern bewundert hatte, beschloss sie, ihren lebensabend hier zu verbringen. weintraub war sehr zufrieden. als sie sah, dass er hier auf einem haufen alter lumpen am steinboden schläft, war sie ihm verfallen. dobyhal trat erschöpft aus der scheune, er hatte einen lehnstuhl in den kamin eingemauert.

nach dem essen gingen wir vors haus und liessen weintraubs neuen drachen steigen. 900 m nylonschnur.

goldenberg war eingeschlafen.
sein körper sass in einem gartensessel. auf seinem körper sass der kopf, der ebenfalls schlief. auf dem kopf sass ein strohhut und auf dem strohhut sass eine feder aus dem balg der taube, die kremser, auf dem fahrrad durch die stadt radelnd, vom himmel gerufen hatte, das heisst, er war stehen geblieben, es war nacht gewesen und er hatte mit den armen gefuchtelt und krächzende laute hatten kremser verlassen. da stiess eine taube aus der dunkelheit und setzte sich auf seine schulter, während er langsam weiterfuhr. goldenberg, der gerade von leskowitsch kam, staunte. ist das deine taube? fragte er blöde. und kremser grinste: ich kann alle vögel rufen, und auf dieser feder sass ein tautropfen, in dem sich die welt spiegelte, oder das davon, was goldenberg hätte sehen können, und funkelte.
als er erwachte, sagte goldenberg: ich habe den sechsten sinn.

goldenberg lauschte. er hob den kopf und betrachtete seinen bauch, der voller haare war. auf seinem nabel sass ein marienkäfer und grunzte. goldenberg nahm ihn auf den finger und hielt ihn gegen das rechte ohr. das linke war mit watte verstopft und schmerzte ein wenig, wie immer. wieder grunzte der marienkäfer. goldenberg zählte die punkte. es waren sieben. goldenberg war zufrieden. der käfer nahm die flügel auseinander und flog. goldenberg hörte das grunzen und suchte nach dem käfer. er hob sich auf die ellbogen und musterte seine beine, seine zehen, das gras, die bäume, die berge, die sonne. in diese richtung war der käfer geflogen. aber er konnte ihn nicht mehr finden. goldenberg lauschte. da grunzte es wieder und goldenberg wusste, dass er hungrig war. er ging ins haus, draussen stand weintraub und liess seinen drachen steigen.

in einem kleefeld stand nina und weinte. unter den hunderttausend pflanzen hatte sie keine mit den 4 blättern, zeichen des glücks, gefunden. neben ihr stehend erwachte goldenberg, riss achtlos eine pflanze aus der noch feuchten erde, riss einer anderen ein blatt vom stengel und klebte mit seinem speichel dieses blatt zu den drei anderen.

nina stand in einem kleefeld und weinte. unter den hunderttausend pflanzen hatte sie keine mit den 4 blättern, zeichen des glücks, gefunden. neben ihr stehend erwachte goldenberg, riss achtlos eine pflanze mit drei blättern aus der noch feuchten erde und warf sie wieder fort. dann spuckte er in weitem bogen aus.

nina stand in der küche am herd und weinte. unter den hunderttausend pflanzen des kleefeldes hatte sie keine mit den 4 blättern — zeichen des glücks — gefunden. goldenberg lag auf der wiese, riss mit einer hand ein kleepflänzchen aus und starrte vor sich hin. neben ihm lag die küchenbank die er auf die wiese getragen hatte um sich vor den ameisen zu schützen. auf der bank leuchtet ein riesiger fladen speichel.

nina stand am fenster und starrte auf den blumentopf mit frischer erde. zwischen den kleepflanzen glänzte die feuchte erde. neben ihr stehend erwachte goldenberg und lachte. dann nahm er die küchenbank und trug sie auf die wiese. nina riss ein pflänzchen aus der erde und zupfte die blätter ab.

nina erwachte, riss achtlos eine pflanze aus der noch feuchten erde, riss einer anderen ein blatt vom stengel und klebte mit ihrem speichel dieses blatt zu den 3 anderen. unter den 100 000 pflanzen hatte sie keine mit den 4 blättern — zeichen des glücks — gefunden. franz stand in einem kleefeld und weinte. auf der küchenbank sammelten sich die ameisen.

nina stand in einem kleefeld und lachte. neben ihr lachte goldenberg, den sie auf die wiese getragen hatte. sie riss goldenberg an den brusthaaren die voll ameisen waren.

goldenberg erwachte und schluckte den speichel, der sich in seiner mundhöhle gesammelt hatte. nina weinte. goldenberg stand auf, ging in die küche und versuchte die küchenbank vors haus zu tragen. aber so sehr er sich bemühte, gelang es ihm nicht, sie aus dem festgetretenen lehmboden zu reissen in den sie eingesunken war.

nina versucht die küchenbank aus der wand zu reissen. aber die nägel geben nicht nach. neben ihr sitzt goldenberg, der nicht weiss ob er lachen oder weinen solle. sein mund ist ausgedörrt und seine zunge aufgequollen.

nina schlug goldenberg die fingernägel in die brust. goldenberg bewegte sich nicht.

nina stand in einem kleefeld und lachte. neben ihr stand goldenberg und lachte noch immer.

goldenberg war im einklang mit den dingen. als er vors haus ging sein wasser abzuschlagen, öffnete der himmel seine schleusen, und gemeinsam erfrischten sie die erde und ihre leuchtenden blumen.

die möve zog ihre flachen grossen schleifen hoch über dem strand. manchmal verlöschte sie in der diesigen luft, wie die sonne oder der kahn da oder die welt in einem umkreis von 10 metern – vielleicht ist die welt nicht grösser, las goldenberg erstaunt, da schoss die möve aus dem nebel, fiel herab, kam ganz nahe, las goldenberg und verjagte die katze die sich da an seinen beinen rieb, um den vogel zu retten, aber die katze konnte den vogel, den goldenberg begriffen hatte, nicht erkennen, nicht sehen und liess die möve zufrieden. ohne weiteren aufenthalt flog nun der vogel weiter und entfernte sich in der perspektive, die über dem meer und anderen weitflächigen gebieten eine seltsame fresslust für feste gegenstände zeigt.

mir platzt die haut. blut und eiter treten aus. die daumen pressen weiter. au, sage ich. aber nina presst weiter.

nina dachte an einen einfach wirkenden jungen mann und seufzte.

ninas weg war mit leichen gepflastert. «waren die schon vorher tot», wollte dobyhal wissen. «ich soll immer alles wissen», lieutenant casey war unwillig. «vielleicht ist das nur als **BILD** gemeint?» dobyhal ist wirklich eigensinnig. aber lieutenant casey gab auch gar keine antwort mehr. er hatte ja auch die frage nicht verstanden.

sem, zumal erhebliche teile davon in das stück «kasperl am elektrischen stuhl» hinübergewandert sind (das kann ja jetzt nachgeprüft werden). es ist nicht abzusehen, was aus den vorhandenen 3 runden (und den älteren szenischen anweisungen) noch geworden wäre, wenn es bayer wirklich zu 18 runden gebracht hätte. die schwierigkeit, in dieser weise ohne spannungsverlust weiterzumachen, war ihm durchaus bewusst. er entschloss sich gewissermassen zur flucht nach vorn mit der später mündlich geäusserten absicht, das stück als weltmeisterschaftskampf über 15 runden anzukündigen, und, falls das publikum durchhält, die 3 zusatzrunden so oft zu wiederholen, bis auch der letzte zuschauer den raum verlassen hat. da inzwischen hannes schneider in der wiener jahresschrift gangsmaterial beziehen). die ersten beiden runden sind hier, ohne noch als solche bezeichnet zu sein, bereits im grossen und ganzen ausgeführt, dann verliert sich das manuskript in grössere und kleinere textpassagen (ohne personenangaben) jeweils auf einzelnen blättern, die aber nachträglich durchnumeriert und mit dem anfangsteil zusammengeheftet sind. grob und durcheinanderlaufend lässt sich eine gewisse ordnung nach themengruppen ablesen, wie: begrüssung, befinden, familie, freundschaft, neuigkeiten, das sprechen selbst betreffendes, sex, krankheit, zeit, wettkampf (springen, laufen). zu beginn des manuskripts (auf der seite mit dem titel) stehen die regieanweisungen, die ich – mit denen nach der ersten runde – der hier abgedruckten letzten fassung (die nur regieliche zwischenbemerkungen enthält) vorangestellt habe. diese (wenn man von der blossen aufstellung des sprachmaterials absieht) erste noch unausgegorene und zerbröckelnde fassung ermunterte ihn wohl nicht gerade zur weiterarbeit, zumal er sich mit dem text eine grosse aufgabe gestellt hatte: es sollte sein erstes abendfüllendes theaterstück werden. nach längerer pause – das projekt liess ihm keine ruhe – griff er «die boxer» wieder auf. er schrieb die passagen, die ihm an der ersten fassung noch gefielen, heraus und machte sich an eine neufassung, die dem text stärker zum szenischen hin formte – sehr weit gedieh diese arbeit auch nicht. schliesslich ging er daran, das bereits vorhandene material chronologisch aufzuarbeiten und einmal runde für runde abzuschliessen. er ist dabei bis knapp vor das ende der 3. runde gekommen – es ist anzunehmen, dass jede runde mit einem verbalisierten sieg (oder unentschieden), auf jeden fall aber mit einem gongschlag enden sollte, der bei der dritten runde fehlt. auch die letzte fassung, die hier gedruckt erscheint, kann noch nicht als ausformuliert, als bis zum abbruch druckfertiges fragment gelten; dagegen spricht schon die äussere form des manuskripts: willkürliche zeichensetzung, durcheinanderlaufende zeilenabstände, zahlreiche kürzel, durchixungen und handschriftliche korrekturen. obgleich ich idee und anlage des stückes bemerkenswert finde, konnte ich mich auf grund des vorhandenen textmaterials bei der herausgabe der «gesammelten texte» (1965) zur veröffentlichung des fragments nicht entschliessen, zumal erhebliche teile davon in das stück «kasperl am elektrischen stuhl» hinübergewandert sind ((das kann ja jetzt nachgeprüft werden)). es ist nicht abzusehen, was aus den vorhandenen 3 runden (und den älteren szenischen anweisungen) noch geworden wäre, wenn es bayer wirklich zu 18 runden gebracht hätte. die schwierigkeit, in dieser weise ohne spannungsverlust weiterzumachen, war ihm durchaus bewusst. er entschloss sich gewissermassen zur flucht nach vorn mit der später mündlich geäusserten absicht, das stück als weltmeisterschaftskampf über 15 runden anzukündigen, und, falls das publikum durchhält, die 3 zusatzrun-

«setz doch endlich deine brille auf», nina ist jetzt wirklich zornig geworden.
ich bin aber nicht weitsichtig.
«setz deine brille auf!» nina wollte, dass ich meine brille aufsetze.
ich kann auch ohne brille sehr gut lesen.
«aber nicht alles!» was hat nur meine gute nina.
ich kann sehr viel ohne brille lesen

gangsmaterial beziehen). die ersten beiden runden sind hier, ohne noch als solche bezeichnet zu sein, bereits im grossen und ganzen ausgeführt, dann verliert sich das manuskript in grössere und kleinere textpassagen (ohne personenangaben) jeweils auf einzelnen blättern, die aber nachträglich durchnumeriert und mit dem anfangsteil zusammengeheftet sind. grob und durcheinanderlaufend lässt sich eine gewisse ordnung nach themengruppen ablesen, wie: begrüssung, befinden, familie, freundschaft, neuigkeiten, das sprechen selbst betreffendes, sex, krankheit, zeit, wettkampf (springen, laufen). zu beginn des manuskripts (auf der seite mit dem titeln) stehen die regieanweisungen, die ich – mit denen nach der ersten runde – der hier abgedruckten letzten fassung (die nur regielliche zwischenbemerkungen enthält) vorangestellt habe. diese (wenn man von der blossen aufstellung des sprachmaterials absieht) erste noch unausgegorene und zerbröckelnde fassung ermunterte ihn wohl nicht gerade zur weiterarbeit, zumal er sich mit dem text eine grosse aufgabe gestellt hatte: es sollte sein erstes abendfüllendes theaterstück werden. nach längerer pause – das projekt liess ihm keine ruhe – griff er «die boxer» wieder auf. er schrieb die passagen, die ihm an der ersten fassung noch gefielen, heraus und machte sich an eine neufassung, die den text stärker zum szenischen hin formte – sehr weit gedieh diese arbeit auch nicht. schliesslich ging er daran, das bereits vorhandene material chronologisch aufzuarbeiten und einmal runde für runde abzuschliessen. er ist dabei bis knapp vor das ende der 3. runde gekommen – es ist anzunehmen, dass jede runde mit einem verbalisierten sieg (oder unentschieden), auf jeden fall aber mit einem gongschlag enden sollte, der bei der dritten runde fehlt. auch die letzte fassung, die hier gedruckt erscheint, kann noch nicht als ausformuliert, als bis zum abbruch druckfertiges fragment gelten; dagegen spricht schon die äussere form des manuskripts: willkürliche zeichensetzung, durcheinanderlaufende zeilenabstände, zahlreiche kürzel, durchixungen und handschriftliche korrekturen. obgleich ich idee und anlage des stückes bemerkenswert finde, konnte ich mich auf grund des vorhandenen textmaterials bei der herausgabe der «gesammelten texte» (1965) zur veröffentlichung des fragments nicht entschlies-

«was habe ich dir gesagt?» nina ist manchmal erschreckend.
ich setz die brille ja schon auf, und dann setz ich die brille auf, wirklich.

und da stand dobyhal mit einer margerite hinter dem ohr. wie? nachdem er zirka 1½ stunden in den verliesen der stadtpolizei geschmachtet hatte, hatte er das gefühl gehabt, seiner bedrohten heimat im exil fern sein zu müssen, hatte seine plattfüsse dem mirakel von delphi, dem nibelungenhort der antike, aus gründen der selbstbesinnung zugewendet — die periode der schwertmeister lag noch leise vor sich hindämmernd mit etlichen wochen in der zukunft. jetzt steht er da, ungeschoren an kinn und seele: dobyhal, der rebell, ein kämpfer für freiheit und menschenwürde.

der himmel zerplatzt und überall dringt feuer ein. in der ferne verbrennt die stadt.

der bauer stand vor dem haus und seine kinder rissen mit zangen das gras aus. franz goldenberg radelte in einem weissen klavier auf rädern daher. federnd sprang er zweihundert meter in die luft und zog gelandet seinen kratzfuss. der musikalische bauer nahm hinter dem weissen klavier seinen platz auf einem korb mitten im gras zwischen schwertlilien und roten bäumen und dreimillionenzwölf kühe gaben mehr milch. «das ist die landwirtschaft», dachte goldenberg.

ein soldat sitzt im brunnen und vergiftet das wasser. der komet steht am himmel herum. zweihundertvierzehn bauern eilen mit heugabeln und fackeln in die stadt. «sie stürmen das museum», sagte dobyhal leise.

«ein katholischer engel vor dem pflug ist besser als gar nichts», sagte der bauer. «warum kaufen sie keine maschine?» wollte goldenberg wissen. der bauer gab keine antwort, während er den letzten akkord für heute zu 24 stunden in die schwarzen und weissen tasten schlug. «woran denken sie?» dachte goldenberg. «an nichts», gab der bauer zur antwort.

dobyhal kam rüber. «ich habe einen ofen gebaut», keuchte er vor erregung. nina und ich gingen hinüber. der ofen war ganz aus holz. er machte feuer und der ofen verbrannte. die suppe ergoss sich ins feuer.

seit drei tagen kommt martial um sein geld zu holen. wir werden unser hauptquartier verlegen müssen. die flugblätter sind noch nicht gedruckt. dobyhal will einen sender bauen um seine gedichte in die welt strahlen zu können.

verdammt, martial hat mit dem unkraut das ganze haschisch niedergemäht.

«der darf», dachte dobyhal. dobyhals darm drückte. dann drang dobyhal durch das dickicht. dabei dachte dobyhal dauernd dasselbe. «dreckschwein», dachte dobyhal. «deshalb dankte die dänische delegation dieser dauergewellten dame, dame, dame. damals.» dobyhal dachte das deutlich. «das dauert», dachte dobyhal. der dickflüssige darminhalt dampfte.

ein hügel stellt knurrend die bäume auf.

legen sie mir einen bombenteppich unter die füsse, schrie der general hoch oben in den lüften, ich will in flammen waten.

neue unruhen im erdölgebiet. die bauern stellen die erwarteten forderungen. das verteidigungskommittee unter dem kommando des vize-

präsidenten verurteilte heute die mitglieder der sogenannten revolutionsarmee wegen subversiver tätigkeit und landesverrat in abwesenheit zum tode, übersetzte dobyhal über den empfänger gebeugt aus dem morsealfabet in das der lippen. goldenberg staunte und überlegte ob er zuvor unsterblich gewesen war. überall erschienen plakate mit der aufschrift: ich liebe dich sehr sehr.
der code ist falsch, unterbrach nina, ihr habt: ANGST, das ist richtig, aber die verwenden: ALLES AUS GUMMI. das ist der börsenbericht und lautet: kirchenanleihe 98 punkte gegen 99 punkte, staatschuldverschreibungen, genug, genug, wort mit 5 buchstaben, jauchzte goldenberg und füllte die letzte blösse des kreuzworträtsels im bauernkalender, jeden buchstaben laut vor sich hersagend so dass der rest der meldung verstummte, obwohl nina noch immer die lippen bewegte.

auf der bühne des staatstheaters spielt man ein stück von goldenberg, eine revue scheinbar, der vor jahren beliebte komiker tritt auf, träumt goldenberg, nina stört wie immer mit ihren fragen, es ist die generalprobe. dann stehen zwei ungeheuer elegante mädchen vor goldenberg und zeigen nach ihren mänteln, das ist er, sagt die eine, träumt goldenberg, beide sind blond und gut angezogen, sportive augen, goldenberg schiebt sich vor, bringt einen roten mantel, das ist er, sagt sie, träumt goldenberg, und lächelt, und der mit den fischgräten ist meiner, sagt die andere und lächelt, träumt goldenberg und er ist mürrisch und er hört wie sie sagen, er ist zwar neurastheniker aber süss, er muss mindestens arzt sein, träumt goldenberg und öffnet die augen, verpackt in schwerelosigkeit ist goldenberg irgendwo in seinem zimmer, und da sind sie ja, haben die hübsche beine, träumt goldenberg weiter, er wollte sie noch ein bisschen sehen.

als nina trübselig vor den töpfen hockte und an georg, den indianer, den jungen mann mit dem einglas und stefan dachte, trat goldenberg hinter sie, liess sich die kleine tür mit dem hellen landschaftsmuster ins linke auge fallen, das rechte hielt er geschlossen, da war ihm blütenstaub reingefallen, «stundenbuch», murmelte er und sagte: «dieses haus ist unser schiff, dieses schiff ist der gipfel der welt, immer oben, der dachboden mit seinen wäscheleinen ist die kommandobrücke und das grosse loch im dach ist der ausguck und die bunten handtücher sind unsere wimpel.» er legte ihr eine dicke rote vorhangschnur von der schulter über die hüfte und erhob sie in den admiralsstand. der matrose franz hing in den tauen. die ozeane schlugen über den rand des waschzubers. die seife raste nach westen. «ich habe den sechsten sinn», entgegnete goldenberg. franz schwieg. mittlerweile war es abend geworden.

«wohlan!» sprach der admiral, «lasset uns den gaul zuschanden reiten.» drauf legte sich der matrose in die zügel und ihre waden standen fest in den steigbügeln gegen den wind. als die beiden durch die perspektive ritten, wurden ihre silhouetten blaurot und ihre schatten wuchsen in der landschaft. da schob der matrose den südwester in den nacken und brüllte «heissa wir haben den horizont erreicht» und sie konnten das meer sehen. auf der grossen wiese stand ein schwarzes pferd und aus den bäumen und sträuchern stiegen pfaue und paradiesvögel in den blauroten himmel der ganz mit gold ausgelegt war. die sonne rollte auf grossen speichenrädern über den horizont und der matrose zog in ehrfurcht den südwester, während der admiral unbeweglich barhaupt blieb. sodann schob er die schärpe mit der kordel ein wenig zur seite um in die tasche mit den geheimdokumenten greifen zu können, entrollte eine landkarte und schwieg. noch immer hielt der matrose den südwester zwischen den zügeln, seinen blick starr in die sonne geheftet nach der vorschrift. «80 000 meilen in der stunde», murmelte der admiral. dann sprengten sie seewärts weiter. der matrose hing in den seilen und eine starke brise blähte die segel. das haus riss die landschaft um die sonne herum, dass sie hinter den hohen bäumen hinter der wiese verschwand. während der matrose das positionslicht richtete, umschritt sein admiral die brennenden balken und der rauch erhob sich über das vordeck. krachend frassen sich die flammen durch das alte holz und erleuchteten das firmament. «nullmond», sagte der admiral. «während das kind schläft, legt es viele meilen weges zurück», meldete franz und schob den schweiss von seiner stirn. der admiral hatte die kommandobrücke vernagelt, sie sassen bei den ziegen auf der weide und waren mit roten und blauen schnüren umwickelt. eine herde schwäne verdecken das meer. zwischen ihren federn hängen der admiral und sein matrose in glühenden rettungsringen. das brennende schiff erleuchtet die nacht. der admiral prüft die landkarte und die fahrt geht mit unverminderter geschwindigkeit weiter. der matrose hält das kissen mit dem säugling fest in seinen armen. das schiff zerfällt in seine teile.

«dreimillionen sterne waren am firmament befestigt. nachdem sie den anker geworfen hatten, zog der matrose sein taschentuch unter dem südwester hervor und der admiral notierte die position im logbuch. dann gehen beide ins bett. das haus steht fest in der brandung. von dieser stelle bewegt sich die geschichte mit radantrieb weiter.» schrieb goldenberg auf die rückseite eines briefes von nina an oppenheimer und darunter: «was will meine seele von mir?»

nina steht in der küche und weint um verschiedene liebhaber. ihre hand hält den kochlöffel, der fährt durch die suppe, dass es schäumt.

«verschwinde!» sagt goldenberg und gibt der katze, die auf einen haufen belletristik gepisst hatte, einen eher zarten fusstritt. der wind schlägt das fenster zu, das glas spaltet sich auf und bröckelt klingelnd zu boden. «ja ja, ich hätte es nicht tun sollen», antwortete goldenberg ein wenig betreten.

während goldenberg auf netties mantel starrte, während sie das frühstück bereitete, während nina mit xaver fisch, den sie heimlich hinter dem haus getroffen hatte, nachdem er das vereinbarte zeichen gegeben hatte, was ist das, hatte mirjam gefragt, eine eule hatte weintraub geantwortet, während sich die streifen des musters auf dem gewebe auf einer fläche von ungefähr 12 × 18 cm querstellten, hob franz die hand, dachte: innenprojektion und legte die hand drüber aber auf der hand war nichts und er hob sie ein wenig und da drunter bewegt sichs noch immer und die streifen heben sich ein wenig vom hintergrund, werden dreidimensional und alles bewegt sich wie ameisen und er gibt die hand wieder drüber und es bleibt drunter und jetzt setzt es sich zu einem bild zusammen, eine aquarellierte postkarte, ein junges mädchen mit blumenhut und breiter krempe, ganz im stil der jahrhundertwende, sitzt auf einer bank vor einem baum, ganz im stil der jahrhundertwende, das bildchen 12 × 18, mit sträuchern zugedeckt und da bewegt es sich auch, ein kerl mit kaiserbart springt aus dem gebüsch, ich habe eine vision, denkt goldenberg sehr erregt und fröhlich, er hat seit 60 stunden seinen organismus weder durch schlaf noch sonst entgiftet, und der kerl hüpft um das mädchen, ganz im stil der jahrhundertwende, ich habe eine vision, denkt goldenberg und sie herzen sich, ganz im stil der jahrhundertwende, und alles hüpft und zappelt wie im stummfilm und langsam verliert es an farbe, und er hatte schon wieder einmal die hand darüber gelegt und es war darunter geblieben und an der gleichen stelle und da war es lebend eingewebt, ein stück fleisch, ein stück welt im tuch von netties mantel und es verschwand unter blättern und zweigen. da sind wieder die queren stäbe, sie legen sich ins muster und nettie kommt mit dem kaffee und den heissen brötchen.

im abgedunkelten raum liegt dobyhal mit geschlossenen augen. sein steuerknüppelglied in der faust, lenkt er die gedanken in das gestein der erinnerung, mit seinem brecheisenglied den granit der verschütteten gänge wieder aufreissend, den peniskompass fest in der faust, diesem untrüglichen magnetweiser in die richtung folgend, bildergeröll beiseiteschiebend, stösst der zuckende presslufthammer durch das schleierhymen einer widerstrebenden erinnerung und dobyhal kracht in die höhle eines dämmernden raumes in dem zwei undeutliche mädchen über ihre näharbeiten gebeugt nun erstaunt aufschauen. und er steht in diesem zimmer von gaby und adelaide 8 jahre früher und er lässt den strahl seines stabtaschenlampengliedes über die konturen dieser gefrorenen erinnerungskulisse huschen und da weiss er wieder, dass er mit gaby das zimmer verlassen hatte und mit ihr ausgegangen war, sehr zum ärger von adelaide, und dann kämpft er sich weiter durch fels und gestein immer auf der spur und von einem zimmer ins andere bröckelnd, langsam einen gang aufbrechend, ein detektiv, der sich an seinem einzigen anhaltspunkt, dem glied, langsam in das dunkel vorwärtstastet, die nuggets des gesuchten aus dem tauben gestein der vergangenheit reissend, die wie eine wand vor ihm starrt.

weintraub geht mit seiner nachtmütze durch die zimmer.

auf dem weg vom dorf ohne postamt zum dorf mit postamt zerknüllte der postbote roman escolano augustina, 42 jahre alt, einen eilbrief an milton gendel, london, w 1, in der rechten hand und warf den knäuel in einen beerenstrauch, wobei es ungeklärt bleibt ob es sich um brombeeren oder himbeeren handelte, folgenden inhalts:

mein lieber?
in phönix, arizona, war eine fast neue gedankenkombination beinahe über die bewusstseinsschwelle eines rinderhirten gestolpert und strauchelnd wieder in den heftig wogenden, grauen nebel des unbewussten, der sich mit dem wort ruhe tarnt, zurückgesunken?? bald war dieser funken, hilflos in der atmosphäre der möglichkeiten taumelnd, an-

gezogen von der schwerkraft der zeit, in den hirnstadl eines unbekannten — es hätte auch unser neuwerk sein können, er war es aber nicht — getorkelt, setzte die dort lagernden strohbündel mit den winden der vorurteile und unwissenheit in brand, verdichtete sich zum tränenzeugenden rauch einiger unbedachter strophen, die in druckerschwärze durch die tagespresse flammten, entzündete den monat august und 418 menschen, 1 pferd und 1 hund wurden getötet? ideen sind schwer zu löschen? utopien müssen sich verwirklichen? da war nichts aufzuhalten?

dein?
goldenberg?

weintraub, der geizkragen, sagt: rauchen ist ungesund und weigert sich zigaretten zu kaufen. er ist der einzige, der noch geld hat. nettie entfernt sich über die felder in den horizont. nach ablauf von 4 stunden, weintraub hat nervös ein wenig am reck geturnt, war auf dem seil über das bächlein geradelt, hat bei seinem trick einen teller fallen lassen, springt in den wagen und kehrt ein wenig später beladen mit kartons und der aufschrift SOBRANIE zurück. dann geht er zum brunnen, beugt sich ängstlich über den schacht, besucht die ufer des bächleins, prüft den inhalt der hausapotheke, da kommt nettie strahlend und triumphierend, reisst eine packung auf und verschwindet langsam über die hühnerleiter nach oben. beschämt, gebeugt und schweisstriefend folgt weintraub, eine hantel unter dem arm, eine eilig gepflückte rose in der linken.

in weintraubs zimmer steht ein baum. der baum steckt in einem mit erde gefüllten kochtopf. die dürren blätterlosen äste werfen ihre schatten in einem schönen ornament an die weisse wand und bestätigen marcel oppenheimers neigung für fernöstliche literatur. in den ästen hängen junge blüten der letzten nacht aus dürrem holz gerünt, unterwäsche, strümpfe, ein kopftuch, der rand des schattengitters fällt jetzt in oppenheimers himmelbett auf netties körper, der da schläft, und zwar zwischen die brauen, auf die wange und einem eckchen des mundes. unter goldenbergs schädeldecke wachsen die pagoden, sandwiesen, mondkegel und ein ballen gelber seide.

goldenberg war ein mensch, der seine handlungen nicht erklärte. es ist unsinn sich mit worten zu verteidigen, sagte dobyhal stolz. goldenberg schwieg.

da sass er vor dem offenen fenster wie vor einem vorhang mit diesen
beiden hügeln vor der nase in der mitte durchgelegen wie die matratze
auf seinem bett mit diesem himmel wie der alte teppich vor dem ofen
rund wie die bäume vor ihm da draussen oder da drinnen mit diesem
ast wie das glühende ofenrohr bei diesem sonnenstand diese landschaft
wie ein kasten das aussen nach innen gemalt die türen offen die läden
des fensters warm geheizt dieses zimmer im hotel ist es winter?

zuerst ging goldenberg über einen acker, dann über eine wiese, dann
durch einen wald, dann trat er auf ein schneckenhaus, dann stieg er auf
einen berg, dann fiel er über eine treppe wieder hinunter, dann stand
er auf, dann sprang er über einen bach, dann ging er im schatten, dann
verliess er den schatten, dann kreuzte er einen weg, dann schwamm er
durch einen fluss, dann stieg er über einen stein, dann ging er durch
ein dorf, dann durch eine stadt, dann lief er über ein weites feld, dann
stieg er auf einen baum, ass einen apfel, endlich fand sich goldenberg
auf einer plüschbank sitzend mitten bei leskowitsch umgeben von gut-
gebauten damen.

«und was ist ihr problem?» der vornehm wirkende junge mann öffnet
die finger, dahinter sitzen ungefähr viermillionen ameisenbären in verschiedenen farben und in reih und glied geordnet. den mit dem glied
will ich haben, schrie nina, aber sie war nicht da.
goldenberg schloss die finger und die ameisenbären waren verschwunden:
«die identität.»
«wie?» der englische anzug des vornehmen jungen mannes zitterte
erschreckt mit den flügeln.
«bleiben sie. nicht sie haben es gesagt, sondern ich, goldenberg genannt.
na also. ich bin gesund. nur versuche ich von diesen wesen mit der
dünnen haut zu lernen, die der furz des zweifels in ihren gehirnen zu
seltsamen geschwüren, blasen und blumen auftreibt, wahnsinnigen,
die der erkenntnis keinen widerstand, keine wirksamen zauberkräfti-
gen, sogenannten richtigen, entsprechenden wörter entgegensetzen
können und zu krank, geschwächt, unbeholfen, wie sie wollen: vor
allem sind die zu schreckhaft und lassen sich mit dem zeug ein, statt es
abzubannen, festzuzaubern, nicht einmal schreiben nützt bei denen.
aber sie sind in der nähe, weil sie so ungeschützt sind. verstehen sie
das, mein lieber?»

«auf meine ehre, nein», stammelte der vornehm wirkende junge mann
ein wenig betreten von goldenbergs gedankenfuss, der da auch seinen
schweiss auf stefans stirn zurückgelassen hatte.
«nun, warum ekeln sie sich», goldenberg hat das starre auge aufgespannt, er ähnelt dann ein wenig wie braunschweiger, «vor einer spinne, weil sie denken, dass sie die spinne sind, und warum lieben sie mirjam? weil sie denken, dass ihnen das besteck auf den teller fällt, dass
ihnen beim zuhören der kiefer an den nabel hängt und ihre augen verblöden, dass sie furzen und ‹nicht wahr› sagen. sie können keine distanz
halten, das ist es. ihr alle könnt es nicht und belästigt mich damit. ihr
redet mit mir als ob ich ihr wäre und ich bin ja nicht besser, was erzähl
ich denn da. aber ich will mich bemühen darauf zu achten, ja das werde
ich tun!

auch ich bin eine mutter, antwortete goldenberg den frauen, die mutter
meiner samentierchen. aber auch der vater, schrie braunschweiger, der
alles mitgehört hatte.

und was mach ich jetzt? wartete goldenberg und da hob er den fuss
und trat auf die strasse.

und er hörte, wie eine dame in grün zur dame ganz in rot sagte: und
zu verstehen, dass es dazugehört, dass er stirbt, das ist das schreckliche.
da blieb die dame ganz in rot stehen und nickte ernst herüber.

über ihm stand die brennende gaskugel in einem winkel von fünfundvierzig grad. seine muskeln spannten und entspannten, seine beine
machten schritte, seine sohlen berührten widerstand, bestandteile der
strasse in fast mathematischer mässigkeit, entfernung, ordnung, druck
ausübend, vernachlässigten seine schuhsohlen, künstliche hornhaut, den
asphaltbelag seines lebensweges, der da eben diese strasse war, zu einem
prozentsatz. nachdem er richtung und schärfe zum nötigen verhältnis
vereint, empfing er das bild eines architekturausschnittes von seinen
wimpern gerahmt, einen fetzen haut eines hauses, als die reflektierten
lichtstrahlen mit ihrer geschwindigkeit von 300 000 pro sekunde durch
seine linsen auf die netzhaut geknallt waren. das macht krach. das

macht licht. stäbchen und zuleitung in aktion. der intensität entsprechend regulierte er seine augen zu schmalen schlitzen. durch die anziehungskraft der erde auf jenem teil ihrer oberfläche festgehalten, der im stadtplan unter dem namen friedrichstrasse zu finden ist, näherte er sich dem haus, dessen oberflächenteil er da auf der iris hatte, mit dem namen nummer zehn, der seit dem 23. februar 1908 der ihm geläufigen zeitrechnung über dem hauseinundausgang abgebildet war. seine gedanken hatten den erinnerungsspeicher abgeklappert, verglichen das erinnerungsphoto mit dem gelieferten schnappschuss und da war ihm klar, dass er da war.
seine muskeln brachten ihn ohne weitere zwischenschaltung über das bewusstsein zum stehen. sein herz schlug 80mal in der minute. unentwegt wuchsen die haare aus seiner kopfhaut. in seinem magen schwammen die vorverdauten reste eines reichlichen frühstücks im bier. in kurzen abständen sog er teile aus der ihn umgebenden, hell erleuchteten luft ab, verwandelte, machte zauber, chemie, behielt was er brauchte und stiess den rest aus maul und poren. sein elastisches rückgrat erlaubte ihm, sich aufrecht zu halten.
schallwellen erreichten ihn und er musste hören.

die unruhen sind beendet. der wille unseres volkes hat sich durchgesetzt. unsere fleissigen studenten machen ihre hausaufgaben, die ausländer werden des landes verwiesen. die attentäter sind alt geworden. verschiedenes wird gewährleistet, einiges bleibt unangetastet. tönt aus den lautsprechern der panzerwagen. die feiern der brüderlichen versöhnung haben begonnen. was folgen könnte geht in allgemeinem beifall unter. einige unbelehrbare werden mit wasserwerfern der polizeifahrzeuge hinter die schranken gewiesen.

plötzlich steht oppenheimer vor mir und sieht aus wie braunschweiger, der wie dobyhal aussieht und der sieht aus wie nina, die wie weintraub aussieht, der wie lipschitz aussieht, der wie mirjam aussieht und die sieht aus wie der mann an der barriere da, der meine eintrittskarte sehen will.
«he, sie», sagt der. verdammt.

der metro-polizist schlägt auf goldenbergs schädel. das normalton-A erklingt. verschiedene passanten singen die landeshymne.
«und die habeas corpus akte», fragt goldenberg bescheiden. trotzdem ist es goldenberg nicht möglich, die aufmerksamkeit auf sich zu lenken.

mit einem ruck springen alle auf die andere seite um besser zu sehen.

während der gegenstand wuchs und wuchs standen leute um ihn herum um ihn zu betrachten. der gegenstand wuchs stetig aufwärts und die leute die um ihn standen betrachteten den gegenstand und sein wachstum. langsam wuchs der gegenstand unaufhaltsam aufwärts und die leute die um ihn standen um ihn und sein wachstum zu beobachten begannen einer nach dem anderen ihre köpfe in den nacken zu legen um den gegenstand in all seinen phasen im auge zu behalten. so wurde der stetig aufwärtsstrebende gegenstand in einer unzahl von augen die der hälfte von köpfen entsprachen behalten und die entsprechenden nacken knackten auf den entsprechenden schultern der leute die den gegenstand noch immer betrachteten aufwärts wo sich der gegenstand allmählich in die perspektive verjüngte. nun wuchs der gegenstand gleich einer akazie aufwärts und der verströmende duft seiner blüten vermochte die leute nicht ihren blick zu senken vielmehr hingen sie gebannt an dem gegenstand der nunmehr sich aufrichtete gleich einer angespannten stahltrosse die sich in der perspektive verliert. die leute standen um den gegenstand und betrachteten ihn wie er sich gleich einem zurückschnellenden aste im himmelsblau verlor. nun wäre es zweifellos falsch gewesen zu behaupten dass sich auf dies die köpfe dieser einer irgendeiner beschäftigung anblick frage zugewandt vielmehr hielten sie gebannt ihre blicke aufwärts wo sich der gegenstand gleich einer schwalbe im äther verlor. obwohl es jetzt hätte genug sein müssen und man ermüdet hätte das kinn geneigt um zu verschnaufen verzog sich vielmehr die düstere wolke die schon gedroht den ausblick zu verdecken vielmehr sich verzog und nun im leuchtenden abendrot den gegenstand zeigte, der sich gleichsam einer lilie im azur verlor vielmehr sich wieder fand in der unendlichen weite des abendlichen blaus und nun aufschnellte wie der tubus eines spiegelfernrohrs und die insassen dieses beispielhaften planetariums hoben die köpfe an hinauf anstatt in müdigkeit zu sinken um den gegenstand nicht aus den tausend augen zu verlieren die ihn also emsig umgaben der jetzt aufschoss wie ein gefiederter pfeil in die laue abendluft und zwischen dem feurigen regenbogen bohrte sich jetzt für die augen aller der gegenstand wie ein geschälter weidenstengel zwischen die wolken und während die mehr als tausend augen auf ihn gerichtet waren raste der gegenstand gleich einer gut gedüngten gänseblume in die beleuchteten lüfte und die hälser reckten sich und die augen traten aus den höhlen um den gegenstand nicht zu verlieren der sich nun allmählich gleich einem schwan in das firmament verlor. «ah», sagten alle aus 500 kehlen oder mehr und der gegenstand war verschwunden.

vor dem kaffeehaus stand olga und wartete. als goldenberg herauswankte, griff sie ihm unter die arme, stützte ihn und fragte: «was ist der sechste sinn?» goldenberg schüttelte die augen, machte sich steif und schlug sie mit letzter kraft, bis sie neben ihm lag ohne sich zu rühren. dann legte sich goldenberg neben sie und schlief.

wie der eilige bote der in seiner hast über der wurzel strauchelt, die sich über mondbeschienenem pfad, der in die ferne stadt, wo die hohen türme ihre langen schatten werfen und die einsamen bürger ihre grobbeschuhten füsse auf ein pflaster werfen, das selten erneut nun ein bild allgemeiner trostlosigkeit vor uns breitet, führt, breitet, so schlug goldenberg über den rinnstein der neuenburger strasse und lag da aus der nase blutend.

wie goldenberg in besseren zeiten trat goldenberg in schlechteren zeiten den heimweg an.

«he!» brüllte fisch, als goldenberg weiterging brüllte fisch «he» und wieder brüllte er «he» aber goldenberg ging weiter und hörte ihn nicht.

«sie scheisskerl!» schrie das wachorgan und war ganz deutlich ausser sich, so dass es neben den beiden, goldenberg und sich, im schein der strassenbeleuchtung von einem fuss auf den anderen trat, und es schlug goldenberg mit dem tomahawk auf den skalp und brüllte, aber der, goldenberg, der missliche squatter, grunzte nur und konnte gar nichts verstehen, geschweige denn in verbindung setzen, und am nächsten tag musste man ihm die geschichte erzählen und er hätte sie nicht geglaubt, wenn nicht einige zeugen diesen bericht bestätigt hätten.

«jesus, der goldenberg», stiess ein blondes mädchen kaum 27, aus ihrem resonanzkörper und schlug die hände vor die weissgeschminkten lippen. «mein vorname heisst franz», hob franz aus dem dunkel seines bewusstseins und war schon wieder 14 schritte weitergegangen.

tagelang hatte goldenberg sich mit dem lautgebilde «knaulpferch» herumgeschlagen. endlich verliess es ihn so plötzlich wie es ihn befallen hatte und goldenberg konnte es anfangs garnicht glauben.

oft gröhlte goldenberg anscheinend sinnlos vor sich hin. dann konnte ihn niemand leiden und man mied ihn so gut es ging. trotzdem suchte goldenberg oft oder gerade in diesem zustand die gesellschaft von menschlichen wesen um zu gröhlen.

«la la la», sang goldenberg. «bla bla bla», antwortete braunschweiger. hierauf waren beide, braunschweiger und goldenberg, minutenlang glücklich.

oft fragte sich goldenberg auf parkbänken oder in kaffeehäusern sitzend irgendetwas. in den seltensten fällen fand er eine antwort. und wenn, dann revidierte er sein urteil innerhalb von stunden. so alterte goldenberg.

«wie in china», dachte goldenberg und er sagte es auch, obwohl er nie in diesem land gewesen war. ist es ein land, dachte goldenberg später, oder eine stimmung. es wird zum land, wenn ich hinfahre. vorher ist es eine stimmung die ich china nennen darf bis ich hinfahre und sie umbenennen muss. aber damals sagte er es und die anderen blickten auf die spiegelnde wasseroberfläche, die zweige, den mondlosen nachtvorhang und die sterne fielen hinter der erde in den weltenraum.

vor vielen, vielen jahren, als goldenberg ein kind war, hatte er geträumt, wo die flagge seines kleinen blechdampfers lag, er hatte sie gesehen zwischen den felsen liegend, die faustgrosse steine waren, er sah die stelle, öffnete die augen, weckte seinen vater und sie holten die fahne, die er gestern mit tränen auf der nase gesucht hatte. schon als kind hatte goldenberg eine krankhafte sehnsucht nach vollkommenheit.

heute war dieses diapositiv an den rändern etwas verblasst, aber deutlich genug über seine wahrnehmung gefallen, eine guillotine hat die wahrnehmung erledigt, und der strom seiner gedanken floss elektrisch durch porös gewordene kombinationswände, einsickernd in bahnen, wo früher noch glatte isolatoren einfache wege bestimmten.

«wissen sie», sagte paolo farkas, «dass wir gar keinen freien willen haben.» vielleicht ein bisschen, grübelte goldenberg als er nach hause ging.
«wir haben doch ein bisschen freien willen», antwortete goldenberg nach 3 tagen, er hatte viel nachgedacht.
nach 2 wochen entgegnete farkas: «das nennst du einen freien willen, dass ich meine rechte hand jetzt heben könnte. das ist ein scheissdreck, und wer weiss ob ich es könnte, und wenn?»

«wissen sie», sagte goldenberg jahre später, «mir geht es ganz gut. mein fleisch ist fest geworden. und ich rauche teure zigaretten und whisky und so. wissen sie.»

«geld ist gute manieren», widersprach oppenheimer. ungläubig staunte goldenberg. oppenheimer gab dem kellner einen fusstritt und fragte: «was macht das?»

braunschweiger schlug auf mirjam ein und die dame in rot nahm das glas aus dem mund der wirt schlug mit dem hammer ins eis der mond schien aufzusteigen der junge mann mit dem einglas klirrte ein wenig an der theke der zeiger auf der armbanduhr der sechsten dame in rot war auf den nächsten teilstrich der skala gerückt draussen war dezember herinnen war geheizt der kellner schrieb eine rechnung die musik war laut aber trotzdem konnte goldenberg verstehen als sie sagte die welt ist schlecht und er stand auf und dann auf das andere bein und hielt sich fest mit der hand an seinem glas und es ergoss sich in seine kehle und dabei hatte er sagen wollen die welt bin ich und das ist meine sache und sie gab zur antwort liebling du trinkst zuviel und nahm ihm das glas aus der hand.

klettern sie mal, meine liebe, über den tisch rüber. auf der anderen
seite ist amerika und hier der weite ozean auf dem die wogen schlagen,
forderte goldenberg, schlug mit der flachen hand ins bier, das den tisch
deckte, dass die brandung schäumend hochschlug und die siebente dame
in rot mitriss mitten hinein in braunschweigers arme, der mit dem stuhl
eben von new york nach san francisco gerückt war.

ein polizist auf kriegspfad schleicht vorüber. er ist auf der jagd nach
legitimationen. viele weisse männer zittern vor ihm und verlassen das
lokal durchs toilettenfenster.

lassen sie die hoffnung fahren! sagte braunschweiger und sah auf den
dichten gekräuselten vollbart einer dame und da war er bestürzt und
gequält blickte die dame um sich und ihre augen waren voll melancholie und die eine falte rechts neben ihrem mund im gesicht war bitter
und nicht nur vom schweiss und seufzte: ich kann nicht! braunschweiger
entgegnete und die hände der dame faltig rissig und er küsste sie nicht
zum handkuss und sie konnte nicht und dachte niemand könnte es und
dann weinte sie beinahe und sah auf die leute die um sie standen und
er sah auf sie und voll trost so sprach er mit ihr und sie weinte beinahe
und er dachte schon sie könnte aber sie konnte wirklich nicht und war
überzeugt dass es unmöglich sei es zu können auch im allgemeinen und
unmöglich das kann niemand und er bestand darauf dass sie die hoffnung fahren lasse und da liess sie eine hoffnung fahren dass alle weggehen mussten und da erkannte er die dame und erkannte dass er sie
schon lange kannte nur nicht erkannt hatte und es war gar keine dame
sondern sein freund goldenberg.

die nacht verbleicht. geschwüre, erst grau, wuchern überall aus der
dunkelheit, setzen farbe an, werden deutlich, werden die häuser, die
stadt, seine freunde, die strassenbahn, die ihn wegbringen wird. man
gibt ihm geld in die hand und er und seine erscheinung verschwindet. ein
fleischer ersetzt goldenberg und bewegt sich an seiner stelle im raum,
blutbefleckte körbe vorbeischleppend.

was ist zu tun? fragte goldenberg.
in allem das gleiche zu erkennen, antwortete goldenberg.

gott ist ein attribut, grübelte oppenheimer.
so könnte man auch sagen, meinte goldenberg, aber es kommt nicht ganz ran.

es ist winter geworden. die schmetterlinge verwandeln sich in schneeflocken und tanzen auf der himmelsfahne.

ich war mit meinem vater im zirkus, erzählte goldenberg, nahm nettie, die er bei oppenheimer gefunden hatte, an der hand und erinnerte sich des priesters mit dem runden hut, mit der breiten krempe, mit der schönen flatternden schärpe um den leib, wie er aufrecht stehend in einem motorboot der städtischen feuerwehr, ganz in rot, über die wasser schoss, die feuerwehrspritze am heck war deutlich zu erkennen, vielleicht setzte man ihn aus ehrfurcht vor der religion ans andere ufer des kanals über, die ganze stadt ist überschwemmt, *es war auf einer grossen wiese, gleich hinter unserem haus, da stand das riesige zelt mit seinen fahnen, es war abend,* fuhr goldenberg fort, half nettie aus dem mantel und sah den nebel, hörte die sirenen, erkannte die schatten wieder, die im grau auftauchten, bloss um sich wieder zu verflüchtigen, *die pferde mit den weissen federbüschen nickten mir zu und flitterglänzende clowns schlugen purzelbäume bis zu den trapezen, schlugen sich die knüppel auf die steilen mützen mit den leuchtenden quasten, schlugen sich die hände an die ohren und die füsse in den hosenboden und der dumme august schenkte mir bonbons, nachdem er einer dame ganz in rot, die neben mir sass, eine weisse taube aus der nase geholt hatte, ein tiger sprang durch einen brennenden reifen, schöne musikanten, ganz weit oben auf ihrem balkon in der kuppel des zeltes, klein wie zinnsoldaten, vibrierten im takt ihrer polkas und märsche,* sagte goldenberg und half nettie aus dem kleid, fuhr mit dem kleinen einstöckigen dampfer über das winterliche meer zu der kleinen insel mit dem alten kloster, dem schön verfallenen wirtshaus mit den schrägen sonnenstrahlen, fuhr entlang der grauen piloten, die die route in dieser maritimen architektur bestimmten, über graues polares wasser durch die graue kalte erfrischende luft über sich den grauen flüssigen himmel, beweglich, lebend: die schäfchenwolken, gehirnwindungen eines riesen, die dem horizont zu in ein rückgrat übergehen, dahinter verliert sich die anatomie, kein gerüst, keine kuppel, oben ist alles beweglich. im hintergrund das bühnenbild der nautischen semafore, körbe auf hohen stangen, die buchstaben tragen, sie zeigen unbekannte gedichte von bisher unerreichter schönheit, dachte goldenberg und nina war neben ihm, an seiner hand, an der kleinen bar mit den puppengläsern, den puppenflaschen und nina schüttete viele bunte flüssigkeiten lachend in ihren verschwimmenden körper, glitzernde stewards, glitzerndes wasser, glitzernde luft und eiskristalle, dachte goldenberg und stand unschlüssig da, mit weit offenen pupillen, die sehlöcher parallel gerichtet, bilder aus der vergangenheit mühsam einfangend, und sagte: *da war noch der seiltänzer, die löwen und ja, ein wasserballett zuletzt, mit seerobben die luftballons auf den schnauzen balanzierten und du musst jetzt gehen, nettie, bitte geh jetzt*, sagte goldenberg und ging mit nina über die insel durch die schrägen winterlichen sonnenstrahlen über weite felder, vorbei an verdorrtem gesträuch, über verdorrtes gras, über braunen schnee, vor sich das meer und eine unbekannte zukunft.

als es weihnachten war schossen wir einen vogel. er war vorbeigeflogen und hatte sich bewegt. das war alles.

«da!» und beide sprangen aus ihren drahtundblechbuntbemaltenstühlen über die hecke aus dem kaffeehausgarten hinter ihr her: «ein mädchen wie ein bügeleisen wie ein kiesel wie ein butterbrot wie schinken mit ei wie ein weisser rand wie ein rotes kleid wie eine zelle wie ein schiff wie schliff wie schilf wie elle wie gazelle wie grabstelle wie abstellen wie bemerken wie rotlauf wie sie rot anläuft wie niedlich!» beide stürzten erschöpft zu boden. über ihren geöffneten mündern stand eine säule aus heissem rauch, rund um ihre leiber schmolz der schnee. aufgerichtet von den starken armen ihrer freunde, die hilfreich aus dem mit infraroten strahlen erhitzten garten herbeigeeilt waren, schwankten sie in der dämmerung neben mehreren sanft leuchtenden laternen und starrten in die ferne, in der die kleine seit langem verschwunden war.
«perspektive», sagte goldenberg.
«diese scheisse», sagte oppenheimer.
da sind wir also wieder beim thema.

herein kommt fisch mit nina zwischen den händen, die eine auf ihrer linken schulter, die andere auf ihrer rechten hüfte. goldenberg hat ihn an seinen hellblauen wildlederhandschuhen erkannt. jetzt schiebt sich fischs kopf aus dem gestrüpp der haare ninas und bestätigt im vergleich, dass es fisch ist, der zeigen will, dass er nina geheiratet hat.

alles ist in bester ordnung, antwortete goldenberg, nur unsere ansichten müssen geändert werden.

dabei fiel goldenberg von einer zeit in die andere und er nahm keinen schaden. hin und her sprang goldenberg, hinauf und hinunter und immer blieb goldenberg unbeweglich. «wie machst du das?» wollte krenek wissen, tassilo krenek. «was scherts mich», gab goldenberg zur antwort.

«was ist zeit?» krenek lässt nicht locker. «die zeit ist mein ruhekissen», sagte goldenberg. «du liegst ja garnicht», entgegnete krenek, ein denker. «na eben», bestätigte goldenberg von einem bein auf das andere hüpfend und implodierte.

die wirtin und die reinemachefrau krallten sich in den vorhang, die eine links, die andere rechts, scylla und carybdis, und dahinter die schmale aber tiefe bühne des toilettenvorraums mit braunschweigers befreitem glied in lebensgrösse und der entblösste hintern mirjams drüber, der gereffte rock flatternd in der dünung der tabakwolken, die sich da drohend und sichtbehindernd vor diesen keifenden errynnien ballten, die sich vorwerfen, der strömung entgegen, ja sie schaffen es, hinein in die takelage der strumpfriemen, gewinnen halt, halten sich fest, und spreiten den rock mit einem ruck drüber rüber über die beiden schwankenden maste, in diesem nebel von verdampftem gintonic in nylons gewickelt, die da den schweren kopf mirjams stützten, der da lospfiff aus seinem ventil durch die zähne und über der sirene mit den rosigen lippen schlugen die segel des billigen kattuns wieder friedlich zu den klängen von love me do und das glied schnalzte in die hose und die lippen klimperten zu marek, unserem marek, dem netten jungen, dem menschlichen zuhälter, der einfachen type, über dessen braue ein bluttropfender krater klaffte, und die haut spannte auseinander und die flottesten lieder sausten ihm solcher art aus der jukebox direkt in die hirnschale. «hat mich einer mit dem schlüssel draufgehaun», lächelte marek kläglich und braunschweiger rülpste «dieses schwein», rülpste

braunschweiger, «mit dem schlüssel, wie» und braunschweiger betrachtete seinen nachbarn, der sich das hemd aus dem anzug riss, «feige», setzte braunschweiger fort und von dem hochbeinigen barhocker stürzte der nachbar eins mit mirjam in das schäumende meer der bewusstlosigkeit, das sich über dem parkettboden der spelunke kräuselte und wirbelte. und da sagte oppenheimer mitten hinein in diesen taifun morgendlicher finsternis, mitten hinein in die zugerefften vorhangsegel dass auch keine lichtbö reinschlagen könne, ja oppenheimer, der hat was gesagt, aber niemand hat zugehört. und da klatschte der zurückgestaute tag durch die tür und überflutete den staub, die zigarettenasche, die bierdeckel, das ausgelaugte strandgut des alkoholverbrauchs und es war 10 uhr vormittag oder mehr und geblendet schlugen alle die hände vor die augen und gleich einem stück rinde . . . . na iss nur mein junge und ich schluckte und schwieg und glühte und da war noch die wirtin und versuchte noch einen drink aus uns zu holen und da nahm sie die brust raus und wir schnippten dran mit den fingernägeln wie an einem löwenzahn der auch schon seine 60 jahre auf dem gemiederten buckel hat und keinen spass macht, da griff sie braunschweigern an die hoden und das macht spass aber nicht so fest und da lässt er sich fallen, die beine vertäut im standwerk dieses phallischen sitzmöbels und krachend stürzt er zu boden, ein klassischer heros, und da dachte ich bei mir: jetzt sind sie ab, die knöchel.
und da ist sonntag und der siebente juli flammt über den himmel das mene tekel der schlingenden zeit und wir leeren unsere blasen und unser wasser ergiesst sich in die strassen der stadt.

und gleich einem stück rinde einem stück rinde um einen knorrigen stamm um einen knorrigen ast einem stück ast vielmehr, erhob sich ein maul und schnarchte und die schallwellen schunkelten um die bar gleich den trinkern die um sie sassen gleich den mädchen die um sie sassen und tranken und ich schob mein glas in das maul und ich goss es hinein und es gurgelte wie ein kanal wie eine schlechte lüftung und eine fontäne sprang hoch so hoch aus dem hahn der da schon längst die morgenstunde hätte krähen sollen in die tabakerfüllte luft in der die schallwellen schunkelten und sie fassten sich an den elektrischen händen und schaukelten und schaukelten und ich goss das glas und da hob sich das maul und es neigte sich und ein gesicht stand auf vor mir das gesicht eines fauns eines brunnentritons ein knorriges gesicht wie der alte goldenberg und es lächelte und verzieh und beschämt rückte ich zur seite und wollte ihm was geben und da gab mir der alte ein paar aufgeweichte kekse und sagte na iss nur mein junge

als sie den rock hochhob lag da ein leuchtendes juwel zwischen den
blütenblättern leuchtend weisser unterröcke ein glitzernder funkelnder
alle blicke an sich ziehender prächtiger hintern sorgsam getrennt von
seiner umwelt in leinernes seidenpapier gehüllt und der bewunderung
freigegeben verwandelt auf dem samtteller von gestärktem kattun
serviert bot er sich dar eine dunkelglühende erdbeere im finsteren tann
eines verregneten montagvormittags so schwebt er vor mir durch die
gewinkelte gasse bis mirjam den saum fallen lässt weil zwei eilige
figuren in overalls gröhlend und schwankend um die ecke in unser
gesichtsfeld gestochen waren. aber es ist doch sonntag! sagte mirjam
im treppenhaus, du hast dich geirrt.

irgendwann wollte georg aus dem fenster springen und er hätte es
getan. dabei konnte er kaum quer im raume liegen, sonst hätte ich ihn
mit der flachen hand gestossen und langsam sehr langsam wäre er, der
aufgequollene luftballon, aus dem offenen fenster in die friedrichsstrasse
gesegelt und die drei freundlichen damen des henriettenhofes hätten
ein prosit ausgestossen ganz allein für georg, 521, 522, 523, dass er
aufgestiegen wäre durch die warme luft, eine träumende hühnerfeder,
in die ewigen jagdgründe aller alkoholiker die es vorgezogen haben
sich in klirrende schmetterlinge zu verwandeln, die über den schloten
der brauereien aller erdteile ihre schwanken kreise ziehen. aber georg
bleibt eine hühnerfeder und will im skalp eines polizeiirokesen landen.

endlich hat sich goldenberg entschlossen, oppenheimer aufzusuchen. er
wechselt die lichter, versperrt die elektrische beleuchtung mit der haus-
tür, sichert ihren wellenbereich mit dem patentschloss, setzt den schlüssel
ein wenig den mondstrahlen aus und schützt ihn davor in einer seiner
hosentaschen, legt noch die hand drüber und machte sich auf den weg.
in gleicher richtung bewegen sich zwei ratten auf der suche nach ab-
fällen durch den kanal, leuchtgas unterquert seine schritte, die untergrundbahn rast ihm 2 stock tiefer entgegen. verwirrt tritt goldenberg
zur seite, da öffnete sich die tür, seine andere hand nimmt geld aus der
anderen hosentasche, die linke verlässt den schlüssel und hebt das glas,
seine trommelfelle zittern, sein gedächtnis nennt die titel der schlager,
name des sängers und der band, besetzung, tonart, erscheinungsjahr der
ersten version. verwirrt ändert goldenberg die richtung, den vorgeschriebenen weg verfolgend, geht wieder nach hause, holt oppenheimers sport-

sacco, das er zurückbringen soll, geht zu braunschweiger, der nicht zuhause ist, trifft mirjam, die dringend geld braucht, beweist in einer bar ganz in der nähe, logisch und durch mehrere viertelstunden, dass er nicht der vater sein kann, verlässt sie und einen gewissen geldbetrag, geht erleichtert ins kino, schläft ein, wacht auf, geschüttelt von kälte und den starken armen des saaldieners, kauft speiseeis, isst es, sucht eine öffentliche bedürfnisanstalt auf, geschüttelt, diesmal von krämpfen, will diesen ort eben verlassen und er hat oppenheimer angetroffen, da steht er, ja da ist er und verrichtet sein geschäft.

oppenheimer hebt den arm in einer bar ganz in der nähe, wo leben und eigentum bedroht sind, hören alle bedenken auf, denkt goldenberg, um goldenberg den verlangten geldschein zu borgen, da kann goldenberg die tätowierte inschrift auf oppenheimers haut entziffern, 1 ist der buchstabe a, sehr einfach, und liest: wir sitzen im speisesaal ganz im stil der jahrhundertwende, die gusseisernen lianen treiben gusseiserne blüten über geschwungenen mahagonnybüschen, dahinter sitzt nina und betrachtet durch die grossen blumenverzierten und seitlich geschliffenen fensterlinsen die parias auf der flucht vor ihrer südlichen armut, sie rührt mit geschweiften bewegungen und einem geschweiften vergoldeten löffel in der beschwingten mokkatasse, die echten blumen neigen ihre langen stengel, goldenberg spürt das blut in seiner nase, sie nicken und die gummibäume, die ziersträucher, der ganze wintergarten und die vergoldeten kellner erster klasse verschwimmen hinter den tränen der rührung ninas, und draussen sitzen sie auf aufgeplatzten koffern, mit papierspagat an ihre armselige habe gefesselt und aus dem fenster des violetten waggons der internationen speisewagengesellschaft blickt gütig ein violetter kardinal als wollte er sie segnen und speisen. ein wunder, dachte goldenberg, nachdem er die geschichte gelesen hatte und noch immer hebt oppenheimer den arm, öffnet die faust und lässt ein stück papier auf die theke flattern. dobyhal bläst unbemerkt den zettel auf den boden, setzt, in eine ecke starrend, einen fuss auf den abfall, hebt unbemerkt die banknote auf, lässt den hunderter im ärmel verschwinden und goldenbergs finger greifen ins leere.

zeit? staunte goldenberg und einige tage später, nachdem er sich die sache überlegt hatte, meinte er, ist nur zerschneidung des ganzen und durch die sinne, fügte er hinzu, als sie wieder darüber sprachen.

goldenberg glotzt mit oppenheimer und einem auge in den kinderwagen. das andere ist schielend auf den brustansatz der jungen und schönen mutter gerichtet. ein strahlender tag, nämlich die sonne, man kann es sehen und die haarbüschel vibrieren erwartungsvoll aus der feucht geöffneten armschenkelbeuge.
«liebesradar», sagt oppenheimer.
«den», sagt goldenberg, «haben sie mit einem mann gemacht, was?» blubbert goldenberg aus dem tiefen märchenbrunnen des alkohols. dann geht er mit ihr hinter den busch, der vorhin noch so unnütz sein wasser aus dem boden sog und ein wenig sauerstoff für goldenberg und oppenheimers ungesunde lungen vorbereitet hatte. nun legt er, ein schild der natur, wappen des kavaliers goldenberg, also reiter, seine schützenden äste um die beiden, während er weiter wasser aus dem boden saugt und goldenberg ein wenig flüssigkeit verschüttet, auf das ein glückskind eine zauberkräftige wurzel finden möge.
dieweil nimmt oppenheimer einen fuss, oppenheimers fuss natürlich, der schaukelt den kinderwagen, und oppenheimer hat noch einen zweiten, den wird er später zum weggehen brauchen, wenn das noch lange dauert. und da ist ja die mutter wieder, die ihr kind nicht vergessen kann, und auch goldenberg, und die bäume und die wiese und die tiefatmenden stadtbewohner, es ist wegen des sauerstoffs, den unser strauch für alle schon vorbereitet hat, und das gras und die blätter und das schöne wetter und das kind, wie gesagt, und natürlich oppenheimer. ein schöner sonntag. es ist nämlich sonntag. «er sieht dir schon ähnlich, da», drängte sich oppenheimer in franzens gewinke. franz heiss ich auch, so ein blödsinn, denkt goldenberg. «wer», goldenbergs rechte wedelt noch immer da oben die vorgeplanten luftmassen in die vorgeplante lage, so ist das schicksal, ja, und seine gesichtsspannmuskeln improvisieren, aber recht gut gemacht!, eine echte, wie man es nennt, vom herzen, das mit den klappen, wo blut durchgeht, kommende «seien-sie-glücklich-mit-goldenberg»-show und er hatte also «wer» gesagt, fragend im tonfall, wir haben dafür dieses zeichen:

?

und noch irgend etwas und endlich, zum schluss, nicht der welt, der luftausstoss war nahezu durchgeführt, konnte man ein paar laute verstehen, die, wie man weiss, ungefähr so auf der börse unserer mutterschaft notieren:

ähnlich

oder so ähnlich, in einem sogenannten fragenden ton, ja.
«na, der junge im kinderwagen», staunte oppenheimer. «wo bist du, franz?»
«auf deiner netzhaut, durch dein trommelfell, in deiner nase», berichtete goldenberg, es stank über die wiese.

«und wie ist es mit dir?» wollte oppenheimer wissen, der wissbegierige.
«nur in meiner nase und durchs trommelfell», gab goldenberg zu. in
seine züge malte erkenntnis enttäuschung.
«dafür hast du mich», tröstete oppenheimer.
«ja, ja», lautete goldenberg wenig zufrieden.

goldenberg nahm die flasche aus dem gras und sitzt dreiundzwanzig
jahre jünger in der küche, giesst wasser in die retorte, reichte oppenheimer die flasche hinüber, leert salz durch den tubus, oppenheimer
nahm einen schluck, goldenberg dreht den bunsenbrenner auf kleine
flamme und oppenheimer spuckte ihm die flüssigkeit vor die füsse und
schrie: das ist ja wasser. goldenberg hob den stein auf, der ihm aus der
hand gefallen war. vor ihm sass ein feuersalamander und betrachtete
goldenberg.

«ich werde die welt nicht nur verändern, ich werde sie umkrempeln.»
«und wie soll das geschehen?» wollte oppenheimer wissen.
«mit meinem glied, freund, mit meinem glied.» sagte goldenberg und
warf eine münze in den automaten.

als goldenberg sein fröhliches zimmer mit den fröhlich knarrenden
möbeln, dem fröhlich plätschernden wasserhahn, den leise fröhlich
zischenden gashähnen, der fröhlich leuchtenden elektrofunzel, den fröhlich eingeklebten mit fröhlicher sonnenimitation fröhlich illuminierten
aussichtspostkarten in den fröhlichbraunen fensterrahmen auf den fröhlichen wänden betrat, traf ihn der schneeweisse umhang einer telegrammerscheinung ins bewusstsein, innen drinnen funkelte die mächtige
formel: ich liebe dich sehr sehr, las goldenberg mit vor kälte zitternden
händen. der wasserhahn war vereist, das licht war vereist, die wände
aus eis, die möbel hatten sich mit rauhreif überzogen. die gefrorene tür
platzt auf und da stürzt nina herein, schlingt alle ihre arme um goldenberg und stösst folgende schlachtrufe aus:
«ich werde dich nie mehr verlassen!»

«ich liebe dich sehr, sehr!»
«ich habe den sechsten sinn!»
«ich habe fisch verlassen!»
«mein vater ist auf unserer seite!»
«wir müssen fliehen!»
«mein vater bringt dich um!»
«ich werde fisch alles erklären müssen!»
«wir feiern vaters geburtstag im landhaus!»
«ich werde an dich denken!»
«vielleicht kommt fisch garnicht!»
«warte auf mich!»
«ich komme nach!»
«was will mein körper von mir!»
«was will meine seele von mir!»

fast tödlich getroffen sinkt goldenberg zu bett und nina über ihn.

nina erschallt: ich komme wieder!
goldenberg öffnet die blicklosen augen, erkennt die gefahr. sein wunsch packt ninas arm, während goldenbergs körper, gefesselt von den giften des schlafs, reglos, nur die augen kollern jetzt in ihren höhlen, ins zimmer hängt. ans bett geschmiedet, ein prometheus des erwachens, gelähmt vom wechsel der elemente, will goldenbergs wille aus luftigen träumen ins kalte bad des geregelten bewusstseins springen. immer wieder schnellt er am sprungbrett empor, aber herr goldenberg kann das becken nicht finden, klatscht wieder daneben, auf die plötzlich mit schreckbildern gekachelte fassung des diamanthart gewordenen wirklichkeitstümpels.
die stimme fährt aus goldenberg, klingt: 521, 522!
nina wird diese zahlen im lotto setzen.
goldenberg hingegen stürzt zurück in die schwindelnde höhe seiner flugreise, in einem winkel von 45 grad vorgeneigt, über die häuser und gassen eines imaginären genua, das aber im zeitbild immer wieder aus dem meer seines bewusstseins in den äther seiner nachtreisen taucht, erst 6 dann 30 meter über dem gewoge der menschen. der körper jedem druck gehorchend, hin über die offene see, in einem gehaltenen aber schwankenden abstand von der spiegelnden wasseroberfläche, 40 bis 60 meter, und dabei bleibt es, goldenbergs himmelfahrt.
goldenbergs wunsch, johannes goldenberg genannt, sitzt im linken und goldenbergs wille, petrus goldenberg mit namen, im rechten auge.
klagend um ihren herrn, bemühen sich beide, jeder auf seine weise, die

eingeschnappten augenlider aufzureissen, um den glanz des jammers im
schein des lichts, das der anfang sein soll, zu offenbaren.
beide weinen so sehr, dass ihre tränen, das harz des schlafes aufreissend,
durch die geschlossenen rollbalken ins freie und über goldenbergs wangen kollern.
das salz seiner jünger auf den lippen, erwacht der herr, springt aus
dem bett, her hinter dem nachbild ninas, die da vor 2 stunden gestanden
ist und landet auf der strasse.

sie hatte keine eleganten schuhe mit diesen schnallen, die rechts gekerbt
und links zwei knöpfe haben, an den füssen, etwa nach der letzten
mode, auch keine strümpfe, die goldenberg hätten gefallen können oder
beine. der kleine sportwagen war über sie weggefahren und goldenberg
wusste nicht, ob er sie berühren dürfe und das blut lief auf der strasse
und manchmal schien es damit aufhören zu wollen, dann stiess es wieder hervor aus dem versteck der adern und goldenberg stand da, wozu
eigentlich, und dann sprang er mit sechs gewaltigen sprüngen, langgestreckt und flach, in die telefonkabine und es krachte und der schweiss
brach aus seiner stirn und olga wurde aufgeladen und goldenberg
schluckte, da wollte der arzt wissen, den sie mitgebracht hatten, ob er
die dame, das opfer, die verunglückte, die leiche kenne, wollte ein
polizist wissen und er, goldenberg, machte den mund auf und so sah
er nicht, was sie mit den beinen machten, aber dann waren sie weg und
auch das andere und nur mehr blut lag da, aber man legte papier drüber.

auf einer parkbank sitzend schreibt goldenberg in sein notizbuch:
mittwoch neuwerk besuchen (nicht vor 10 uhr 30!), schmalzbrote (vielleicht zigaretten?), amerikahaus (lesesaal; nicht hinlegen! sitzend schlafen!), vernissagen?? mirjam besuchen (vielleicht bis montag? sonst unbedingt miete auftreiben!). tief einatmen!

wer war der nette junge mann? sagte ninas vater, als der nette junge
mann bleich herübergrüsste. das war goldenberg, antwortete nina und
trat aufs gaspedal.

und die streichhölzchen? fragte neuwerk schwankend.
das sind telegrafenmasten in einiger entfernung, erklärte goldenberg,
der weitgereiste.

was du brauchst, fränzchen, neuwerk durfte sich das erlauben, ist die
einsamkeit, die stillen triften, die vergoldeten matten, lebhafte senne-
rinnen und bärtige jäger, den hirtenstab in die hand, zwischen wolligen
schafen, den gesang der nachtigallen in den ohren, umgeben von faunen
und nymphen, im hintergrund verfallene brunnen, laubwälder, genährt
von milch und äpfeln, was du brauchst, fränzchen, ist das schäferische
leben, lass uns die schalmeien packen, auf an die ufer der pegnitz!
müde trinkt goldenberg reste aus drei schalen, holt das sparbuch aus
der schmutzwäsche, steckt die zahnbürste hinters ohr, legt die seife in
den schuh, näht münzen in den gürtel, füllt die hosentaschen mit schlaf-
pulver und leert ein paar erinnerungen in den mistkübel.

unten erwarten sie die standbilder der passanten.
siehst du, sagt goldenberg, die luft ist aus marmor, ich lebe im fels,
die welt ist mein anzug.
du bist ein geck, seufzte neuwerk zufrieden.

die landschaft spreizt die schenkel. der mon l steigt auf.
neuwerk und goldenberg singen folgendes lied:
goldenberg: da vor uns ein haus wie eine wolke
neuwerk: ach ja wie eine wolke wie ein vogel
goldenberg: ja ein vogel wie eine kirche
neuwerk: ja diese kirche wie eine höhle wie eine erfrischung
            wie coca cola
goldenberg: ja coca cola wie campari wie sekt
neuwerk: ja wie die wilde see
goldenberg: ja die see die das rauschen der erkenntnis ist die erleuch-
            tung die der glühende äther ist der raum und zeigt ihn und
            ist die zeit die der raum ist
neuwerk: ach ja wir verstehen einander
goldenberg: wie ein ei dem anderen
neuwerk: mit der rauhen schale und dem weichen stern
goldenberg: ja so ist es und
            wir wollen hier übernachten

neuwerk: ach ja in diesem haus wie ein palast wie ein fingernagel wie ein hut wie eine beule wie blut
goldenberg: sei still
neuwerk: wie kalk wie fenster wie tür wie wand wie dach wie stein und schorn wie brett wie glas und gläser
goldenberg: schon besser
neuwerk: wie bett und feder wie sessel und leder wie dieser und jeder wie holz und zeder
goldenberg: gute nacht
neuwerk: gute nacht

der vorhang schliesst sich über der szene, die ein heuhaufen ist. auf dem schamberg verneigen sich die bäume vor dem brausenden beifall der winde. (anmerkung: eine schöne geburt! der mond wird ja immer kleiner!)

«der mann schwitzt», sagte silberstein, «seine lange speiseröhre mündet in den magen, von dem ein nicht allzu langer darm zum after führt. knapp vor dem after sondert er ein mehrfarbiges sekret ab, welches die eigenschaft hat, andere männer zur raserei zu bringen. viele männer sind schädlich. sie verursachen den fleischfrass und spritzen ihren samen in unreife mädchen und frauen. die weiblichen männer, eben frauen genannt, haben verkümmerte brüste. männer sind sehr schön. die finger des mannes sind schön gewachsen und in den gelenken geknotet. er besitzt lappen an den ohren und ist zweigeschlechtig. zwischen den flügeln seiner nase trägt er verschiedene löcher, durch die er laut pfeift. seine männlichen keimdrüsen nennt er hoden, wogegen er die weiblichen als eierstock bezeichnet. unser mann ist ein guter tänzer. da er mit vielen dingen vertraut scheint, bringt man ihm grosses vertrauen entgegen. er heilt krankheiten, lindert schmerzen und schützt vor dem blitzschlag. mann ist dumm. mann kann schwimmen, segeln, reiten, go-kart und den faustkampf. die meisten männer wohnen in städten. gewisse männer bevorzugen pissoirs, bars oder abgedunkelte räume. da dort dunkelheit herrscht, haben sie vielfach ihre augen rückgebildet, dafür aber ihren tastsinn entwickelt, sowie seltsame anhängsel in den beinscheren, deren zweck nicht bekannt ist. andere wieder sind mit gestielten augen versehen, was mit der ernährung zusammenhängen mag. viele zeigen unter diesen bedingungen nur ein kümmerliches wachstum und erreichen in einzelnen fällen eine grösse von nur wenigen zentimetern. man unterscheidet kleine, grosse und dicke männer. die hühneraugen des mannes sind durch andauernden druck entstandene, abnorm verdickte stellen seiner haut. durch vorherrschend schwarzes

pigment in dieser wurde er zum neger. das schützt ihn gegen ultraviolette strahlen.»
«du lügst», antwortete goldenberg.
silberstein war betrunken.

vor mir wiese, die wiese aus wasser, die blaue wiese des sees mit den gespiegelten blumen und dem gras wo die wolken durchfahren und jetzt stehe ich auf meinem felsenpostament und gleite durch ja wodurch ich gleite eben und da wird es kalt, sehr kalt, so ähnlich muss sterben sein und ich gleite weiter und wieder hinauf und es wird warm und ich patsche in die wolken dass das wasser nur so schäumt und ich springe heraus, frostzitternd und mit na ja klar mit den zähnen klappernd und das wasser hängt in tropfen auf meiner haut herum und ich trinke ein riesiges glas schnaps und meine freunde in den trachtenanzügen stehen vor mir, ein rührendes bild, die pieta der alpen, denn silbersteins frau hat mich über ihre schenkel gebreitet, die fahne der ergebung, und obwohl er schwul ist, hat er einen schrecklich habgierigen blitz im auge, ja auch im andern; er will eben alles haben.

über mir der mond und da steht er und er hat geklopft und er steht da, wie kainz dagestanden sein könnte, den blauen bademantel umgeschwungen, die zipfel und lider flattern im wind. «komm», stammelt er, «mit». meine zweifel, der mond, die geträumte diskussion mit dobyhal in der strassenbahn, alles vermischt sich. es ist schwer zu erwachen. da hinten könnte er liegen. die jauchegrube. es ist winter, der schnee, der schmale körper aus dem toilettenfenster.
die bauern fallen aus den zweigen der bäume und haben alles beobachtet.

der letzte waggon endet in einer offenen plattform. da steh ich mit meiner nina und wir starren in den roten vollmond, der da nach oben hängt über den gleisen, die wir verschlucken und wieder ausspeien, wir, die räder, wir, der zug, wir, nina und ich.

plötzlich sagt nina: «ich steige jetzt um. ich fahre ans meer, dort treffe ich. .»
«aber ich muss doch zu oppenheimer!»
«ja, wir müssen uns auch trennen.»

vor ihm wandern die sanften hügel gegen seine schritte, seitlich gleiten andere sanft vorbei, gehen ineinander über, verschneiden sich gegenläufig, je nach geografie, während die berge hinter ihm sich in die perspektive zurückziehen, wenn er sich umdreht.

was tun sie, wenn goldenberg das licht aus der gegend seines unbestimmten zieles aufnimmt? vorne das gesicht, wie man so sagt, darunter, unten, ein stockwerk, eine meile, einssiebzig tiefer hampeln die sohlen auf den füssen, die füsse auf den beinen, es zieht sich herauf, es nähert sich, zurück, da sind die zehen und bestimmen die richtung durch das leder der schuhe, verkümmerte wegweiser.

er weiss es nicht, versucht es mit list, treuherzig die augen nach vorne geöffnet, ein ruck, die rechnung zeigt 180 grad. es nützt nichts. abfolge vortäuschend, schiebt sich auf der hintergrundkulisse stetig der horizont nach unten, gut gemalt, objekt beleuchtet. fett geworden! schreit goldenberg dem himmel zu, und: keine kraft mehr! den schrumpfbergen.

die landschaft, weiblicher natur, trägt lässig vier wochen vor erscheinen der abbildungen im kalendermagazin die variationen der braunen streifen zwischen grüner einlegearbeit und roten akzenten, von der diesjährigen herbstmode vorgeschrieben. das parfüm ist mild und heiter, weht in goldenbergs nasenhärchen, legt sie kokett zur seite, aber goldenberg will nicht.

dort oben auf dem zaun, der da allmählich vorbeizieht, im grübchen der bergwange, war er hand in hand mit seiner nina gesessen um im sonnenkino das serienprogramm «glühende abenddämmerung, ein erhebendes schauspiel in 28 minutenakten, für angestellte und reifere jugend» zu geniessen. lassen wir das rosige schmalz auf der netzhaut zerfliessen, hatte nina gesagt, mit baumelnden beinen die stunden des glücks zuendetickend.

heute bauen sich die grossen, durchsichtigen rivalen in das gefällige blau des beleuchteten spätsommerdunkels, hoch hinauf, wo es zu ende sein sollte, und vor ein paar hundert jahren noch zu ende war und in ein paar jahren vielleicht wieder zu ende sein wird, ragen sie gläsern, sind sie nun aus glas? einbildung oder dampf? wer will das entscheiden?: xaver fisch, 6 junge männer, der passant, georg braunschweiger, der indianer, stefan, der junge mann mit dem einglas. und: sind väter die gefährlichsten widersacher der liebhaber? diese frage aus dem japanisch-deutschen lesebuch für anfänger stellt sich goldenberg, beleuchtet die sachlage um anderes zu verdunkeln und sieht ninas wolkigen vater, der die anderen herren aufgesogen, in sich vereinigt hat und nun unter graugewellten wolkenbüscheln mit sonnenstrahlblicken durch die dunstigen lider blitzt, goldenbergs wärmepunkte und goldenbergs pigmente erregt. goldenberg wird umgefärbt. ein flammender geldschein erleuchtet die szene. im ballsaal wird getanzt. korrekt gekleidete körper tan-

zen sehr einfache schritte. wo leben und eigentum bedroht werden, treten die unterschiede aus der seitendekoration.
ein windstoss und alles löst sich auf, blau zieht und gewinnt, breitet sich aus. die restlichen vorhänge sinken auf den grund des horizonts. goldenberg geht mürrisch weiter, dem örtlichen bahnhof zu.

über der wiese stehen die drachen.

die fledermäuse flattern durch die zimmer. haben sie den sechsten sinn? da, sie stossen gegen die wände! das darf nicht sein! herr und frau fledermaus, sie verhalten sich nicht richtig, dachte goldenberg.

was ist von mir geblieben? ein geräusch fliessenden wassers. natürlich weiss ich, dass nacht ist und vermutlich liegt da irgendwo mein körper. aber was nützt das?

da öffnete sich die tür und zu goldenbergs grosser überraschung betrat mirjam nicht nina das zimmer. da erinnerte sich goldenberg langsam und wirklich bemüht durch einen haufen spinnweben wo er sei. und hinter mirjam stand plötzlich weder dobyhal noch braunschweiger sondern markus kremser mit stierem blick und einer gurrenden taube im arm und er redete drauf los. markus kremser mit rotem kopf vor dem fenster ritt die fata morgana eines gewaltigen quäkers über den horizont, lassoschwingend, und kremser drehte das seil hampelnd zwischen den händen und schrie: ich habe den sechsten sinn, ich allein habe den sechsten sinn, denn wer sonst sollte ihn haben, ich habe es der welt bewiesen, aber niemand wollte das so genau wissen und er schrie: ich bin der neue messias, ich habe den sechsten sinn, ich markus messias kremser. und aus dem dachstuhl des vorhauses fuhr das feuer, denn kremser hatte den kessel verlassen in dem die wäsche kochte um mirjam mit einem wortschwall überzeugend abzuspülen und die tauben flogen in klumpigen schwärmen über die prärie und die bauernsioux kamen mit ihren

sonntagsfeuerwehrhelmen und warfen den brennenden dachstuhl in die
blumen und es war ein polyphones kriegsgeschrei, von oppenheimer
komponiert, und die landjägermestizen machten sich ein wenig breiter
in den schultern, von weintraub trainiert, und schrieben wichtige silben,
von neuwerk in verse gesetzt, in ihre wichtigen notizbücher, von der gewerkschaft weisser kriegsgefangener gebunden, und betrachteten alles
sehr wichtig mit den augen von ninas vater und stellten viele wichtige
fragen in der art inspektor creux, des weissen rächers, und musterten
wichtig die baufälligen mauern mit den breiten rissen wie echte misstrauische polizeiindianer, alle spuren, die grashalme der savanne, erkennen ein verbranntes zündholz nach 20 minuten, fügen russteilchen
an russteilchen, schweigen im stil ihrer rasse bedeutend, wippen sehnig,
das scheue auge in der ferne, die alten erbeuteten colts griffbereit im
gürtel. old goldenberg steht in einiger entfernung und sie fragen kremser nach verdächtigen weissen männern und da wusste er dass er auch
hier nicht werde bleiben können obwohl er doch eben erst gekommen
war und vielleicht muss ich weg bevor nina kommt, dachte er, nina
komm doch, schrieb er, aber dann warf er den brief wieder in den
papierkorb in seinem zimmer im zweiten stock neben dem grossen saal
wo früher die schlosskapelle gewesen war bevor man einen getreidespeicher daraus gemacht hatte ehe kremser sich hier eingenistet hatte
unten neben dem weinkeller.

die roten krieger ziehen sich zurück. ihr weisses blut tollt durch die
adern, ihre plumpen mokassins zerstören das gras der savanne. blind,
taub und laut torkeln ihre glitzernden mustangs über die spuren der
hirsche und rehe, hasen und hühner, hunde und katzen, feldmäuse und
bisamratten.
es sind eben doch nur mestizen.
ihr wigwam ist ärmlich, berichten die späher.

«du», sagt goldenberg und nina, sie war doch gekommen und nicht ans
meer gefahren, schliesst die augen, öffnet sie nach 8 stunden wieder und
antwortet: «ich sitze mit dir in einem gasthaus, dort wo jetzt der tabakladen steht und alle deine freundinnen sind dort serviermädchen und
plötzlich musst du fort und ich soll warten, und es dauert ziemlich
lange und ich geh nach hause, du wirst schon wissen, wo ich bin, ist ja nur
um die ecke, und, ach ja, ich habe nur meinen bademantel an und du auch,
und plötzlich verlier ich den und bin ganz nackt, ist mir auch egal und ich
kann ja durch die kleinen seitengassen, da sieht mich niemand und ich
laufe und da kommt mein vater, er geht auf der strasse, zwischen den

autos und den radfahrern und ich laufe, aber er dreht sich zweimal um und ich laufe wieder zurück und setz mich wieder in das gasthaus, den bademantel hab ich auch wieder gefunden, und da kommst du ja schon.»

mittlerweile hatte der erdstern ein beachtliches stück weges im himmelsraume zurückgelegt, bäume waren aus seiner kugeloberfläche gewachsen, mehrere 100 000 lebewesen waren verendet, die hälfte der noch lebenden war in bewusstlosigkeit versunken die die gut entwickelte gattung der sogenannten erdmenschen als schlaf bezeichnet, hochentwickelte fiktionen, die sogenannten engel bewachten deren ruheplätze und flüsterten bildserien in schwarz-weiss oder farbig, mit ton oder stumm, die träume.

oppenheimer springt durch das gras auf mich zu, an seiner hand ist mirjam. nina hebt die augendeckel. das wetter bleibt unverändert schön. wir grüssen, ich bin fröhlich, springe auf, wir richten uns ein. teilen die zimmer auf. regeln die ansprüche, essen, trinken, reden, schlafen, essen. reden. wir sitzen am kamin. mirjam hat einen kleinen tragbaren radioapparat mitgebracht. aus london wird prag, aus prag wird warschau, aus warschau wird moskau, aus moskau wird tunis, ich freue mich über die schönen wiederholungen und sie verwandeln sich in deutsche sportnachrichten, die sich in das gejaule unsrer betrunkenen mirjam verwandeln. nina macht konversation. oppenheimer zupft die härchen auf seinen armen zurecht und schlägt sein bein über den anderen schenkel. stilecht flackern die buchenscheite. ich hole noch immer mein 522. bier. da steht mirjam und zerrt mich an der hand, ich muss ihr eine ohrfeige geben und hinter mir steht oppenheimers frau mit den kindern und den koffern. frau oppenheimer reisst die wäsche von der lehne, stopft sie in mirjams tasche, stopft mirjam in unser bett und nina schweigt.
neben dem bett liegt mirjam und schläft in einen teppich gewickelt. die sonne fällt auf ninas körper als sie mirjam hinüberführt und sie zwischen die oppenheimer ins bett steckt. nun ist alles wieder friedlich und vor dem haus parkt ein linienautobus der sich verirrt haben muss. herein kommen emma krempel, paul löwel, stefan mislic, alfred krempel, erika mildek und horst xaver mildek, ernst meistermann, gerhard dambek, brigitte schwodal, hermann grünsteidl, oskar fink, engelhardt

schreiber, giorgio klinger, magda stangl, cyril parker, franz wiesinger, erika grünnwald, felix czerny, richard hanzlik, stella meyer-gutenstein, horst peterlik, friedrich geyer, karl blei, rené blei, hans blei, brunhilde blei, horstpeter blei, gicko blei, vera blei, emmerich blei, josef blei, der alte blei, felix blei, lewi blei, anastas blei, mädi blei und jürgen blei mit jeanne dugrenot, freunde von oppenheimer. alle gehen durchs gras, durch die stockwerke in die zimmer, trinken wasser, schütteln aprikosen von den bäumen und machen feuer im kamin, dann kommen toni schildkraut, pepi wilczek, walter amon, milton gendel, dr. ferrand, marek szwarc, federico zweifel und herr & frau bruckner, freunde von frau oppenheimer. als überall zelte aufgebaut waren, die wäsche der damen auf den kreuz und quer durch die landschaft gespannten leinen flatterte, die schläfrigen auf den stühlen, den tischen, den teppichen, dem sofa und dem fussboden in goldenbergs zimmern, in den zimmern der oppenheimer, den gängen und dem dachboden lagen, scharte sich der rest in den büschen, am bach, an lagerfeuern, in der nächsten ortschaft, die eine halbe wegstunde entfernt ist, um zu ermüden, zurückzukehren und die zelte mit gesang zu erfüllen. am nächsten morgen holt goldenberg nina aus dem zelt, in dem karl blei, rené blei, hans blei, horstpeter blei, gicko blei, emmerich blei, josef blei, der alte blei, felix blei, lewi blei, anastas blei und jürgen blei ihr ein frühstück kochen.

wieso bist du da? fragten alle, wieso hast du gewusst? wollten sie wissen.
ich habe den sechsten sinn. plötzlich unterbricht man, ändert die richtung, geht dorthin wo nichts dafür spricht, wo man nichts zu suchen hat, und man findet was man braucht. ist es nicht so, franz? antwortete weintraub und stieg aus seinem reisemantel.
ein schöner tag, bestätigte goldenberg.
oben ging weintraub auf den wäscheleinen, in jeder hand eine hantel.

als alle wieder weg waren, auch nina, sie ist mit pepi wilcek ans meer gefahren, und mirjam, die sich mit weintraub verlobt hat, und frau oppenheimer, die mit den kindern zufuss zur bahn gegangen ist, hängte goldenberg wieder die türen in die angeln, warf die spiegelscherben auf den unfernen misthaufen, sammelte konservenbüchsen, zigarettenstummel und verschiedene papiere aus der landschaft, während oppenheimer seine stadtbleiche oberhaut bräunte, das parteiblatt nach seinem artikel durchforschte und kremser, der wieder aus seinem versteck hervorgekrochen war, auf einem zurückgebliebenen pianino ein wenig das klavierspiel erlernte.

das abendlicht schaltet auf rosa, die baumwipfel auf gold, kremser steht auf der lichtung, an den sträuchern glühen die heckenrosen auf, kremser steht auf der lichtung in stilistisch einwandfreier entfernung, französische 40-meter-optik, sein schädel mit einem sonnenstrahlenkranz illuminiert, fast so hell wie neon, auf jeder hand eine taube, über ihm schweben diverse wald und zugvögel, fruchtfresser und raubvögel als ob sie im äther, wie man früher und zu unrecht sagte, still stünden, ein schönes foto, dachte goldenberg und verliess den wald, die gegend, die gemeinde, den gerichtsbezirk, das bundesland, das wetter, die laune und die entsprechende jahreszeit. in einiger entfernung folgten ihm die sterne.

plötzlich stand er in einem land von vettern, brüdern und schwestern und ein körperschwächendes lachen überfiel ihn und sass ihm im nacken und er krümmte sich und sprang und hielt sich den bauch und er lachte, dass er fast krepiert wäre, aber da hörte er auf zu lachen und er sagte dankeschön und bitteschön und guten abend und guten morgen.
später stellte sich heraus, dass er garnicht verwandt war mit dieser tante deren bruder und dessen onkel eine schwester und so weiter und ein geflecht von verblassten seidenfäden, an vielen stellen brüchig, senkte sich über diese wachspuppen mit hunden aus wachs an leinen aus wachs über finger aus wachs, gefüllt mit wächsernem blut, wächsern schlagend auf wächsernen stuhllehnen unter ahnentafeln aus wachs und die stammbäume der zierfische in den wächsernen aquarien flatterten bleich, müde und ausgewaschen, an vielen stellen schadhaft durch eine von motten zerfressene luft. und die wachspuppen knackten mit den gelenken und ihre wimpern klapperten wächsern auf ihre augendeckel aus wachs und eine fadenscheinige kühle stand am wächsernen kamin, um ihren mottenzerfressenen rücken, von vergangenheit gebeugt, an den wächsernen fliesen zu kühlen.
entsetzt griff goldenberg seinen regenmantel aus einer unzahl von gewachsten pelerinen und trachtenhüten und floh in die stadt, immer weiter und weiter, nur fort, und die gleise ratterten und die türme traten einen schritt vor und die schornsteine missbrauchten eine sommernacht, gesättigt mit staub, und das alfabet der neonlichter, und er

buchstabiert PAN AMERICAN und die rote sonne von TRINKEN SIE MARTINI steigt strahlend und elektrisch über der stadt auf.

ein anfall von melancholie hat goldenberg befallen. da sitzt er mit zitternden händen, hilflos. seine zähne beissen in die lippen als ob er schmerzen litte. sein atem keucht unter einer imaginären anstrengung. das erbrechen steigt bis zur zungenwurzel. goldenberg ist gelähmt. sein verstand erklärt ihm die details, leitet die wirkungen von irgendwelchen fiktiven und harmlosen ursachen ab, zeigt sich in bester laune, aber sein körper behauptet das gegenteil. die organe flüstern: goldenberg, es geht zu ende, und goldenberg will wissen warum und die organe sagen, das ist egal, es gibt keine ursachen, die kannst du dir erfinden, es gibt nur erscheinungen.

es läutet. man könnte aufstehen und die tür öffnen und sehen, wer geläutet hat. es wird braunschweiger sein. was wird er sagen. es hat aufgehört zu läuten. was soll ich mit ihm reden. wir könnten wegfahren, trinken, reden, es würde abend werden, die sonne würde untergehen, es würde kühl werden. es ist niemand mehr da. ich werde oppenheimer anrufen. er lädt mich ein. er ist eingeladen. ich soll mitkommen. wir werden trinken. es wird spät werden. ich bin bei oppenheimer. xenia davis ist gekommen, mit einer freundin. sie stehen in einer ecke und reden. ich gehe hinaus. ich bin bei leskowitsch und trinke kaffee. ich stehe vor oppenheimers tür und läute. sie sind schon weggefahren. ich könnte anrufen. ich bin zuhause und überlege, oppenheimer nachzufahren. ich bin im bett. ich wache auf. ich bin hungrig. ich könnte aufstehen und essen. ich werde mirjam anrufen. ich wache auf und fühle mich sehr schwach. ich bin sehr müde. ich könnte hinuntergehen und etwas zu essen kaufen. die läden sind schon geschlossen. ich wache auf. ich bin sehr müde. ich habe in der küche kaltes gemüse gefunden. draussen regnet es. das kalte gemüse liegt im magen. ich bin 2 stunden in der küche gesessen. soll ich die tür aufmachen und weggehen. ich bin so schwach, dass ich nicht aufstehen kann. ich wache auf und weiss nicht, ob ich im bett bleiben soll. ich wache auf. draussen schneit es. es ist sehr kalt. ich wache auf. ich bin auf der strasse und mache schritte. so komme ich zur untergrundbahn. es ist sehr heiss. ich fahre zu leskowitsch und trinke kaffee. am nebentisch sitzt dobyhal und fragt: «wo haben sie die letzten 2 jahre gesteckt? waren sie verreist?»

fasziniert blieb goldenberg stehen und betrachtete die mauer. sie war alt und grau und der verputz an vielen stellen abgefallen. plötzlich bemerkte er eine holztüre die in die mauer eingelassen war. er öffnete sie und stand im stiegenhaus seines hotels.

als franz erwachte lag mirjam neben ihm. franz drehte sich auf die andere seite und schlief weiter.

plutarch behauptet, murmelte goldenberg und stürzte sich in die tiefe, *der geier*, stiess er hervor und klammerte sich an menasse dobyhals fuss, *sei dank seines hervorragenden geruchsinnes imstande*, schrie er und zog sich am hosenbein hoch, *zwei oder drei tage im voraus wahrzunehmen*, keuchte goldenberg und liess sich über die theke fallen, *wo es leichen geben werde*, jauchzte er und warf die arme flatternd in die höhe, *und diese stelle*, sang goldenberg und stürzte sich wieder hinunter, *suche er dann auf.*
ist das der sechste sinn? rief dobyhal hinunter.
mhm, antwortete goldenberg ohne überzeugung und schnarchte.

ein stück haut richtet sich vor mir auf, es tanzt mir vor der nase riecht nach milch. das ist ninas hand die an ihrem arm dranhängt, jetzt geht es um die ecke und da ist ja auch die brust und der hals und es ist wirklich nina. da bin ich aber froh.

lichtstrahlen rasen durch das offene fenster, treffen den spiegel des wassers, brechen, und biegen meine beine weit hinüber, dehnen sie auf dem streckbrett der physik. schmerzlos knirschen die gelenke in der badewanne.

goldenberg sitzt beim frühstück, es ist sehr heiss, die fliegen stürzen sich in den kaffee und goldenberg holt sie gerührt wieder heraus, wirft sie aus dem fenster, wenn er guter laune ist, und ertränkt sie, wenn er schlechter laune ist.

nina war übers wochenende zu ihrem kind gefahren, das bei der grossmutter väterlicherseits, behütet von 7 alten weibern, der 55 jährigen tante edith, der 55 jährigen tante emma, der 55 jährigen tante elwira, der 55 jährigen schwarzhaarigen tante esperanza, der 55 jährigen tante erika, der 55 jährigen tante esther, der 55 jährigen tante edelgunde, und der 55 jährigen omi, die von tante edith, emma, elwira, esperanza, erika, esther, edelgunde, elke gerufen wurde, wenn sie am misthaufen stand und zur dampfenden brotsuppe kommen sollte, auf dem lande aufwuchs. in zuständen alkoholischer sentimentalität und wenn andere frauen ihre pfeile auf der zielscheibe einer möglichen sterilität detonieren liessen, dass das gift in die kaffeetassen spritzte, erwähnte nina die eigentlich eva hiess, aber seit ihrer defloration nina gerufen wurde, klein-elschen bisweilen, mit getrübter oder glitzernder iris, je nach sachlage.

das wort ist ausser funktion gesetzt, marcel starrt düster in den fruchtsaft. er ist antialkoholiker, nichtraucher und vegetarier geworden, trinkt keinen kaffee und meidet den geschlechtsakt. seit 14 tagen fühlt er sich jetzt der arbeiterklasse verbunden. gestern ist eines seiner gedichte in der literaturbeilage des parteiorgans erschienen. vom nebentisch starren 6 junge männer, mit je 1 exemplar desselben auf den knien, ehrfürchtig und stumm. sind es dieselben, denen sich nina bei weintraub hingegeben hat? der meister hat das wort. er schweigt. ach quatsch, sage ich, leider nicht. du hast dir jetzt zwei eier im glas und ein butterbrot bestellt und befürchtest, dass sie dir eine portion schraubenschlüssel servieren werden und ich bestelle jetzt, he leskowitsch, zwei eier im glas und ein butterbrot und hoffe vergeblich, dass sie mir endlich eine portion schraubenschlüssel bringen werden.

DOBYHAL, der in 10 tagen eine schiffskarte nach new york haben wird, per postanweisung dringend übersandt, von seinen eltern eingezahlt, STRICH MIRJAM, die in 30 jahren 2 tagen und 17 stunden 24 minuten eine tuberkulose an sich wird feststellen müssen und sechs monate später im krematorium ihrer heimatstadt verbrannt werden wird, ÜBER DEN NACKEN. MIRJAM, die sich morgen um 18 uhr entsetzlich müde fühlen wird, BEACHTETE DOBYHAL, der in einem halben jahr wieder zurückkommen und mit nina 19 tage leben wird, KAUM. MIRJAM, die übermorgen um 18 uhr 30 den entschluss nachhausezufahren vage in sich aufsteigen fühlen wird, wird ihn am nächsten morgen verwerfen und sich entschliessen zu bleiben, um sich am donnerstag dafür zu entscheiden, mit paolo farkas zu weintraub zu fahren, um den sommer dort zu verbringen oder doch einige tage, während farkas mit jola fugger nach barcelona fahren wird ohne mirjam zu verständigen, welche am nächsten tag es von oppenheimer erfahren wird, der ihr die geschichte von nina erzählen wird, die jetzt mit ives acker lebe und wo sich die beiden kennengelernt haben und wie es gewesen war, DACHTE AN PAOLO FARKAS, der ihr ganz gut gefiel, den sie morgen dazu bringen würde mit ihr nach barcelona zu fahren, wo er ja noch im mai hinwollte, der sehr gut aussah, der sogar ihrem vater gefallen wird, der dann erlauben wird, dass sie ihren anteil am geschäft verkaufe und im winter würden sie mit mazotti und luther allan, die in 14 tagen in genua ein motorboot aus amerikanischen armeebeständen kaufen werden, ins karibische meer fahren, weil es dort so heiss ist und man auch im jänner braun werden kann. UNTERDESSEN ÖFFNETE DOBYHAL, der im laufe der nächsten woche mit luther allan nach genua fahren will um ein amerikanisches motorboot aus armeebeständen billig einzukaufen um damit nach java zu fahren, wo man die schönste musik der welt hören kann, und er würde ganz ruhig mit mirjam im ganz feinen sand am meer liegen und er wird in den himmel starren und denken und mirjam wird neben ihm liegen und in den glänzenden himmel starren und alles wird ganz klar sein und es wird keine zeit geben und sie werden stumm sein und irgendwo und ihre körper werden sehr braun und stark und salzig und heiss im sand liegen und verdorren, sich auflösen, IHREN ROCK UND MIRJAM, die noch 14 stunden wach sein wird, weil sie hier weggehen wird, weil sie müde sein wird, und nicht in ihrem zimmer bleiben wird, weil weintraub genug haben wird und sie hinauswerfen wird, mit nina im bett liegen wird, und sie wird mit ihrem koffer, obwohl es doch ihr zimmer war, und der grünen reisetasche, die auch schon etwas schäbig geworden ist, die doch so teuer war, auf der strasse stehen, zur untergrundbahn gehen und hierher zurückfahren, das letzte geld für die fahrkarte und eine schachtel zigaretten ausgegeben haben, und feststellen müssen, dass alle weggefahren sind und bei der hausmeisterin erfahren, dass alle abgereist sind, aber die hausmeisterin wird nicht wissen wohin, und sie, mirjam, wird ihren koffer dortlassen und spazierengehen bis die 14 stunden um sein werden und bei goldenberg einschlafen, den sie 2 stunden vorher bei leskowitsch getroffen haben wird und er wird ihren kaffee zahlen und sie auf würstel einladen, obwohl er auch ein anständiges essen hätte zahlen können und er wird ihr nichts davon erzählen, dass ihm nina davongelaufen ist und wird verglaste augen haben, weil er zuviel geraucht hat, SCHOB DOBYHAL, den sie in 18 jahren wiedersehen wird, mit grauen haaren und dem gleichen grinsen, er wird im kaffeehaus sitzen und einem kerl, den er ihr vorstellen wird, und dessen namen sie nicht verstehen wird, von weintraub erzählen und sich wichtig machen, ZUR SEITE.

die fallenden gegenstände fallen sehr langsam.

goldenberg stellt ein verzeichnis seiner geliebten auf. nicht um sich zu amüsieren, nicht um sie zu zählen. nein, jeder name, der ihm da irgendwoher wieder zukommt, hat eine aura am papier, gesättigt mit schönen bildern.

goldenberg, er hatte den sechsten sinn, hatte sich in seinen körper zurückgezogen. so geschützt, sass er auf einer bank bei leskowitsch und starrte auf nina, die scheinbar ihm gegenüber sass.
sie sprach, so schien es, er empfing die laute, aber war imstande, sie nicht zu verstehen und lächelnd sass er anscheinend nina gegenüber.
die haut des vorderkopfes in falten gelegt, die oberlippe über den kiefer gezogen, die zähne sichtbar, die augen ausdruckslos, wie zuvor.
alles in allem schien er zu lachen.
franzwurst, zischte nina, die ihn kannte.

wenn es etwas gab, das goldenberg zuwider war, dann war es das gehen. aber wenn es etwas gab, das er noch mehr verabscheute, dann war es das stehenbleiben. so ging goldenberg weiter und später noch weiter und wurde müde und ging weiter.

als er die tür aufschloss, hatte ihn nina erreicht.

plötzlich rieche ich blut.

es riecht anders als fremdes blut, blut beim fleischer, blut im krieg, blut auf dem knie, es riecht ganz anders,. aber man weiss, es ist blutgeruch. ist eine ader in meinem kopf geplatzt? kurz und wieder hole ich proben dieses geruchs aus meiner nasenhöhle. ja hier ist es, goldenbergs blut, denn da draussen sind blumen, liebespaare, turmuhren, springbrunnen und ein kurzer, aber heftiger frühling. hier ist es in meiner nase und scheinbar ohne anlass.

nina war übers wochenende zu karlchen, einem kind aus dritter ehe, gefahren, das bei seinem grossvater omar abd el kader arir auf dem lande aufwuchs. goldenberg aber vermutete, dass sie sich mit weintraub im landhaus ihrer eltern den bräunenden sonnenstrahlen aussetze.

im nichts, im chaos, im urnebel, ein zittern der grauen farbe, die ahnung einer bewegung, ein riesiger schatten, er wächst nicht, er dehnt sich nicht, er gewinnt gestalt, nimmt form an, schlägt in die dritte dimension um, uns entgegen, erinnert sich goldenberg, und wir stehen an unserem fenster frei schwebend im raum, gerahmt von venezianischen steinranken, in kimonos gewickelt, der schwertmeister und seine liebe nina, erinnert sich goldenberg, und wir starren in die erscheinung, den ozeandampfer, der sich durch den kanal schiebt.
ich will auf einem nebelhorn blasen, schrie goldenberg den verkäufer an, der ihm schweigend 20 dkg leberwurst in ein stück pergament verpackte.

«du musst distanz zu den erscheinungen, zu deinen sinneswahrnehmungen halten», goldenbergs stimme bahnte sich ihren weg durch den pullover, wild mit der machete ihrer schwingungen ins gewebe hackend, den goldenberg gerade über den kopf zog, und huschte in dobyhals gehörsystem. «soll ich MICH auch verlassen?» dobyhals frage war bescheiden getönt. so wurde auch goldenberg nicht geblendet, als er, der weisse wal, aus diesem meer von wolle aufschoss.

«wir sind vandalen, barbaren, scheussliche bluttriefende opferwütige primitive infantile jawohl wilde!»
«was denn, was denn, was hast du», seufzte nina aus ihrer ecke des bettschlachtfeldes erstaunt über barrikaden aus polstern über die scharfen ränder des federbettkraters genau in die glühenden ohren goldenbergs und langsam füllt eine purpurne dämmerung sektoren dieser finsternis in diesem würfel mit fenstern und einer tür und die ist schon wieder geschlossen aber da steht goldenberg und keucht:
«indianer, niues, katholiken, zwerge, liliputaner, wissenschaftler, neandertaler mit lächerlichen flugkörpern, wir bannen noch immer und es

macht mir angst und alles macht mir angst und den andern auch und ich sage ganz schnell damit es mir nichts anhaben kann aschenbecher und ganz schnell denke ich zigarette und ich fürchte mich und nenne es also ausmachen und ich mach also die zigarette im aschenbecher aus und bin befriedigt, irgendwie glücklich, fast stolz, doch ja: stolz, hochmütig bin ich, ja ich bin ein held, ich armes schwein, ja ich habe ein paar warnungen gebannt, eindrücke, wie man so sagt, wieder ausgebuchtet, dicken zauber gemacht und jetzt ist die wahrnehmung in essig und öl, in formalin, in spiritus, ganz harmlos ist sie jetzt und ich kann sie sogar aufheben und macht mich nicht mehr unruhig, heissa, mit der taufe in die traufe, und ich strahle und die frauen fliegen auf mich und ehe mir was zustossen kann, benenne ich es und banne und taufe und bin überhaupt der ganz grosse magier, weiss, schwarz, mit einer kleinen höhle und da ist mein WORTSCHATZ drin, alles fein eingepökelt, eingemachte abziehbilder aus laut und leise, gemalt und gedacht, eckig und rund und stinkend und warm und da treffe ich einen und nenne ihn und nenne es guten tag und wir atmen auf und er nennt mich und bannt mich, das heisst das was er von mir fürchtet, weil er es wahrnimmt, das ihm in die augen klatscht und ins ohr stiert und in die nase bohrt und ja das sterilisiert er gleich mit vielen namen, die er als gegengifte in seiner hirnschalkammer bereit hat. mund auf oder abwehrdenken eingeschaltet und schon spritzt der saft in die sachlage und färbt sie. und er ja sterilisiert es und ich bin da gar nicht dran beteiligt, so denk ich mir das aus und mach mir ein kleines bilderalbum und das ist *diese* sache an der ich nicht beteiligt bin, ja so sage ich sache und banne es, an dieser sache also, die der mir zuschreibt und für *mich* hält, ja die ich nicht bin, denk ich mir und banne es und dann kommt einer, der nennt es politik und ein anderer nennt es gesundheit und der sagt meine frau und die da schreit hilfe, als ob das was helfen würde und einer hat einen anderen zauber und sagt sauber und dem möchte ich gleich eine hineinhauen und der mit der wissenschaft hat rotes haar, ja ich sage rotes haar, ja so sage ich ja, ja und dann gehts mir gleich besser, ja.»
«du spinnst», sagt nina.

goldenberg trug stets einen zettel in der hosentasche mit der aufschrift: ich bin der kaiser von china. da er die gewohnheit hatte, die inhalte seiner anzüge abzuzählen, eine gewohnheit die er seines schlechten gedächtnisses wegen angenommen hatte, fand er den zettel von mal zu mal und las die aufschrift, weil er sich nicht erinnern konnte sie je gesehen zu haben, immer wieder und erfreute sich ihrer stets von neuem.

denk ich mir, wer bewegt sich denn da? wars ich im spiegel.

was soll ich tun, dobyhal war wirklich neugierig, seine augen waren starr auf goldenberg gerichtet, seine hände zitterten, die tränen versickerten auf seinen rockaufschlägen.
ganz einfach, half ihm goldenberg vergnügt, du musst dich freuen.
wo ist mein sohn? schrie der kerl.
na hier, zeigte goldenberg verblüfft auf dobyhal und legt sich wieder auf das sofa. in der zeitung ist ein bild von fisch, dem helden der revolution.

die beine des vaters tänzeln vor den erstarrten beinen des sohnes, dieses vieh mit vier beinen auf diesen vier zu engen schuhen, und oben erschallt die stimme, die zu laute des vaters, pathetisch unterspielt und da hebt goldenberg den kopf wieder und da zerfällt das pferd in dobyhal und seinen vater und der vater trägt die shakespeare krone aus richard dem dritten und dobyhal bekleckert seinen matrosenanzug mit angstpisse, genau hinein in die mütze die er da hält, mehr geistig.
rechtsum und der kommandoturm wendet das zweiteilige sehgeschütz richtung fenster, rumms und ein fladen aus bildern knallt in die gegend. goldenberg neigt sich vor und ein lahmer esel erscheint, die dreckige strasse, es stinkt nach fauligem wasser und da hinten ziehen wolken auf und nina drängt ihn zur seite und sieht die strahlende sonne und das schicke kleid auf der negerin und gegenüber im ersten stock lieben sich zwei knaben und der wind lässt die bänder und schirme, die von der decke hängen, sanft in die höhe steigen.

zehn tage später stellt goldenberg die blumen auf den tisch und nach 20 minuten steckt er einen zettel in die tür, bin zu leskowitsch gegangen um wein zu kaufen, eine halbe stunde danach hat er die überraschung fertiggebastelt und stellt sie bald auf den tisch. er findet den besten platz für sein zweites geschenk zwischen den rosen, dem gedeck und dem lebküchenherz mit der aufschrift ich liebe dich, dann räumt er den tisch wieder ab um das ganze noch einmal zu ordnen. goldenberg setzt tee auf. es wird dunkel und er trinkt kalten tee. goldenberg öffnet die erste flasche. es läutet. goldenberg lehnt ab mit neuwerk zu leskowitsch zu gehen. neuwerk trinkt mit goldenberg die dritte flasche leer. goldenberg stürzt ins telefon und hört die stimme mirjams die ihn zu stefan einlädt, wo sie mit braunschweiger, oppenheimer, er trinkt wieder, weintraub und erwin das fest feiern. goldenberg dankt für die einladung und neuwerk geht hin. goldenberg isst die vorbereiteten brötchen und hört die kirchenglocken mitternacht schlagen. ungeheurer lärm setzt ein. goldenberg öffnet die fenster und feuerwerkskörper sausen ins zimmer. er tritt die glutnester aus, schliesst die fenster und geht einige stunden später zu leskowitsch. als er hinkommt, zieht frau leskowitsch eben die rollbalken herunter, eingewickelt in rote und blaue papierbänder. sie schickt anna mit guten ratschlägen irgendwohin nachhause. goldenberg nimmt anna an der hand, während sie heult, und hält sie fest, damit sie nicht wieder hinfällt. goldenberg öffnet die fenster und anna zieht sich aus. da steht nina in der tür und macht eine szene. anna läuft zur tür hinaus und nina geht. goldenberg legt sich ins bett.

«wer bin ich?» schreit dobyhal. er ist betrunken.
«aber ich», flüstert goldenberg, seine augen sind geschlossen und hinter den lidern haben sich die pupillen in kleine graue aber singende vögel verwandelt, was niemand beweisen kann, weil sie doch unsichtbar geworden sind, «das sind wir doch alle», setzt goldenberg fort und die lider tun sich auf und entblössen die beiden vögel die jetzt wieder augen sind und zwar beide, «jeder nennt sich so, jeder heisst so, ich, das bist du und er und sie und die andern und jeder und vielleicht auch die steine und die blumen, was weiss ich was die denken, und noch schlimmer: auch gehen und grün und für und und . .» aber dobyhal, der gar nicht zugehört hat, schreit weiter:
«was heisst ich, was soll das sein, ist das meine zehen & ich oder mein bewusstsein und was ist dann mein unterbewusstsein? vielleicht die bibliothek der geheimliteratur, die versteinte mystik dieses ichs meines ichs, hallo was heisst das?»
«weisst du, wir haben schlechte bilder und vielleicht sollten wir uns gar keine machen und wir sollten sie alle zurückweisen und dann krachts hier», goldenberg zeigt in seine hirnschale, «und das resultat oder mehrere fallen aus dem computer ohne dass ich mir so eine assoziative bildchenpyramide zusammengeschustert hätte. vielleicht soll man sie nicht stören, weisst du, die mechanik meine ich, nicht mit dummen bildchen dazwischenfunken, verstehst du? bildchen machen, kleine gedanken machen, nicht warten können.»
«ach du verdammter schwätzer», und dobyhal schmeisst die tür zu und

er springt aus der strassenbahn und wälzt sich im bett und würde am liebsten zerplatzen, aber mehr seelisch, oder einfach heulen, aber goldenberg der ist schon eingeschlafen und dobyhal wacht auf und geht zu goldenberg.

nina sitzt vor ihm in der perspektive. plötzlich packt er ihre nase und er öffnet die zange seiner finger weiter und weiter und endlich passt die nase doch und da ist sie ja grösser als ich sie sehe und bestürzt stehe ich auf und komme ihr ganz nahe und alles wird grösser und da denke ich nur noch ein wenig näher und dann ist es soweit aber da verschwimmt alles wieder ich verliere meinen brennpunkt und ich springe zum spiegel und betrachte mein gesicht von ganz nahe und ich bin ja viel grösser und auch alles ist viel grösser und da habe ich mich ja ganz schrecklich reinlegen lassen und da dachte ich ich werde der sache auf den grund gehen und ganz nahe dran bleiben aber da stellt sich heraus das wäre ja mühsam und für jede blume auf die knie und für jedes gesicht in die augen und für jeden vogel in die bäume. aber die perspektive, mein lieber dobyhal, die perspektive ist eine ganz gemeine falle!»

«und wenn wir andere linsen in den sehlöchern hätten und alles wäre verzerrt und wir heben den blick und die kirchtürme schiessen rauf und wir senken den blick und die füsse sausen davon und wir würden die dinge angreifen und sagen das ding ist eben so lang und wir würden diesen gegriffenen abstand für dieses bild halten und alles wäre auch in ordnung.»

«ganz recht», entgegnete goldenberg, «wir bemerken eben so und das was wir gerade noch aushalten.»

du darfst nicht zuhören, dann wirst du alles besser verstehen, ergänzte goldenberg.

oft und zum verdruss seiner zuhörer erzählte goldenberg witze folgender art: die erde hat an ihrer breitesten stelle einen ungefähren umfang von 40 000 kilometer.

ganz weit vorne, dort oben auf dem hügel, schliesst sich die strasse, ein hindernis aus optik. bis ich dort sein werde, wird sie sich auftun, die häuser werden ein bisschen in die höhe spriessen, aber dennoch zur seite weichen, ja so wird es sein. der magische garten der perspektive. jetzt kommt die buchhandlung, wusste goldenberg stunden später, und jetzt kommt der springbrunnen, freute er sich in einer woche, und nur noch eine viertelstunde, dachte er nach vielen jahren und die beine taten ihm weh und er hatte die häuser da vorne schon ein wenig auseinandergedrängt, so wie alle male zuvor und danach und bald wird er oben sein und sich mit den anderen in die strassenbahn drängen.

die zeitmasse, dachte goldenberg.

hör mal, sagte dobyhal, als goldenberg wieder in der stadt war und bei leskowitsch sass, dein weltbild ist passé, verstehst du? und schob goldenberg ein buch rüber, ich weiss, sagte goldenberg, nichts ist dasselbe, wir haben mit dem vokabular künstliche kategorien gezüchtet, haben die erregung des unbestimmten als gefährlich einbalsamiert, können leichtfertig sagen, haha eine maus, und haben keine ahnung, jedes wort ein schlechter vergleich, und aus goldenberg (32+154/360+16/24.360+42/60.24.360+15/60.60.24.360) wurde goldenberg (32+154/360+16/24.360+42/60.24.360+17/60.60.24.360) und jener teil der rückenlehne des sessels, auf dem goldenberg sass, hatte wenig mit dem spezifischen gewicht des strohgeflechts zu tun, aus dem sich dobyhal erhoben hatte, nur das wort, aus der hilflosen faulheit der menschenpyramide und ihrer sucht nach ruhe und mütterlicher geborgenheit entwickelt, hatte da ein bisschen zusammengeschmiedet, links verwandelt sich in rechts, weil sich goldenberg fast abgewendet hat, und dieses links und jenes, und der tisch oder wie man es nennen soll, düpiert die zuschauer, weil er die zeitkomponente nicht mit dem vorschlaghammer ins auge springen lässt, eine scheinbare stetigkeit vortäuscht und so sitzen sie oder glauben zu sitzen und so stehen und liegen sie oder glauben es zu tun und betrachten die vernichtende bewegung und denken, das ist die ruhe, die stetigkeit, wenigstens mein anzug ist nicht abgeschabt, hier ist das fenster und dort ist süden, klammern sich an den anblick, nur den blitz halten sie für beweglich, der ein wenig in den lüften ruht, und der finger zeigte von dobyhal in den tschuang tse und auf die stelle: vom gesichtspunkt der verschiedenheit sondern wir zwischen leber und galle, zwischen dem staate tschu und dem staate yüeh. vom gesichtspunkt der gleichheit sind alle dinge eins, das hab ich vermutet, antwortete goldenberg. und der hat mehr als sechs sinne! bohrte dobyhal. plötzlich war er breit in den schultern geworden und betrachtete goldenberg verächtlich. der braucht keine, antwortete goldenberg.

im dom wird heute oppenheimers metaphysische kurzoper, er ist aus der partei ausgetreten und fühlt sich jetzt, nachdem er die übereinstimmungen für sich und jeden der es hören will aufgedeckt hat, der christlichen glaubenslehre verpflichtet, uraufgeführt. dobyhal steht in einer ecke. nina schwirrt durch klumpen von abendkleidern und soutanen, vorbei an gotischen schnitzereien, säulen, bogen und gestein, goldenberg hinter sich herziehend, hin zu einer schwarzen kutte aus der zwei arme in verzweifelter hilflosigkeit flattern. oppenheimer strahlt und seine frau, hinaufgerankt in dokumentierter gemeinschaft, meint, wir können euch leider garnicht helfen, marcel muss selber um unsre plätze kämpfen. goldenberg weist die billets der untergrundbahn vor und er, nina und mirjam, die beiden unzertrennlichen freundinnen, betreten die vorräume.

und weisst du, dobyhal näherte sich goldenberg vertraulich, um zu zeigen, dass er seit 14 tagen bei nina wohnt, als kind sah sie affen und hunde die um ihr bett standen und käfer die über das federbett krochen, und die affen hatten ein brett und nagelten sich an die wand, und dann kam das kindermädchen und manchmal auch die mutter, zweimal sogar der vater und sahen weder affen, noch, ich weiss, unterbrach ihn goldenberg, und sie glaubt es bis heute, plapperte dobyhal mit hochgezogenen augenbrauen belustigt. jeder vernünftige mensch würde das tun, flüsterte goldenberg traurig und dobyhal stellt fest: alle netten leute haben visionen, klopft franz auf die schulter und goldenberg starrt aus dem fenster, aber menasse dobyhal, 21, stellt die diagnose: eifersucht, und steht minuten weiter in die zukunft, geschwellt vom bewusstsein einer unaufhaltsamen überlegenheit.

das ist der tisch, nein das ist der sessel, es ist der tisch und da ist der brief, wo ist der brief, er ist nicht da, halt was ist das? da liegt papier, da ist die wand, da ist das fenster, da ist die wand, da ist die tür und

da ist der schalter. goldenberg macht licht, denkt an die genesis, nimmt
den brief aus der schublade und verlässt das zimmer.

ein weisser körper auf einem dunklen fensterbrett. die schenkel schwingen auf und ab wie ein pumpwerk, das goldenbergs blut ein wenig ins
hirn heben möchte, ihn zum denken zwingen, zur bewegung, zur entscheidung, irgendetwas. goldenbergs kopf ist ein dröhnender gong,
dumpf und leer. hallo goldenberg, hallo!

er hob einen fuss wie so oft zuvor und begriff nicht, was ihn zusammenhalte, was ihn nicht einstürzen liess, die hand neben dem fuss, der
schädel neben dem wangenfleisch, ja so könnte es sein, so wird es da
liegen, wozu die schwerkraft, wenn sie mich nicht in die knie zwingt,
festhält, ein dünner fladen auf der oberfläche des magnetberges? alles
lüge, niemand hält mich, schrie goldenberg in gedanken und stiess sich
von dem planeten erde ab. nachdem er sich in eine höhe von 35 cm
erhoben und sich ebensoweit dem trabanten mond genähert hatte, vergeblich dessen geringe anziehungskraft nützen wollend, die nicht einmal den schweiss auf seiner stirn zur flut bringen konnte, trat diese
raumfahrt in ihre zweite fase und das schiff goldenberg sank unaufhaltsam der asfaltierten erdkruste zu, landete sicher auf einem bein, das
zweite folgte sekunden später. heimat, dachte goldenberg mit tränen
der rührung.

ich habe ihn wieder gefunden, ich habe ihn wieder gefunden!
wen?
den sechsten sinn! ja ich bin auf der richtigen schiene, es geht weiter.

wir können in die welt nicht eindringen, wir haben nichts mit ihr zu
tun, wir schaffen bilder von ihr, die uns entsprechen, wir legen methoden fest, um uns in ihr zu verhalten und nennen es die welt oder wenn
es kracht, ich in der welt, es ist hochmütiger als man denkt, wenn wir

also einen bemalten vorhang brauchen, vor dem wir unsere gesten und persönlichen wünsche, die wir als dinge, zusammenhänge und ähnliches bezeichnen, nennen, tragieren, dann nehme ich den bunten schleier der fröhlichkeit und was ist dahinter? fragte dobyhal.
goldenberg lachte.

plötzlich war goldenberg verschwunden. mitten im gespräch, mitten im satz hatte er sich in nichts aufgelöst, war vor den augen dobyhals verschwunden. er war weg, er war nirgends, einfach nicht da.
verhöhnt brach dobyhal in tränen aus.
goldenberg hatte seinen körper mit verrutschter nase am sofa liegen lassen. zornig trat dobyhal nach diesem popanz, da schien der hampelmann mit seinen milchigen augen zu grinsen. als er die puppe schüttelte, begriff dobyhal langsam sehr langsam, was man mit ihm getan, und im gefühl seiner ohnmacht warf er die puppe vom sofa.........
«betrüger, verdammter betrüger», schluchzte dobyhal.

ideen werden erfunden? so können auch gefühle erfunden werden, irgendwann einmal, und seither haben sie ebensolche auswirkungen wie die uhr (hier ist ein haken, muss darüber nachdenken, zeit ergibt sich, tag und nacht und alter und tod, aber vielleicht gibts weniger sekundäre erfindungen, kann es das geben?), vorsicht! kann man die verantwortung tragen? las dobyhal aus goldenbergs brief. nina öffnete das fenster und trat in den himmel, sagte oppenheimer, der über die strasse auf das tor zugekommen war. das war die perspektive, dachte dobyhal tage später.

allzufallzufallzufallzu

olga lag auf dem pflaster. das blut lief aus dem mund und aus der nase. sie lag auf dem bauch, kaum bewegt, bei jedem atemzug quoll blut von neuem aus mund und nase und stockte um die lippen, am hals, um die nasenlöcher. die linke kinnlade war eingedrückt. ein abgebrochener zahn hatte ihr bild aufs äusserste verändert. plötzlich erbrach sie sich mit einer ungeheuren heftigkeit. ein klumpen von fleisch, blut und verdautem quoll zwischen den lippen und stak, die zunge umkreisend, die ein wenig vorstand, eigentümlich gerollt und hell wirkend in der umgebung von blut. dobyhal zog so gut er konnte den brei aus den zähnen. olga stöhnte, erbrach sich von neuem und dobyhal kramte den brei aus ihrem mund, schnell und behutsam, um sie nicht ersticken zu lassen. dobyhal versuchte ihr gesicht zu reinigen. sie lag jetzt fast ruhig. neben ihrem kopf hatte sich eine grosse lache, ein cocktail aus erbrochenem und gestocktem blut gebildet, das lag da wie ein kissen und olga lag da wie schlafend mit offenen starren augen, ihr körper bewegte sich langsam atmend auf und nieder und ein dünnes rinnsal blut floss im rhythmus des atems aus ihrem leicht geöffneten mund. sie schien in die ferne zu blicken. dobyhal streichelte ihr verklebtes haar ein wenig, ihr unentwegt den mund wischend, sprach leise auf sie ein. ohne ein wort gesagt zu haben, ohne die ohnmacht zu durchbrechen, war sie tot. dobyhal empfand, dass sie nicht gestorben sei. sie war tot, das schien ihm etwas anderes.

die zeit ist ein fester körper in dem wir uns bewegen, hatte goldenberg gewusst, als er noch lebte.
oder ist sie unser gleichnis, das uns nach und nach bewusst wird? grübelte dobyhal.
weg mit den bildern, rief dobyhal laut. einige erscheinungen, die die gestalt seiner freunde trugen, unterbrachen ihre einfachen schritte. sie taugen alle nichts, schloss dobyhal und die augen.

machen Sie das buch zu!

sagte dobyhal

nachtrag
man muss sich umbringen um die hoffnung zu begraben. es gibt keine hoffnung.
jedoch ist ein lebender mensch ein hoffender. contradictio in se.

frage: worauf hoffen?
es gibt nichts was zu erreichen wäre ausser dem tod.
also, üblicherweise wird versucht ein ziel möglichst schnell zu erreichen, wenn es bekannt.
ich habe gegen meine natur versucht und gegen meinen instinkt (!) den optimistischen standpunkt einzunehmen. ich habe viel versucht. ich habe gegen mein besseres wissen behauptet: das leben ist wert gelebt zu werden um seiner selbst willen. wie dumm, ein vorwand diese unangenehme prozedur nicht vornehmen zu müssen. es gibt keine schuld, keine sünde, nicht gut, nicht böse, keinen gott, keine möglichkeit, nur den schein für den schein leben zu können. wozu der mensch als ethische fehlkonstruktion mit ethischer einstellung behaftet sein kann? ein scherz. es ist grässlich, dass die hoffnung wie ein böses geschwür bis zur letzten sekunde wuchert. die dinge bleiben wie sie sind. idealismus ist unangebracht. unter diesen auspizien vertrete ich (natürlich nur für mich, da ja ich mit dieser meinung behaftet bin) als richtig, der. falsch, für. ich bin einfach nicht einverstanden, würde gerne den menschen gegen das tauschen wofür er sich hält oder fälschlich für möglich hält zu erreichen. so betrachtet will ich gerne den anfang machen, das gute beispiel. —

«man könnte sich mit der totalen bedeutungslosigkeit abfinden. ich kann es nicht.»
«geh ins bett», sagte braunschweiger.
«du wirst schon sehen», sagte dobyhal.
am nächsten tag zeigten sich die ereignisse in einem neuen licht und dobyhal dachte, er hätte den sechsten sinn und er hatte ihn auch, denn er dachte es ja, und gewann seine mannschaft den sieg und stand er am betonrand des bassins und jubelte und jubelte.

warum starrt die alte so böse herüber, fragte goldenberg.
vielleicht belästigt sie unser haarwuchs. schau, sie zeigt mit dem finger, quiekte mirjam fröhlich.
falsch, klärte braunschweiger die lage, hinter ihr steht der sensenknabe

und legt ihr die knochenfinger um den runzelhals, sie aber schlägt dich vor, goldenberg, ja sie zeigt auf dich. er will dich aber noch nicht, und hält sich an sie, das nützt ihr garnichts.
da lachen alle fröhlich. die alte dame wird von einem ambulanzwagen weggebracht. mirjam schleicht sich hinüber und trinkt den rest pernod.

unten im gras sitzen mirjam und oppenheimer in ihren körpern, mit rosa haut überzogen und mirjam sendet starke schallwellen in den äther, die in ihrer muttersprache mitzuteilen versuchen, dass oppenheimer sie vernichtet habe, die haltung von oppenheimers körper deutet auf banalitäten wie «die zügel entglitten», «nicht herr der lage» und so weiter.

erzähl uns aus deiner jugend, sagte steiner.
gut, sagte oppenheimer und sagte:
marcel kam als kind einer dame und eines herren zur welt. später erfuhr er, dass die beiden marcel und rudolfine heissen. er nannte sie vater und mutter. sie wohnten in einer grossen stadt in einem zimmer mit grossen gegenständen. als marcel an jahren zunahm, wurden die gegenstände kleiner. zu dieser zeit sass marcel auf dem nachtgefäss und zeichnete ein pferd mit hufen. diese hufe hatten stollen, welche marcel bewunderte. marcel war ein begabtes kind. dann durfte er mit seiner mutter eine grünanlage aufsuchen, weintrauben essend. als sie nach hause kamen, schiss marcel in die hose und wurde von seinem vater verprügelt. ein jahr später durfte marcel das haus verlassen um eine zitrone einzukaufen. frau werenz betrieb einen laden im gegenüberliegenden hause und verkaufte dem dreijährigen marcel eine zitrone. ferner erhielt er ein abziehbild, wofür er nicht bezahlen musste. marcel war ein stolzes kind. am folgenden abend empfingen seine eltern mehrere damen und herren als gäste. marcel wollte nicht öffentlich gebadet werden und erzählte einen scherz, welcher den gästen wohl gefiel. dieser scherz gefiel weder seinem vater noch seiner mutter, obwohl marcel diesen scherz von ihnen gehört hatte. marcel war ein kluges kind. er ass nicht gerne und wenn man seine verdauung gestört fand, durfte er ein stück seife in den darm stecken. marcel sass auf der kohlenkiste, indessen seine mutter rudolfine hiess. sie verrichtete ihre hausarbeit und nannte den jungen marcel einen esel. marcel überlegte diesen ausspruch in seinem geiste und kam zu keinem ergebnis. marcel besass eine puppe,

mit welcher er schlief und einen dackel aus fichtenholz, der beweglich war. marcel hatte auch eine tante, die war schauspielerin und las geschichten vor. dass diese geschichten für ein molkereierzeugnis warben, wusste marcel damals nicht. dann sah marcel seine tante auf der bühne eines theaters. der lebensgefährte seiner grossmutter war nicht zufrieden. diese grossmutter war die mutter seiner mutter und hatte eine runde nase. herr dostal, ihr lebensgefährte, ein quartalsäufer, konnte fast keine geschichten erzählen. als marcel einmal bei dieser grossmutter übernachtete, kamen viele herren von der polizei und drehten den grossen spiegel um, weil ein verehrer der schönen tante, der ein graf war und um die ecke wohnte, hinter dem spiegel etwas versteckt haben sollte. dieser graf hatte eine mutter, welche marcel einmal besuchen durfte. damals durfte marcel sehr kleine brote essen und seine mutter rudolfine war nicht zufrieden. als marcel nicht mehr in die hose schiss, durfte er seine andere tante, weil sie die schwester seines vaters marcel war, besuchen. diese besass einen säugling, der ihr sohn war. als die tante dem marcel etwas geld geschenkt hatte, kam die tochter der nachbarin durch die offene tür und marcel durfte mit dem mädchen spielen, weil es vier jahre alt war. marcel war vier jahre und ein halbes, deshalb nahm er das mädchen in die wohnung seiner mutter, welche bei seiner tante zu gast war. dann zog er ihr die hose herunter, welche aus gummi war, weil ruth noch immer hinein schiss. völlig in der betrachtung dieser jungen dame blieb er liegen, bis sie geholt wurden. kurz zuvor hatte ruth ihre hose wieder in ordnung gebracht, weil sie die stimme ihrer mutter erkannt hatte. marcel war durch das vorgefallene so verwirrt, dass er in verkehrung der situation einen abschiedskuss der jungen ruth verwehrte. da lachten alle damen und herren, die bei seiner tante zu gast waren.

goldenbergs rumpf hat einen aufsatz, den sogenannten kopf, der wenn er aus gips wäre büste hiesse, dieser war mit einem gegenstand zum teil bedeckt, den die anderen hut, goldenberg aber karl nannte.

ich sitze mit mirjam auf der böschung des kanals mitten im gras mitten zwischen den grünen blumenstengeln mit den abgeblühten blütenblättern mitten zwischen welkem rosa mitten in einem der vielen rosenbeete die das staubige gras der böschung verdrängen über 1000 meter oder mehr zu beiden seiten des flusses an beiden ufern um die stadt zu verschönen da sassen wir und ich betrachtete das wasser und das licht

auf dem wasser und die lampen spiegeln auf diesem stück glas das da
ein wenig schaukelt und das da wasser ist und plötzlich öffnen sich
meinem bewusstsein paläste und städte endlos tief leuchtend und glit-
zernd die sich da in die tiefe ziehen die da unten schimmernd ragen
hinunterragen eine welt und da unten haben sie ihre eigene schnellbahn
und die fährt unten und lautlos und ist der spiegel dessen was da oben
an meinem ohr vorbeisaust aber viel tiefer ganz unten und mächtiger
und rufend und da ist eine ruhe und es verlangt mich danach und ich
starre und bin erstarrt und bin schon unten und schwebe in meinem
neuen medium mit langsamen stössen wie in flüssigem glas hinauf durch
die schluchten und hinunter an den glitzernden wänden wie ein langsamer puls vorbei wie ein schwingender vogel gleitend auf geheimnis-
voll vorgezeichneten luftbahnen und eine wunderschöne melancholie
breitet sich über und da höre ich ihre stimme und beschimpfe sie und sie
versteht kein wort und heult und da zeichnet sich eine zahl in die abendliche finsternis und das jahr unserer trennung brennt in dem schwarz-
wolkigen firmament rot notiert in den tafeln der kabbala und jahre
später werde ich dich auf der strasse wiedersehen ohne verabredung
ohne dich zu erwarten nachdem ich jahre auf dich gewartet haben
werde und da werde ich feststellen müssen dass du da lippenstift auf
den oberen schneidezähnen hast und einen schlechtgeschnittenen winter-
mantel trägst und ein kind im bauch und eine schlechte sprache und das
war mir vorher garnicht aufgefallen.

in meiner hand liegt eine kugel. es wird dunkel. wozu ist eine kugel?
was ist eine kugel? franz zuckt teilnahmslos mit den schultern. gestern
war er sehr heiss. ich lasse die kugel zu boden fallen. sie springt empor
und fällt. jetzt liegt sie sehr ruhig vor meinen füssen. franz hat die augen geschlossen. es riecht nach verbranntem papier. ich erinnere mich,
dass franz einmal die augen öffnete und mich ansah. vielleicht habe ich
mich getäuscht. ich hätte lust, ihn hier allein sitzen zu lassen und weg-
zugehen. es ist 19 uhr 35. ich habe hunger.
franz ist ganz weiss. er hat weisse hände, eine weisse nase, weisse lippen
und weisse haare. sein anzug ist weiss. seine weisse krawatte ist sorgfältig geknotet. meinetwegen soll er hier sitzenbleiben. ich habe keine
lust mehr. ich werde diese türe aufmachen und das zimmer verlassen.
in meinen schuhen steht das wasser. grosse blumen zerplatzen in den
wolken. über meine hände läuft der schweiss. mein hemd klebt am rük-
ken. ich öffne den kragen. meine augen sind mit salz verklebt. es riecht
nach verbranntem papier. ich schlage mit den fäusten gegen die türe.
franz öffnet die augen. er ist ganz ruhig. seine augen sind ein wenig
verklebt und er sagt: «setz dich.» seine stimme ist ganz ruhig. ich höre

seine stimme. sie sagt: «setz dich». es ist eine ruhige stimme in einem weissen anzug.

franz steht zwischen den weissen wänden und legt seine hände hinter den hals. er wendet mir den rücken zu. sein weisses hemd klebt klatschnass an seinem weissen körper. er nimmt die kugel vom boden. er hebt sie empor, als ob sie ohne gewicht wäre.

ich sitze und öffne die augen und ich sehe franz. es ist unerträglich hell. franz ist ganz weiss. ich werde bleiben. der schweiss läuft mir in die schuhe. ich lasse die hände fallen. sie hängen ganz ruhig. vor mir brennt eine weisse flamme. franz glänzt. franz flackert.

ich presse meinen schwitzenden leib gegen die glühenden wände. mein rücken dampft. die heisse flamme drängt mich gegen die wand des zimmers. die ruhige stimme sagt: «setz dich.» das zimmer ist ganz weiss. es riecht nach verbranntem papier. der beissende rauch treibt mir das wasser in die augen. ich kann nicht mehr atmen. der husten treibt mir den schweiss aus der haut. der rauch brennt in den lungen.

ich bewege mich langsam. ich hebe die hände, als ob sie ohne gewicht wären. vor mir brennt eine unerträglich heisse weisse flamme.

ich schlage um mich. eine stimme sagt ruhig: «setz dich.» es riecht nach verbranntem papier. meine hände sind ganz weiss.

wie aus einem starrkrampf gelöst, streckte er seinen hals durch, sprang auf. die wand vor seinen augen und ohren begann sich aufzulösen. aber seine linke hand blieb verkrampft. wenn er sie auch bewegen konnte, ein unbestimmtes gefühl von zerrung und spannung der sehnen blieb. er hörte musik, jetzt, aber daneben stand, hörte und sah er in eine andere welt. als ob die sinne mitten durchgeschnitten wären, zwei antennen bildeten, jede auf einen anderen sender eingestellt. er dachte an den effekt mit überkreuzten fingern. hinten im nacken sass ihm ein eigenartiger, dumpfer schmerz, als wäre ein teil seines gehirns stillgelegt. ein ganz bestimmter teil, er glaubte sich imstande, ihn mit dem finger auf der schädelhaut abgrenzen zu können. als ob er einen schlag empfangen hätte.

als franz hereinkam, starrte er ihn an. er konnte seine augen nicht bewegen. er konnte auch nicht sagen, was er dachte. er versuchte zu sprechen. seine lippen bewegten sich nicht. sein gesicht blieb völlig regungslos. franz hätte verschwinden können, sich in nichts auflösen, es hätte ihn nicht erstaunt. er hatte keine reaktion.

als goldenberg die zigarette aus der hand fiel, blieb er ohne bewegung. franz schien von einem schwarzen strich gerahmt. franz sprach zu ihm. als goldenberg antwortete, merkte er, dass er anderes sprach, als er wollte. er verbesserte nicht. franz sprach.

fast nie gab goldenberg antwort und wenn, nach langer pause und gehackt, in abständen, tropfig, mit dickem speichel. er hörte goldenbergs stimme von weither oder durch eine wand und er war durch diese wand von allem getrennt, das um ihn war. als ob er ausser seiner haut sitze und einem automaten mit druckknöpfen auf einem schaltbrett mitteile. zurückgekehrt in das zimmer mit spiegel, mit teppich, mit stühlen und tischen, mit weissen wänden und brennender lampe. abend. franz sass neben ihm, und goldenberg fühlte sich zerschlagen und müde, nach einer langen reise.

er warf sich mit seinem körper gegen die tür und das schloss brach auf und er fiel der längelang in ein dunkles, fensterloses zimmer. unsicher tastete er sich empor um einen lichtschalter, ein streichholz oder irgend ähnliches zu finden, aber umsonst. er hatte sich auf knien aufgerichtet. da vernahm er ein rascheln, als ob papier gepresst werde, und goldenberg glaubte einen schatten über sich hinweggleiten zu sehen, obwohl es vollkommen dunkel war. goldenberg erhob sich auf zehenspitzen und handflächen und kroch auf allen vieren in die richtung in der die aufgebrochene tür sein musste.

ich sitze in meinem sessel und schwinge langsam vor und zurück. es ist abend. ich fliege. ich kann fliegen. ich schwinge mit ungeheurer geschwindigkeit auf und nieder, vor und zurück. ganz langsam. meine arme und beine vibrieren. ich bin ganz leicht. ich falle. ich schwebe still. bin in luft eingefroren. ich falle sehr tief und steige. es ist strahlender mittag. ich brenne. weisse blätter und alles ist schwarz. ein klavier hämmert in meinem schädel. die ersten laternen reissen löcher in den schwarzen vorhang, zischen empor und stehen unbeweglich vor meiner nase. dazu entsteht ein riesiger platz, auf den man häuser und bäume gestellt hat. alles wird dunkel. ich sinke. ich hänge. die luft ist um mich. die füsse hängen in den schuhen. der platz wird grau. ich hänge darüber und es ist dunkel. alles wird sehr weit. sterne zischen empor. raketen bohren sich in häuser, bäume, die stadt. adern zerplatzen. alles.
weisse kristalle, schornsteine wachsen in die nacht. scheinwerfer gleiten über häuser. alles ist weiss.
ich stehe auf einer brücke. unter mir läuft ein fluss. schmutziges wasser. jetzt ist er eine einzige hand. ich nehme das messer. es entfällt mir in das schmutzige wasser. das gras wächst meine füsse rauf. meine haut trocknet ein.
ich gebe zu, franz ist gott.

wie jeder weiss. wie jeder wusste. wie alle wussten. wie alle wissen. wissen das alle? das können unmöglich alle wissen. wie manche wissen. was manche arbeiter bauern generale staatsmänner wissen. wie viele menschen wissen. was fast alle menschen wissen. fast alle menschen wissen das. alle menschen sollten das wissen. was jeder mensch wissen sollte. mancher mensch weiss das. was ich wusste. wie ich wusste. wie ich, marcel oppenheimer und die damen wussten. wie ich und melitta mendel wissen. wie nina und ich wussten. wie jeder sehen konnte. wie fast jeder sehen konnte. wie jeder aus einiger entfernung sehen konnte. wie jeder sehen kann. wie jeder mensch sehen kann.

und dobyhal sagte: «das mach ich jetzt!»
«du solltest sagen: kann ich das jetzt machen?» erwiderte goldenberg.

das beste ist mir schlecht genug.

der gute mann von nazareth, der sie lehren wollte, die anderen zu lieben wie sich selbst, der es wollte, dass sie sich selbst und dies zuerst lieben sollten, der sie lehren wollte, den selbsthass als die wurzel alles übels zu erkennen, der sie bat, sich als söhne und töchter gottes zu erkennen, der erkannte, dass er gottes sohn sei und was kann einer mehr tun.
der gute mann, der sich so bemüht hatte ihnen zu erklären, dass sie unschuldig wären.
der gute mann, der sich selbst geholfen hatte, der da sagte: helft euch doch selbst, wer sich selbst hilft, dem hilft gott (das ist er ja auch selber).

das versprechen einer endlösung ist christi irrtum und verbrechen, sagte der priester auf der kanzel oder hatte es goldenberg gedacht.

die stühle verschwinden im nebel. die hände verschwinden im nebel. robert wiesinger verschwindet im nebel. die wände verschwinden im nebel. jezzy marek verschwindet im nebel. weit draussen im nebel hängt lichtlos der mond. ganz vorne die bäume. verschwimmende konturen. das landhaus weintraubs taucht aus dichten nebelschwaden auf. eine stallaterne wirft einen trüben heiligenschein in den dämmernden morgen. walter steinböck denkt die scheinwerfer die buglaternen einen ozeandampfer aus dem nebel in die augen, während er, walter steinböck im nebel verschwindet.

anmerkungen zu einzelnen texten

für judith. in einer niederschrift des gedichtes: am ende der 6. zeile «schreie» statt «weine».

vier henker spielten tarock. in einer abschrift des gedichtes: «eines rechenfehlers» ausgebessert zu «seines rechenfehlers».

die tänzer trommeln und springen erschien in der zeitschrift (wo nicht anders vermerkt, handelt es sich um österreichische zeitschriften) ‹werkstatt aspekt 1›, 1964. – in einem werkverzeichnis hat bayer diesen sowie die 6 folgenden texte – für mich nicht überall einsichtig – als «nach den regeln des methodischen inventionismus verfertigt» deklariert, ‹balsader binsam› und ‹der neunertz specken klaster› im besonderen als «methodischen inventionismus nach deutschen silben» (s. vorwort). obgleich ‹der kutscher sitzt auf dem tanzmeister›, jedenfalls aber ‹das wunderschöne märchen vom poeten und vom soldaten› eher den als ‹prosa› zu bezeichnenden texten zuzuordnen wären, habe ich diese durch die gleiche machart verbundenen texte zusammengestellt, zumal der «methodische inventionismus» in seiner kombinatorik durchaus poetische erzeugnisse hervorbringt, auch wenn sie zuweilen als fortlaufende prosa notiert sind.

balsader binsam erschien ebenfalls in ‹werkstatt aspekt 1›, 1964. eine offenbar ältere, in der schreibung abweichende niederschrift teile ich im folgenden mit:

    balsader binsam
    gunstert um die wiesel
    entloser das veylcrigal
    hatler was gantzer breyden
    er rinnen getickelgung
    zerfaller man rhynmus
    die îsigung zerentfalden
    rînfeyl muss geygler.
    mer es falser,
    denn man muss galge issung
    gamung entden das mannfeil
    gehat îsler und gung
    ter entsermann es veylgal
    is oberler gament
    loser das feilcrygal
    hatler was gammter serein
    dass es galcken hat
    obegamm branter
    lodas bin es cryhat

um öbe, was ter salo eines
gunstcrycken obevivats
branloder ein princriaert
käenum vassel-bransa
ein maer bin gunstkaengel
um vibran?
balsader binsam
gunstert um die wiesel
sager der meergunst
lassert chel viver!

der neunertz specken klaster erschien (mit 2 in meinem exemplar von bayer handschriftlich korrigierten tippfehlern) in den von h. c. artmann herausgegebenen (hektographierten) ‹publikationen› 1, 1957 (bayer schrieb bis 1958 konrad mit c).

anlässlich einer lesung hat sich bayer über die beiden gedichte ‹balsader binsam› und ‹der neunertz specken klaster› folgendermassen geäussert:
weil ich sie nicht enttäuschen möchte, und weil auf dieser einladung EXPERIMENTELLE dichtung versprochen wurde, will ich ihnen nun zwei gedichte anbieten, welche rein formale und lautliche funktionen haben und nach einem mathematischen prinzip durchgearbeitet sind, das ich vergessen habe. das klingt, zumindest im effekt, gar nicht so neu, hat mir aber zu einem besseren verständnis der reinen lautrelationen sowie der beziehungen der lautfarben verholfen. als einheiten wurden deutsche lautgruppen, wie ENZ, ANZ, ERZ, AMMEL, UMMEL usw. verwendet. ich bitte um ihr geschätztes ohr.

die jakobinermütze. den nach wenigen zeilen abgebrochenen und durchgestrichenen ursprünglichen anfang des lautgedichtes hat bayer dem revolutionär desmoulin in den mund gelegt. darüber steht der mitdurchgestrichene satz: «im garten des königlichen schlosses ergehen sich die herren und damen zwischen kaffeehäusern und parfümerien» – eine formulierung, die, wie auch der unverhüllte einfluss hugo balls, auf ein frühes entstehungsdatum schliessen lässt.

der held von le mans. die vorletzte zeile in einer (älteren?) version ausgestrichen.

die vögel (kinderlied) wurde in der zeitschrift ‹neue wege› XIII/132, 1957/58, unter dem titel ‹kinderlied› publiziert, der in dem mir vorliegenden manuskript durchgestrichen und durch ‹die vögel› ersetzt ist.

das fahrrad. dieser text ist eine eigene spielart bayers von dem kurz davor entstandenen gemeinschaftstext (bayer/rühm) ‹versuch einer mustersternwarte›; statt da drei hauptwörtern («*der* mann», «*die* frau», «*das* bild») hat bayer hier nur eines, «das fahrrad», verwendet.

hie und da feucht bis *los* wurden von bayer selbst in dieser reihenfolge zusammengestellt – vielleicht ein erster versuch, seine kurzen, auf oft halbzerrissenen zetteln verstreuten gedichte zu einer art zyklus zu sammeln.

mein plumbes haar bis *sterne sternt klart:* die nummerierung 1–4 stammt von bayer.

invocation et miracle du tlü ist ein epitaph auf einen wiener «halbstarken» mit dem spitznamen «tlü», der als begründung für seinen frühen selbstmord nur die zeile hinterliess: «Das Leben ist nimmer lebenswert». beeindruckt von diesem schlichten argument beschloss die ‹wiener gruppe›, ihm eine kleine gedenkpublikation zu widmen, für die jeder einen poetischen beitrag liefern sollte. dies der beitrag bayers.

moritat vom tätowierten mädchen. alternativversion der zeile «weint sich beide augen blind»: «ward auf beiden augen blind». ‹moritat vom tätowierten mädchen›, ‹I never knew›, ‹here is the cage of my love› wurden 1958 im ersten, ‹dann bin ich gestorben›, ‹das zarenkind›, ‹schöne welt›, ‹und schiessen pfeil um pfeil›, ‹marie dein liebster wartet schon› 1959 im zweiten ‹literarischen cabaret› der ‹wiener gruppe› – meist von bayer selbst – vorgetragen (s. vorwort). die musik (gesang mit banjobegleitung) zu ‹I never knew›, ‹here is the cage of my love›, ‹das zarenkind› und ‹schöne welt› – später auch von ‹ollas mid gewoit›, ‹plötzlich ging die sonne aus› und, wie ich mich zu erinnern glaube, ‹niemand hilft mir› – hat bayer selbst gemacht.

ollas mid gewoit war ursprünglich nur eine erste strophe eines noch weiterzuschreibenden chansons. da ihm aber dazu nichts gleichwertiges mehr einfiel, liess er es darauf beruhen. beim vortrag (zum banjo) wiederholte er einfach die strophe mehrmals.
noch einige chansonanfänge, die er bei gelegenheit ausarbeiten wollte:
vakräu di
in kanäu di
und loss di nimma seng (sehen)
– –
i bin a kastrat
drum is ma so fad
– –
hoch auf dem berge
tanzen die zwerge

ihren vergnügten tanz
– –
wie ich höre sind sie taub
wie ich sehe sind sie blind
wie ich fühle sind sie gar nicht da

kurze beschreibung der welt war wohl als chansontext (nach dem beliebten aufzählungsmuster) gedacht. die aufzählung sollte ursprünglich fortgesetzt werden – eine mühe, die er sich aber kurz entschlossen durch die vorwegnahme der schlusszeile (sie ist handschriftlich hinzugefügt) ersparte.

gestern heute morgen, wie ‹irgendwo geboren werden› eine montage, erschien in ‹publikationen› 1, 1957.

der vogel singt beruht auf einem komplizierten (mathematischen) konstruktionsplan, den im kern oswald wiener entworfen hat (es sollte ursprünglich eine gemeinschaftsarbeit werden). im manuskript lautet der vollständige untertitel: eine dichtungsmaschine in 571 bestandteilen mit ergänzendem bauplan. der bauplan liegt als vierfarbige (luft-erde-feuer-wasser) konstruktionszeichnung bei, die sogenannte ‹zeittrompete›, die einem ebenfalls beiliegenden entwurf oswald wieners nachgebildet ist; bayer wollte sie – wohl noch etwas genauer ausgeführt und beschriftet – bei einer publikation im anschluss an den text reproduziert haben. anlässlich einer lesung des textes hat konrad bayer an den veranstalter einen brief geschrieben, in dem er einige erläuterungen gibt:
   die annähernde konstruktion sieht folgendermassen aus:
   in einheiten (bestandteile):

luft und erde	erde und feuer	erde und wasser	feuer und wasser	feuer und luft	wasser und luft	
1	96	191	286	381	476	570
	b	b b	b b b bb b b b b b b	b	b b	b	
p p p p	p p	p p	p	p p p	p p	p571

die handlung hat sich aus der konstruktion entwickelt. zeit und raum in der handlung werden durch die entsprechenden umstandsworte dargestellt, welche sich auf die ihnen vorgeschriebenen einheiten beschränken. z. b.
jede 10. einheit (kann satz, satzteil, wort, silbe, laut oder satzgruppe sein) trägt den vermerk R, wodurch ich gezwungen bin, in dieser einheit den raum mit hilfe seines umstandswortes auftreten zu lassen. die reihe 10, 20, 30, 40 ist nur ein vergleich, ich habe die tatsächliche reihe im augenblick nicht greifbar. es wurden aber nicht nur derart einfache reihen verwendet, sondern z. b. auch reihen, die sich wieder

auf o zurückführen und dadurch irgendwo, wo es eben die reihe ergibt, in der handlung ausscheiden. dies gilt z. b. für die figur des gegenspielers, der als ameise, hund, 2 akkordarbeiter auftritt.
die zeit in der handlung wird ebenfalls in einer reihe mit dem umstandswort dargestellt. dasselbe gilt für weise, grund, aussage, mass. um dem hörer oder leser die wirklich gelesene zeit greifbar zu machen, erfolgt in jedem 43. bestandteil (satz) eine zeitfeststellung: es ist eins etc. nach dem satz: es ist zwölf (nach 43 sätzen genau) folgt der satz: es ist eins, womit die schon fast eingefrorene handlung wieder in schwung kommt.
für konstruktion (ungefähr): p für poetisches element
                                 b für banales element (unregelmässige reihe)

auf grund meiner aufstellungen, nachdem ich sämtliche reihen eingezeichnet hatte, ergaben sich 171 vorgeschriebene einheiten und 400 leerstellen, die ich als variable einführte. es kamen natürlich auch überlagerungen zustande, welche ich entweder nach dem recht des stärkeren behandelte, also der intensiveren einheit den vorzug gab, oder sie nebeneinander stehen liess. 171 ist schon ausserhalb des stücks, ebenso der titel.

p. s.: die katastrofe hat sich für mich zwangsläufig in der 95er-einheit feuer und wasser ergeben.

die beiden noch folgenden abschnitte führen zu einer immer weiteren abkehr von den äusseren geschehnissen und reduzieren sich auf betrachtung und ganz einfache bewegungen der zentralfigur. in der letzten abteilung steht sie im zufrierenden meer und auch die handlung droht einzufrieren. aber mit der zeitansage «es ist eins» wird die bewegung wieder ermöglicht, sie löst sich ganz aus dem wasser und fliegt mit dem satz, der auch der 1. satz ist: «er schlägt seine flügel über den wind» wieder davon.

die p-sätze sind 5 gleichbleibende sätze, die in verschiedenen gruppierungen auftreten.

dazu noch die handschriftliche notiz (das zitat stammt aus dem entwurf des briefes):

die maschine ist ein versuch des menschen, und zwar ein versuch einer nachbildung. nachgebaut wurden natürliche funktionen. auf grund von naturbeobachtung und menschl. schlussfolgerung (naturwissenschaften).
diese poetische maschine ist ein versuch, der in eine ähnliche richtung zielt.
«der vogel singt», der zur publikation im fietkau-verlag zur wahl stand, aber zugunsten des «stein der weisen» zurückgestellt wurde, sollte (wenn ich mich diesbezüglicher äusserungen bayers recht entsinne) bei gelegenheit nochmals überarbeitet werden – wahrscheinlich

im hinblick auf eine bessere durchschaubarkeit des dem text zugrundeliegenden konstruktionsprinzips.

entweder: verlegen noch einmal zurück, oder: visage-a-visage in der strassenbahn. in einem werkverzeichnis datiert bayer die entstehung dieses textes mit 1953, in einem anderen ist 53 durchgestrichen und durch 54 ersetzt.

der analfabet. zu diesem stück hat bayer folgende ‹legende› geschrieben: vor vielen, vielen jahren lebte ein chefarzt in seiner alten, efeuumwucherten heilanstalt. da kam der hilfswärter des wegs, ein äusserst dummer mensch.

nun sprach der junge, schöne chefarzt, in seinen weiten, weissen, weichen mantel gehüllt: «mit ihnen habe ich zu reden, sie analfabet!» da bewunderten die umstehenden narren und närrinnen den hilfswärter noch mehr, der durch die gänge gehen konnte, nach links und rechts, nach oben und unten, der die schnalle zur gittertür in der hosentasche trug und den grossen park zu jedem wochenende verliess, wie es ihm beliebte.

und noch nach vielen, vielen jahren hofften die leute in der heilanstalt, dass er wiederkommen möge, der schon so lange ausgeblieben war, mindestens hundert jahre.

und die leichten fälle, die sich auf der glasveranda sonnen und zuweilen durch die gänge gehen dürfen, reissen manchmal die türen auf und dann glauben alle schweren fälle, das ist er.

hier die für eine im wiener ‹studio experiment am lichtenwerd› geplante aufführung (meines wissens wurde das stück noch nie gespielt) fertiggestellte 2. fassung mit der neu hinzugekommenen ‹beilage für alle feinde des analfabetismus›. die seitenabfolge ist im manuskript nicht mit ziffern, sondern mit buchstaben (beziehung zum titel!) bezeichnet: die seitenzahl des manuskripts deckt sich (zufällig?) mit der buchstabenanzahl des alfabets (in einer schreibfassung fehlen allerdings die letzten buchstaben). da im druck die seitenanzahl von der des schreibmaschinenmanuskripts zu sehr abweicht, die entsprechung also nicht mehr sinnfällig würde, habe ich auf die seitenbezeichnung durch buchstaben verzichten müssen.

es fanden sich noch einige handschriftliche ‹regievorschläge›, darunter die folgenden:

1–5: fussballer mit nummern? matrosen mit nummern wie fussballer, sonst sehr altmodisch –

baumschulgärtner: schürze blau, strohhut, giesskanne, sehr gross, athletisch, schön, –

eine szene wird von einer herrengesellschaft (engl. club?) aus zeitungen herausgelesen, wobei man in fauteuils sitzt. –

szene hinter einzelnen paravants. man setzt einmal ein bein vor, hebt den kopf darüber und spricht, oder beide hände zur seite, dass sie sichtbar werden und spricht. –
der paravant ist zentrales requisit. –
bewegliche dekorationen und statische schauspieler. –
jeder spielt für sich, in sich hinein, keine menschlichen bindungen. nur selten flammen diese auf (direkte ansprache). –
quasi ein montagetheater / es müssen auch schnitte im gefühl, im ausdruck möglich sein. –
kein durchgehender ausdruck, immer nur für entsprechenden *satz*, *wort*. –
vielleicht für die nummern: fixierte standorte für jede szene (auch für mehrere), sprechende, selten bewegliche statuen, wenn sie nicht verwendet werden stehen sie reglos wie inventar herum, tragen nummern, fixiert an bezeichnete punkte, die sie kaum verlassen (zb. für szene mit matrosen.). –
der analfabet: eine allegorie der dummheit und des todes.
‹der analfabet›, ‹karl ein karl›, ‹der berg› und ‹die stadt› waren vorgesehen als die beiträge konrad bayers für den (1965) als ‹walter-druck› (walter verlag, olten & freiburg) geplanten sammelband der ‹wiener gruppe›: ‹die mustersternwarte›; aus dem projekt wurde nichts (s. ‹die wiener gruppe›, rowohlt paperback).

der mann im mond. noch keine endgültige form (fragment?). die erste seite des gesamtmanuskripts (3 engbeschriebene schreibmaschinenseiten) hat bayer auszuarbeiten begonnen (auch davon noch keine reinschrift), wobei aus einer seite fast zwei wurden; bei «j) das ganze bein ist verzeichnet» bricht die überarbeitung ab. es ist anzunehmen, dass die nachträglich eingezeichnete, den text strukturierende buchstabenaufzählung weitergeführt worden wäre. eine (später?) beigelegte aufstellung einiger lautverwandter wortgruppen lässt weiter vermuten, dass bayer die zuerst die handlung fixierende niederschrift noch in eine sprachlich artifiziellere form gebracht hätte – eine arbeitsweise, die sich bei ihm anhand aufeinanderfolgender fassungen eines textes mehrfach nachweisen lässt. – meiner erinnerung zufolge würde ich die entstehungszeit von ‹mann im mond› vor 1957 ansetzen.

die boxer. das fragment geht auf eine über mehrere seiten laufende sammlung von sätzen zurück, wie wir sie damals (1956) bei montagen, etwa aus sprachlehrbüchern, verwendeten. der erste anlauf zu einer ausarbeitung und gliederung des textmaterials als theaterstück trägt den titel ‹das gespräch, ein boxkampf in .. runden› und die später handschriftlich hinzugefügte eintragung ‹die boxer, ein faustkampf in 18 runden› mit der jahreszahl 1956 (ich würde dieses datum nur auf das ausgangsmaterial beziehen). die ersten beiden runden sind hier, ohne noch als solche bezeichnet zu sein, bereits im grossen und ganzen ausgeführt, dann verliert sich das manuskript in grössere und kleinere textpassagen (ohne personenangaben) jeweils auf einzelnen blättern, die aber nachträglich durchnumeriert und mit dem anfangsteil zusammengeheftet sind. grob und durcheinanderlaufend lässt sich eine gewisse ordnung nach themengruppen ablesen, wie: begrüssung, befinden, familie, freundschaft, neuigkeiten, das sprechen selbst betreffendes, sex, krankheit, zeit, wettkampf (springen, laufen). zu beginn des manuskripts (auf der seite mit den titeln) stehen die regieanweisungen, die ich – mit denen nach der ersten runde – der hier abgedruckten letzten fassung (die nur regieliche zwischenbemerkungen enthält) vorangestellt habe. diese (wenn man von der blossen aufstellung des sprachmaterials absieht) erste noch unausgegorene und zerbröckelnde fassung ermunterte ihn wohl nicht gerade zur weiterarbeit, zumal er sich mit dem text eine grosse aufgabe gestellt hatte: es sollte sein erstes abendfüllendes theaterstück werden. nach längerer pause – das projekt liess ihm keine ruhe – griff er ‹die boxer› wieder auf. er schrieb die passagen, die ihm an der ersten fassung noch gefielen, heraus und machte sich an eine neufassung, die den text stärker zum szenischen hin formte – sehr weit gedieh diese arbeit auch nicht. schliesslich ging er daran, das bereits vorhandene material chronologisch aufzuarbeiten und einmal runde für runde abzuschliessen. er ist dabei bis knapp vor das ende der 3. runde gekommen – es ist anzunehmen, dass jede runde mit einem verbalisierten sieg (oder unentschieden), auf jeden fall aber mit einem gongschlag enden sollte, der bei der dritten runde fehlt. auch die letzte fassung, die hier gedruckt erscheint, kann noch nicht als ausformuliert, als bis zum abbruch druckfertiges fragment gelten; dagegen spricht schon die äussere form des manuskripts: willkürliche zeichensetzung, durcheinanderlaufende zeilenabstände, zahlreiche kürzel, durchixungen und handschriftliche korrekturen. obgleich ich idee und anlage des stückes bemerkenswert finde, konnte ich mich auf grund des vorhandenen textmaterials bei der herausgabe der ‹gesammelten texte› (1965) zur veröffentlichung des fragments nicht entschliessen, zumal erhebliche teile davon in das stück ‹kasperl am elektrischen stuhl› hinübergewandert sind (das kann ja jetzt nachgeprüft werden). es ist nicht abzusehen, was aus den vorhandenen 3 runden (und den älteren szenischen anweisungen) noch geworden wäre, wenn es bayer wirklich zu 18 runden gebracht hätte. die schwierigkeit, in dieser weise ohne spannungsverlust weiterzumachen, war ihm durchaus bewusst. er entschloss sich gewissermassen zur flucht nach vorn mit der später mündlich geäusserten absicht, das stück als weltmeisterschaftskampf über 15 runden anzukündigen, und, falls das publikum durchhält, die 3 zusatzrunden so oft zu wiederholen, bis auch der letzte zuschauer den raum verlassen hat. da inzwischen hannes schneider in der wiener jahresschrift ‹protokolle›, 1/70, das fragment in dieser form herausgegeben hat und es sogar einige versuche einer theatralischen realisation gab (ich habe nur eine erwartungsgemäss verfehlte gesehen), soll es in der gesamtausgabe nicht fehlen.

bayer hat noch ein paar gedanken zu dem stück notiert. «in diesem stück gibt es keine charaktere, keine eigenschaften. nicht der eine ist der starke und der andere der schwache, nein, der langsame ist plötzlich schnell, der geizige freigebig etc., alles wechselt.» andererseits hat er erwogen, den kampf in verschiedenen lebensaltern und situationen zu zeigen, auf einer «fiktiven ebene» den schauplatz und tatsächlich die kostüme wechseln zu lassen (von runde zu runde?). auf einem zettel hält er schliesslich den grundgedanken der ‹boxer› fest: «verständigung ist nicht möglich». die sprache, instrument gesellschaftlicher konventionen und herrschaftsstrukturen, heuchelt einverständnis vor, wo gar keines vorhanden ist. die vitalen interessen und ängste, die hinter den funktionierenden umgangsformen lauern, treten hier als die reden demaskierenden gesten brutal in augenschein: als tiefschlag, als decken, als clinch. wenn die kontrahenten auch (gesetzlich) festgelegten spielregeln unterworfen sind, so schliessen diese immerhin den tod des gegners nicht aus, wenn er in ihrem sinne korrekt herbeigeführt wird.

die begabten zuschauer. von bayer später in ‹kasperl am elektrischen stuhl› eingebaut, aber auch als selbständiges stück weiter beibehalten. aufgeführt 1961 in ‹die arche wiener studentenbühne› unter dem gesamttitel ‹kosmologie / acht kurze stücke von konrad bayer und gerhard rühm›, regie gottfried schwarz (an gemeinschaftsarbeiten standen auf dem programm: ‹der fliegende holländer›, ‹ein kriminalstück›, ‹kosmologie›). erschienen in ‹blätter› XVI/2, 1962.

napoleon oder wer weiss? war von bayer als beitrag zum ‹literarischen cabaret› gedacht, wurde aber nicht verwendet.

(david) kean vom londoner shakespeare theater in seiner glanzrolle aus dem königl non plus ultra hat bayer für das zweite ‹literarische cabaret›, 1959, geschrieben, wo es auch aufgeführt wurde.

abenteuer im weltraum hat bayer für das erste ‹literarische cabaret› (1958) geschrieben. aufgeführt wurde der sketch aber erst im zweiten, 1959. der einzige berufsschauspieler der veranstaltung, herbert schmid, war von uns ausschliesslich für die rolle des raumfahrers engagiert worden.

idiot. reinschrift nur von der 1. szene, mit dem datum: november 1960. alle 3 szenen: luzern-ebikon, november 60. auf einem exemplar ist dem titel ‹idiot› mit bleistift ‹es› beigefügt, bayer schwankte zwischen dem titel ‹idiot› und ‹idiotes› (in einem werkverzeichnis das ‹es› wieder weggestrichen). auf einem lose beigelegten blatt skizzen zur weiterführung des stückes.

die vögel, von bayer in einem werkverzeichnis als ‹montage› bezeichnet, sollte mit ‹der berg›, ‹der see›, ‹diskurs über die hoffnung› (?), den gemeinschaftsarbeiten (bayer/rühm), ‹kosmologie›, ‹der fliegende holländer›, ‹kriminalstück› und einigen meiner ‹konversationsstücke› zu einem sammelband kurzer montagestücke unter dem titel ‹kosmologie› zusammengestellt werden. trotz des früheren entstehungsdatums, habe ich das stück darum – die verwandtschaft ist augenfällig – zu den montagestücken von 1961 gerückt.

der berg. der see. die stücke wurden von bayer als zusammengehörig gesehen – es lässt sich aber nicht mehr feststellen, welches der beiden ‹see›-stücke bayer als pendant zum ‹berg› meinte. dem zerklüfteten, in die ferne strebenden berg, stellt er den glatten, in sich ruhenden see gegenüber. – die erste fassung vom ‹berg› ist ohne interpunktionszeichen und personenangaben durch zeilendurchschüsse in mehrere abschnitte gegliedert. die hier wiedergegebene neufassung hat bayer für die anthologie ‹alle diese strassen›, die wolfgang weyrauch 1965 im list verlag herausgab, hergestellt. bayer hat den ‹berg› in dieser form 1964 für ein «funkerzählungspreisausschreiben» an den süddeutschen rundfunk geschickt, wo er am 24. 10. 1966 als hörspiel gesendet wurde.
die bezeichnung (1) und (2) habe ich zur unterscheidung der beiden stücke hinter die gleichlautenden titel ‹der see› gesetzt; welchem ‹see› vor dem andern die priorität gebührt, wird damit nicht gesagt.

guten morgen. das manuskript, mit vielen handschriftlichen korrekturen, ohne titel, ist oben mit der zahl ‹1› versehen. weitere teile fanden sich nicht – es handelt sich also um ein fragment. die dialogidee erscheint mir aber reizvoll genug, um es in eine gesamtausgabe aufzunehmen. in seinem konversations-montagecharakter schliesst es sich den vorhergehenden stücken an.

bräutigall & anonymphe erschien in der endgültigen, hier vorliegenden fassung in der damals von bayer inhaltlich inspirierten zeitschrift ‹eröffnungen› 8/9, 1963. im selben jahr, während der ‹wiener festwochen›, aufgeführt – neben stücken von audiberti und artmann (‹la cocodrilla›) – im ‹studio experiment am lichtenwerd›; regie joe berger und (nicht genannt) bayer.
drei sprechabschnitte aus ‹bräutigall & anonymphe› (‹ach wie bin ich hosenträge›, ‹eine reihe von trunkenbildern›, ‹die anonymphe mit dem

sanfthut›) auch als gedichte – vermutlich vorstadien. ‹ach was(!) bin ich hosenträge› (bis: «füllhornkämmen ihre lebensdauerwellen») als gedicht in zwei strophen zu je vier zeilen im programmheft der uraufführung von ‹die begabten zuschauer› (‹die arche wiener studentenbühne›, 1961). die beiden anderen (in einem werkverzeichnis aufgeführten) gedichtversionen nicht mehr vorhanden.

kasperl am elektrischen stuhl. einige textstellen gehen auf einen älteren entwurf, ‹die pfandleihe› (1957), zurück. manuskript noch sehr im arbeitsstadium: handschriftliche eintragungen, ausstreichungen, willkürliche dialektschreibung (eine vereinheitlichung der dialektschreibung wäre mir, angesichts des unfertigen zustandes des manuskripts, als unnötige pedanterie erschienen). schluss noch skizzenhaft. handschriftlich notierte schlussversionen:
> kasperl wird in redestrom von löwe und apollo, die heimlich und heimtückisch ärztekittel, stethoskop, weisses käppchen übergezogen haben, gefasst und auf den geluppten e-stuhl der jetzt ein schockapparat ist geschnallt.
> funkenreden
> kasperl wird losgeschnallt
> er steht frei im raum mit leuchtenden glänzenden augen, flügel falten sich aus seinem anzug, er wird an schnüren hochgezogen
> «alles in ordnung»
> er steigt auf
> vorhang
> –
> kasperl am elektrischen stuhl (wie ein thron)
> «au, i bin dod!»
> kurzschluss
> der mechaniker, der den stuhl reparieren will.
> der arzt kümmert sich um kasperl, der sich einbildet, er sei tot.

einige personennamen verballhornungen von solchen einiger wiener zeitgenossen (kritiker), die bayer besonders unangenehm auffielen, zb. schulberg für friedrich torberg, espenlaub für lieselotte espenhahn, weissenpeter für peter weiser.

sechsundzwanzig namen. eine sammlung verstreuter kurzgeschichten von 1953–59, geordnet nach einer namensliste von a–z, wobei die ursprünglichen titel (und namen) oft entsprechend korrigiert wurden. bayer schreibt unter den sammeltitel «1952–59», was mir auf einem irrtum zu beruhen scheint (schwankende nachdatierungen früher texte gibt es bei bayer öfters); nicht alle geschichten sind datiert, die frühesten, ‹herostrat›, ‹vathek› und ‹yasmin› tragen die jahreszahl 1953. einige geschichten standen noch zur wahl, darunter ‹ferdinandlein› als alternative zu

‹ein ausruf franzens›, die andern tauchen im ‹sechsten sinn› wieder auf. die liste der namen, die bayer verwenden wollte, stand fest, ein paar texte waren aber noch nicht (oder nicht eindeutig) zugeordnet – das nahm ich vor, so dass der zyklus nun abgeschlossen ist. da es sich zum teil um die frühesten prosaarbeiten bayers handelt, gibt es hier besonders viele voneinander abweichende fassungen. ich habe jeweils die ausgewählt, die ich für die letzte hielt, in zweifelsfällen nach eigenem gutdünken entschieden. – zu den titeln: ‹bertram› ursprünglich ‹märchen›; ‹detlev› (handschriftlicher vermerk «umarbeiten!!») ursprünglich ‹der menschenfresser oder die krähe›; ‹ein ausruf franzens› von bayer in einem werkverzeichnis als «montage aus einem geschichtsbuch» bezeichnet; ‹vom ludwige› ursprünglich ‹der mutwillige mensch›; ‹die dankbare walpurga› ursprünglich ‹von der dankbarkeit›.
‹georg, der läufer›, ‹nkole› und ‹thorstein› veröffentlicht in der zeitschrift ‹wort in der zeit› 9, 1964.

das märchen von den bildern. hubert aratym: bühnenbildner und maler, aus unserm kreis; café hawelka: unser letztes wiener stammcafé in der dorotheergasse; gänsehäufel: eines der ältesten und beliebtesten strandbäder wiens, an der alten donau; wiener kurier: bekannteste wiener tageszeitung; herr theo: beliebter ober im café hawelka; kaufhaus gerngross: eines der grössten wiener kaufhäuser, in der mariahilferstrasse; mannerschnitten: wiener süssigkeit; friedrich achleitner: s. vorwort.

ferdinandlein. die reinschrift (auch im unterschied zu früheren fassungen) das einzige manuskript bayers in gebräuchlicher grossschreibung – wahrscheinlich eine formale konzession an die zeitschrift ‹wort in der zeit›, wo der text in heft 9, 1964, zusammen mit ‹nkole›, ‹georg, der läufer› und ‹thorstein› (ebenfalls, abweichend vom manuskript, in grossschreibung gedruckt!) unter dem sammeltitel ‹Aus: 26 Namen› erschien (s. anmerkung zu ‹26 namen›).
in einem werkverzeichnis gibt bayer das entstehungsjahr mit 1958 an (auf der titelseite der reinschrift: 1957).

triumph. in einem werkverzeichnis von bayer als «montage aus einem moewig-50pfennig-roman» bezeichnet. in noch nicht endgültiger textanordnung publiziert in der zeitschrift ‹publikationen› 2, 1957.

kriminelle ansätze. nach der veröffentlichung in der zeitschrift ‹wort in der zeit› 2, 1964, nahm bayer an dem text noch korrekturen vor, die er in ein älteres manuskript eintrug (die reinschrift für ‹wort in der zeit› scheint verloren gegangen zu sein). ich griff auf dieses manuskript mit den letzten korrekturen zurück, wobei ich abweichungen der publizierten fassung berücksichtigte, die bayer wahrscheinlich vergessen hatte in das manuskript nachzutragen.

der geflitterte rosengarten erschien in der deutschen zeitschrift ‹neues bilderreiches poetarium› 2, 1964.

der verspätete geburtstag erschien in der zeitschrift ‹manuskripte› 10, 1964.

gertruds ohr erschien in der zeitschrift ‹eröffnungen› 13, 1964. – ich habe den ‹verspäteten geburtstag› und ‹gertruds ohr› in der sonst nach entstehungsjahren chronologischen abfolge der prosaarbeiten vorgezogen, weil es sich um typische montagen handelt, die im charakter ‹triumph›, den ‹kriminellen ansätzen› und dem ‹geflitterten rosengarten› nahestehen.

franz erschien in der deutschen zeitschrift ‹texturen› 7, 1963. eine erweiterte fassung dieses textes, die in den ‹sechsten sinn› aufgenommen werden sollte, ist im ‹nachtrag zum sechsten sinn› abgedruckt.

jesus. bayer und ich planten einen ‹sammelband für mittelschüler›, der texte wie ‹jesus› und ‹fut und ebbe› von bayer, ähnlich gelagerte texte von mir und gemeinschaftsarbeiten wie ‹scheissen und brunzen sind kunsten› enthalten sollte.

fut und ebbe. ich erinnere mich, wie mir bayer mit freudiger genugtuung erzählte, er hätte mit einem (café) hawelka-besucher vereinbart, ihm für den preis von 100 schilling einen text zu machen und das manuskript zu überlassen – warum sollten nur die maler ihre arbeiten privat verkaufen können? um seinen kunden auch sicher zufriedenzustellen, wählte er als thema die «fut»; er hat zufriedengestellt und kassiert.

die birne erschien in der von konrad bayer herausgegebenen zeitschrift ‹edition 62› 2, 1962, (es erschienen nur zwei nummern) und in der deutschen zeitschrift ‹akzente› 1, 1964, zusammen mit einigen abschnitten aus dem roman ‹der sechste sinn› unter dem gemeinsamen titel: ‹aus: der sechste sinn›. bayer, der bei der tagung der ‹gruppe 47›, november 1963 in saulgau, mit der lesung der ‹birne› besondere zustimmung fand (sie gab auch den anstoss zum vertrag mit heinrich maria ledig-rowohlt), plante den text in den ‹sechsten sinn› einzubauen. in das vorliegende manuskript des ‹sechsten sinns› ist er noch nicht integriert worden.
die reinschrift der ‹birne› ohne punkt am ende – da der druck der ‹edition 62› von bayer selbst überprüft wurde und auch beim abdruck in den ‹akzenten› ein schlusspunkt steht, habe ich mich hier nach der druckvorlage gehalten.

karl ein karl erschien in der zeitschrift ‹manuskripte› 5, 1962.

mutationen. es existieren nur ‹mutationen› 2, 4, 5, 6, 7; neben dem titel ‹mutationen 6› ist mit handschrift hinzugefügt: «oder ketten 2», über der letzten mutation steht in maschinenschrift: «ketten 3 oder mutationen 7». auf einem extrablatt steht, unterstrichen, als haupttitel ‹mutationen› und, in form eines verzeichnisses, untereinander: ‹karl ein karl›, ‹mutationen 2›, ‹mutationen 4› und (nach einem etwas grösseren abstand) ‹mutationen 3 (summarische biografie)›. ob diese texte fortgesetzt und in welchen rahmen sie gestellt werden sollten, lässt sich nicht mehr feststellen. eine grosse «summarische biografie» hat bayer jedenfalls in seinem ‹kopf des vitus bering› erbracht. die ‹mutationen› wirken daneben gewissermassen wie konzentrate des prinzips, die eine eigenständige form gefunden haben.

signal, wie ‹stadt› und ‹flucht› im prinzip schon auf ‹bräutigall & anonymphe› rückführbar, gingen einige wortverschränkungsversuche bayers voraus (wie ich sie etwa 1957 in dem text ›anna‹ unternahm – s. ‹fenster›. rowohlt 1968), die er als ‹topologie der sprache› bezeichnete – sie haben, auch in der äusseren form, versuchscharakter und scheinen auch in keinem werkverzeichnis bayers auf. trotzdem scheint es mir interessant, den sicher gelungensten, im zusammenhang mit ‹signal› hier mitzuteilen.

‹signal› erschien in der von bayer herausgegebenen zeitschrift ‹edition 62› 1, 1962.

stadt erschien in der zeitschrift ‹werkstatt aspekt 1›, 1964.

flucht. texte wie ‹signal› und ‹flucht› eignen sich ihrer machart nach nicht mehr für eine publikation in buchform. das brechen der zeilen – ‹flucht› besteht ja überhaupt nur noch aus einer langen zeile – muss hier gewaltsam erfolgen und den lesefluss, wo immer, falsch unterbrechen. die ‹wiener gruppe› hat sich von anfang an über neue, den neuen texten adäquate präsentationsformen gedanken gemacht und in dieser richtung experimentiert. auch bayer, dem die «äussere form» (wir haben sie als eine konsequenz, nie als selbstzweck betrachtet) etwas weniger bedeutete, ist gerade bei der publikation von ‹signal› und ‹flucht› auf diese problematik gestossen und hat sie nicht ohne unbehagen registriert. schliesslich dachte er daran, die ‹flucht› als «rollenbuch» herauszubringen. eine ausstellung, ‹mobile elemente› (objekte von bayer, berlewi, buchholz, estenfelder, gosewitz, graaff, haacke, höke, kriwet, ludwig, rühm), in der berliner ‹situationen 60 galerie› (inzwischen aufgelöst), 1964, war der aktuelle anlass, der ‹flucht› eine adäquate form zu geben. bayer übertrug die textzeile (mit letrasetbuchstaben) als fortlaufende spirale auf einen zylinder, der sich während der ausstellung auf einer rotierenden scheibe langsam um die eigene achse drehte. von dieser ‹lesesäule› (s. abbildung), wie bayer sie nannte, übernahm ich den text, der sich von dem in der zeitschrift ‹manuskripte› 8, 1963, publizierten streckenweise unterscheidet. – wenn man prosa im sinne des «erzählfadens» als etwas lineares versteht, und das erscheint nicht abwegig, ist konrad bayer mit der ‹flucht› der totale prosaist.

der stein der weisen. publikation s. bibliographie. ‹lapidares museum› und ‹die elektrische hierarchie› erschienen in der zeitschrift ‹neue wege› 194/19, 1964. – die ‹heroische geometrie› geht auf einen text bayers aus dem jahr 1954 (‹heroische geometrie›) zurück, der zur gegenüberstellung einer sehr frühen mit einer späten textversion hier mitgeteilt sei.

    der held ist nach jeder richtung begrenzt
    die grenzen bestimmen gestalt und ehre des helden
    der held erscheint und zeigt drei eigenschaften: stil, edelmut und ehre
    das schauspiel ist die grenze des helden und hat nur zwei eigenschaften: stil und edelmut
    die pose ist die grenze des schauspiels
    die pose hat nur eine eigenschaft: stil
    die grenzen der pose sind unterbrechungen
    die unterbrechung begrenzt die pose oder trennt sie
    von einer anderen: sie hat daher keinen stil, keinen edelmut und keine ehre
    die unterbrechung ist eigenschaftslos
    helden, schauspiel, posen und unterbrechungen sind menschliche creationen. die lehre, die sich mit den ausdehnungen der menschlichen creationen beschäftigt, wird die lehre vom menschen oder theatralik bezeichnet
    wo die bewegung anfängt oder aufhört, fällt die grenze der pose.

durch die bewegung der pose wird das schauspiel erweitert
die unbegrenzte pose kann drei stellungen gegen das pathos einnehmen – sie kann das pathos in zwei unterbrechungen passieren, in einer berühren oder das pathos vermeiden
die von zwei unterbrechungen begrenzte pose
hat die definition der geste gefunden
die ausdehnung der bühne ist dergestalt, dass man auf ihr nach allen seiten posen stellen kann
auf einer bühne kann man unzählige posen in eine unterbrechung stellen
eine pose ist durch zwei unterbrechungen vollkommen bestimmt
jedem schauspiel fehlt die ehre
die pose begrenzt das schauspiel oder trennt ein schauspiel vom anderen, sie hat weder edelmut noch ehre
das schauspiel trennt den begrenzten menschen vom unbegrenzten oder den begrenzten menschen von den anderen
das heroische schauspiel wird durch drei posen begrenzt
der held ist ein erweitertes schauspiel
der held ist ein um die ehre erweitertes schauspiel
das heroische schauspiel ist mit dem helden nicht identisch

der kopf des vitus bering, eine arbeit, die sich in etappen über mehrere jahre hinzog, wurde 1960 beendet. 1963 hat bayer für die geplante veröffentlichung im walter-verlag (s. bibliographie) den ‹index› dazugeschrieben, den er durchaus als *literarische* ergänzung des ‹vitus bering› verstanden wissen wollte (das prinzip der montage wird hier, «ordnungsgemäss», im wissenschaftlichen apparat demonstriert); bayer hat bei lesungen des ‹vitus bering› den index mitvorgetragen. – ‹der kopf des vitus bering› geht auf einen älteren textentwurf mit dem titel ‹der schwarze prinz› zurück. das skizzenhafte textmaterial ging, verbessert und auf die figur des vitus bering konkretisiert, nahezu vollständig im ‹kopf des vitus bering› auf. nachdem ich die arbeit an den druckvorlagen abgeschlossen hatte und der text in druck gegangen war, fand sich plötzlich das inzwischen verschollene manuskript letzter hand, das bayer mit einem begleitschreiben an walter geschickt hatte (der brief trägt das datum 17. juni 1964). beim vergleich dieses manuskripts mit der vorlage, auf die ich mich gestützt hatte, ergaben sich keine differenzen (obgleich es sich nicht um einen durchschlag handelt). verbesserungen sind in beide manuskripte eingetragen. im walter-manuskript sind noch die absätze und zeilendurchschüsse vermerkt, um unklarheiten beim satz vorzubeugen. einige anweisungen bezüglich des drucks, die bayer in dem brief an walter gegeben hatte, habe ich nicht befolgt. zum einen musste der ‹vitus bering› dem layout des gesamtbandes angeglichen werden – was sicher auch bayer getan hätte; zum andern hat bayer die korrekturfahnen des ‹vitus bering› nicht mehr gesehen – vielleicht hätte er auf grund des druckbildes seine ursprünglichen wünsche, was hervorhebungen, titel und zeilenabstände betrifft, noch modifiziert. so wollte bayer die untertitel in versalien, die hervorhebungen im text hingegen kursiv gesetzt haben. ich bin umgekehrt verfahren, zumal bayer in allen anderen fällen (und so haben wir es auch im ganzen buch gehalten) hervorhebungen im text durch versalien kenntlich gemacht hat oder – bei veröffentlichungen – machen liess (eine hervorhebung wie «RIESIGEn RECHENMASCHINE» wird so überhaupt erst deutlich!). verzichtet habe ich auch auf die halben zeilendurchschüsse vor und nach einer hervorhebung, wie sie bayer gewünscht hatte; dies hätte nicht nur die klarheit des satzbildes beeinträchtigt, es wäre auch nicht einsichtig gewesen, da bayer selbst das prinzip in seinem manuskript nicht konsequent durchgehalten hat. – die neue seite nach der ‹melancholischen betrachtung allgemeiner natur c) (DER KRAMPF)› kommentiert bayer in seinem brief an walter: «quasi 2. teil = der aufbruch!».

das foto zu beginn des textes hat bayer einer tageszeitung entnommen; es dokumentiert den sturz einer überlebensgrossen mussolinibüste – auf den titel bezogen: die ankündigung des hier praktizierten programms der ‹summarischen biografie› (siehe ‹mutationen› und anmerkung dazu).

der sechste sinn. das hinterlassene manuskript bayers machte zuerst einen ziemlich chaotischen eindruck. es ist zwar fast ganz durchnumeriert, doch tragen viele blätter verschiedene ziffern, die jeweils verfolgt, zu auseinandergehenden gruppierungen führten. es stellte sich heraus, dass es sich dabei um haupt-, unter- und einschubnumerierungen handelt, so dass die blätter in eine klare abfolge gebracht werden konnten. der roman war im grossen und ganzen abgeschlossen. er sollte nur noch erweitert, ausgebaut und textlich abgeschliffen werden, wobei sich vielleicht einige umstellungen ergeben hätten. häufig ist zwischen mehreren zur wahl stehenden formulierungen noch keine entscheidung getroffen. ich habe in diesen fällen jeweils jene gewählt, die mir im sinne bayers die treffendste schien, aber auch den gesamtzusammenhang beachtet. verändert oder ergänzt habe ich grundsätzlich nichts, auf allzu skizzenhaftes verzichtete ich. einige unnumerierte blätter sind im «nachtrag» zusammengefasst; sie selbst einzuordnen erschien mir doch als ein zu willkürlicher eingriff in die schon bezeichnete abfolge. ein gewisses problem stellte sich bei den interpunktionen. da sie von uns oft nicht konventionell, sondern als ausdrucksmittel oder überhaupt nicht verwendet werden, war es meist schwierig zu entscheiden, was eigenwilligkeit oder bloss nachlässigkeit in der hast der ersten niederschrift ist. die gliederung des romans in absätze mit zeilendurchschuss und grösserem abstand war von bayer geplant – allerdings ging sie im einzelnen aus dem manuskript nicht immer klar hervor.

«der sechste sinn» ist zum grossteil autobiografisch. konrad bayer hat ältere und jüngere ereignisse und eindrücke mehr oder weniger frei verarbeitet und ineinander verwoben, teile seines berliner tagebuchs 1962 «die klare zeit» finden sich wieder, auch träume wollte er einbauen (vielleicht geschah das schon in gewissen passagen). die figuren sind schlüsselfiguren (goldenberg ist zweifellos er selbst), wobei sich in einzelnen figuren mehrere freunde verdichten und umgekehrt bestimmte freunde in mehrere figuren aufgesplittert sind, die mitunter auch eigene züge und erlebnisse widerspiegeln. das gilt vorallem für dobyhal, oppenheimer und braunschweiger. andere figuren sind eindeutiger. so ist zb. in neuwerk (der in einem teil des manuskripts ursprünglich als arkner auftritt) unschwer h. c. artmann zu erkennen, wie etwa in dem «lied» von neuwerk und goldenberg, das an artmanns stück «aufbruch nach amsterdam» anklingt und auf gewisse praktiken der gemeinschaftsarbeit (alternierendes assoziieren) hinweist.

über dem absatz «die hände verschwinden im nebel» (anhang) die handschriftliche notiz: viele dinge verschwinden im nebel. die aufzählung sollte also umfangreicher werden.

zum tod olgas: bayer schwankte hier noch zwischen mehreren namen. ursprünglich hatte er an mirjam gedacht, kam aber bei ihr mit dem vorfabrizierten lebenslauf in konflikt. dann war nina vorgesehen, olga und schliesslich eine tessa (johannson oder johnson), eine freundin dobyhals, die schon vorher eingeführt werden sollte. ich entschied mich für olga, da ihre rolle der tessas am nächsten kommt (tessa blieb unausgeführt). – bei tessa noch der vermerk: !!!! das plötzliche des todes mit dem plötzlichen der erkenntnis vergleichen!!!

ausschnitte (erste fertige teile) aus dem ‹sechsten sinn› erschienen (deutsch) in der belgischen zeitschrift ‹nul›, 7 brüssel 1963, und in der deutschen zeitschrift ‹akzente› 1, 1964.

g. r.

nachwort zu der gesamtausgabe

als nach dem schockierenden tod konrad bayers der roman ‹der sechste sinn›, dessen erscheinen rowohlt schon angekündigt hatte, unvollendet zurückblieb, entschloss sich heinrich maria ledig-rowohlt – und diese entscheidung drängte sich ja nun auf – nicht nur das romanfragment, sondern einen umfassenden nachlassband herauszubringen. otto f. walter, der erst vor kurzem den ‹kopf des vitus bering› in den walterdrucken veröffentlicht hatte, stellte die abdruckerlaubnis für diesen text in aussicht, wenn das erscheinen der gesammelten texte um ein halbes jahr verschoben würde – ein zeitlicher aufschub, der mir sehr gelegen kam, erwartete mich doch mit der herausgabe des anfangs chaotisch wirkenden nachlasses ein fast entmutigender berg von arbeit. aber das halbe und schliesslich ein ganzes jahr verstrich, und mit der abdruckerlaubnis wurde es trotzdem nichts: walter meinte, er habe noch nicht genug exemplare verkauft. so mussten denn 1966 die ‹texte› (darum konnte es auch nicht ‹die gesammelten texte› heissen) ohne den ‹kopf des vitus bering› erscheinen – ein empfindlicher schönheitsfehler, da es sich um konrad bayers gewichtigsten abgeschlossenen text handelt. ‹der sechste sinn / texte von konrad bayer› – wie der vollständige titel der erstausgabe lautet – war innerhalb von zwei jahren vergriffen und ist inzwischen für sammler ein rarissimum geworden. eine spätere taschenbuchausgabe (1969) enthält nur den ‹sechsten sinn› – in revidierter form. die neuerliche auseinandersetzung mit dem oft unklaren manuskript veranlasste mich damals zu einigen kleineren korrekturen und umstellungen. so habe ich mich manchmal für einen anderen alternativausdruck, eine andere alternativwendung entschieden. in den anhang habe ich noch jene passagen aufgenommen, die in der erstausgabe im anmerkungsteil zitiert sind, sowie eine erweiterte fassung des prosastückes ‹franz›, die konrad bayer dem ‹sechsten sinn› einzufügen gedachte. ferner wurden die im manuskript gewünschten zwei seiten «unleserlicher typographie» realisiert, die im sammelband nur durch einige reihen punkte angedeutet sind. in der hier vorliegenden ausgabe, die sich im übrigen an die revidierte fassung von 1969 hält, ist indes nur eines der beiden positivnegativblätter zu beginn des romans (in der erstausgabe irrtümlich *vor* den titel gesetzt) wiedergegeben, da mir inzwischen klar wurde, dass konrad bayer das zweite nur als alternative gemeint haben kann. – gerade zehn jahre nach erscheinen der ‹texte› kann nun – beträchtlich erweitert und mit dem kernstück des ‹vitus bering› – das poetische ‹gesamtwerk› von konrad bayer in einem band vorgelegt werden.

konrad bayer hinterliess ein zum nicht geringen teil fragmentarisches werk: einiges war begonnen und nicht oder nicht ganz zu ende gebracht worden, das meiste von dem, was ungedruckt blieb (und das war ziemlich viel), hätte er zweifellos noch überarbeitet und abgerundet –

er hat seine texte, auch die längst abgelegten, immer wieder hervorgeholt und verbessert (es gibt im allgemeinen um so mehr lesarten, je älter ein text ist). endgültige fassungen («saubere reinschriften» existieren nicht eben viele) hat konrad bayer meist erst für die akute publikation oder, bei theaterstücken, für eine konkret geplante aufführung hergestellt; aber auch in bereits gedruckte texte hat er zuweilen noch veränderungen eingetragen. in den letzten jahren war er vor allem mit der endfassung vom ‹kopf des vitus bering› und dem roman ‹der sechste sinn› beschäftigt – begonnene oder noch nicht überarbeitete ältere manuskripte blieben daher liegen. so bestehen nun viele texte in mehreren voneinander mehr oder weniger abweichenden versionen (konrad bayer hat bis zur ersten skizze fast alles aufbewahrt), und auch in offensichtlich letzte fassungen sind öfters noch alternativ-vokabeln und -formulierungen eingefügt, was die entscheidung eines gewissenhaften herausgebers für eine verbindliche druckfassung immer wieder verunsichern muss. ich habe mich in zweifelsfreien fällen durchwegs an die letzten fassungen (nicht immer ist klar, welche die letzte fassung ist) gehalten und bei alternativangeboten jenen ausdruck oder jene wendung gewählt, die ich im sinne konrad bayers (wie ich seine argumentationen von unzähligen diskussionen und gemeinschaftsarbeiten zu kennen glaube) für die treffendste hielt. die verschiedenen lesarten anzuführen (wo es mir von interesse erschien, habe ich im anmerkungsteil darauf hingewiesen), hätte das buch unverhältnismässig belastet und sicher auch nicht den vorstellungen konrad bayers entsprochen. verändert oder ergänzt habe ich nichts, es sei denn, es handelte sich um eindeutige tippfehler, irrtümliche auslassungen oder nachlässigkeiten in der eile der niederschrift. bei den satzzeichen habe ich versucht auseinanderzuhalten, was unkonventionelle verwendung aus gründen des ausdrucks oder der form und was blosses versehen ist; vereinzelte unbegründete schlusspunkte in sonst interpunktionsfreien texten habe ich gestrichen, unbeabsichtigt wirkende auslassungen bei texten mit konventioneller zeichensetzung ergänzt.

wie schon bei der erstausgabe habe ich die texte grob nach gattungen gegliedert: hier allerdings stehen die «gedichte» (seine ersten literarischen versuche waren gedichte) und längeren poetischen texte am anfang, dann folgt «theatralisches» (im weiteren sinne, also auch «lesestücke») und schliesslich «prosa» (die sich immer mehr als konrad bayers eigentliche domäne erwies). wie häufiger noch bei den anderen exponenten der ‹wiener gruppe›, gibt es natürlich auch bei konrad bayer übergangs- und zwischenformen, die mehr oder weniger willkürlich in einer der gruppen untergebracht werden mussten – besonders häufig im abschnitt «theatralisches», wo es texte gibt, die man auch als rein poetische auffassen kann (zb. ‹entweder: verlegen noch einmal zurück, oder: visage-a-visage in der strassenbahn›, ‹die vögel›, ‹17. jänner 1962›). doch glaube ich, dass diese einteilung (bei konrad bayer gerade noch vertretbar) die fülle und vielfalt des materials überschaubarer macht. dass die zuordnung nicht immer eindeutig ist, wird wohl hinlänglich durch den verzicht auf gattungsbezeichnende zwischentitel zum ausdruck gebracht. innerhalb jeder gruppe sind die texte chronologisch nach entstehungsjahren angeordnet, wobei ich allerdings einige umstellungen vorgenommen habe, um thematisch und methodisch zusammenhängende komplexe nicht auseinanderzureissen. wo unter den texten keine jahreszahl angegeben ist, liess sich das entstehungsdatum nicht mehr ermitteln. bei den gedichten sind es besonders viele; sie figurieren als eigene gruppe. undatierte theater- und prosastücke habe ich da eingefügt, wo sie mir chronologisch hinzugehören scheinen, wobei ich mich einerseits auf mein gedächtnis (denn es gibt kaum texte, die konrad bayer mir nicht noch im entwurfsstadium gezeigt oder von denen er mir nicht erzählt hätte), andererseits auf stilkritische erwägungen stützte.

die gruppe der gedichte ist in der vorliegenden ausgabe zahlenmässig am stärksten angewachsen. nicht nur dass alle chansontexte hinzugekommen sind (die ich, da sie im zusammenhang mit den ‹literarischen cabarets› der ‹wiener gruppe› stehen, für den sammelband ‹die wiener gruppe›, s. bibliographie, aufgespart hatte), auch gedichte, deren publikation mir damals problematisch erschien, sind nun in der ‹*gesamt*ausgabe› enthalten; einige gedichte haben sich überhaupt erst jetzt gefunden; dagegen müssen mehrere, meist sehr frühe gedichte, die konrad bayer in werkverzeichnissen aufführt, als verloren gelten; auf den abdruck typischer «jugendgedichte» habe ich verzichtet.

die gedichte sind wiederum in vier abschnitte unterteilt. die gruppe von ‹für judith› bis ‹das fahrrad› umfasst alle datierten, die von ‹heda falke› bis ‹GOTT legte einen kranz auf das grab› alle undatierten gedichte; danach folgen die chansontexte (von ‹moritat vom tätowierten mädchen› bis ‹kurze beschreibung der welt›) und schliesslich zwei längere poetische montagen (‹irgendwo geboren werden›, ‹gestern heute morgen›) und der «epische» text ‹der vogel singt›.

«theatralisches» ist ‹entweder: verlegen noch einmal zurück, oder: visage-a-visage in der strassenbahn› bis ‹kasperl am elektrischen stuhl›. hier sind neu dazugekommen die sketches, die konrad bayer für die beiden ‹literarischen cabarets› geschrieben hat: ‹napoleon oder wer weiss?› (auch im band ‹die wiener gruppe› noch nicht publiziert!), ‹(david) kean vom londoner shakespeare theater in seiner glanzrolle aus dem königl non plus ultra› und ‹abenteuer im weltraum›; ferner: ‹die begabten zuschauer› (s. ‹die wiener gruppe›), ‹der see (2)›, der gegenüber ‹der see (1)› doch als eigenes stück gelten kann, ‹diskurs über die hoffnung› (den ich der vollständigkeit halber in das ‹gesamtwerk› aufgenommen habe, obgleich er mir den vorhergehenden stücken nicht ganz ebenbürtig erscheint), das bruchstück ‹guten morgen›, sowie die beiden fragmente ‹der mann im mond› und ‹die boxer› (s. anmerkungen!). von einigen stücken, die konrad bayer in werkverzeichnissen anführt, fanden sich nur flüchtige skizzen oder stichwortartige (und oft auch noch fragmentarische) inhaltsangaben – er hat da wohl mit der anführung des titels der fertigstellung des stücks vorgegriffen. der einzige ausführliche theaterstückentwurf, den ich nicht in diesen band aufgenommen habe, ist ‹die pfandleihe› (1957) – einigen gleichlautenden passagen nach eine fallengelassene vorstufe zu ‹kasperl am elektrischen stuhl›; aus dem vorhandenen textmaterial lässt sich ohne eigenmächtige manipulationen guten gewissens keine druckreife form erstellen.

mit den ‹sechsundzwanzig namen›, die die ältesten prosatexte konrad bayers enthalten, beginnt der «prosateil». neuheiten sind hier ‹fleur des lis› und die erst jetzt entdeckten ‹mutationen› sowie ‹der kopf des vitus bering› (s. oben). einen text wie ‹stadt› würde man vielleicht als «gedicht» ansehen; seiner art nach gehört er aber unbedingt zu ‹signal› und ‹flucht› – texte, die ich doch eher zur prosa rechne, zumal sie ziemlich am ende einer entwicklung zunehmend analytischer sprachbehandlung stehen, die sich in den vorhergehenden arbeiten vehement vollzieht.

unter mehreren verstreuten skizzen fand sich noch ein prosaentwurf ‹die einbahn›. der beginn (etwa zweieinhalb engbetippte schreibmaschinenseiten) ist, noch flüchtig formuliert, ein erster einstieg in den text selbst, der auf einem weiteren blatt und einigen abgerissenen notizen nach art einer weiterausgreifenden inhaltsangabe fortgeführt wird. es ist kaum anzunehmen, dass konrad bayer diesen offensichtlich älteren entwurf noch einmal aufgegriffen und ausgearbeitet hätte.

einen im werk konrad bayers vereinzelt dastehenden versuch eines visuellen ‹konkreten› textes, ‹a o› (1962) (in rechteckiger form angeordnete konstellationen der buchstaben «a» und «o» auf sieben blättern), habe ich hier nicht publiziert, weil es sich dabei im grunde um einen verdünnten aufguss der ‹o-i-studie› (1960) von friedrich achleitner handelt (s. friedrich achleitner: ‹prosa, konstellationen, montagen, dialektgedichte, studien›; rowohlt 1970).

es sei hier noch eine übersetzung des stückes ‹die sanduhr› von william butler yeats erwähnt, die – laut einer notiz konrad bayers – für eine aufführung am ‹theater am börseplatz› in wien vorgesehen war, sie schien mir aber für diese werkausgabe zu ephemer.

zu weit hätte es auch geführt, die briefe konrad bayers zu sammeln – eine beschwerliche arbeit, die das erscheinen dieses bandes sicher beträchtlich verzögert hätte; das wäre die aufgabe einer gesonderten biographischen publikation (seine ‹briefe an ida› erschienen in der zeitschrift ‹manuskripte› 37/38, 1972). auch auf seinen für die zeitschrift ‹aspekt 1› (1964) verfassten, etwas korrekturbedürftigen rückblick ‹hans carl artmann und die wiener dichtergruppe› habe ich in diesem rahmen verzichtet, zumal inzwischen eine ausführliche darstellung des themas im rowohlt-paperback ‹die wiener gruppe› vorliegt. (eine sehr verkürzte

und modifizierte form dieses aufsatzes von konrad bayer in englischer sprache erschien unter dem titel ‹the vienna group› in ‹the times / literary supplement› no. 3,262 september 3, 1964.)
für diese ausgabe des ‹gesamtwerkes› von konrad bayer habe ich alle in der erstausgabe ‹der sechste sinn / texte› (1966) bereits vorliegenden arbeiten noch einmal anhand der manuskripte sorgfältig überprüft, druckfehler ausgemerzt und einige details betreffende entscheidungen, die mir inzwischen zweifelhaft erschienen, revidiert. der text ‹triumph›, der in der erstausgabe aus platzgründen fortlaufend gedruckt werden musste, erscheint nun (wie schon in dem band ‹die wiener gruppe›) in der originalen seitenanordnung.
spezielle informationen zu einzelnen texten finden sich in den anmerkungen. dort angeführt sind auch alle zeitschriftenpublikationen und theateraufführungen, die zu lebzeiten konrad bayers stattfanden – die er selbst also noch initiiert oder zumindest mitentschieden hat. sämtliche einzelpublikationen bis heute verzeichnet die ‹bibliographie›.
wie aus dem vorwort hervorgeht, haben sich viele aktivitäten der ‹wiener gruppe› – bis hin zu manchen produktionen der einzelnen mitglieder – in einem verhältnis wechselseitiger anregungen entwickelt, was wie von selbst zu einer reihe kleinerer oder grösserer gemeinschaftsarbeiten führte, die natürlich auch einen wichtigen bestandteil des literarischen werkes konrad bayers ausmachen. sie hier mitaufzunehmen, hätte den band um einen zweiten vermehrt und auch das netz von querverbindungen, von verschiedenen «besetzungen» innerhalb der gruppe, durchschnitten. der inzwischen vergriffene band ‹die wiener gruppe›, der alle gemeinschaftsarbeiten enthält, wird aber wahrscheinlich – in erneuerter form – bald wieder verfügbar sein.

gerhard rühm   köln, im oktober 1976

verzeichnis der gemeinschaftsarbeiten, an denen konrad bayer beteiligt war.

artmann/bayer:
> montagen nach dem vollständigen lehrbuche der böhmischen sprache des heinrich terebelsky, 1853 (1956)
> a) vollständiges lehrgedicht für deutsche
> b) 11 verbarien

artmann/bayer/rühm:
> magische kavallerie (1956)
> stern zu stern (1957)

bayer/rühm:
> kosmologie (1957)
> der fliegende holländer (1957)
> ein kriminalstück (1957)
> aller anfang ist schwer, ein utopischer roman (1957)
> erstes märchen für erwachsene (1957)
> kyselack (1957)
> sie werden mir zum rätsel, mein vater; eine groteske komödie (auch in einer hörspielfassung) (1958)
> versuch einer mustersternwarte (1958)
> bissen brot (1958)
> scheissen und brunzen sind kunsten (1958)
> 10 lebensregeln für vierzigjährige (1959)
> mord (sketch für das ‹literarische cabaret›) (1959)
> der schweissfuss, eine operette (1959–62)
> chansontexte (ab 1958):
>> moritat von der eisenbahn
>> willst du sprich
>> die bluse hängt am stuhle
>> mein apfelbaum
>> jederzeit
>> leg an den strand die künstlichen glieder
>> jesus
>> tritt ein und werde krank
>> rosen rosen rosen
>
> die hose, ein traumbuch (begonnen 1957 – nicht abgeschlossen)

bayer/wiener:
> die folgen geistiger ausschweifung, vortrag für zwei personen (1960)
> starker toback, kleine fibel für den ratlosen (1962)
> kristus, ein rauschkind (1957) (verloren gegangen)
> chansontexte:
>> freimaurer (1958)
>> ich bin vermutlich wie die tiere (1958)

one hundred miles (1964)
achleitner/bayer/rühm:
  historisches ereignis in neuer sicht: der trumbau zu babel (sketch für das ‹literarische cabaret›) (1959)
  abschied (chansontext) (1959)
bayer/rühm/wiener:
  chansontexte:
    wir wegbereiter (1958)
    frage an den ort (1958)
    kunst kommt vom können (1958)
    einsam (1958)
achleitner/bayer/rühm/wiener:
  schwurfinger, ein lustiges stück (1957)
  kinderoper (1958)
(mit ausnahme von ‹kristus, ein rauschkind› und ‹die hose, ein bilderbuch› alle texte in: ‹die wiener gruppe›, herausgegeben von gerhard rühm, rowohlt paperback, reinbek 1969.)

bibliographie

‹starker toback, kleine fibel für den ratlosen› – mit oswald wiener; dead language press, paris (1962). 2. verb. auflage (1963).

‹der stein der weisen›, wolfgang fietkau verlag, schritte sieben, berlin 1963.

‹montagen 1956› – mit h. c. artmann und gerhard rühm; zweiter sonderdruck der ‹eröffnungen›, verlag h. f. kulterer, bleiburg kärnten 1964.

‹der kopf des vitus bering›, walterdruck 6, walter verlag, olten und freiburg 1965.

‹der sechste sinn› (gesammelte texte), herausgegeben von gerhard rühm, rowohlt verlag, reinbek 1966.

‹die wiener gruppe / achleitner, artmann, bayer, rühm, wiener›, texte, gemeinschaftsarbeiten, aktionen, herausgegeben von gerhard rühm, rowohlt paperback, reinbek 1967.

‹der sechste sinn›, roman, herausgegeben von gerhard rühm, rowohlt verlag, reinbek 1969.

‹Der Kopf des Vitus Bering›, bibliothek suhrkamp, frankfurt/main 1970.

‹konrad bayer spricht konrad bayer› (‹der kopf des vitus bering›), s press tonband nr. 21, hattingen-blankenstein 1973.

inhalt

autobiographische skizze 7
vorwort von gerhard rühm 8
für judith 19
der engel im eis 19
wir kennen den stein der weisen 20
herbei ihr tänzer 20
der körper des mörders 21
vier henker spielten tarock 22
wir nehmen keine rücksicht auf diese einladung 22
die tänzer trommeln und springen 23
mit einem schwert aus reinem crystall 23
der kutscher sitzt auf dem tanzmeister 23
das wunderschöne märchen vom poeten und vom soldaten 24
balsader binsam 24
der neunerz specken klaster 25
die jakobinermütze 26
der held von le mans 27
die vögel (kinderlied) 27
die oberfläche der vögel 28
das fahrrad 29
heda falke 30
nimm den fuss weg 30
der herbst zerplatzt in den winter 30
ich fliesse aus 31
hie und da feucht 31
ich grabe 31
o kalt 31
wozu ist ihnen 31
einmal 32
also ziehen in den krieg 32
los 32
mein plumbes haar 32
die du 32
malze 33
sterne sternt klart 33
ja und nein 33
riegel mir den hals 33
invocation et miracle du tlu 34

franz war 35
GOTT legte einen kranz auf das grab 35
moritat vom tätowierten mädchen 36
marie dein liebster wartet schon 37
I newer knew 38
here is the cage of my love 39
und schiessen pfeil um pfeil 39
dann bin ich gestorben 40
schöne welt 40
das zarenkind 41
plötzlich ging die sonne aus 42
glaubst i bin bleed 43
ollas mid gewoit 43
anna und rosa 43
original-soldatenlied 45
das lied vom armen karl 45
alte wunde 46
niemand hilft mir 46
ich und mein körper 46
ich bin ein wirkliches kind 47
erstens will ich fröhlich sein 47
kurze beschreibung der welt 48
irgendwo geboren werden 49
gestern heute morgen 52
der vogel singt 55
entweder: verlegen noch einmal zurück
   oder: visage-a-visage in der strassenbahn 77
ein anderes abenteuer des lion von belfort 80
der analphabet 82
der mann im mond 99
die boxer 104
die begabten zuschauer 119
napoleon oder wer weiss 121
(david) kean vom londoner shakespeare theater in seiner
   glanzrolle aus dem königl non plus ultra 124
abenteuer im weltraum 126
idiot 131
die vögel 140
der berg 145
der see (1) 155
der see (2) 158

diskurs über die hoffnung   161
guten morgen   166
bräutigall & anonymphe   168
17. jänner 1962   173
kasperl am elektrischen stuhl   176
sechsundzwanzig namen   194
  alfred; bertram; cynthia; detlev oder die krähe; die geschichte
  vom eberhard; ein ausruf franzens; georg, der läufer; herostrat; der kohlenhändler und sein feind iwein; josef & klara
  oder erstens, kommt es zweitens, wie man denkt; karl und
  das löschpapier; vom ludwige; der abenteurer manuel; nkole;
  omar; philander; quirinus; roderich im walde; siegfried oder
  per aspera ad astrachan; thorstein; uriel und von der gerechtigkeit; vathek; die undankbare walpurga; xanthippe; yasmin; zephyr
fleur de lis   214
der capitän   215
das märchen von den bildern   217
ferdinandlein   218
triumph   224
kriminelle ansätze   228
der geflitterte rosengarten   234
der verspätete geburtstag   237
gertruds ohr   244
franz   249
seit ich weiss   250
von nun an   250
jesus   252
fut und ebbe   255
die birne   257
schritte sprung   260
karl ein kar   261
mutationen   264
der die mann, 1. 2. 3. fassung   267
argumentation von der bewusstseinsschwelle   270
signal   271
stadt   276
flucht   276
der stein der weisen   279
der kopf des vitus bering   291
der sechste sinn   331

nachtrag zum sechsten sinn   420
anmerkungen zu einzelnen texten   428
nachwort zu der gesamtausgabe   447
verzeichnis der gemeinschaftsarbeiten   452
bibliographie   454

Friedrich Achleitner
Prosa, Konstellationen, Montagen, Dialektgedichte, Studien
304 Seiten. Pappband

Konrad Bayer
Der Sechste Sinn
Roman. Herausgegeben von Gerhard Rühm
112 Seiten mit 4 Abbildungen. Broschiert

Elfriede Jelinek
Wir sind alle Lockvögel Baby!
Die Verabschiedung der Begleiter / Liebe machen in geschützten
Fichten / Der Zauber der Montur & sein Nachlassen /
Das eigene Nest / Ist das nicht schon Krieg? / Die Vorübung
Roman. 260 Seiten. Plastikeinband

Friederike Mayröcker
Minimonsters Traumlexikon
Texte in Prosa. Mit einem Nachwort von Max Bense
96 Seiten. Pappband

Gerhard Rühm
Fenster
Texte
244 Seiten. Pappband
Gesammelte Gedichte und visuelle Texte
320 Seiten. Broschiert

Oswald Wiener
Die Verbesserung von Mitteleuropa
Roman
212 Seiten. Kartoniert
rororo 1495

Rowohlt Verlag